Von seinem Standort aus, dem Friedhof, […] fragte er sich, ob das Dorf einfach an der Grenze lag oder die Grenze mitten durch das Dorf ging. […] Überall war Grenze. Das ganze Dorf war Grenze. Lebte man an der Grenze, geriet man – ob man wollte oder nicht – an den Rand der Legalität. Der Rand wurde zum Boden der Existenz, zum Lebensboden. Es war der Rand des Landes, der Rand des Staates, der Rand der Sprache, der Rand des Lebens. Und man war ausschließlich damit beschäftigt, diesen Rand unbehelligt und unbemerkt zu überschreiten oder sich von ihm so weit wie möglich fernzuhalten zu versuchen, die Grenze ständig vor Augen.

Clemens Eich, Das Steinerne Meer (1995)

ELB
ALB

DIE ELBE IST EIN GRENZFLUSS sie fließt
Von Südost nach Nordwest und kein Schiff
mit acht Segeln durchkreuzt meinen Traum.

Der Atlas legt mir die Karten hier bleibt
Schicksal Geographie. Ich höre das Knirschen
der Steine den Text der Geschichte.

Manchmal träumt mir von einer Liebe ohne
Hoffnung schöne Aussichtslosigkeit fließend
trennend verbindend wie diese Grenze über-

leben

Barbara Köhler, Deutsches Roulette (1991)

Die Deutsche Bibliothek – CIP-Einheitsaufnahme

Nachdenken über Grenzen / hrsg. von Rüdiger Görner
und Suzanne Kirkbright. – München : Iudicium, 1999
ISBN 3-89129-617-7

Druck- und Bindearbeiten: Difodruck, Bamberg
Printed in Germany
Imprimé en Allemagne

Nachdenken über Grenzen

herausgegeben
von

RÜDIGER GÖRNER
und
SUZANNE KIRKBRIGHT

iudicium

Clemens Eich zum Gedächtnis

Wer ist es, wer mich so liebt, daß er
sein liebes Leben verstößt?
Wenn einer für mich ertrinkt im Meer,
so bin ich vom Steine zur Wiederkehr
ins Leben, ins Leben erlöst.

Rainer Maria Rilke, Das Lied der Bildsäule
aus: Das Buch der Bilder

Crucified by one's own limitations
Sylvia Plath

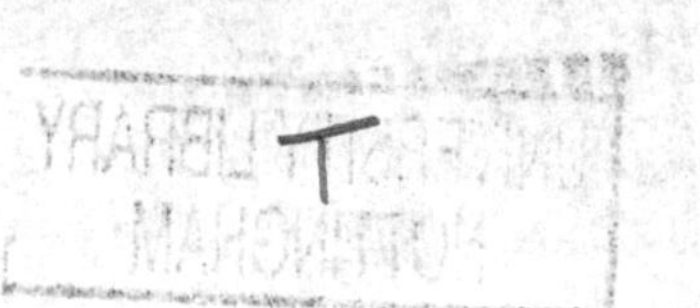

INHALT

I

II

Wege zur Grenze. Als Einführung

I

„Ich hasse die ‚Grenze' zwischen zwei Ländern. Sie ist ein viel zu weiter Begriff für die Realitäten, die sie bezeichnet. Was ist eine ‚Grenze'? Ein Pfahl, ein Drahtgitter, ein Zollwächter, ein Visum, ein Stempel, ein Aufenthalt. Es sollen Symbole sein und es sind Niederträchtigkeiten."[1] Mit diesen Worten geißelte Joseph Roth in den zwanziger Jahren die Zumutung, weil Künstlichkeit nationaler Grenzen. Inzwischen erfreut sich die Mehrheit der Bürger in der Europäischen Union des Abkommens von Schengen und nimmt die blutig umkämpften Grenzen von einst nur noch in Gestalt verfallender Zollanlagen wahr; die Schlagbäume von einst hat man in die Erde gepflanzt und wartet darauf, daß sie maigrün ausschlagen.

Und doch gibt es sie weiterhin, die von Roth beschriebene Grenze. Man vergleiche etwa zwei Europabrücken: Jene über den Rhein bei Strasbourg und Kehl und jene über die Oder bei Frankfurt und Slubice. Die einstige Brücke der Freundschaft gleicht (noch) einer Bastion, mit regem Verkehr zwar, für viele aber unüberschreitbar, für Ukrainer etwa, für Bulgaren, für Osteuropäer ohne Visum, Menschen aus den Provinzen, aus denen der junge Joseph Roth einst (übrigens unbehelligt) gekommen war.

Es ist ein Eigenes mit Grenzen: Einerseits verlangen sie danach, anerkannt zu werden – politisch wie ethisch; andererseits fordern sie zur Überschreitung heraus, die sich jedoch nur im Einvernehmen zwischen den Bereichen diesseits und jenseits der Grenze vollziehen kann. Denn sonst kann aus einem Überschreiten allzu leicht ein willkürliches Übertreten werden, das im Sinne allgemeiner Konventionen zu ahnden wäre. Das gilt durchaus auch für den Bereich der Kommunikation, der Verständigung mit dem Anderen, die nicht nur im ethischen Sinne den Respekt vor der jeweiligen Individualsphäre voraussetzt, sondern deren Umgrenzung als wesentlichen Aspekt der Interaktion immer wieder neu bestimmt, verschiebt, enger oder weiter faßt, je nach Intensität der Kommunikation und der Vertrautheit der Kommunizierenden miteinander.

Grenzen müssen bestimmt werden, bevor man daran arbeiten kann, sie zu überwinden. Aber nicht jede Grenzüberwindung ist sinnvoll oder statthaft. Im Überwinden von Grenzen zeigt sich Freiheit. Aber auch die Freiheit hat

---

[1] Joseph Roth, *Briefe aus Deutschland.* Mit unveröffentlichten Materialien und einem Nachwort herausgegeben von Ralph Schock. Blieskastel 1997, S. 11.

Grenzen; sie kann als Zustand der Ungeborgenheit erfahren werden. Im übrigen muß eine Rechtsordnung Grenzen setzen, um die Freiheit zu bewahren.[2]

Im Zeitalter der Globalisierung verlagern sich die Grenzen; ihre Qualität ändert sich, aber sie verschwinden nicht: Mit der Globalisierung scheint nämlich eine Blütezeit des Regionalismus angebrochen. Regionale Selbstbestimmung und globale Vernetzung beginnen, einander dialektisch zu entsprechen. Der (oft hohle) Diskurs über ‚Identität' findet sein Gegenstück in der Rede von der ‚Differenz'. Charles S. Maier sieht eine „Politik der Grenzbestimmung" am Werke: „Es ist kein Zufall, wenn sich die Gesellschafts- und auch die Geisteswissenschaften im letzten Jahrzehnt unseres Jahrtausends fasziniert der Frage der Grenzbestimmung zuwenden. Die Althistoriker streiten sich über das Wesen des römischen Limes. Die Historiker und Anthropologen nehmen Grenzen und Grenzgebiete nicht mehr als gegeben hin, sondern erforschen sie als Zonen der Interaktion. Was wir einst als Grenzüberschreitung – Grenzverletzung, Eindringen oder Übertretung – betrachteten, beschreiben wir nun als charakteristische Tätigkeit, die selbst geographische oder ethische Grenzen zieht."[3] Dergleichen nennt Otfried Höffe „pluralistische Koexistenz".[4]

Um dem Phänomen ‚Grenze' auch nur annäherend beizukommen, bedarf es einleitend einiger grundsätzlicher Überlegungen. Ohne Grenzenziehen kein Differenzieren. Ohne Differenzierung kein (ästhetisches) Urteil. Das muß sich die Postmoderne neu sagen lassen. Diesen Zusammenhang hatte bereits vor zweihundert Jahren Hölderlin in den Mittelpunkt seines Romans *Hyperion* gestellt. Er orientierte sich dabei an Heraklits Wort des „Einen in sich selber unterschiednen" (en diapheron eauton).[5]

Fragen wir nach der Bedeutung dieser Konzeption für unsere an Grenzen, an Unterschieden orientierte Vorstellung von Kultur. Vergleicht man etwa dieses in sich selber unterschiedene ‚Eine' mit Lyotards Verständnis von Differenz als dem Hauptmerkmal der Kultur, dann fällt auf, daß der postmoderne Denker wie selbstverständlich „das Eine" in diesem Kontext nicht mehr berücksichtigt. Bei Lyotard, einem Relativisten ‚selon la lettre', wird die Differenz, gleichsam wider Willen, zu einem Absolutum. Dagegen bedeutete für Hölderlin ‚Differenz' nicht die Erscheinungsform der Kultur als vielmehr eine Methode, ein probates Mittel, das in der Kultur Vorhandene umzuschaffen,

[2] Vgl. dazu den wichtigen Aufsatz von Ernst-Wolfgang Bockenförde, *Recht setzt Grenzen. Warum Entgrenzungen freiheitswidrig sein können.* In: *Neue Zürcher Zeitung* vom 8./9. Februar 1997 (Nr. 32), S. 54 sowie Max Schoch, *Dem Menschen keine Grenzen setzen. Was bedeutet Toleranz in der heutigen Zeit?* In: Ebd., Ausgabe vom 6./7. April 1996 (Nr. 81), S. 39.

[3] Charles S. Maier, *Territorialisten und Globalisten. Die beiden neuen ‚Parteien' in den heutigen Demokratien.* In: *Transit* 14 (1997), S. 5–14, hier: S. 10.

[4] Otfried Höffe, *Individuum und Gemeinsinn, Thesen zu einer Sozialethik des 21. Jahrhunderts.* In: *Neue Zürcher Zeitung* vom 20./21. Mai 1995 (Nr. 116), S. 49.

[5] Friedrich Hölderlin, *Sämtliche Werke und Briefe in drei Bänden.* Hrsg.v. Jochen Schmidt. Bd. II Frankfurt/M. 1994, S. 92.

neu zu bilden, ohne den kulturellen Kontext aufzugeben: „Man konnt' es aus einander setzen [sic!], zerteilen im Geiste, konnte das Geteilte neu zusammendenken, konnte so das Wesen des Höchsten und Besten mehr und mehr erkennen und das Erkannte zum Gesetze geben in des Geistes mannigfaltigen Gebieten."[6]

Die Moderne hat konstatiert, daß das Eine zugrunde gegangen sei, das Göttliche abgestorben, die Einheit diskreditiert. Auch Hölderlin hat das Mannigfaltige betont, das Lustvolle am „Zergliedern", die Liebe zum abgrenzenden Unterschied. Aber er hat dabei etwas hervorgehoben, was uns abhanden gekommen ist: Die Anstrengung, „Geteiltes neu zusammenzudenken" (das schreibt er folgerichtig als ein Wort im Unterschied zu: „aus einander setzen"!).

Wer nicht unterscheidet und abgrenzt, wir sagten es eingangs, kann nicht urteilen. Im Urteilen sah Hölderlin die „Ur-Teilung" am Werke, das Aus-einander-Setzen von Objekt und Subjekt. Ob daraus eine regelrechte Spaltung von Subjekt und Objekt wird, entscheidet das Interesse, das wir mit dieser Ur-Teilung verbinden. Dieses primäre Interesse des Urteilenden sollte – im Sinne eines ethischen Imperativs – das Vergleichen, nicht das Diffamieren sein.

Im wahren Vergleichen voneinander abgegrenzter Phänomene, Erfahrungen oder Fakten hebt sich der Unterschied nicht auf; es sichert aber eine Beziehung zwischen den unterschiedenen Teilen über die Grenzen hinweg. So kann der Vergleich die Keimzelle des neuen Einen sein oder zumindest die Erinnerung an einen einstigen Zusammenhang. Der Vergleich verhindert das Zerfallen differenzierter Phänomene.

„Die Blume war gereift; man konnte nun zergliedern", hatte Hölderlins Hyperion gesagt.[7] Das meint: Man hatte einen Begriff vom Ganzen, hatte das Phänomen als ganzes ‚geschaut', bevor man sich um Blütenblätter und Staubbeutel kümmerte. Heute tendieren wir dazu, den Blütenstaub zu zerteilen, der floralen Genstruktur zuliebe und wissen mit der Blume selbst nichts anzufangen.

Bei aller Globalisierung hat sich die Gesellschaft immer arbeitsteiliger ‚ausdifferenziert' und sich dabei asozialisiert. Differenzierungen und Grenzziehungen dürfen nicht zum Selbstzweck werden; vielmehr haben sie sich am ‚Einen', dem humanen Ganzen, zu orientieren.

6 Hölderlin, *Hyperion*, a.a.O., S. 92.
7 Ebd.

II

Überlegungen wie diese haben den Ansatz unseres Symposions bestimmt, das nur als fächerübergreifendes Unterfangen vorstellbar und sinnvoll sein konnte. Die Fächer-Bereiche, die bei dieser am Londoner Germanic Institute im Dezember 1997 abgehaltenen Tagung ineinander übergreifen konnten, haben wir auf philosophische, politisch-ökonomische, poetische und in Ansätzen bildtheoretische Disziplinen beschränkt. Juristische, theologische und psychologische Aspekte mußten dagegen weitgehend ausgeklammert bleiben, so auch die Frage nach der grenzenverwischenden Sphäre des Traums.

Der bedeutende walisische Dichter David Jones, eine Art William Blake des 20. Jahrhunderts, hat in seinem „Weltgedicht" namens „Anathémata" von einer „boundary-time" gesprochen, einer Grenzzeit, in der Geschichten vor der Geschichte entstünden.[8] Uns schien, als habe sich dieses Symposion in einer solchen ‚Grenzzeit' abgespielt, in der Gespräche möglich wurden, wie zum Beispiel zwischen dem Politikwissenschaftler Wilfried von Bredow und dem Wirtschaftswissenschaftler Stephen F. Frowen, die zu dem nachträglich aufgenommenen Beitrag „Economic Margins" geführt haben.

Die Zweiteilung des Bandes signalisiert keine innere Grenzziehung, sondern bezeichnet zwei Phasen unseres gemeinsamen Nachdenkens über Grenzen, die sich an verschiedenen Themen- und Motivgruppen entwickelt hat. Ausgehend von Paul A. Chiltons semantischer Bestimmung verschiedener ‚Grenzen' wird eine sprachphilosophische, an Gottlob Frege orientierte Grundlage für die folgenden Untersuchungen geschaffen. Chilton geht von Freges auf Descartes zurückführbare Unterscheidung von Sinn und Bedeutung aus und fragt nach der semantischen wie metaphorischen Bedeutung der im Englischen vierfach aufgefächerten Grenzbegrifflichkeit (‚bound' bzw. ‚boundary'; ‚border'; ‚frontier' und ‚margin'). Dabei ergeben sich etymologische wie kultur- und mentalitätsgeschichtlich aufschlußreiche Einsichten: ‚Boundary' bezeichnet die eigentliche Grenzlinie, ist aber auch die Entsprechung für das lateinische Wort ‚limes' und bezeichnet in der Sprache mathematischer Abstraktion einen Grenzwert. ‚Border' deutet auf den Bereich zwischen zwei Grenzlinien; ‚frontier' im Sinne der ‚Front' eine Gegenüberstellung oder Konfrontation, gerade auch im militärischen Sinne; und ‚margin' als Marginalie auf eine Grenze, auf die man sich von innen her zubewegt.

Mit dieser semantischen Grundlegung folgt Chilton dem Prinzip des ‚Einen in sich selbst unterschiedenen', insofern er die ‚Grenze' als das Eine sieht, das es etymologisch in sich zu differenzieren gilt. Richard Heinrich übernimmt diesen Ansatz dahingehend, daß er am Beispiel des Gegensatzes zwi-

---

8 David Jones, *Anathémata. Fragmente eines Schreibversuchs*. Zweisprachige Ausgabe besorgt von Cordelia Spaemann. Basel 1988, S. 229.

schen „Scharfsinn" und „Stumpfsinn" eine solche Grenzziehung und ihre philosophischen Folgen demonstriert. Hierbei fragt er nach der ‚Art' einer solchen Grenze. Er sieht sie im ‚common sense' begründet, der seit Kant (und Mill) als Differenzierungsmittel praktischen Handelns akzeptiert ist. An Wittgenstein expliziert Heinrich das unvermittelte Umschlagen von Stumpfsinn in Scharfsinn, gleichzeitig aber auch die Grenzen des sinnvollen Unterscheidens; weiß er doch um das nicht unproblematische ‚Syndrom der Subtilität', vormals ‚Haarspalterei' genannt.

Suzanne Kirkbright konkretisiert den philosophischen Grenzdiskurs mit Blick auf Karl Jaspers und entwickelt aus seiner Biographie dessen Verständnis von Grenze als Schwelle oder als existentielle Grenzerfahrung. Ihr Ausgangspunkt ist Jaspers Satz: „Grenze drückt aus: es gibt ein anderes", wobei sie die moralische Gestimmtheit dieses Denkens herausarbeitet und von einem rein sprachphilosophisch-erkenntniskritischen Ansatz (im Sinne Wittgensteins) absetzt. Kirkbright veranschaulicht an dem Bild der Horizontlinie, das für den späten Jaspers in seinen Erinnerungen bedeutsam gewesen ist, wie seine Vorstellung von Grenze in das umschlagen konnte, was er das ‚Umgreifende' genannt hat.

Aus politischer Sicht, die zum Horizont des ‚Umgreifenden' wesentlich gehört, wenn man an Jaspers kategorisierende Unterscheidung des Schuldbegriffs denkt, plädiert Wilfried von Bredow für eine konstruktiv differenzierende Funktion von Grenzen. Er sieht die Grenzen als Instrument, um kollektive Identität zu sichern, wobei er bemerkt, daß jedes Zentrum Anspruch auf Außengrenzen erhebe, da es sich ohne sie nicht definieren könne. Bredow verweist auf den ‚kanadischen Weg', der sich aufgrund seiner durchlässigen, aber dennoch identitätsstiftenden Grenzen empfehle, ohne jegliche Militanz und ohne Chauvinismus. Überdies hebt er das Entstehen neuer Grenzräume unter bestimmten politischen Bedingungen hervor, etwa im Rahmen der Europäischen Union, die ‚Euregione'.[9] Die Tendenz zur Globalisierung mache, so Bredow, solche Grenzräume keineswegs überflüssig. Vielmehr fordere sie zu neuen (oder sich an überkommenen Identifikationsmustern orientierenden) Identitätsbildungen heraus.

Ein Beispiel für dieses Wechselverhältnis von Globalisierung und Identitätsfindung behandelt Stephen F. Frowen in seinem Beitrag über die „Economic Margins". Sie ergeben sich durch den Zielkonflikt zwischen ‚self-interest' und ‚altruism', im Grenzbereich also zwischen ökonomischem Denken und eines am Gemeinsinn orientierten Verhaltens. Frowen bezieht sich hierbei vor allem auf den Bereich der Reform des Wohlfahrtsstaates, der im Zeichen glo-

[9] Dies veranschaulicht, um nur ein Beispiel zu nennen, die Saarbrückener Ausstellung „GrenzenLos. Lebenswelten in der deutsch-französischen Region an Saar und Mosel seit 1840" (1998).

baler Markt- und Rationalisierungsstrategien einer Zerreißprobe ausgesetzt ist. Bei der Suche nach einer Entschärfung dieses Zielkonflikts (von dessen Beseitigung kann im Ernst kaum mehr die Rede sein!) greift Frowen auf Hans Küngs Überlegungen zur Entwicklung eines ,Weltethos' zurück, das einen moralisch reflektierten Bezug zwischen Weltpolitik und Weltwirtschaft fordert und etwa im Rahmen des Schuldenerlasses für die sogenannten Entwicklungsländer eine wichtige Rolle spielen könnte. Hierbei ergibt sich eine überraschende Verbindung zwischen der Bedeutung des ,Umgreifenden' bei Jaspers und dem weltethischen Denken Küngs: In beiden Fällen stellt sich die Frage nach der Möglichkeit einer neuen ,Geborgenheit' im globalen Dorf.

Die simulierte Beheimatung im elektronischen Netz schafft eine Ersatzwirklichkeit.[10] Daß unsere Zukunft jedoch nicht nur aus Modemen gebaut werden wird, daran erinnert Roger Thiels Beitrag, der sich mit baulich-metaphorischen Grundsubstanzen beschäftigt, aus denen Brücken über Grenzen bestehen. Bei Nietzsche, Simmel, Heidegger und Kafka ortet er die Brückenmetapher, die entweder das wiederholte Überqueren der „Schwelle eines Grenzpunktes" andeutet, Grundbild des Bauens überhaupt ist, oder, wie bei Kafka drohende Brüchigkeit signalisiert. Thiel erörtet den Doppelcharakter der Brücke: Zum einen bezeichnet sie einen transitorischen Ort, zum anderen eine unbewegte Bewegung. Die Brücke überspannt das politische trennende (etwa den Grenzfluß), verweist so aber auch auf einen ,umgreifenden' Zusammenhang, ohne unmittelbar zu ihm führen zu müssen. Sie ist ein in sich differenziertes, segmentiertes Bauwerk und Teil der metaphorischen ,Infrastruktur' unserer Kommunikation, ja deren ,Urbild'.

An solchen Übergängen kann sich auch die Poetisierung der Grenze ereignen. Einige Formen dieser poetischen Umsetzung des Grenzhaften analysiert Rüdiger Görner. Seine Beispiele sind Rilkes Prosatext „Erlebnis", ein Feuilleton von Ernst Bloch aus den frühen dreißiger Jahren sowie die Gedichte „Linie/wie lebendiges Haar/gezogen" von Nelly Sachs, „Wahrheit der Grenze" von H. G. Adler und „An der Grenze" von Gertrud Kolmar. Er zeigt, daß der poetischen Auseinandersetzung mit einer Erfahrung von Grenze ein aufklärerisches Moment eignet. In diesen Texten wird die Sprache selbst zum Grenzfall. Sie bildet sich zwischen dem Nicht-Mehr und dem Noch-Nicht.

Grenzfälle verwandter, nicht minder prinzipieller Art untersucht Hans-Jürgen Scheuer. Im Mittelpunkt seiner Betrachtung steht die Kreuzessymbolik bei Beuys, die er als plastische Grenzerfahrung deutet. Im Rückgriff auf die ,theologia crucis' ermittelt er eine christliche Position zwischen den Grenzen von Natur und Tradition, zu der die Ausgrenzung des Anderen ebenso gehört wie die Entmetaphorisierung der Grenze in der paulinischen Konzeption der

[10] Vgl. Bettina Schmitt, Karin Hartmann, Beate Krais (Hrsg.), *Über Grenzen. Neue Wege in Wissenschaft und Politik.* Köln 1998.

‚Beschneidung des Herzens'. Scheuer illustriert am Beispiel von Lessings gemeinhin verkanntem Lustpiel *Die Juden*, wie dieser paulinische Ansatz in der Aufklärung aus seinem Zentrum, dem Kreuzzeichen, in einen Bereich verschoben wird, in dem man um der Wahrheit willen Grenzen ermittelt. Diese Einsicht berührt sich mit Goethes Einsicht in der „Farbenlehre", daß es ohne Grenzen keine Farben geben könne, kein ‚wahres' Bunt. Im Beuysschen Kreuz nun sieht Scheuer diese Traditionslinien gebündelt, radikal entzaubert oder genauer: auf eine nüchterne Mystik reduziert.

Von einer ironischen Transposition der Grenzerfahrung handelt Yahya A. Elsaghes Versuch über die „Imagination der deutschen Westgrenze" im Spätwerk Thomas Manns, namentlich im *Felix Krull* und in der Erzählung „Die Betrogene". An der Grenze zu Frankreich verwischt Krull auf Französisch seine Identität. Elsaghe spricht von einem „auf der Grenze begangenen Landesverrat", wobei er zeigt, wie sich diese ironisch gebrochene Grenzerfahrung auf Krulls ganzes in Frankreich an den Tag gelegtes Verhalten überträgt. In der „Betrogenen" kann Elsaghe einen im Werk Thomas Manns einzigartigen Paradigmenwechsel nachweisen: Die weibliche Sexualisierung Deutschlands gegenüber einem männlich imaginierten Ausland. Und weiter: „Die tödliche Krankheit [der Gebärmutterkrebs der ‚Betrogenen', d. Hrsg.], in deren Zeichen der über die deutsche Grenze hinweg stattfindende Kulturkontakt [mit dem aus dem Westen über die Rheingrenze gekommenen ‚Betrüger', Ken Keaton, d. Hrsg.] steht, ist nicht mehr ansteckend."

Bei Alfred Andersch ist es die Grenze selbst, die im übertragenen Sinne infiziert. Rhys W. Williams zieht den erzählerischen Grenzverlauf in Anderschs Werk nach und identifiziert ihn als eines der Hauptmotive des Autors. Man kann geradezu von einer Landschaft der Grenzen bei Andersch sprechen, die von seinen Protagonisten sogar geliebt werden, „weil an ihnen die Länder unsicher" sind. Williams sieht bei Andersch ein latentes Bedürfnis nach Grenzüberschreitung am Werke, das erst in der Begegnung mit der ‚absoluten Grenze' in der Arktik seine natürliche Grenze findet und im Bericht „Hohe Breitengrade oder Nachrichten von der Grenze" von Andersch protokolliert worden ist.

Die Grenze als Formproblem. In der Novelle kann das scheinbar Entlegene das im Verständnis Goethes ‚Unerhörte' Ereignis werden. Von dieser Überlegung geht Colin Riordan bei seinem Vergleich der Texte *Die Taube* von Patrick Süskind und *Ein fliehendes Pferd* von Martin Walser aus. Grenztexte sind sie in dem Sinne, daß sie entweder von Ausgegrenzten handeln (Jonathan Noel in *Die Taube*) oder von Grenzen in Beziehungen und der Verletzung der Privatsphäre (Helmut und Sabine Halm werden in *Ein fliehendes Pferd* von den ‚Freunden' Klaus und Helene Buch, insbesondere von Klaus, quasi überwältigt). Der Reiz dieses Vergleichs besteht in der Analyse der im Gang der jeweiligen Novelle stets neu definierten Grenzen, ihrer Erfindung und Auflösung, ein Vorgang, den Riordan gerade auch in Süskinds *Das Parfum* nachweisen kann.

Zu den Randbereichen des Ichs und ihrer Sprachbildlichkeit dringt Margaret Littler im lyrischen Werk Barbara Köhlers vor. Wassermetaphorik, sexueller Symbolik, Verfremdung als Imagination (der Tanz auf Distanz), die mythischen Assoziationen verdichten sich in Köhlers Elektra-Gedichten zu einem sprachlichen Grenzgang. Dabei ist die Gefahr des Schiffbruchs, des Strandens oder Untergehens stets gegenwärtig. Littler versucht durch genaue Sprachanalyse und Formbetrachtung, aber auch durch eine Dechiffrierung der mythologischen Zeichen Köhlers Schreiben als lyrische Inszenierung sinnlicher Abstraktionen zu deuten, mithin als beständige Grenzüberschreitung in beide Richtungen (Sinnlichkeit und Reflexion). Dabei läßt sich Köhlers „Blue Box" als Restbestand romantischer undinehafter Sehnsüchte verstehen oder als Behälter poetischer Grenzfälle.

Im Hintergrund dieser Sehnsüchte oder Utopien hat Littler unter anderem das Werk Ingeborg Bachmanns erkannt. Wendelin Schmidt-Dengler untersucht nun im Kontext der grenzbewußten österreichischen Literatur insbesondere am Beispiel von Ingeborg Bachmann, Peter Handke und Robert Menasse das ästhetische Spezifikum dieses Diskurses. Die Grenze als „tragikfähiger Ort" ist für Schmidt-Dengler Indiz eines Unterschieds zwischen der Literatur der Ersten und der Zweiten Republik. Während nach 1918 noch das Heroische eine entscheidende Rolle im Diskurs über die Grenze spielt, gewinnt nach 1945 die Einsicht, daß Grenze auch Grenze zum Schweigen ist, an existentieller Bedeutung. Daß Grenzen durch jedes Wort gehen, dieser Gedanke Bachmanns knüpft an das „Eine in sich selbst unterschiedne" in dem Sinne an, daß nun das Wort um seiner Glaubwürdigkeit willen sich beständig selbst differenzieren muß, nicht zuletzt im Angesicht des Grauens, wie es spätestens 1945 offenbar wurde. Daß dies jedoch nicht das letzte Wort über die Grenze ist, belegt Schmidt-Dengler mit seinem Verweis auf die farcenhafte Schilderung einer Grenzdurchbrechung in Menasses Roman *Schubumkehr*. Burleskes und Existentielles, Melancholisches und Absurdes prägt das Grenz-Bild in der österreichischen Literatur des 20. Jahrhunderts.

Zu einem vergleichbaren Befund gelangt Bożena Chołuj bei ihrer Analyse oberschlesischer und masurischer Grenzliteraturen, wobei in ihnen die komischen Aspekte eher unfreiwilliger Natur sind. Das Leben in der Grenzprovinz sieht Chołuj literarisch in einer Abfolge von Abgrenzungsstrategien und kulturellen Berührungen ausgedrückt, die selten zu wirklichen Verflechtungen werden. Sachbücher wie Fritz Skowronneks *Masurenbuch* (1916) befragt sie dabei ebenso wie die *Oberschlesien*-Trilogie von Wilhelm Wirbitzky und Horst Bieneks um Differenziertheit bemühte Oberschlesien-Tetralogie auf ihre jeweilige Verwendung von Stereotypen und die mit ihnen verbundenen Intentionen. Die Grenze erweitert sich hier zu einem erzählten Raum politisch-kultureller Spannungen, aber auch zu einem Bereich von Chancen für Kulturen überschreitendes Zusammenwirken der Menschen.

Den ‚tragikfähigen Ort' (Schmidt-Dengler), Grenze, analysiert Moray McGowan als ein im konkreten Sinne Bühnenereignis mit Mauer-Resten als Requisiten und dem Tanz der entgrenzten und doch weiterhin befangenen Deutschen im Proszenium der Geschichte. Seine Untersuchung zum langen, episodenreichen Satyrspiel zum deutsch-deutschen Mauerfall zeigt diese Grenze als einen „politischen, ideologischen und psychologischen Zeichenträger." An Beispielen wie *MauerStücke* (Manfred Karges), *Goldener Oktober* (Elfiede Müller) oder *Gelobtes Land* (Anna Cron) erörtert McGowan die Bedeutung des Zerfalls dieser verhängnisvollen Chiffre. Gerade sein Vergleich mit Mauerbühnenstücken vor der Wende (von Friederike Roths *Ritt auf die Wartburg*, über Uwe Saegers *Flugversuch* und Volker Brauns *Übergangsgesellschaft* dokumentiert den existentiellen Stellenwert des Grenzbewußtseins im theatralischen Spiel, als dessen Echo die Nach-Wende-Stücke verstanden werden können.

III

„Abgespalten ein jeder von seiner eigenen Grenze", so lautet eine Zeile in Primo Levis Gedicht „Partisanen" (1981).[11] Das Gegenbild dazu hatte Marcel Proust in seinem Prosagedicht „Présence réelle" (1893) entworfen: „Unterwegs bedachten wir, daß eine Grenze nichts verändert [...]."[12]

Die Erfahrungen nach 1989 haben gezeigt, daß nach dem Fall der Grenzen „alt-neue Ränder" aufgetaucht sind mit eher „diffusen oder gar keinen räumlichen Konkretionen"; verwischen doch die Ränder im Gegensatz zu den herkömmlichen Grenzen „die Unterscheidung von Innen und Außen, auch die zwischen Beziehungen und Beziehungslosigkeit."[13] Gerade die (postmoderne Stadt-)Literatur reflektiert diesen Zustand.

Welcher Ansicht über Grenzen man sich auch immer zugehörig fühlen mag, ob man sie für einschneidend hält oder nur für den Hinweis auf einen Übergang, sie zwingen zur Auseinandersetzung, zum Innehalten. Als wir dieses Symposion planten mit Unterstützung der Deutschen Botschaft, London, des Österreichischen Kulturinstituts, London, des Institute of Germanic Studies sowie unter Mitwirkung des Londoner Büros des Deutschen Akademischen Austauschdienstes, wir möchten an dieser Stelle, Edward Batley, Emil

---

11 Primo Levi, *Zu ungewisser Stunde. Gedichte.* Aus dem Italienischen von Moshe Kahn. München-Wien 1998, S. 54.

12 Zit. nach: Luzius Keller, *Proust im Engadin.* Frankfurt am Main und Leipzig 1998, S. 90.

13 Uwe C. Steiner, *„Abseits vom Abseits." Randgänge der neueren deutschsprachigen Stadt-Literatur.* In: manuskripte 139/98, S. 91–97, bes. S. 92.

Brix, Frank Burbach, Christiane Ebel-Gabriel und John L. Flood ausdrücklich danken,[14] als dieses Vorhaben Gestalt gewann, stand alsbald fest, daß es ein kleines literarisches Rahmenprogramm geben sollte. Wir baten Barbara Köhler und Clemens Eich um Lesungen; ohne Zögern sagten sie zu. Jeder, der bei diesen Lesungen zugegen war, hat die ‚Grenze' als sprachliches Erlebnis erfahren dürfen. Niemand konnte wissen, daß es sich bei der Lesung von Clemens Eich aus seinem Roman *Das steinerne Meer*, von einem Kritiker als ein Schweben „auf der Grenze zwischen Verharren und Taumeln" beschrieben,[15] um dessen letzten öffentlichen Auftritt handeln würde. Die Nachricht von seinem Tode hat uns alle erschüttert. Dieser Band sei seinem Andenken gewidmet.

Aston University — Die Herausgeber
Birmingham, im Sommer 1998

---

[14] Für die umsichtige redaktionelle Arbeit wissen sich die Herausgeber Eva Szantho, Aston University in Birmingham, zu besonderem Dank verpflichtet. Die Aston Modern Language Research Foundation hat die Drucklegung des Bandes gefördert.

[15] Ulrich Greiner, *Eine Art Schrei in der Luft. Zum Tod des Schriftstellers Clemens Eich.* In: *Die Zeit* vom 26. Februar 1998 (Nr. 10).

Paul A. Chilton

Grenzsemantik

Bedenken wir einleitend die Vielfältigkeit des Begriffs *Begrenzung*. Dabei stellt sich zunächst folgende Frage: Was bedeuten Begrenzungen? Oder anders gefragt: Was meinen wir eigentlich in den verschiedenen Sprachen, wenn wir von Begrenzungen sprechen?

Indem man das Thema in dieser Weise aufgreift, muß man zunächst fragen was wir eigentlich mit den Wörtern „bedeuten" und „meinen" wollen? Es zeigt sich, daß solche Fragen keine bloßen Einbildungen sind, sondern eine enge Verbindung zu unserem Thema ‚Begrenzung' haben und eine Tür zum Verständnis des durchdringenden Charakters dieses Begriffs eröffnen. Traditionell bedeutet Semantik, De-*fin*ition, Ab-*grenz*ung der Bedeutung von Wörtern sowie von Begriffen. Was sofort auffällt, ist die Anwesenheit von Metaphern in der Etymologie dieser Wörter. Tatsächlich ist dies kein Zufall und, wie wir sehen werden, ist es möglich, dieses Vorkommen systematisch zu erklären.

Die traditionelle Vorstellung von Semantik als Umschreibung von flüchtigen Bedeutungen ist in der Tat vorhanden auch unter den formellsten Theoretikern der Semantik. Das aufschlußreichste Beispiel ist das Werk von Gottlob Frege, der in fast jeder Untersuchung zum Thema Semantik zitiert wird und dessen Einfluß auf Linguisten und Sprachphilosophen von enormer Bedeutung ist. Es ist möglich, Freges Schriften über linguistische Bedeutung zu verstehen, wenn man die von ihm festgesetzten Unterscheidungen als Begrenzungsmarkierungen betrachtet. Die bekannteste ‚Markierung' ist die Grenze zwischen *Sinn* und *Bedeutung*, gewöhnlich ins Englische übersetzt als *sense* und *reference*. Bei genauer Betrachtung dieses Ausdruckspaars bemerkt man, daß es sich wirklich um einen Unterschied handelt, der scheinbar aus einem Triplär herausgezogen worden ist. Frege beginnt tatsächlich mit einer dreifachen Unterscheidung: Sinn, Bedeutung und einem vagen Gebiet, welches er mentale „Bilder," „assoziierte Ideen" und „Gedanken" nennt.[1] Um den dritten Bereich, den er betrachtet, zieht er eine Grenze, die den Bereich des Subjektiven und des Veränderlichen vom ersten Begriffspaar (d.h. Sinn und Be-

---

[1] *Über Sinn und Bedeutung*, Zeitschrift für Philosophie und philosophische Kritik 100 (1892), S. 25–50.

deutung), welches er für feststehend und objektiv hält. Der erste Einschnitt hängt also hauptsächlich ab vom Erkennen und der Grundlegung einer Grenze zwischen dem Bestimmten und dem Unbestimmten. Durch den zweiten Einschnitt, die Teilungslinie zwischen Sinn und Bedeutung, wird der Bereich des puren Denkens und des Physikalischen auf cartesianische Weise abgeteilt. Diese Unterschiede sollen das Grundproblem der Sprachphilosophie lösen, nämlich, wie können sprachliche Zeichen überhaupt (etwas) bedeuten? Frege antwortet mit dem Begriff von Bedeutung, genauer gesagt, mit dem der Referenz. Ein Zeichen (wie z.B. ein Wort) hat sowohl einen Sinn in der Gedankenwelt als auch eine Bedeutung (Referenz) in der physikalischen Welt. Zwischen diesen beiden festen Punkten gibt es eine direkte Brücke, einen feststellbaren Übergang vom Gedachten zum „Wahrheitswerth."[2] Die ideale Sprache sollte keine Zeichen ohne bestimmte, entsprechende Objekte haben.

Es handelt sich bei Frege um eine Semantiktheorie, die eine Welt von „diskreten" Wesen, Eigenschaften und Verwandtschaften voraussetzt. Weiterhin setzt diese Theorie voraus, daß einerseits ein Plan oder ein Modell von dieser Weltstruktur konstruiert werden kann, und andererseits, daß ein Satz linguistischer Zeichen mit diesem Modell in eine genau entsprechende Verbindung gebracht werden kann. Folglich besteht das Bedeutungsphänomen darin, daß man eine wahrheitsgemäße Entsprechung zwischen Zeichen und Wirklichkeit erkennt – mit anderen Worten, daß man ihre Wahrheitsbedingungen kennt.

Trotz der scheinbar rein abstrakten Formulierung ist es dennoch möglich, die Geschichte der positivistischen Semantik zu erzählen gemäß einer Metaphorik der Grenzen, eine Metaphorik, dic die neueste Semantiktheorie aufzulösen anfängt.[3] Es ist wichtig zu bemerken, daß die Grenzmetapher nicht bloß ein rhetorisches Impositum oder Ornament ist, sondern eher, wie ich es zu Beginn vorgeschlagen habe, ein fast unabwendbarer Grundbegriff in jedem Diskurs, der sich mit dem Phänomen der Bedeutung beschäftigt. Zwar treten in Freges Essay über Sinn und Bedeutung Grenzmetaphern offensichtlich nicht auf, aber nichtsdestotrotz ist ihre Wirkung als ein Gedankenprozeß spür-

---

[2] Einer bestimmten Bedeutung kann mehr als ein einziges Zeichen gehören; ein selber Sinn kann mehrere Ausdrücke haben; ein Sinn kann ohne Referenz (Bedeutung) bestehen. *Bedeutung* ist zweideutig, wie die englischen Herausgeber von Frege anerkennen. (P. Geach and M. Black, *Translation from the Philosophical Writings of Gottlob Frege*, Oxford 1966, S. ix.). Bei Frege bedeutet „Bedeutung" das Phänomen „Signifikation" (*meaning*) und objektive „Referenz" (*reference*). Indem Frege Bedeutung im zweiten Sinne als Referenz definiert, beschränkt er den ersten allgemeinen Sinn auf das rein Referentielle.

[3] Diese Einstellung zur Sache soll von Benningtons dekonstruktiver Interpretation unterschieden werden. Bennington dekonstruiert Freges Argumente über Definitionen (gewissermaßen auch Dummetts Darlegungen von Frege), indem er erzählerische und metaphorische Strukturen entdeckt, die der Fregeschen Ablehnung von allen rhetorischen Handlungsweisen widersprechen soll. Vgl. G. Bennington, *Frontiers: Two Seminar Sessions*, Oxford Literary Review 14 (1992), S. 197–227. M. Dummett, *Frege. Philosophy of Language*, London, S. 169 u. 185.

bar. Daß dies tatsächlich der Fall ist, wird von Freges Definition in einem Teil von seinem *Grundgesetze der Arithmetik* unterstützt, wo er begriffliche Kategorien diskutiert:

> Eine Definition eines Begriffes (möglichen Prädikates) muß vollständig sein, sie muß für jeden Gegenstand unzweideutig bestimmen, ob er unter den Begriff falle (ob das Prädikat mit Wahrheit von ihm ausgesagt werden könne) oder nicht. Es darf also keinen Gegenstand geben, für den es nach der Definition zweifelhaft bliebe, ob er unter den Begriff fiele, wenn es auch für uns Menschen bei unserm mangelhaften Wissen nicht immer möglich sein mag, die Frage zu entscheiden. Man kann dies bildlich so ausdrücken: der Begriff muß scharf begrenzt sein. Wenn man sich Begriffe ihrem Umfange nach durch Bezirke in der Ebene versinnlicht, so ist das freilich ein Gleichnis, das nur mit Vorsicht gebraucht werden darf, hier aber gute Dienste leisten kann. Einem unscharf begrenzten Begriffe würde ein Bezirk entsprechen, der nicht überall eine scharfe Grenzlinie hätte, sondern stellenweise ganz verschwimmend in die Umgebung überginge. Das wäre eigentlich gar kein Bezirk; und so wird ein unscharf definierter Begriff mit Unrecht Begriff genannt. Solche begriffsartigen Bildungen kann die Logik nicht als Begriffe anerkennen, es ist unmöglich, von ihnen genaue Gesetze aufzustellen. Das Gesetz des ausgeschlossenen Dritten ist ja eigentlich nur in anderer Form die Forderung, daß der Begriff scharf begrenzt sei. ... Hätte z.B. der Satz „jede Quadratwurzel aus 9 ist ungerade“ wohl überhaupt einen faßbaren Sinn, wenn Quadratwurzel aus 9 nicht ein scharf begrenzter Begriff wäre? Hat die Frage „Sind wir noch Christen?“ eigentlich einen Sinn, wenn nicht bestimmt ist, von wem das Prädikat *Christ* mit Wahrheit ausgesagt werden kann, und wem es abgesprochen werden muß?[4]

Es ist wahr, daß in diesem Text Frege über Logik und nicht direkt über Sprache redet. Ebenfalls stimmt es aber, daß er gerne Sprache mit Logik gleichsetzen würde und meint, daß die besonderen Charakteristiken der Sprache, wie zum Beispiel Ambiguitäten, Polyseme und Benutzungen im übertragenen Sinne, u.s.w., Unvollkommenheiten sind.[5] Deswegen ist er so vorsichtig seine Einleitung einer bildlichen Repräsentation seines Arguments abzuzäunen: „man kann dies bildlich ausdrücken.“ Das metaphorische Potential schöpft seine Anerkennung des räumlichen Inhalts von seinem „Gleichnis“ jedoch nicht aus, da *Bezirk* Verwaltungskreisraum bedeutet und *Umgebung* die Umgegend einer Stadt bezeichnet. Diese zweite metaphorische Ebene deutet auf eine verwandte bildliche Lesung der Idee von *Grenze* (‚*scharf begrenzt*') und sogar von *Gesetz* und *anerkennen* hin. Kurz gesagt: der Ursprung

---

4 G. Frege, *Grundgesetze der Arithmetik* (1893). Band II. Hildesheim 1962, S. 69 f.
S. auch z.B. „Über Sinn und Bedeutung,“ S. 41. Außerdem benutzt er in den beiden Textstellen ein zusätzliches nichtmathematisches Gleichnis, bzw. das Beispiel vom „Prädikat *Christ*“ und in („Über Sinn und Bedeutung“) den Ausdruck „Wille des Volkes,“ dessen Unbestimmtheit nach Frege die gefährliche Natur der Alltagssprache darstellt.

5 Vgl. Frege, „Über Sinn und Bedeutung“, S. 69 u. 70.
Es ist auch wahr, daß im Bereich der Mathematik das berühmte Theorem von Gödel Freges Behauptungen über mathematische Bestimmtheit und Vollständigkeit umgestürzt hat, und daß für die Sprachphilosophie die späteren Schriften Wittgensteins eine ähnliche Umkehrung darstellen. In den allgemeinen Sprachwissenschaften hat trotzdem Freges Standpunkt einen großen Einfluß gehabt.

der Metapher zeigt sich, nicht nur als räumlich-geometrisch, sondern auch politisch, sich sowohl mit territorialen Grenzen befassend als auch mit Gerichtsbarkeit und Souveränität. Es läge nahe, dies weiter zu verfolgen und sich des komplexen historischen Kontexts des deutschen Staates zu erinnern und sich die intensive europäische Beschäftigung mit der Definition von Grenzen und Staatlichkeit in den Werken von Geographen wie Friedrich Ratzel und Mackinder und bei Politikern wie Lord Curzon zu vergegenwärtigen. [6]

Trotz Freges Wunsch, die Metapher von der logischen Sprache zu trennen, scheint alles, was er über Logik und linguistische Bedeutung sagt, von dem Bild des begrenzten Räumlichen abzuhängen: d.h. das Bild ist tatsächlich wesentlich selbst für den angeblichen nicht-metaphorischen Teil des Diskurses und nicht nur einfach eine ornamentale oder darlegende Ergänzung.

Diese Überlegungen trage ich nicht in dekonstruktivistischer Absicht vor. Man könnte allerdings behaupten, daß Frege sich in eine Art performativen Widerspruchs verwickelt, indem er eine Metapher benutzt, um einen nicht-metaphorischen Begriff zu definieren. Es stellen sich aber zwei andere Fragen, welche es uns ermöglichen, die Spur weiterzuverfolgen. Erstens, falls die Metapher ein wesentlicher Teil der Konzeptualisierung, der Aufstellung von Theorien und der Entwicklung von Diskursen ist, dann gibt es hier eine Begrenzung, die von einer Theorie der linguistischen Bedeutung überschritten werden muß; solch eine Theorie muß eine Theorie der Metapher mit einbeziehen. Zweitens, wie verhalten wir uns zu dem häufig gebrauchten Bild vom begrenzten Raum – nicht nur in Freges Texten, sondern auch in manchen Ausdrücken, die zu jenem lexikalischen Feld gehören, das sich in mehreren Sprachen mit dem Begriff „Bedeutung" beschäftigt.

Um diese Fragen anzugehen, kann man einige der neueren Theorien bezüglich der Semantik in Betracht ziehen, die genau jene Begrenzungen, auf die wir uns bezogen haben, doch noch auflösen, insbesondere die Trennung zwischen Körper und Geist, die Trennung zwischen bildlich und nichtbildlich, Saussures Dichotomie von Synchronie und Diachronie und seine Doktrin der arbiträren Natur des Zeichens.

Die Theorien der Semantik, die eine weitere Erforschung des Vokabulars und des Diskurses des begrenzten Raumes ermöglichen, beruhen auf kognitiven Gründen. Diese körperlicher und geistiger Erfahrung gemäße Annäherungsweise überschreitet selber jene Begrenzungen, die Frege zieht.

Die kognitive Semantik sieht sich zuerst als eine Ergänzung zur wahrheitsbedingten Semantik, ohne sie zu ersetzen. Sie behauptet eher, eine Erweiterung der Domäne der semantischen Theorie zu sein, die das Logische

[6] Über geopolitische Denker vgl. J.R.V. Prescott, *Boundaries and Frontiers*. London 1978.

und das Bildliche einschließt und die Trennungslinie dazwischen untergräbt.[7]

Zweitens konzentriert sich die Idee der „Erfahrungssemantik" („experientialist semantics") eher auf die Wechselwirkung zwischen menschlichen Organismen und physikalischer Umgebung als auf die Abgrenzung von Subjekt und Objekt. Die semantische Struktur menschlicher Sprachen wird weder vollkommen von der Wirkung der Umgebung auf die menschliche tabula rasa bestimmt, noch wird Struktur vom menschlichen Geist oder von der Sprache der äußeren Welt auferlegt. Dies bedeutet, daß, während universale Rahmen für neue Konzepte und Bedeutungen wohl existieren mögen, die Erfahrungssemantik Diversität und Kultur relativierende Unterscheidung integriert und das in einer Weise, wie es von der formalen Semantik nach Frege mit ihrer Betonung auf den universalen Sinn verweigert wurde.

Drittens überschreitet die Idee der Kategorie oder des Konzepts, wie sie in der kognitiven Semantik entwickelt wurde, die logisch-mathematische Idee von Kategorien als Alles-oder-Nichts-Formen, definiert durch Notwendigkeit und ausreichende Bedingungen für Dazugehörigkeit. Die kognitive Semantik integriert die Forschungsarbeit von Psychologen wie Eleanor Rosch und anderen, die gezeigt haben, daß viele unserer alltäglichen Kategorien tatsächlich verschwommene Grenzen besitzen, daß sie verschiedene Grade von Dazugehörigkeit zulassen, und daß sie verschiedene Arten von interner assoziativer Struktur aufnehmen. Vereinfacht gesagt, viele natürliche Kategorien sind nicht klare und deutliche Ideen mit definierbaren ‚Gesetzen', die allen Bedeutungsinhalt beherrschen.

Viertens wird die Metapher, die in den meisten sprachwissenschaftlichen Theorien als eine „von der Norm abweichende" Form des Sprachgebrauchs außer Betracht gelassen wird, in der kognitiven Semantik integriert und zwar nicht nur als eine rhetorische Form, und es ist wichtig, diesen Punkt zu betonen, sondern als eine absolut zentrale kognitive Funktion, die der Konstituierung von Bedeutung und Bedeutungswandel zugrunde liegt. Wenn man zum Beispiel von ‚Einsicht' im Sinne von ‚Verständnis' spricht, ist das Wort ‚Sicht' eine Metapher. Es stellt sich heraus, daß sie nicht bloß eine isolierte Metapher ist, denn in manchen sprachlichen Ausdrücken findet sich ein sowohl synchronisches als auch diachronisches Übertragen vom tatsächlichen Sehen auf das intellektuelle Wissen.

---

[7] Über kognitive Theorien der Semantik, vgl. G. Radden, *The Cognitive Approach to Natural Language*. In: M. Pütz (Hrsg.), *Thirty Years of Linguistic Evolution. Studies in Honor of René Driven on the Occasion of his Sixtieth Birthday*. Amsterdam 1992.
M. Johnson, *The Body in the Mind. The Bodily Basis of Meaning, Imagination and Reason*. Chicago 1987. G. Lakoff, *Women, Fire and Dangerous Things. What Categories Reveal about the Mind*. Chicago 1987. G. Lakoff and M. Johnson, *Metaphors We Live By*. Chicago 1980. G. Lakoff, ‚Cognitive Semantics,' Versus 44–45, 1986, S. 119–54.

Ganze lexikalische Felder sind strukturiert durch das Zusammenwirken von Metaphern dieser Art. Solch eine Auffassung von Metapher ist unmöglich in der objektivistischen Semantik, denn die Welt ist darin als aus begrenzten Kategorien bestehend dargestellt, und das Phänomen des bildlichen Übertrags durchschneidet die Kategoriegrenzen.

Fünftens sind Metaphern in diesem Sinne nicht arbiträr. Im Gegenteil scheinen sie sich aus regelmäßig wiederkehrenden Bereichen unmittelbarer menschlicher Erfahrung, wie etwa dem begrenzten Raum, physikalischer Bewegung und Kraft zu ergeben. Nach Lakoff und Johnson zum Beispiel bestehen diese Domänen entweder aus ‚Bildschemata' als vorsprachliche Gestalten, die aus physikalischer Einwirkung mit der Umwelt hervortreten, oder aus konkreten in der Erfahrung eingebetteten Kulturformen. Solche Formen oder Gestalten dienen als die Basis für abstrakte Begriffe, die durch metaphorische Übertragung formuliert, und die in die lexikalische Struktur der menschlichen Sprache in verschiedenem Grade verwurzelt und konventionalisiert werden.

Sicherlich könnte diese Theorie weiter erklärt werden, beispielsweise im Hinblick auf die Rolle diverser kultureller Rahmen. Das wesentliche Argument deutet aber auf ein Verständnis hin, warum das Bild von Grenzen so weit verbreitet und problematisch ist.

Eines der am offensichtlichsten wiederkehrenden Bildschemata ist das Schema von begrenzten einschließenden Räumen, worüber sich manche Linguisten und Philosophen, die sich mit der kognitiven Semantik befassen, geäußert haben. Johnsons Betrachtung des Behälterschemas basiert auf der angeblichen Universalität der menschlichen Erfahrung vom ständigen Überqueren der biologischen, sozialen und von der Umwelt auferlegten Grenzen:

> Unsere Begegnung mit Beschränkung und Beschränktheit ist ein überall vorhandenes Element unserer körperlichen Erfahrung.
> Wir sind uns innig dessen bewußt, daß unsere Körper dreidimensionale Behälter sind, in welche wir Materien (Nahrungsmittel, Wasser, Luft) einstellen, und aus welchen andere Stoffe (Abfälle und Abwasser, Luft, Blut usw.) entstehen. Zunächst einmal erfahren wir ständige physische Beschränkung in unserer Umwelt (jene Objekte, die uns einhüllen). Wir treten in Zimmer hinein und kommen heraus, kleiden uns ein und kleiden uns aus, wir bewegen uns in begrenzten Räumen und treten daraus hervor … . Wir manipulieren Gegenstände, indem wir sie in Behälter (Tassen, Kasten, Kisten, Büchsen, Säcke) einstekken. In jedem Fall gibt es typische Schemen für physische Beschränkung …[8]

Einer dieser Aspekte wird von Johnson eindeutig vernachlässigt: die differenzierende Erfahrung von begrenzten Räumen, die von einer spezifisch aufgebauten Umwelt sowie von unterschiedlichen sozialen Dimensionen abhängen. Ist jedoch das, was Johnson vermittelt, ein Hinweis auf eine dem Westen

[8] Übersetzung vom Autor. M. Johnson, *The Body in the Mind*. S. 21. Vgl. auch Lakoff and Johnson, *Metaphors We Live By* a.a.O. und Lakoff, *Women, Fire and Dangerous Things*, a.a.O., S. 271ff.

eigene Erfahrung der Umwelt, so kann dies immer noch von Nutzen sein, denn eine unserer Interessen ist es eben, solche Strukturen zu erforschen und zu bezeichnen. In jedem Fall ist es wichtig, daß das Behälterschema, Vokabeln wie ‚innen', ‚außen', ‚durch' und das ganze mit diesem Schema eng verbundene lexikalische Netz, ‚definiert' wird bzw. daß es ein vorbegrifflich verkörpertes Verständnis von ihnen gibt. Über diese Grundbedeutungen hinaus ist das Behälterschema der Ursprung für weitere abstrakte Begriffe, die durch metaphorische Projektion produziert werden, von welchen viele konventionalisiert sind. So ist das Blickfeld zum Beispiel metaphorisch vorgefaßt in Vokabelsystemen als beschränkten Räumen (Dinge geraten *in* Sicht und verschwinden *aus* der Sicht), oder, auf einem eher abstrakten Niveau, werden auch Argumente in unserer Kultur (zumindest teilweise) gleichsam als geschlossene ‚Räume' vorgefaßt, so daß man *in* Argumente hinein und auch *aus* Argumenten hinaus geraten kann, die *leer* sind, keinen *Inhalt* haben, *Löcher* haben, kein *Wasser* halten usw.

Nun ist es genau das Schema vom geschlossenen Raum, welches der westlichen Traditionsphilosophie die abstrakten Begriffe verleiht, auf welche sich die formal-logische Semantik verläßt, nämlich, die Bool'sche Theorie, die Menge im logisch-mathematischen Sinne und die Schlußfolgerungen in der klassischen Logik. Gleichermaßen führt es zu Freges Theorie des Begriffs (der Kategorie), der Definition und der Bedeutung. Wörter werden bildlich als Behälter bestimmt, Sinne werden durch um sie gezogene ‚Linien' definiert, und logische Mengen werden auf dieselbe Art und Weise konzeptualisiert; in beiden Fällen transferiert sich die inhärente Bildlogik des Behälterschemas sowohl in die theoretische Semantik als auch in die klassische Logik. Die Metapher ist ein innewohnender Teil von Freges Argumentation. Sie ist zwar nicht Teil seines explizit formulierten Projekts, aber, weil das Behälterschema so tief mit dem lexikalischen System verwurzelt ist, erscheint es natürlich, notwendig und praktisch unsichtbar.[9]

Solche Betrachtungen sollen uns Anlaß geben, die semantische Struktur des Wortes *Grenze* selbst zu sondieren und das lexikalische Feld, welches damit assoziiert wird. Freges Referenztheorie der Bedeutung würde es uns tatsächlich nicht erlauben, dieses Territorium sehr weit zu erforschen, und dies aus drei Gründen. Erstens ist es nicht klar, auf welche Wesen sich *Grenzlinien, Grenzen, Limits* und der Rest ‚in' der Wirklichkeit tatsächlich beziehen (um eine Behältermetapher zu benutzen): es mag sein oder aber auch nicht, daß es Mauern, Gräben oder Linien im Sand gibt und es mag weiterhin notwendig sein, sich in gewissem Sinne auch auf Texte, Verträge und Diskurse zu beziehen. Zweitens würde die Proliferation von Synonymen oder von fast synony-

[9] Diese Meinungen über das Verhältnis zwischen Logik und bildlichen Schemen werden von Lakoff vorgebracht: Vgl. *Women, Fire and Dangerous Things*, a.a.O., p. 177 ff.

mischen Wortpaaren unerklärt bleiben. Und drittens, würde die reiche Polysemie – die Proliferation von verbundenen Bedeutungen assoziiert mit jedem Wort – auch ungeklärt bleiben.

Bei der Erforschung semantischer Strukturen bleiben sowohl metaphorischer Übergang als auch etymologische Geschichte zentral. Überdies muß man, um die Vielschichtigkeit des Grenzbegriffs zu erklären, die mannigfaltigen, sowohl synchronischen als auch diachronischen Überschneidungen von Vokabeln und Bedeutungen in den verschiedenen europäischen Sprachgruppen in Betracht ziehen. Mit diesem Ziel vor Augen dürfen wir vier semantisch-etymologische, durch englische Vokabeln belegte Gebiete vorbringen:

(1) *bound, boundary* (französisch *borne*, aber kein verwandtes deutsches Wort) (2) *border* (vgl. deutsch *Bord*); (3) *frontier*; und (4) *margin* (vgl. lateinisch *margo*, deutsch *Mark*).

Was uns hier interessieren sollte, sind nicht so sehr die Fachdiskursen entstammenden Definitionen, wie sie zum Beispiel für die geopolitische Schule der Geographen wie etwa Ratzel und Mackinder wesentlich sind, sondern die Bedeutungen, die in der Alltagssprache bekannt sind.

Wörter in der ersten Gruppe (1), die mit *bound, boundary* verwandt sind und die auch das französische *borne* einbezieht, stammen anscheinend aus dem niederlateinischen *butina* oder *bodina* und gehen vielleicht davor auf ein keltisches Wort mit ähnlicher Bedeutung wie das moderne französische Wort *borne* zurück: ein steinernes Zeichen an der Grenze eines Gutes, daher ein Zeichen von Grundbesitztum eines Gutsherren.[10] Mittels Metonymie bedeutet *boundary* nicht das Zeichen oder das Zeichen einer Linie, sondern die Linie selbst, und als Metapher wandert es zu anderen Erfahrungsbereichen, bemerkenswerterweise zu den abstrakten Regionen der Mathematik. Tatsächlich teilt das Wort *boundary* mit der abstrakten Bedeutung des Wortes *limit* die Fähigkeit, sich auf ein-dimensionale Räume zu beziehen, d.h. auf pure Linien. Das lateinische *limes* bezeichnete einen Pfad, welcher zwei Felder trennte, später eine Grenze zwischen zwei Gütern, und schließlich wurde es metaphorisch ausgedehnt auf fast nur abstrakte Begriffe. Diese Umstellung vom Konkreten zum Abstrakten ist charakteristisch für fast alle semantischen Änderungen und die Entwicklung der Polysemie oder multiplen Bedeutungen.

In der zweiten Gruppe (2) handelt es sich um eine doppelte Bedeutungsverschiebung, *border* (vgl. französisch *bord*) scheint vom althochdeutschen Wort **bord* (*Brett, Schild*) abzustammen, das auch den Sinn ‚Seite eines Schiffes' übernahm. Das selbe Wort war auch mit dem Wort *board* (im Sinne von Brett) und möglicherweise mit dem Adjektiv *broad* (vgl. deutsch *breit*) verwandt.

---

[10] Der keltische Ursprung ist nicht sicher: vgl. z.B. E. Littré, *Dictionnaire de la langue française*. Paris 1863. Der Wandel von *bodina* in *borne* und *bound* und *borne* folgt plausiblen phonetischen Prozessen.

Diese Wortgeschichte deutet auf die besondere Art der metaphorisch-semantischen Entwicklung des Wortes *border* (Rand, Grenzgebiet) hin. Während das moderne deutsche Wort einen verengten Sinn besitzt, hat das englische Wort sich so entwickelt, daß es nicht eine Annäherung zu einer zwei-dimensionalen Linie, sondern einen breiten Streifen bedeutet. Es meint dann tatsächlich einen Behälter, der einen bestimmten Raum umschließt, weshalb es möglich ist, auf Englisch sowohl ‚in the border' (vgl. deutsch Einfassung) als auch ‚on the border' (auf der Grenze) zu sagen.[11] Eine Konsequenz, die sich hieraus ergibt, ist, daß ‚borders' Begrenzungen haben können, die einen Raum einschließen und differenzieren. Eine weitere seltsame semantische Konsequenz ist, daß ‚borders' im Gegensatz zu ‚boundaries' nicht orientierend sind. Spricht man zum Beispiel davon, einer ‚boundary' entgegen zu gehen, so situiert man sich typischerweise *innerhalb* eines einschließenden Raumes; spricht man aber davon, einer ‚border' entgegen zu gehen, ist dies nicht unbedingt der Fall, und man mag sich sogar typischerweise *außerhalb* eines besonderen von einer ‚border' umgefaßten Bereichs befinden, wie z.B. wenn man sich der ‚border' eines anderen Staates nähert.

Im dritten Fall (3) ist das Wort *frontier*, welches sich bildlich aus dem Lateinischen für ‚Stirn' (frontem) entwickelt hat, sogar eine noch offensichtlicher richtungsweisende Metapher. Der Begriff ‚Front', d.h. Vorderseite oder Stirnseite, und der eng damit verbundene Begriff ‚vorwärts', im Gegensatz zu ‚Rükken' und ‚rückwärts', sind orientierende Vorstellungen, die durch die Wechselwirkung zwischen menschlichem Körperbau und physikalischer Umwelt bedingt sind. Die erste metaphorische oder metonymische Verschiebung des Front- oder Stirnbegriffs war zur militärischen Frontlinie, und von dort aus wiederum durch Metonymie zum äußeren Rand von Imperien und Staaten. An diesem Beispiel ist interessant, daß es auch eine Metapher gibt, die sagt, ‚Staaten seien Personen', eine Personifikation, eine Metapher, die im Zentrum von Theorien über internationale Beziehungen weiterbesteht, die Staaten als personenähnliche vereinende Darsteller betrachtet.[12] Der Kern der Sache ist, daß solche Begriffe tief im linguistischen und semantischen Gewebe verwurzelt sind.

Nicht nur die auf Grundniveau existierenden ‚wörtlich' territorialen Bedeutungen sind so verwurzelt. Wie ich es bereits im Fall von Frege angedeutet habe, die räumlichen, territorialen und sogar die politischen Bedeutungen werden in metalinguistische Theorien der Bedeutung verwickelt. Dies zeigt sich am deutlichsten in unserer vierten Gruppe (4) nämlich in jenen Wörtern, die mit dem lateinischen *margo* verwandt sind: *Mark*, *margin*, *marge*. Synchro-

---

11 Dagegen kann man weder ‚in a boundary' noch ‚in einer Grenze' sein (‚inside a boundary' und ‚innerhalb einer Grenze' sind aber möglich).

12 Vgl. P.A. Chilton, *Security Metaphors*. New York 1996.

nisch betrachtet scheint die Bedeutung des englischen Wortes *margin* der Bedeutung des Wortes *border* nahe zu stehen; sie ist aber, anders als *border*, richtungsweisend: d.h. wenn man sich auf ein ‚margin' zubewegt (sagen wir eines Blattes oder eines Gemäldes), bedeutet es typischerweise, daß man sich von der Mitte in Richtung Rand (‚margin') orientiert. Aber diachronisch gesehen, entstand dieser Sinn durch eine metonymische Projizierung eines viel früher existierenden Sinnes. Tatsächlich ist das Wort *margin* mit dem englischen *march* (im Sinne von Grenzgebiet), mit dem englischen *mark* und mit dem altgermanischen **mark* historisch verwandt. Das heutige deutsche Wort *Mark* (vgl. Mark Brandenburg) hatte bis zum 16. Jahrhundert den üblichen Sinn ‚Grenze' oder ‚Grenzgebiet'. Das selbe Wort ist aber auch mit *Marke* (Markzeichen) verwandt und daher auch mit *Mark* im Sinne von deutscher Währung (ursprünglich Metallbarren mit Stempel) sowie mit ‚merken' und ähnlichen Wörtern. Der früheste Sinn in den germanischen Sprachen scheint ein konkret physikalischer und kognitiver zu sein: eine Mark ist ein Objekt (z.B. Stein, Baum, Graben, usw.), welches dazu dient, einen Bereich ‚merklich' zu machen, zu ‚merken' oder zu ‚markieren.' Später bedeutet das Wort das Grenzgebiet selber[13] (englisch *border, march*). Eine sehr ähnliche Geschichte ist die vom lateinischen Wort *terminus*, ebenfalls verwandt mit indoeuropäischen Wörtern, die natürlich erscheinende Unterbrechungen bestimmen, wie etwa Küstenlinien und das Aufhören von [physikalischer] Bewegung – das Wort *terminus* wird schließlich zum Wort *Termin* und *Term* (englisch *term*, französisch *terme*) mit der metaphorischen Bedeutung zeitlicher Grenzen einerseits und linguistischer Zeichen andererseits. Das Wort *Definition* mit seinem lateinischen Ursprung ist Teil derselben Geschichte, denn sein etymologischer Sinn ist Festlegung von begrifflichen Grenzen (*fines*), während die romanischen Verben *finir, finire* usw. Festlegung von Zeitgrenzen bedeuten. Was das Wort *Grenze* selber betrifft, handelt es sich scheinbar um die Ersetzung vom germanischen Wort *Mark* durch ein slawisches Wort, das sich hauptsächlich unter dem Einfluß von Luther verbreitete, obgleich es schon im 13. Jahrhundert belegt ist. Das deutsche Wort *Grenze* sowie das russische Wort *granitsa* stammen vom im 14. Jahrhundert belegten Wort *gran*, das damals ein Zeichen in der Form zwei gekreuzter Linien bedeutet. Ursprünglich bedeutete das Wort vielleicht einen Baum, der ein solches Zeichen trägt.[14]

---

[13] Jacob und Wilhelm Grimm ziehen die konkreten und psychologischen Elemente in ihrem Artikel über ‚Mark' zusammen: s. *Deutsches Wörterbuch*. Leipzig 1878.

[14] Vgl. T. Wade, *Russian Etymological Dictionary*. Bristol 1996. *Das Etymologische Wörterbuch der deutschen Sprache* von F. Kluge, Berlin 1963, gibt „Ecke" als Bedeutung vom altslawischen *gran'*, aber Ecke und Kreuzzeichen könnten dennoch begrifflich verwandt sein. Heute bedeutet *gran'* Rand, und ist vielleicht auch mit dem Wort *kraj* (Rand, auch Land, Gebiet) verwandt. Bezeichnenderweise können sowohl *kraj* als auch *gran'* vom indoeuropäischen **(s)ker-* (schneiden) stammen. Grenze konnte also den ursprünglichen Sinn „Schnittlinie" haben.

Das Wichtige daran ist nicht nur, daß der Begriff der territorialer Markierung anscheinend sehr früh innerhalb der indoeuropäischen Sprachen und Gesellschaft präsent war, sondern auch, daß die semantischen Veränderungen immer eine metonymische oder metaphorische Verschiebung zur Folge hatten von der Grundbestimmung als territoriale, besitzmarkierende zu einer abstrakten Bedeutung, welches in mehreren Fällen etwas mit dem Wort ‚bedeuten' oder dem Begriff ‚Signifikation' zu tun hat.

Solche semantisch-historischen Verbindungen sind keineswegs mysteriös. Es ist aber bemerkenswert, daß besondere Urbedeutungen, die mit konkreten Zeichen für territoriale Markierungen sich einer allgemeinen Tendenz gemäß in neue metaphorisch gestaltete Bedeutungen verwandeln, mit dem Thema der Signifikation zu tun haben. Kurz gesagt, wird die Wortbedeutung ‚Markierung von territorialem Inhalt' zu der Wortbedeutung ‚Markierung von semantischem Inhalt'. Die Vokabeln *Definition, Term, Mark(e), merken* hängen wesentlich von Grenzmetaphern ab.

Wenn wir nun an diesem Punkt die Grenzlinie zwischen diachronischer und synchronischer Semantik überschreiten (oder eher ausradieren), tauchen dieselben Verhältnisse auf: d.h., genauso wie das Verhältnis zwischen dem verschiedenen Sinn desselben Wortes nach einer gewissen Zeit dazu tendiert, bildlich zu sein, genauso tendiert auch das Verhältnis zwischen dem unterschiedlichen Sinn des selben Wortes in einer Sprache dazu, zu einer bestimmten Zeit betrachtet zu werden. Wir haben bestimmte Fälle gesehen, in denen der konkrete Sinn von Grenzlinienmarkierungen in abstrakte Begriffe aufgenommen wird, die mit dem Phänomen der Bedeutung zu tun haben. Dies ist aber nicht das einzige Gebiet, auf dem Begrenzungsmetaphern wirken, denn in unserer Kultur funktioniert die Idee von der Markierungslinie als Metapher, durch welche eine Vielfalt von Erfahrungen und abstrakten Begriffen einen kommunizierbaren Sinn erhalten.

Bisher haben wir besonders von ‚Grenze' gesprochen, und von abstrakten Konzepten, die von diesem Grundbegriff abstammen. Der Begriff ‚Grenze' sollte aber nicht als einzelnes kognitives Element betrachtet werden, sondern als wesentlicher Aspekt einer kognitiven *Gestalt*, namentlich des Bildschemas des einschließenden Raumes (oder Behälters), das aus gegenseitig definierenden Elementen (Innen, Außen, Grenzen) besteht. Dieses Behälterbildschema unterliegt offenbar einem weiten Gewebe von ähnlichen Vorstellungen und sprachlichen Ausdrücken, welches äußerst wichtig ist, wenn man verstehen will, warum das Konzept der Begrenzung als ein so durchdringendes Phänomen erscheint. Dieses Grundschema trägt mit sich seine eigenen semantischen Implikationen, sogar seine eigene Art von Logik, welche auf andere Begriffe übertragen werden. Einige dieser Schlüsselfiguren werden im folgenden genannt.

Im internationalen oder militärischen Bereich heißt „Eindämmungspolitik" ‚in Grenzen halten' und ist typischerweise mit Schutz vor oder Widerstand gegenüber Kräften von außen verbunden. Auf der andern Seite bedeutet sie auch Einschränkung und die Zurückhaltung von inneren Kräften von Ausweitung oder Ausdehnung. Dadurch sind in Grenzen gehaltene Objekte relativ fest ortsgebunden. Weiterhin sind in Grenzen gehaltene Objekte entweder unzugänglich, der Betrachtung entzogen oder sie sind, ganz im Gegenteil, wie ein eingerahmtes Bild der Betrachtung zugänglich. Sie sind auch streng binär, und ein begrenzter Raum darf innerhalb eines anderen eingeschlossen sein – bildliche Eigenschaften, die auf die Eigenschaften der klassischen Logik übertragen werden.

Eine wesentliche Konsequenz der Binarität des Behälterschemas ist, daß die Abgrenzung absolut außen und innen trennt – es gibt keinen Mittelwert, und keine Vermischung des Inhalts von zwei (oder mehreren) Behältern, d.h. es gibt keine ‚Verunreinigung' vom Internen und Externen in der Behälterlogik. Verschiedenheit ist Teil ihrer Essenz. Schließlich scheinen Abgrenzungen von Behältern typisch richtungsweisend zu sein: das heißt, es gibt eine allgemeine unbewußte Annahme, daß das Ich sich innerhalb des begrenzten Raumes befindet, zwar im Zentrum, weder außerhalb des Behälters noch an dessen Rande. Innen ist man sicher, frei von ‚Verseuchung' und vom gefährlichen, fremden Anderen isoliert.

Mit solchen Überlegungen bewegen wir uns langsam schon auf eine Beschreibung von jenen Diskursen zu – z.B. von statistischen, nationalistischen und rassistischen Diskursen, die eben eine besondere Verankerung in Behälterschemata haben. Anstatt in dieser Richtung fortzufahren, lohnt es sich, kurz auf den lexikalischen und begrifflichen Kern der Sache zu kommen, in dem das In-Grenzen-halten, die Innen- und Außenmetaphern enthalten sind. Es handelt sich hier um lexikalisierte und konventionalisierte Metaphern, die normalerweise nicht einmal als solche erkannt würden, die aber systematisch sind und seltsam erscheinende lexikalische Strukturen erklären.

Zustände werden in räumlichen Begriffen kategorisiert: Menschen können *in* Schwierigkeiten stecken, sich *in* Gefahr befinden, sich verlieben usw. (nicht *an* diesen Sachen, zum Beispiel). Allgemein gesehen wird Zeit räumlich wiedergegeben. Zeitperioden werden als abgegrenzte, einschließende Räume dargestellt, weshalb sagt man, zum Beispiel, ‚*in* der nächsten Zeit', aber ‚es ist *an* der Zeit, daß … .' Man kann *an* einer Grenze sein, d.h. man nähert sich dem metaphorischen Rand eines bestimmten Zeitraums, während *zu* einer Zeit sein heißt, sich *in* einem Zeitraum/*innerhalb* eines Zeitraums zu befinden. Die räumliche Einteilung von Zeit ist dagegen viel komplexer, aber dies ist ein Beispiel der Erklärungsmöglichkeiten der Schematheorie.

Wie ich bereits betont habe, werden die Ideen ‚Kategorie' und ‚Wort' selber mittels Behälterschemata zusammengefaßt. Das metaphorische Gewebe weitet sich aber zur Kommunikation im allgemeinen aus. Ideen kommen zum Ausdruck oder werden in Wörter gefaßt – d.h. sie werden irgendwie *aus* behälterähnlichen Gedanken *in* behälterähnliche Wörter übertragen, die entweder leer sind oder das beinhalten, was sie selbst *aus*-drücken. Die Wörter in einem Text werden vermutet, einen Inhalt zu besitzen, der ‚heraus geholt' oder ‚herausgezogen' werden kann. *Exegese* bedeutet buchstäblich ‚*aus*-führen', oder ‚*Aus*-legung'.[15] Dasselbe gilt auch für das semantische Feld des Wissens, welches in der Struktur der europäischen Sprachen auf dem vom Behälterschema abhängenden Paar *eröffnen*/verschlossen *heraus*-finden, *heraus*-arbeiten, *ent*-decken, er-*klären*, und so weiter.

Ein weiteres lexikalisches System, welches durch Metaphern von Geschlossenheit und Eindämmung strukturiert ist, ist die Gruppe von Auffassungen, die mit Normen, Moral, Gesetz und Kontrolle zu tun hat. Verträge zum Beispiel *schließt* man ab und man *bricht* sie. Das Markierungselement des Behälterschemas ist hierbei besonders wichtig und erklärt das systematische und produktive Potential von Ausdrücken wie *jenseits/auf der anderen Seite des Gesetzes, innerhalb des Gesetzes, zu weit gehen, Gesetze übertreten, Grenzen setzen und überschreiten, auf jemandes Rechte übergreifen, außer Rand und Band, in Schranken halten, ausgefallen* und ähnliches. Die Vorstellung von Rationalität, wird auch bildlich vorgefaßt als ein begrenzter Raum – daher kann man *innerhalb der Grenzen der Vernunft* sein, *außerhalb der Grenzen der Vernunft* sein, (‚*beyond the bounds* of reason'), *außer sich sein (außer sich geraten)* und so weiter. Dementsprechend ist soziale und politische Kontrolle metaphorisch als Begrenzung verstanden: Gefühle und Rebellionen *brechen aus, geraten außer Kontrolle*, arten *aus* und müssen *begrenzt* (oder beschränkt) werden. Soziale Gruppen, Situationen und Institutionen sind auch begrifflich vorgefaßt als beschränkte Räume. Diese semantischen, begrifflichen und metaphorischen Strukturen können interessante und auch beunruhigende Konsequenzen haben, da es für den Diskurs möglich ist, metaphorische Implikationen und homologe Verbindungen zwischen z. B. den Begriffen *Insider, Recht* und *Reinheit* auf der einen Seite und den Ideen von *Outsider, Irrationalität* und *Bedrohung* auf der anderen Seite zu aktivieren. Selbstverständlich sind solche diskursiven Bedeutungsstrukturen unvermeidliche Konsequenz. Ich betone lediglich, daß Diskurse sich selbst in bereits existierende Begriffssysteme verankern können, die durch die konventionelle Sprachstruktur aufrechterhalten werden. Abgrenzungsschemata, semantische Systeme und Diskurse sind tief ineinander verschlungen mit dem räumlichen Charakter der westlich-politischen Kultur.

Wenn wir versuchen zu verstehen, was mit dem Wort *Grenzen* gemeint ist, treffen wir auf ein Paradox: denn wenn wir davon sprechen, ‚Begriffe' selber zu definieren, ist der Begriff *Begrenzung* bereits im Spiel, eine Tatsache, die sogar in den mathematisch am genauesten formulierten semantischen Meta-

---

15 Vgl. M. Reddy, ‚*The Conduit Metaphor*.' In: A. O. Ortony (Hrsg.) *Metaphor and Thought*. Cambridge 1979.

diskursen zum Vorschein kommt. Freges Darstellung von Bedeutung kann ohne das Behälterschema und den eng damit verbundenen Grenzbegriff nicht existieren, und dennoch ist seine Theorie nicht in der Lage, ihre Anwesenheit anzusprechen. Man ist aber nicht gezwungen, sich in einer dekonstruktivistischen Sackgasse festzufahren. Denn durch semantische, begriffliche und diskursive Analyse bietet sich die Möglichkeit, zu verstehen und zu erklären, in welchem außerordentlichen Grade das Behälterschema und speziell das begrenzende Element des Schemas die Produktion von Bedeutung innerhalb der westlichen Kulturen und Sprachen strukturiert. Letztlich scheint es kein Zufall zu sein, daß diese Gedanken zu diesem Zeitpunkt der westlichen Geschichte hervortreten. Nachdem die moderne Welt mit der Hilfe von Begrenzungslogik, ja Begrenzungspolitik aufgebaut wurde, sehen wir sie im Zuge der Globalisation auf mehreren Erfahrungsebenen zerbröckeln. In einer allgemeinen Grenzkrise werden alte Abgrenzungen verschwinden und durch neue ersetzt werden.

Richard Heinrich

Die Grenze zwischen Scharfsinn und Stumpfsinn

Eine philosophische Motivenfolge

Die Grenze zwischen Scharfsinn und Stumpfsinn – ein eigentümlicher Doppelsinn in diesem Titel ist Gegenstand meiner Ausführungen.

In der ersten Lesart stellt man sich ein Gebiet vor, durch das die Grenze verläuft; auf der einen Seite Scharfsinn, auf der andern Stumpfsinn. So wie auf der einen Seite Nordkorea liegt und auf der andern Südkorea. Und die Frage wäre, wie ist in unserem Fall diese Grenze beschaffen, trägt sich da etwas Besonderes zu? An der Grenze zwischen Nord- und Südkorea ereignet sich ja immer wieder etwas Besonderes. Natürlich hält sich auch im Rahmen dieser Lesart, wer glaubt, daß es zwischen Scharfsinn und Stumpfsinn eine solche Grenze eben nicht gibt – sei es, weil dazwischen etwas anderes liegt, sei es infolge einer grundsätzlichen Skepsis, ob überhaupt zwischen dem Scharfen und dem Stumpfen eine Grenze bestehen kann.[1]

Aber es könnte auch anders gemeint sein, etwa so: Die Grenze – zwischen Scharfsinn und Stumpfsinn. Wie man sagt: die österreichische Kultur – zwischen Avantgarde und Fremdenverkehr. Da ist gemeint: Wer von beiden hat eher das Sagen in der Kultur? Auf unsere Frage übersetzt: Wo ist der Begriff der Grenze beheimatet, bei den Scharfsinnigen oder den Stumpfsinnigen? Stumpfsinnig sind die Beschränkten, und unter ihnen besonders jene, die auf den eng gesteckten Grenzen beharren, innerhalb derer sie sich auskennen, und die Angst haben vor dem Fall dieser Grenzen, weil sie dann ferner Liegendes in Betracht ziehen müßten. Die Scharfsinnigen sind für das Niederreißen aller Grenzen, die scharfsinnige Person denkt ohnehin über alle Grenzen hinweg. Aber andererseits ist Scharfsinn doch auch die Fähigkeit, Unterscheidungen treffen zu können, feine Grenzen dort wahrzunehmen, wo dem Stumpfsinn al-

[1] Eine solche Überlegung könnte etwa darauf sich konzentrieren, daß jegliche Grenze notwendigerweise scharf sein muß, und daß sie daher das, was zwar von sich aus stumpf wäre, trotzdem scharf abschneidet. Vgl. dazu Ludwig Wittgenstein, *Philosophische Untersuchungen*. Frankfurt/M. 1967, 99. Stellen aus den *Philosophischen Untersuchungen* Ludwig Wittgensteins zitiere ich mit der Nummer der Bemerkung.

les einheitlich erscheint. Eigentlich ist ja der Stumpfsinn gerade insofern beschränkt, als er die Grenzen nicht erkennt, in die er sich selbst eingesperrt hat.[2] Also handelt es sich vielleicht doch um eine Domäne des Scharfsinns?

Beide Lesarten regen zum Nachdenken an und vor allem ihr Verhältnis ist diskutierenswert. Ich gehe dem aber zunächst nicht systematisch nach, sondern beginne bei dem zweiten Aspekt, weil ich glaube, daß die damit verbundenen Fragen in gewisser Weise für uns lebendiger sind.

Am Ende des Films *La grande illusion* von Jean Renoir[3] ist eine Flucht dabei, zu Ende zu gehen. Zwei Männer, die lange vorher ausgebrochen sind aus einem deutschen Kriegsgefangenenlager, werden die schweizerische Grenze überqueren. Jetzt sind sie noch auf der Flucht. Sie halten oben am Abhang über einem breiten Tal, irgendwo unten ist wohl die Grenze. Folgender Dialog:

> Marechal: … dis donc, t'es sur que c'est la Suisse là bas en face, hein?
>
> Rosentahl: Aucun doute!
>
> M: Ça se ressemble tellement mon vieux!
>
> R: Ah! qu'est-ce que tu veux, la nature s'en fout! Une frontière, ça se voit pas, c'est une invention des hommes.

Sieht doch alles gleich aus, sagt der Eine, und darauf der Andere: Na ja, der Natur ist es ja auch wirklich gleich, so eine Grenze sieht man nicht, die ist eine Erfindung der Menschen. ‚Erfindung' meint hier offenkundig Fiktion, Eingebildetes. Stanley Cavell hat über den Film – und in Bezug auf die abschließende Einstellung, die diesem Dialog folgt – gesagt:

> … two figures bobbing through a field of snow, away from us. Somewhere under that white plane is a mathematical line, a fiction that men call a border. It is not on earth or in heaven, but whether you are known to have crossed it is a matter of life and death. The movie is about borders, about the lines of life and death between German and Frenchman, between rich and poor, between rich man and aristocrat, between officer and soldier, between home and absence, between Gentile and Jew. Specifically, it is about the illusions of borders, the illusion that they are real and the grand illusion that they are not.[4]

Die Illusion, daß es die Grenze wirklich gibt, und die große Illusion, daß es sie nicht gibt. Wir wollen versuchen, die Sache noch ein wenig gründlicher aufzubauen, und da ist die erste Stufe gewiß, daß man die Grenze nicht sieht (eine besondere Pointe des Films ist der Schnee, daß es sich um eine völlig verschneite Landschaft handelt; selbst wenn die Grenze irgendwie markiert ist, die Natur deckt das routinemäßig wieder zu). Die Grenze fällt nicht in die

---

[2] Daß das Erkennen der Grenze zwischen Irrtum und Wissenschaft ein Privileg der Wissenschaft ist, spielt eine bedeutende Rolle in der Epistemologie Gaston Bachelards, und in veränderter Form auch bei Louis Althusser. Dieser Zusammenhang ist eindringlich dargestellt bei Robert Pfaller, *Althusser. Das Schweigen im Text*. München 1997.

[3] Jean Renoir, *La grande illusion*. 1937. Skript: St. Etienne 1974, S. 200.

[4] Stanley Cavell, *The World Viewed. Enlarged Edition*. Cambridge MA, 1979, S. 143.

Sinne. Sie wird dazugedacht und ist insofern ein Produkt der Intelligenz. So ist es tatsächlich ein kleiner Test, besonders für bürgerlich erzogene mitteleuropäische Kinder, ob sie das konzeptualisieren können, wenn sie zum ersten Mal an einer Landesgrenze stehen und eigentlich nichts zu sehen ist. Die Illusion als Intelligenzleistung – darauf bestand schon Gorgias, als er sagte, die Thessalier wären zu dumm, sich von ihm täuschen zu lassen.

Aber darüber hinaus gibt es eine dritte Stufe, sie scheint irgendwie die einer höheren Intelligenz zu sein, ist aber deswegen nicht weniger illusionshaft: die Einsicht, daß es die Grenze gar nicht gibt. Sie führt keineswegs zurück in eine natürliche Einstellung, im Sinne der unbeteiligten Einstellung der Natur selbst.

Die Frage, wie sich diese beiden Illusionen zueinander verhalten, hat verschiedene interessante Aspekte. Nur einer betrifft die Unterscheidung von Scharfsinn und Stumpfsinn. Für Renoir selbst war das allerdings ein entscheidender Gesichtspunkt. Wir müssen lernen, über unsere Grenzen hinaus zu denken, und unsere Taten sollen dem entsprechen. Das sieht man übrigens nicht nur an diesen letzten Szenen des Films, sondern noch eindringlicher, wenn der Leutnant Boeldieu so sehr darauf besteht, über die Grenzen seines Standes, der Aristokratie, hinaus zu denken und auch danach zu handeln – d.h. dem kleinen Bürger Marechal und dem Juden Rosenthal die Flucht zu ermöglichen (der Punkt seiner Auseinandersetzung mit Rauffenstein). Es ist die Tragik des Films, daß ihm trotz seines enormen Erfolges der nächste Krieg schon wieder näher war als der schreckliche, gerade erst vergangene, von dem er handelt. Jedenfalls: In Werken wie *La grande illusion* manifestiert sich jene Einstellung, daß die Gescheiten über Grenzen hinweg denken, wir nehmen da eine moralische Verpflichtung auf Intelligenz oder Scharfsinn wahr, und wir feiern seither statt der Konstitution von Nationen das Fallen von Grenzen. Insofern ist Renoirs *La grande illusion* vielleicht ein passendes Gegenstück zu Griffith's *Birth of a Nation*.

Schon in solch einer unverbindlichen Überlegung schimmert das Kantische Motiv durch: Erkennen der Grenze – Grenze des Erkennens. Kant hat sich interessiert für *immanente* Grenzen des Erkennens: Wenn wir bereits verstanden haben, daß im Erkennen eine Kraft wirksam gemacht werden kann, die alle Grenzen, an die sie stößt, gleichzeitig auch überfliegt, dann bleibt noch immer zu klären, ob diese Kraft sich nicht als ganze in einem umfassenderen Raum entfaltet, innerhalb dessen sie ihrerseits sehr wohl begrenzt erschiene. Das wäre eine immanente Grenze des Erkennens, nicht eine, die dadurch besteht, daß etwa manche Gegenstände sich dem Erkennen entziehen.[5]

---

[5] Schon Descartes hatte festgehalten, daß Einsicht in die Unlösbarkeit gewisser Probleme eine ebenso positive Erkenntnis sein kann wie Einsicht in die Natur eines gegebenen Phänomens – vgl. insbesondere die achte der *Regulae ad directionem ingenii*. René Descartes, *Regulae ad directionem ingenii*. Hrsg. v. Springmeyer, Gäbe und Zeckl. Hamburg 1973, S. 61.

Wäre diese Philosophie nicht von Kant, sondern von Ferdinand Raimund, dann hätte sie eine Handlung mit Geselle Stumpfsinn und Bruder Scharfsinn etc., und jene Frage, ob nicht auch das optimal scharfsinnige Denken immanente Grenzen hat, Bruder Scharfsinn also letztlich zu einer gewissen Bescheidenheit angehalten werden muß – die Frage würde gewiß in einem Epilog im Himmel abgehandelt.

Nicht ohne Grund. Denn stellt sie sich in unsrer Welt noch, abgesehen davon, daß in den philosophischen Seminaren die Erinnerung an Kant gepflegt wird? Wo muß man sich aufbauen, wer muß die einleitenden Worte sprechen, welches Verlautbarungsmedium braucht es, daß so eine Frage wirklich aufgeworfen werden kann? Und wer garantiert, daß wenn die Frage aufgeworfen worden sein sollte, sie nicht einfach als ein Aufruf an alle verstanden werden würde, zum Stumpfsinn sich zu bekehren?

Ich möchte noch zwei Bemerkungen hinzufügen, um das Gefühl dafür zu verstärken, daß Denken und Begrenzung in sehr prekären Verhältnissen stehen. Es ist ja nicht nur so, daß wir die Grenze bloß denken, und in Wirklichkeit ist sie gar nicht da. Ebenso massiv drängt sich das Gegenteil auf: daß sie nämlich völlig offenkundig vorliegt, und wir können sie nicht denken. Das ist der Fall des Aneinanderstoßens zweier Farbfelder. Diese Grenze sehen wir, aber wenn wir auf das Gesehene reflektieren, können wir kein Etwas dingfest machen, das diese Grenze wäre, noch zu den Farbfeldern dazu. Sehr vereinfacht gesagt haben wir zwei Fälle: In dem einen gibt es die Grenze gar nicht, aber sie wird gedacht, und zwar durchaus mit realen Folgen; in dem andern gibt es sie, höchst sinnfällig sogar, dann kann sie aber nicht gedacht werden, dann versagt ihr gegenüber das Denken. Und zwar, könnte man hinzusetzen, macht das Denken sich umso lächerlicher in dieser zweiten Situation, je schärfer es sich machen will, um doch noch irgendwie zwischen die farbigen Felder hineinzurutschen. Das ist natürlich nur eine recht äußerliche Überlegung, die man wohl auch gar nicht verbindlich machen kann – aber im Grund steht doch die Frage auf dem Spiel, wie sich Denken in einer Welt, in der wir uns auch mit anderen Mitteln orientieren, eigentlich zu plazieren hat und wie es sich in ihr differenzieren kann: nur in Abstufungen des Illusionären?

Nun die zweite Bemerkung. In dem Film *La grande illusion* geht es so weiter, daß, nachdem die beiden talwärts losgezogen sind, nun tatsächlich eine Patrouille kommt und sie entdeckt. Einer der deutschen Soldaten ruft: „Feuer", es fällt auch ein Schuß, aber der Unteroffizier sagt: „Schieß nicht, die sind schon in der Schweiz." Und darauf wieder der Soldat: „Tant mieux pour

---

Davon muß man die Position Kants unterscheiden. Ich habe das ausführlicher im ersten Teil meines Essays *Wittgensteins Grenze* so wie in einem Aufsatz über Descartes' frühe Erkenntnistheorie (Richard Heinrich, *Die Phantasie des Rationalismus. Einbildungskraft bei Descartes und Kant.* In: *verum et factum.* Festschrift für S. Otto zum 60. Geburtstag. Frankfurt-Berlin u.a. 1993) beschrieben.

eux", haben Glück gehabt die beiden. Das ist außerordentlich wichtig, dieser Sergeant hat gesehen, wo die Grenze ist, trotz Schnees. Er hätte sonst nicht sehen können, daß die Männer schon jenseits der Grenze waren. Hier besteht eine Beziehung zwischen den beiden Illusionsebenen, aber nicht allein als Gegensatz zwischen den Gescheiten, die das Imaginäre (moralisch Unhaltbare) der Grenze erkennen, und den Stumpfsinnigen, die noch daran glauben; sondern das ist auch Komplizität. Daß der Sergeant weiß, was zu wissen seine Aufgabe ist, nämlich wo die Grenze verläuft, läßt Marechal und Rosenthal in die Freiheit laufen.

Also *common sense* als dritte Instanz neben Scharfsinn und Stumpfsinn. Die, welche die Grenze überschreiten und die, die sie bewachen, sind nicht – zumindest nicht allein – in der Opposition von Scharfsinn und Stumpfsinn gezeichnet, sondern auch in der Koexistenz des Scharfsinns mit dem gesunden Menschenverstand. Sie stehen nicht auf den beiden Seiten einer Grenze einander gegenüber, weil Grenze für sie etwas erkenntnistheoretisch jeweils anderes bedeutet – und trotzdem ist die Grenze für sie eine Zone der möglichen Komplizität. Die Soldaten der deutschen Patrouille werden von Renoir nicht als Tölpel hingestellt.

Damit habe ich eine Verbindung gefunden zu der ersten Lesart meines Titels. Wenn Intelligenz und *common sense* in einem gemeinsamen Feld bestehen, dann ist es vielleicht wirklich so, daß der Stumpfsinn nicht an den Scharfsinn grenzt, sondern der gesunde Menschenverstand dazwischenliegt, und dann ist die erste Frage, die nach einer Grenze zwischen Scharfsinn und Stumpfsinn, nicht nur gestellt, sondern auch schon – negativ nämlich – beantwortet. Ich glaube, das wäre eine beruhigende Antwort, und es wird unser Wohlbehagen verstärken zu wissen, daß ein Denker wie Kant sie empfohlen hat.

Kant erläutert Begriffe wie Scharfsinn und Stumpfsinn in Zusammenhang mit der Urteilskraft, d.h. der Fähigkeit, Besonderes und Allgemeines im Erkennen zu koordinieren. Dabei macht er folgenden Unterschied:

> So wie das Vermögen, zum Allgemeinen (der Begriffe) das Besondere aufzufinden, Urteilskraft, so ist dasjenige: zum Besondern das Allgemeine auszudenken, der Witz.
>
> …
>
> Das vorzüglichste Talent in beiden ist, auch die kleinsten Ähnlichkeiten oder Unähnlichkeiten zu bemerken. Das Vermögen dazu ist Scharfsinnigkeit (acumen) und Bemerkungen dieser Art heißen Subtilitäten …
>
> …
>
> Also ist die Scharfsinnigkeit nicht bloß an die Urteilskraft gebunden sondern kommt auch dem Witze zu …[6]

Aber Witz ist nicht gleich Scharfsinn; der Scharfsinn ist schon ein vorzügliches Talent oder eine spezielle Kultur des Witzes oder der Urteilskraft oder beider.

---

6 Immanuel Kant, *Anthropologie in pragmatischer Hinsicht*. Königsberg 1800[2], S. 123.

Und wenn man in die andere Richtung schaut, dann ist nach Kant derjenige, der zu wenig Witz hat, ein stumpfer Kopf. (Mangelt es an Urteilskraft, zieht Kant gleich von Anfang an zwei Fälle in Betracht: fehlt zugleich auch der Witz, dann handelt es sich um Dummheit; ist Witz vorhanden, sprechen wir von Albernheit.)

Mich interessieren jetzt nicht die kleinen Tücken und Ungereimtheiten in diesen Unterscheidungen, sondern daß Kant sagt:

> Der gemeine und gesunde Verstand macht weder Anspruch auf Witz noch auf Scharfsinnigkeit: welche eine Art von Luxus der Köpfe abgeben, da hingegen jener sich auf das wahre Bedürfnis einschränkt.

Er meint keineswegs, daß der gesunde Verstand stumpf sei, nur weil er nicht scharfsinnig ist. In einer seinen früheren Schriften, dem ,Versuch über die Krankheiten des Kopfes', war schon klar, daß Stumpfheit des Kopfes kein Normalzustand sein kann. Natürlich schließt der gesunde Menschenverstand die Fähigkeit ein, zu konkreten, besonderen Daten oder Ereignissen Allgemeinheiten zu bilden. In diesem Sinn sollte man sagen: *Common sense* kultiviert den Witz nicht, aber wo er richtiggehend fehlt, liegt pathologischer Stumpfsinn vor. Also breitet sich Kant zufolge zwischen Scharfsinn und Stumpfsinn noch das Feld des gesunden und gemeinen Verstandes aus und die Lage sieht so aus:

Luxus | wahres Bedürfnis | Krankheit (der Köpfe)

Das heißt nicht, daß es nicht auch die Fälle gibt, wo der Scharfsinn direkt in Stumpfsinn übergeht. Sondern es heißt zunächst nur, daß wir, wenn wir ein plötzliches Umkippen eines unserer besonders scharfsinnigen Argumente in den Stumpfsinn befürchten, daß es dann eine gute und empfehlenswerte Taktik ist, in den *common sense* auszuweichen.

Da meine Absicht jedoch Beunruhigung ist und nicht Beruhigung, so muß ich die Frage wenigstens berühren, in welcher Weise dieser gesunde Menschenverstand uns überhaupt zur Verfügung steht. Der gesunde Menschenverstand ist ja keine erkenntnistheoretische Instanz; auch nicht bei Kant selbst. Er ist geradezu Paradebeispiel eines pragmatisch-anthropologischen oder genauer genommen politischen Begriffes: Wenn man die Menschen nach ihrem Erkenntnisvermögen beurteilen will, teilt man sie ein in solche, denen Gemeinsinn (sensus communis) zugestanden wird, und die ,Leute von Wissenschaft'. Der Verstand der Gemeinsinnigen heißt ,gesunder Menschenverstand', *bon sens*.[7] Können wir noch mit derselben Zuversicht wie Kant annehmen, daß das Subjekt des Denkens jenes freie und aufgeklärte Individuum ist,

[7] Ebd., S. 23.

das seine Interessen rational verfolgt und demgemäß auch seine kognitiven Ressourcen pflegt und einsetzt? Die wahren Träger oder Umschlagplätze der Erkenntnis in unserer Gesellschaft sind doch viel abstraktere Systeme, Institutionen und Informationsprozesse. Ich meine, das wird auch ohne großen philosophischen Aufwand klar: Die Erkenntnis, die Intelligenz, die in langfristige politische Entscheidungen etwa investiert wird, wo kommt sie her? Doch nicht aus den Köpfen von sogenannten mündigen Subjekten, emanzipationsbewußten Bürgern etc. Sie kommt aus Systemen und Strukturen anderer Art. Sie prozessieren Daten, erzwingen Entscheidungen, entwerfen beziehungsweise imaginieren Szenarien, verfolgen langfristige Forschungsziele – mit einem Wort, sie erfüllen allerlei von den kognitiven Funktionen, die auch schon in der Kritik der reinen Vernunft, wenngleich unter anderen Namen, prominent waren. Über eines verfügen diese Systeme bestimmt nicht: gesunden Menschenverstand.

Und daher glaube ich, daß heute stärker als vor zweihundert Jahren damit zu rechnen ist, daß in relevanten Bereichen Scharfsinn und Stumpfsinn direkt ineinander umschlagen können, ,ungepuffert', und daß das die Situation des Denkens wesentlich bestimmt. Jemand, der diesen Umstand auf außerordentlich feinfühlige Weise registriert hat, ohne alle begleitenden gesellschaftspolitischen Reflexionen, ganz allein in seinem eigenen Denken registriert hat, war Ludwig Wittgenstein. Dazu möchte ich jetzt im zweiten und letzten Teil etwas sagen.

Es geht darum zu sehen, wie solches Umkippen eigentlich ausschaut, wo es droht etc. und dazu skizziere ich einen sehr spezifischen Gedanken Wittgensteins. Es gibt zwei Punkte der Anknüpfung an Kant: Der eine, daß der *common sense* für die Orientierung, die er uns bietet, nicht einer Legitimation von anderswo her bedarf. Wittgenstein sagt:

> Einerseits ist klar, daß jeder Satz unserer Sprache ,in Ordnung ist, wie er ist'. D.h. daß wir nicht ein Ideal anstreben: Als hätten unsere gewöhnlichen, vagen Sätze noch keinen ganz untadelhaften Sinn und eine vollkommene Sprache wäre von uns erst zu konstruieren.[8]

Der andere Punkt ist, daß die gewöhnliche Sprache allerdings sich auch nicht selbst legitimieren oder verstehen kann. Die Sicherheit des Gewöhnlichen ist etwas, worauf der Begriff der Rechtfertigung keine Anwendung findet. Etwas (in diesem pointierten Sinn) aus Gewohnheit tun und etwas in gerechtfertigter Weise tun, sind zwei verschiedene Sachen. Gewohnheit rechtfertigt nicht, und sie enthält auch kein zusätzliches kognitives Potential über die Orientierung hinaus, die sie *gewöhnlich* bietet. Das hat Kant ebenso gesehen, als er in der Vorrede zu den *Prolegomena* sagte, ,sich auf den gemeinen Menschenverstand

[8] Ludwig Wittgenstein, *Philosophische Untersuchungen*. Frankfurt/M. 1967, 98; dasselbe sagt Wittgenstein im *Tractatus*. [Ludwig Wittgenstein, *Tractus Logico-Philosophicus*. Frankfurt/M. 1960, 5.5563.].

zu berufen' sei eine von den subtilen Erfindungen neuerer Zeiten, ‚dabei es der schalste Schwätzer mit dem gründlichsten Kopf getrost aufnehmen ... kann. So lange aber noch ein kleiner Rest von Einsicht da ist, wird man sich wohl hüten, diese Nothülfe zu ergreifen ...'.[9] Eines der fürchterlichsten Mißverständnisse in Bezug auf den späten Wittgenstein wäre zu meinen, er hätte irgendein *theoretisches* Potential der gewöhnlichen Sprache entdeckt.

Im Gegenteil, wenn wir unsere Sprache nicht nur gebrauchen, sondern auch verstehen wollen, müssen wir dazu erst geeignete Verfahren entwickeln, und das ist eine komplizierte und riskante Sache. Eine ausgezeichnete Rolle spielt für ihn dabei der Begriff der Übersichtlichkeit, und mit dem kommt genau jene Kultivierung der Unterscheidungsfähigkeit ins Spiel, die bei Kant Scharfsinn hieß:

> Es ist eine Hauptquelle unseres Unverständnisses, daß wir den Gebrauch unserer Wörter nicht *übersehen*. – Unserer Grammatik fehlt es an Übersichtlichkeit. – Die übersichtliche Darstellung vermittelt das Verständnis, welches eben darin besteht, daß wir die ‚Zusammenhänge sehen'. Daher die Wichtigkeit des Findens und Erfindens von *Zwischengliedern*.
>
> Der Begriff der übersichtlichen Darstellung ist für uns von grundlegender Bedeutung.[10]

Beide von Kant unterschiedenen Momente des Scharfsinns kehren hier wieder, das Sehen der Zusammenhänge ebenso wie das Vermehren der Zwischenglieder, und das sorgt natürlich auch für Spannungen in diesem Begriff der übersichtlichen Darstellungsform. Die hervorragendste Methode, um Übersichtlichkeit herzustellen, ist bei Wittgenstein das *Vergleichen*. Man könnte sich dabei an Rousseau erinnern und daß bei ihm das Vergleichen so ziemlich die erste Aktivität ist, mit der der Mensch über den Naturzustand hinaus sich bewegt,[11] worauf hier jedoch nicht näher einzugehen ist. Zurück zu Wittgensteins vergleichendem Ansatz. Allgemein bekannt ist sein Vergleich der Sprache mit einem Spiel, der sich durch die *Philosophischen Untersuchungen* zieht,[12] und aus dem dann auch der Regelbegriff gewonnen wird, weil eine der naheliegenden Charakterisierungen von Spielen eben ihre Regeln sind. Entscheidende Probleme haben mit der Frage zu tun, inwiefern die-

---

[9] Immanuel Kant, *Prolegomena zu einer jeden künftigen Metaphysik*. Riga 1783, S. 11.

[10] Ludwig Wittgenstein, *Philosophische Untersuchungen*. Frankfurt/M. 1967, 123.

[11] Der Begriff *comparaison* geht geradezu definitorisch in den des *amour propre* ein; vgl. etwa Rousseaus fünfzehnte Anmerkung im ersten Teil des *Discours sur l'inégalité*: ‚... je dis que dans nôtre état primitif, dans le véritable état de nature, l'Amour propre n'existe pas; Car chaque homme en particulier se regardant lui-même comme le seul Spectateur qui l'observe, comme le seul être dans l'univers qui prenne intérêt à lui, comme le seul juge de son propre mérite, il n'est pas possible qu'un sentiment qui prend sa source dans des comparaisons qu'il n'est pas à portée de faire, puisse germer dans son ame.' Jean-Jacques Rousseau. *Discours sur l'inégalité*. Hrsg. H. Meier. Paderborn-München 1984, S. 371.

[12] Vgl. besonders Ludwig Wittgenstein, *Philosophische Untersuchungen*. Frankfurt/M. 1967, 130. ‚... stehen die Sprachspiele da als *Vergleichsobjekte*, die durch Ähnlichkeit und Unähnlichkeit ein Licht in die Verhältnisse unsrer Sprache werfen sollen.'

ser Begriff der Regel beim Verständnis von Sprache nutzbar gemacht werden kann. Da sieht man schon ein wenig von dem Verfahren. Wir konzentrieren uns aber auf seine Schwierigkeiten.

Da ist einmal die Versuchung, das, was uns der Vergleich sehen läßt, von der Sache selbst auszusagen. Etwa die Verwechslung, daß die Sprache ein System von Regeln ist. Wittgenstein betont selbst, daß er die Sprache unter diesem Gesichtspunkt betrachtet und mit einem Spiel *vergleicht*[13], und trotzdem wird noch immer behauptet, Wittgenstein hätte die großartige Einsicht gehabt, daß die Sprache ein System von Regeln sei.

Eine andere Art von Schwierigkeit hat mit der Feinheit der Vergleiche zu tun und in der Folge mit der grundlegenden Relativität des Begriffes ‚Übersicht'. Wir kennen uns nicht aus (das ist nach Wittgenstein die allgemeine Form eines philosophischen Problems[14]) und müssen uns in einem größeren Zusammenhang neu orientieren. Also treffen wir grundlegendere Unterscheidungen, und tatsächlich wird die Lage klarer – aber wenn das eine Weile weitergeht, verlieren wir den Überblick wieder am anderen Ende des Spektrums – wir sehen keine Differenzen mehr. Natürlich kann es auch umgekehrt passieren. Im Zuge einer längeren Überlegung zum Begriff des Sehens im zweiten Teil der *Philosophischen Untersuchungen* sagt Wittgenstein einmal: ‚Es ist hier für uns die ungeheure Gefahr: feine Unterschiede machen zu wollen.' Ich nenne das behelfsmäßig das ‚Syndrom der Subtilität'.

Prominent ist schließlich eine dritte Art von Schwierigkeit, Wittgenstein selbst gebraucht dafür das Wort *Sublimierung*. Das greift tief in die Methodik des Vergleichens ein, und wird aus verschiedenen Quellen gespeist. Einerseits, Ordnung stets im Zusammenhang mit vollkommener Ordnung, mit einem Ideal zu sehen. Wir erkennen, daß die Sätze unserer gewöhnlichen Sprache logisch in Ordnung sind, und schon vermuten wir, daß in diesen gewöhnlichen Sätzen ein logischer Kern entweder enthalten ist oder von ihnen nachmodelliert wird, der das vollkommene Ideal dieser Ordnung ist, ohne alle Beimischung von Gewöhnlichkeit natürlich. Zum anderen gibt es auch bestimmte Vergleiche, die diese Tendenz verstärken, ihr eine zusätzliche Qualität geben, insbesondere Vergleiche der Sprache mit einer Maschine oder einem abstrakten System wie in der Mathematik.

Von diesen Syndromen der Subtilität und der Sublimation interessiert uns mehr die Subtilität, aber ich möchte einen Komplex erwähnen, der in beiden Bereichen eine hervorragende Rolle spielt. Das sind Begriffe wie Reinheit, Präzision, Schärfe und insbesondere der Begriff der scharfen Begrenzung. Die Schärfe der Abgrenzungen und Unterscheidungen macht die Subtilität aus, und zugleich ist Schärfe ein Attribut dieses höchst sublimen Ideals unseres

---

13 Ludwig Wittgenstein, *Philosophische Bemerkungen*, Frankfurt/M. 1967, 63.
14 Ludwig Wittgenstein, *Philosophische Untersuchungen.*, a.a.O., 123.

Denkens, das in den Tiefen unseres tatsächlichen, aktuellen und immer ein wenig unaufgeräumten Denkens verborgen sein muß – wie wir zu vermuten geneigt sind. Denn jetzt hätten wir uns schon in den spezifischen Schwierigkeiten scharfsinniger Analysen verfangen:

> Der Sinn des Satzes – möchte man sagen – kann freilich dies oder das offen lassen, aber der Satz muß doch *einen* bestimmten Sinn haben. Ein unbestimmter Sinn, – das wäre eigentlich gar kein Sinn. – Das ist wie: eine unscharfe Begrenzung, das ist eigentlich gar keine Begrenzung.[15]

Für diese Art Einstellung verwendet Wittgenstein das Wort *Mißverständnis* (die gewöhnliche Sprache versteht sich selbst nicht, aber da verwendet er nicht den Begriff Mißverständnis, sondern – wie wir in einem Zitat vorhin gesehen haben – das Wort *Unverständnis*). Er spricht sogar von einem Trieb zum Mißverständnis. Und jetzt liegt es nahe zu sagen: Wenn das zu weit geht, dann müssen wir eben aufhören mit den Subtilitäten und uns wieder auf den *common sense* zurückziehen. Sagt er nicht selbst, daß er die Wörter ‚von ihrer metaphysischen, wieder auf ihre alltägliche Verwendung zurück' führen will? Und sagt er nicht auch:

> Die eigentliche Entdeckung ist die, die mich fähig macht, das Philosophieren abzubrechen, wann ich will.[16]

Aber das ist eine sehr ironische Sache, denn vor allem steht Wittgenstein ja auf dem Standpunkt, daß in der Philosophie gar keine Entdeckungen gemacht werden können. Wittgenstein verstehen heißt zu sehen, daß für ihn eben kein gesicherter Weg, zurück aus der Philosophie in die gewöhnliche Sprache zur Verfügung steht; einen solchen Weg muß man erst bahnen, und was da als Alternative dauernd droht, und auch dauernd Wirklichkeit wird, das sagt er in folgendem bedenkenswerten Satz:

> Wir achten auf unsere eigene Ausdrucksweise, diese Dinge betreffend, verstehen sie aber nicht, sondern mißdeuten sie. Wir sind, wenn wir philosophieren, wie Wilde, primitive Menschen, die die Ausdrucksweise zivilisierter Menschen hören, sie mißdeuten und nun die seltsamsten Schlüsse aus ihrer Deutung ziehen.[17]

Wilde, Primitive. Nicht die anderen, über die wir scharfsinnig zu reflektieren belieben, sind die Wilden. Wir, wenn wir philosophieren. Unser Scharfsinn kippt in Mißdeutung, in den Verlust aller Orientierung, fällt hinter den *common sense* zurück auf primitiven Stumpfsinn.

Es gibt eine dramatische Stelle,[18] im Zuge subtiler Analysen, wo es um Unterschiede geht wie zwischen ‚glauben' und ‚zu glauben glauben', und da

15 Ebd., 99.
16 Ebd., 133.
17 Ebd., 194.
18 Ebd., 261.

sagt er: ‚So gelangt man beim Philosophieren am Ende dahin, wo man nur noch einen unartikulierten Laut ausstoßen möchte.'

Es ist wichtig zu sehen, daß diese Mißverständnisse sich nicht erst bei einem Grad von Scharfsinn einstellen, wo es sowieso keinen mehr interessiert. Sie beginnen gleich mit dem ersten Schritt, mit dem man meint das sichere Gelände der Philosophie betreten zu haben, bei Begriffen wie Geist und Denken.

Wittgenstein bemüht sich in den *Philosophischen Untersuchungen* zu zeigen, daß es in die Irre führt, wenn man Denken als einen unkörperlichen Vorgang erklärt. Eine Unmenge von Beispielen führt er dafür an, daß dieser unkörperliche Vorgang einfach nicht unterzubringen ist in der Beschreibung einer beliebigen konkreten Situation. Davon eine winzige Kostprobe:

> Was geschieht, wenn wir uns bemühen ... den richtigen Ausdruck für unsere Gedanken zu finden? – Diese Redeweise vergleicht den Vorgang dem einer Übersetzung, oder Beschreibung: Die Gedanken sind da (etwa schon vorher) und wir suchen nur noch nach ihrem Ausdruck. Dieses Bild trifft für verschiedene Fälle mehr oder weniger zu. – Aber was kann hier nicht alles geschehen! – Ich gebe mich einer Stimmung hin, und der Ausdruck kommt. Oder: es schwebt mir ein Bild vor, das ich zu beschreiben trachte. Oder: es fiel mir ein englischer Ausdruck ein, und ich will mich auf den entsprechenden deutschen besinnen. Oder: ich mache eine Gebärde, und frage mich: ‚Welches sind die Worte, die dieser Gebärde entsprechen?' Etc.
> Wenn man nun fragte ‚Hast du den Gedanken, ehe du den Ausdruck hattest?' – was müßte man da antworten? Und was auf die Frage: ‚Worin bestand der Gedanke, wie er vor dem Ausdruck vorhanden war?'[19]

So soll eben die Vorstellung vom Denken als einem unkörperlichen Vorgang diskreditiert werden: Er kann schlechterdings in kein hinreichend bestimmtes Verhältnis zu den anderen Vorgängen und Umständen gebracht werden, die er erklären soll, die aus ihm folgen, die ihn gleichsam ‚umgeben'. Die Stelle zeigt auch anschaulich, wie die abschließende, besonders gewitzte Frage (‚Worin bestand der Gedanke ...') die Differenziertheit des gewöhnlichen Verständnisses unterbietet. Denn da, in der vorhergehenden Schilderung von vier ganz verschiedenen Fällen, läßt sich ja charakteristischerweise weder für den Pol des Gedankens noch für den des Ausdrucks ein kleinster gemeinsamer Nenner finden. Und doch, eine Umdrehung der Schraube weiter, fällt Wittgenstein sich noch einmal selbst ins Wort, findet er selbst in diesem seinem eigenen kritischen Impuls noch die Spur des Primitivismus:

> Denken ist kein unkörperlicher Vorgang, der dem Reden leben und Sinn leiht, und den man vom Reden ablösen könnte, gleichsam wie der Böse den Schatten Schlemiehls vom Boden abnimmt. – Aber wie: ‚kein unkörperlicher Vorgang?' Kenne ich also unkörperliche Vorgänge, das Denken aber ist nicht einer von ihnen? Nein; das Wort ‚unkörperlicher Vorgang' nahm ich mir zu Hilfe, in meiner Verlegenheit, da ich die Bedeutung des Wortes ‚denken' auf primitive Weise erklären wollte.[20]

---

[19] Ebd., 335.
[20] Ebd., 339.

Lakonisch sagt Wittgenstein einmal: ‚Wo unsere Sprache uns einen Körper vermuten läßt, und kein Körper ist, dort, möchten wir sagen, sei ein *Geist*.'[21] Das sieht aus nach Scharfsinn, in Kants Wortgebrauch wäre es vielleicht Witz, das Finden eines Allgemeinen – aber in Wahrheit ist es eine primitive Reaktion, von ganz genau derselben Art, wie wenn ich eine mathematische Aufgabe nicht lösen kann und mich unzulänglich fühle und zur Bereinigung, um alles in Ordnung zu bringen, ein Stück Schokolade esse.

Darin nun lag Wittgensteins Beunruhigung begründet, daß er fürchtete, daß der immer schärfere, einem Ideal von Schärfe nacheifernde Scharfsinn unmittelbar umzuschlagen drohe in Stumpfsinn.

Um zusammenzufassen: Renoirs *La grande illusion* ist eine recht zeitgemäße Erinnerung an die moralische Unerträglichkeit bornierten Stumpfsinns – und an die vielfältige und komplexe Herausforderung, die Grenzen aller Arten und Illusionsstufen für ein Denken darstellen, dem an Schärfe und Konsequenz gelegen ist. Auch und weil das neuerdings allzu viele sich wieder zu verlernen bemühen. Vorsicht ist jedoch geboten. Denn wir können uns, wenn wir Witz und Unterscheidungsfähigkeit kultivieren, nicht auf einen jederzeit garantierten Rückweg in den *common sense* verlassen – jenen Rückweg, der für Kant noch eine selbstverständliche pragmatische Voraussetzung schien, für Renoir ein unverzichtbares Element in seiner Erzählung vom Entkommen aus dem barbarischen Stumpfsinn. Diesen Weg muß sich jeder mit der eigenen Intelligenz und Aufrichtigkeit selber bahnen.

Wittgenstein wird oft als konservativer Philosoph bezeichnet, weil er dem Begriff des Gewöhnlichen große Bedeutung beimaß, angeblich auf Kosten irgendeiner Rationalität, und weil er Ansichten vertrat wie etwa jene, daß alles Begründen und Rechtfertigen irgendwo sein Ende habe. Ich will mich weder mit den Gründen noch mit den Vertretern einer solchen Sichtweise auseinandersetzen. Es ist jedenfalls nicht meine. Ich höre ihn nur sehr eindringlich die gerade umgekehrte Frage stellen: ob und wie wir ein Denken, das uns immer wieder und unvermeidlich und sehr direkt an die Grenze von Scharfsinn und Stumpfsinn stellt, zu einer Gewohnheit in unserem Leben machen wollen. Und das ist, in dem sehr persönlichen Idiom seiner Philosophie, eine politische Frage.

---

[21] Ebd., 36.

Suzanne Kirkbright

Karl Jaspers on the Threshold Motif: A Biographical Encounter

Two years before Karl Jaspers died in 1969, he gave a remarkable interview of personal reflections on the challenging circumstances that affected his outlook on life.[1] Rarely was Jaspers' personal situation mentioned in connection with his ideas about existence, and such was the emphasis he laid on the weight of theory, that, for the most part, his moral outlook obscured an underlying appreciation of literary skill, the talent to rework past experience into a poetic account. The interview provides both an attempt at such a literary account, and a lasting and memorable example of the way in which Jaspers considered aspects of his thinking about borders as inextricably linked with fragments of his autobiography.

In the 1930s, when his first major work entitled *Philosophie* was published, Jaspers was making public his observations and findings about a highly personal encounter with a "border situation."[2] The personal value of this work is expressed in the unreserved manner of Jaspers' interview, by a turn of phrase that is liberated from the constraints of his pre-war theory. At the same time, the careful release of details about childhood, early youth and the development of Jaspers' career enables more accessible clarification of concepts that were explored in the complex manner of the philosophy. By his uncomplicated way of speaking about the past, Jaspers appears to challenge a longstanding conception that he held about "border situations".

1 This interview was first published by Hans Saner in *Schicksal und Wille. Autobiographische Schriften*, (ed. by Hans Saner), Munich 1967: *Karl Jaspers – Ein Selbstporträt (1966–67)*, pp. 15–38. Saner used the text of this interview on several other occasions, such as, for example, the introduction of the reader *Was ist Philosophie? Ein Lesebuch*, (ed. by Hans Saner), Munich 1976, see especially *Anstelle eines Vorworts: Karl Jaspers. Ein Selbstporträt*, ibid., pp. 7–29. All references to the text of Jaspers' interview are taken from this source.

2 See also Hans Saner, (ed.), *Schicksal und Wille*, op. cit., p. 13. Karl Jaspers' *Philosophie* was first published in December 1931. The centrepiece of this work, entitled *Existenzerhellung*, contains a theoretical exposition of "border situations" (*Grenzsituationen*), a number of afflicting conditions that Jaspers identified as mortality, suffering, mental conflicts and guilt, see *Existenzerhellung*, (*Philosophie*, Vol. II), Munich-Zurich 1994, pp. 201–249.

In what approaches a poetically inspired narrative of his lifetime experience, Jaspers describes in his interview an encounter with the reality of existentially challenging conditions. The present examination considers whether the text of Jaspers' retrospective account was truly intended to signal a new departure for the nature of his reflections on border experience.

Jaspers' personal situation was complicated by a life-threatening bronchial condition that was not properly diagnosed until adolescence, when the symptoms of illness produced an unusually keen awareness of mortality.[3] Illness altered Jaspers' perception of life, a detail which he outlined in the briefest fragment of a letter, written in 1905, when he commented on the insight he had gained into mortality and, as a result, his heightened consciousness of being: "Wir sind eben immer an der Grenze."[4] Such a close encounter with the knowledge of mortality made Jaspers aware of the value of gaining the most out of life, a recognition that led him to treat the knowledge of death as a critical situation, a barrier to continued existence, which in theory, provides a real impulse to adopt a new way of thinking.[5]

The scrutiny of borders, barriers and thresholds which is at the heart of the theory of *Existenzerhellung* is an attempt to convince others of the existential viewpoint, a viewpoint to which Jaspers attached an exposition of considerable conceptual weight, by arguments that were based on personal experience. The most significant of these arguments is the need to change attitudes. This need was a subjective, inner compulsion, based on Jaspers' psychological understanding of what seems a fixed, inescapable, and physical reality of death. The imperative for changing general perceptions about mortality involves turning the appearance of an inert barrier, whose experience is physically tangible, into the idea of a threshold, with consequences that Jaspers considered far-reaching.

In his interview, Jaspers enlarged further on his theoretical conception of personal experience, for his ideas were more than just an intellectual exercise. The theory of existence was a real counterweight for Jaspers' subjective experience of the barrier of mortality. Perhaps for that reason, Jaspers' theory is accompanied by a predicament, a perplexing state in which individuals, though envisaged as the target of the ideas, remain in a state of suspense. In practice, Jaspers recognized the psychological implications of his personal sit-

---

[3] Jaspers recorded the symptoms of his illness in a lengthy and meticulous account that is edited by Saner, see *Schicksal und Wille*, op. cit., pp. 109–141. An English equivalent for what Jaspers referred to as "Bronchiektasen" may be "sarcoidosis", a condition that can affect the heart and bronchial system, with potentially fatal repercussions.

[4] Quoted after Hans Saner (ed.), *Karl Jaspers. Mit Selbstzeugnissen und Bilddokumenten*, Hamburg 1970, p. 72.

[5] See Karl Jaspers, *Existenzerhellung*, especially on "Wandel des Todes mit der Existenz", op. cit., p. 229.

uation; in theory, he generalized about how his practical knowledge translated into individually relevant ideas. Jaspers' methodology is a frustrating area of his work in the sense that he scrupulously encourages the individual to follow his way of thinking, whilst also suggesting that his particular route is neither the prescribed nor the correct one. The reluctance to adopt a prescriptive, system-based methodology was partly connected with Jaspers' perception of reality, his recognition that, morally speaking, we always exist in relation to something or someone else. To observe a state of relative dependence on other entities means to recognize obligations towards others, so that individuals are always alert to the possibilities and limitations of the personal, existential situation.

The method of making such general observations, what Jaspers called "elucidation", applies the idea of a threshold as a conceptual distinction of everyday life (*Dasein*), a set of circumstances that differs from the consciousness of existence (*Existenz*).[6] The process of "elucidating" this different value of personal experience implies a series of logical steps, to be followed as a way of exposing the moral aspect of dealing with others. Jaspers' fragmentary observation "wir sind eben immer an der Grenze" implies what appears to be a split of individual consciousness, – a sense of being both physically and mentally alive –, but his reflections on this threshold experience did not suggest that individuals should themselves exist as split personalities.[7] Jaspers indicated that by a leap of understanding, an inherent ability to translate the moral context into something relevant for the individual, it is possible to appreciate the unique nature of personal circumstances.

A moralistic appreciation of "otherness" is the key aspect of the existential viewpoint: "Grenze drückt aus: es gibt ein anderes […]."[8] Such a particular understanding of *Grenze* frames Jaspers' view that it is important to think ahead, not to muse or to contemplate endlessly what he treated as merely subjective constraints of present circumstances. The thinking individual, he argued, need not be troubled by exercises in introspection which he called a counterproductive way of poeticizing the conditions of nature. It may appear easier to adopt a realistic outlook, by transcending materialistic, everyday concerns, but the capacity to reflect also carries a burden of release from preconceived attitudes. The point of release is where the diverse contexts of life

[6] Karl Jaspers, *Existenzerhellung*, op. cit., p. 207.

[7] The basic message of Jaspers' reference to the "Subjekt-Objekt-Spaltung" was to appreciate a division of material objects from the individual's perception of the material world, by recognizing the difference between the two spheres, these categories are treated as inherently dependent on each other. For a further discussion of this aspect see: Suzanne Kirkbright, *Karl Jaspers and the threshold of Existence*. In: *Border and Border Experience*, Frankfurt/M. 1997, pp. 29–31.

[8] Karl Jaspers, *Existenzerhellung*, op. cit., p. 203.

and existence – of material things and 'otherworldly' matters – co-exist in relative harmony. Jaspers clearly regarded the function of *Grenze* as an elusive signal, a threshold to an enlightened state of consciousness that transcends the present.

The distinction of existence *a priori* from the wealth of material experience highlights a consensus of opinion that Jaspers' notion of *Existenz* was merely a contemporary interpretation of the transcendental sphere, the 'otherworldly' realm of consciousness explored by Immanuel Kant's critical thought.[9] The fact that Jaspers evaluates everyday, material problems within a framework of reason underlines his view that subjective experience alone cannot equip individuals to ask the essential moral questions about life. This Kantian pre-condition particularly complies with Jaspers' moralistic outlook on life.[10]

From early schooldays, Jaspers regarded himself as an outsider, not only because illness naturally excluded him from everyday activities, but because he inhabited a realm that was independent and detached from that of his generation.[11] To interpret the theory of "border situations" as a way of breaking through the twofold barrier of illness and the isolation of a deeply reflective consciousness is one way of looking at Jaspers' contribution. In this case, the predicament of the theory – the tendency to generalize on the nature of personal, existential questions – resurfaces as a problem that is mirrored by his reflections on personal circumstances. The illness necessitated an enforced withdrawal from contact with too many social acquaintances, but the pursuit of intellectual activity was also an escape from the burden of Jaspers' weak physical condition.

A key phrase "von Existenz zu Existenz" indicates that, for Jaspers, communication was understood as an existential possibility, an exchange of ideas on a highly individual and selective basis. By emphasis on the quality of communication, Jaspers did not include the perfection of literary expression. On the contrary, he was interested in promoting the idea of contemplation as a

---

9 Hannah Arendt, Dolf Sternberger and Hans Saner are amongst those who form the consensus of opinion on this matter, see also Hans-Georg Gadamer, *Einleitung in den Philosophischen Teil.* In: *Karl Jaspers Philosoph, Arzt, politischer Denker.* (Symposium zum 100. Geburtstag in Basel und Heidelberg), Munich 1986, pp. 200–206, here p. 203: "Karl Jaspers war derjenige, der die philosophische Tragweite dieser Erneuerung des Existenzbegriffes mit den Mitteln der Begriffstradition des deutschen Idealismus zum Ausdruck zu bringen wußte."

10 Kant's *Kritik der reinen Vernunft* gives an exposition on this moralistic outlook as a "moral imperative", see Immanuel Kant, *Werke*, (Vol. 3–4), "Die Postulate des empirischen Denkens überhaupt." In: *Kritik der reinen Vernunft*, ed. by Wilhelm Weischedel, Darmstadt 1983, pp. 248–263.

11 See Karl Jaspers, *Notizen zu Heidegger*. Ed. by Hans Saner, Munich-Zurich 1978: Note 79, Teil III, 1953–54: "Mir war es eigen, den Spuren Kants zu folgen, daher war ich seit meiner Jugend jederzeit 'altmodisch'". Ibid., p. 101.

stimulating exchange of views which he thought emerges from encouraging the elite of intellectual life, an elite to which he did not necessarily include a literary or an artistic lifestyle. It is all the more interesting to examine whether Jaspers' interview was an attempt to amend the impression that his emphasis on the integrity of the individual stamped him as an elitist thinker.[12]

The change of approach that characterizes Jaspers' interview may have merely been a bid to ensure the survival of his ideas. The rigorous, disciplined lifestyle that he was obliged to follow translated into a sober style of language and the clipped style of his philosophy. Yet, the characteristic way of abbreviating ideas into opposing pairs, – such as *Vernunft* and *Existenz, Welt* and *Transzendenz* –, was adopted because Jaspers paid more attention to the process of thinking than to the style of his expression. His interview is an exception to that rule, insofar as it emerges that Jaspers' customary disapproval of aesthetic values masked a deeper uncertainty about his ability to achieve literary flair. Whilst he appreciated such talent in others, to the extent that he greatly admired the work of his stylistically gifted pupil, Hannah Arendt, he dismissed the literary domain as an irrelevant area to explore when it came to sharpening the manner of expressing his own endeavours. These endeavours are beleaguered by a tense threshold experience, a meeting of what Jaspers treated as two antagonistically disposed ways of thinking about borders, a literary-philosophical combination that translates into the "quasi-poetic" fabric of his speech, as the following quotation from the introduction of the interview serves to illustrate:

> In meiner Kindheit waren wir alle Jahre auf den friesischen Inseln. Ich bin mit dem Meer aufgewachsen. Zuerst sah ich es in Nordeney. An einem Abend ging mein Vater, mit dem kleinen Jungen an der Hand, den weiten Strand hinunter. Es war tiefe Ebbe, der Weg über den frischen reinen Sand war sehr lang bis an das Wasser. [...] Ich war wie verzaubert, habe nicht darüber nachgedacht. Die Unendlichkeit habe ich damals unreflektiert erfahren. Seitdem ist mir das Meer wie der selbstverständliche Hintergrund des Lebens überhaupt. Das Meer ist die anschauliche Gegenwart des Unendlichen. Unendlich die Wellen. [...] Das Meer zu sehen, wurde für mich das Herrlichste, das es in der Natur gibt.[13]

The image of the sea inspires a freely spoken account of childhood memories which releases lengthy and indulgent stretches of nostalgia. In an unprecedented departure from his previous position, the nostalgic mood overturns Jaspers' customary veto of literature and the arts as a form of "ästhetischer Genuß".[14] But the blurring of the conceptual barrier that Jaspers constructed to separate his view of philosophy from that of literature merely draws atten-

---

[12] This suggestion was raised in Dolf Sternberger's article on: *Karl Jaspers zum Hundersten Geburtstag*. In: *Frankfurter Allgemeine Zeitung*, September 1983.

[13] See *Karl Jaspers – Ein Selbstporträt*, op. cit., p. 7.

[14] Karl Jaspers, *Philosophie*, (Vol. I, *Philosophische Weltorientierung*), op. cit., p. xxii.

tion to the constancy with which he maintained and defended his identity as a thinker.

The above reference to the sea was intended as a simile, a conception of life as an encounter with the vast and unknown territory of existence. As a naturally occurring phenomenon, the sea inspires questions about existence, not observations of qualities that affect a poetic account. To contemplate the sea is to think of space and open horizons. In Jaspers' case, the image invited an investigative conception of life that had more far-reaching implications than can be appreciated from a merely literary standpoint: "Es gibt dieses andere. Das Meer ist seine leibhaftige Gegenwart. [...] So war es mir unbewußt von Kindheit an. Das Meer ist Gleichnis von Freiheit und Transzendenz."[15] The vision of the seascape is pondered in a "quasi-poetic" exploration of Jaspers' early memories, to serve as a reminder of the individual's position as defined within a boundary of existence. Yet, his contemplative attitude cannot detract from the atmosphere of introspection and reminiscence that accompanies the repeated references to familiar landscapes, the ocean, the coastline and the marshlands of his home in the northern part of Germany:

> Das Wohnen, das Geborgensein ist uns unentbehrlich und wohltuend. Aber es genügt uns nicht. Es gibt dieses andere. [...] Der Unendlichkeit des Meeres kommt am nächsten etwa die Landschaft meiner Heimat, die Marschen. Sie sind vollkommen eben. [...] Nichts als Himmel, Horizont und ein Ort, wo ich stehe. Der Himmel offen nach allen Seiten. Diese Weite ist schon Landschaft, ist schon nicht mehr das Meer, aber ihm noch nahe, mir aus der Kindheit her so vertraut, daß mir nächst dem Meere nichts lieber ist als die flache Landschaft mit völlig freiem Horizont. [16]

By observing connections and divisions as they occur in the natural world, Jaspers hints that he grew more appreciative of the significance of borders and boundaries. That life is about experiencing the unfamiliar territory of existence is conveyed by reference to the concept of *das Umgreifende*, a boundary, an all-encompassing entity, a conception of being in which the importance of the threshold entity comes to light.[17] The threshold is an essential precursor to entering into a deeper understanding of experience that the landscape impressions also convey. The proximity of the sea and sky instantly defines a sense of space, to demonstrate how Jaspers, unusually in this instance, attempted to explain the concept of *das Umgreifende* in the visual terms of the literary art.

Jaspers' personal threshold experience was both a critical encounter with mortality, as well as mirrored in a landscape that awoke in his youth a natural affinity for the subject of borders and boundaries. Interestingly, this affinity for appreciating the poetry of nature merely confirms the view that Jaspers re-

---

15 See *Karl Jaspers – Ein Selbstporträt*, op. cit., p. 7.

16 Ibid., p. 7f.

17 Jaspers' concept of *das Umgreifende* is referred to primarily in his post-war work, *Von der Wahrheit* (1947), Munich 1991.

garded an antagonistic distinction of philosophy from literature as an abbreviated version of his encounter with borders, barriers and thresholds.

The tension which derives from the competing disciplines of philosophy and literature was primarily reflected by Jaspers as an intellectual problem. The crux of the problem was to determine whether aesthetic appearances, such as the natural landscape environment, or the Idea of its reality, as in the Platonic sense of an underlying pattern of the natural order was the essential component for his existential conception of reality. Kierkegaard's thinking about a possible correlation of aesthetic and ethical standpoints provided essential clarification on this matter. Kierkegaard had demonstrated, in an imaginary debate entitled *Either/Or,* that by use of a pseudonym he possessed a stylistic guise, to develop arguments that support both aesthetic and ethical life-views.[18] In other words, Kierkegaard achieved precisely the style of aesthetic philosophy which Jaspers wanted to avoid. Jaspers' theory of existence emerged as a critique of literary and stylistic devices, for he argued that Kierkegaard's literary skill merely concealed what he considered as a more compelling outlook of moral *Ernst.* To convey the more serious nature of the moral side of things, Jaspers thought it necessary to disregard his affinity for appreciating the poetic lines surrounding him in the natural world. His conviction that a literary-philosophical combination was an unsuitable direction for his thoughts about existence also had another, plausible route.

In the autumn of 1901, Jaspers wrote a series of letters which comment on his views towards literature and the arts. In Heidelberg, after attending Kuno Fischer's lectures, he considered himself an "Amateur der Kunstgeschichte und Philosophie."[19] Within the space of a week, his initial enthusiasm for the lectures turned into his dismissal of the arts as concerned with vanity and sensation. [20] The 'amateur' interest in literature, theatre, and painting was indulged long enough for the further comment: "Mein Leben verläuft sehr genußreich."[21] However, illness intervened: Jaspers spent the summer of 1902 convalescing in Sils-Maria. In another letter to his father, he outlined a sense of resolve at this vital turning point: to exclude literature as a plausible way of appreciating the meaning of life experience. In assiduous detail, Jaspers wrote a plan for a future career in medicine, with the ambition to move from psychiatry and psychology into the discipline of philosophy. That letter was never sent. Its purpose was to clarify the decision to exclude the aesthetic domain in favour of the graver matter of investigating morally significant questions: "An

18 See Søren Kierkegaard, *Either/Or. A Fragment of Life,* abridged translation by Alastair Hannay, London 1996.

19 Karl Jaspers' letter without addressee, 30 October 1901, quoted after Hans Saner (ed.), *Karl Jaspers – Mit Selbstzeugnissen und Bilddokumenten,* op. cit., p. 18.

20 Ibid.

21 Karl Jaspers' letter without addressee, 30 January 1902, ibid., p. 19.

einem solchen Punkt meines Lebens, daß ich mit einem Bisherigen breche, bin ich angekommen. Aber ich bin von der Freude getragen, das Richtige zu tun."[22]

Jaspers' view of the compelling ethical considerations of life, – as opposed to the aesthetic sphere of consciousness –, prevented him from exploring beyond a conceptual barrier which he understood as a strict division of philosophy from literature. The stigma associated with existential theory after the 1930s was, in Jaspers' view, the outcome of a literary-philosophical confusion, a consequence of crossing the conceptual barrier he saw between philosophy and literature.[23] By commitment to understand moral dilemmas, Jaspers' language particularly contrasted with Martin Heidegger's.[24] Heidegger's connection of 'existentialist' thought with the expression of ideas and concepts as a movement in art was seen by Jaspers as undermining the existential viewpoint. The idea of *Existenz* is at the heart of that viewpoint as a moral situation, not a context with poetic implications.

The moralistic undertone of the definition of *Grenze* confirms that Jaspers hardly considered this entity as a signal to appreciate poetic associations of experiences. The uppermost concern was to express the responsibility of personal freedom (*Geschenkt sein*) on an equal footing with the ability to recognize a moral lapse (*Scheitern*) as the outcome of a failure to act in a morally conscious manner.[25] Jaspers' view was that the weightier, more complex and mentally challenging aspect of encountering thresholds leaves us in a moral predicament: "Diese Grundsituationen unseres Daseins nennen wir Grenzsituationen. Das heißt, es sind Situationen, über die wir nicht hinaus können, die wir nicht ändern können."[26] Yet he also regarded these moral situations as double-edged: "Sie sind wie eine Wand, an die wir stoßen, an der wir scheitern."[27] Encountering a wall or barrier as a potentially divisive structure was only the downside to what Jaspers believed was also about identifying positive opportunities for action and initiative. The failure to realize one's true potential in life merely draws attention to a threshold within, an intensely critical point at which a choice emerges: to challenge, or to accept whatever low-

---

22 Ibid., p. 19.

23 Karl Jaspers, *Existenzphilosophie*, (Drei Vorlesungen gehalten am freien deutschen Hochstift, Frankfurt/M. September 1937), Berlin 1964, pp. 86–88, here p. 86. The confusion began, in Jaspers' view, when Jean Paul Sartre poeticized Heidegger's endeavours in *Sein und Zeit* (1927), ibid.

24 See Karl Jaspers, *Notizen zu Heidegger*, op. cit., note 17, 1948–1950: "unter den Zeitgenossen der erregendste Denker – durch nichts – ", ibid., p. 46. Rüdiger Safranski's recent biography of Heidegger clearly deals with the areas in which these thinkers remain incompatible, see *Ein Meister aus Deutschland. Heidegger und seine Zeit*. Munich-Vienna 1994.

25 Karl Jaspers, *Existenzerhellung*, op. cit., p. 44 & p. 207.

26 Karl Jaspers, *Einführung in die Philosophie* (Zwölf Radiovorträge). Munich 1971, p. 18.

27 Karl Jaspers, *Existenzerhellung*, op. cit., 203.

ered expectations of existence derive from extreme situations, such as mental anguish, affliction and guilt.

A crucial phase of reflection on the ethical nuances of *Die Schuldfrage* produced Jaspers' new sense of commitment to a pragmatic, forward-looking approach.[28] The departure from an exclusively moral outlook on life hardly culminated in a poetic appreciation of the threshold motif. Jaspers' whole conception of the threshold emphasized this entity as an ethical notion which provided a flexible pattern of related concepts to unravel and explain contemporary events. The paradigmatic association of guilt with the split of German political consciousness after 1945 led to his intensely critical treatment of German-German division. Yet, Jaspers' critique of a developing Iron Curtain in Germany that split Europe was widely misread as an offensive rebuke, a reminder that Germans on both sides of the ideological divide were involved in a monumentally divisive *Kollektivschuld*. Was Jaspers merely reaping the consequences he had sown by basing the central thrust of his arguments on an obscure, theoretical paradigm?

The notion of a specifically "German guilt" for what had happened during the experience of Hitler Germany was not directly equated by Jaspers with the split of German identity into the FRG and GDR. Whilst he regarded this situation as one of the most morally challenging experiences of Germany's post-war political history, the point of his mentioning the moral deprivation after 1945 was that the aftermath of the war should be borne in an entirely political context. The redeeming feature he wanted to accentuate was the possibility for a new spirit of German political consciousness, a willingness to accept responsibility, *Haftung*. Jaspers rejected *Kollektivschuld* as an existential prop, a pseudo-philosophical argument that was attractive in the GDR as a device that kept Germany politically divided for much of the post-war era. When the Berlin Wall fell in 1989, the event was described by Willy Brandt as a symbol of Germany's "togetherness", a signal that the nation had overcome its past divisions.[29] Yet, the fact that the image of the Wall survives in the mind as one of the most enduring and imposing associations with Germany's post-war division suggests that the moral reasons that Jaspers was prepared to confront, continue to haunt the German collective conscience.[30]

---

28 See Karl Jaspers, *Die Schuldfrage. Von der politischen Haftung Deutschlands.* Munich 1991.

29 Willy Brandt's historic phrase was "Jetzt wächst zusammen, was zusammengehört", quoted after *Frankfurter Allgemeine Zeitung*, 11 November 1989.

30 The anthology of poems published by Anna Chiarloni and Helga Pankoke, *Grenzfallgedichte Eine deutsche Anthologie*, Berlin 1990, provides ample evidence to show that the image of the Wall prevailed even in the poetic conscience. The poems included in this anthology largely treated German division by reference to a Wall as a barrier to attaining a lyrically expressed account of division.

Jaspers commonly treated ethical, aesthetic and political questions as distinctly separate contexts. Yet his analysis of German political life after 1945 relied on an unusual blurring of these conceptual distinctions, to the extent that the idea of "German guilt" became obscured by a convoluted style of argument. The interweaving of distinct conceptual entities met with more direct success when a less theoretical note was struck by Jaspers in his later work, the political treatise, *Die Atombombe und die Zukunft des Menschen* (1958).[31] In this work, a combination of ethical and political arguments is used to reveal a new peril for mankind that is more significant than the rapid pace of technological change.[32] Jaspers argued that technology has direct consequences for present and future generations, because of the moral questions that continued to cause him concern. The major worry arose because of the discovery of splitting the atom, a scientific breakthrough which Jaspers argued should be considered as an issue of global significance. His concern was that the possession of scientific know-how, by radically altering mankind's relationship with nature, conceals our ability to address moral side-issues as serious, existential problems. We cannot necessarily keep pace with the rate of technological advance, a discrepancy that appears a minor detail, until it is remembered as a potential threat to mankind's very existence.

If science and moral philosophy provide no guarantee of the individual's existential security, neither can the scheme of nature be a source of alleviation for what could be the devastating consequences of progress: "das gesamte Territorium nebst Luftraum und Meer, auf dem Wasser und unter dem Wasser, eine einzige Kriegslandschaft zwischen Himmel und Meeresboden."[33] Jaspers encouraged a change of attitude towards technology. He regarded ethics as a source of values to prevent what he saw as the perilous route of producing weapons that can cause the onset of mass destruction. To cultivate an environment where the ethos of ideas is paramount was one way out of this situation, because ideas can act as a "dam", a conceptual barrier to push back the potentially destructive power of technology.[34] Not surprisingly, Jaspers' concern with moral dilemmas that accompany technological progress contrasted directly with Martin Heidegger's reading of the situation.[35] Heidegger hardly viewed technology in the same serious light, but rather accentuated a more benign effect of scientific development, a positive influence which he thought would prevail because of the essentially aesthetical nature of his perception.

---

[31] Karl Jaspers, *Die Atombombe und die Zukunft des Menschen*. Munich 1982, (first published in 1956).
[32] Ibid., p. 82.
[33] Ibid., p. 89.
[34] Ibid., p. 57 & p. 280.
[35] See Martin Heidegger, *The Question Concerning Technology and Other Essays*, translated by William Lovitt, London 1977.

The important contribution of technology, according to Heidegger, is that it provides us with new ways to enjoy life and to appreciate the potential benefits. In this scenario, mankind is merely on "the brink of a precipitous fall."[36] Technology is all about appreciating the wave of technological development, with the dangerous possibility of a downfall as one of the positive, redeeming characteristics. Heidegger named this positive characteristic of bringing forth technological change as an encounter with what he called a *Ge-stell*.[37] The *Ge-stell* is a framework or structure that alludes to a threshold experience, but being instrumental in continually pushing back the threshold of change, the structure itself cannot be seen as the essential feature of technology: "*Ge-stell* heißt die Weise des Entbergens, die im Wesen der modernen Technik waltet und selber nichts Technisches ist."[38] Instead, emphasis is on the experience of technology as a process of transforming the way in which we live. Heidegger's symbol of the *Ge-stell* hardly pinpoints the gravity of the existential threat that so concerned Jaspers. Moreover, Heidegger sought redemption in the very sphere that Jaspers avoided, namely in the pursuit of the arts and particularly, the imaginary world of the poetic art.[39] Such an indulgent form of compensation for the morally challenging questions raised by technology may well have earned Jaspers' disdainful remark: "Als Artistik ist es nur noch eine dunkel gebundene Spielerei."[40] The compelling thing about this response, however, is the way in which towards the end of his life, Jaspers was prepared to reverse it, or at least to change his critical attitudes of literary art. What did this change of heart signify?

Jaspers' interview shows a degree of interest in literary expression that may leave a false trail as to the nature of his perception about it. He remained as firmly committed to his view that poetic art is an extravagant indulgence in subjective experience, as he was convinced of the ethos of personal responsibility. The underlying appreciation of poetic values was not strong enough to compete with the value he attached to personal integrity as a sound foundation for moral judgement. At the same time, however, it is curious that his appreciation of the poetry of nature was reiterated in his interview:

36 Ibid., p. 27.

37 Ibid., p. 19. ("Ge-stell" is also written as "Gestell", see Martin Heidegger, *Die Technik und die Kehre*. Pfullingen 1962, p. 19.)

38 Martin Heidegger, *Die Technik und die Kehre*, op. cit., p. 20.

39 Heidegger concludes his essay by interpreting a fragment of Hölderlin's poetry, "Wo aber Gefahr ist, wächst / Das Rettende auch", (In: Friedrich Hölderlin, *Sämtliche Werke und Briefe*. Ed. by Günter Mieth, Darmstadt 5th. ed. 1989, p. 379 (V. 3–4), "Patmos".) Heidegger takes this poetic fragment for his own purposes, to underline the ambiguous experience of the "Gestell" as a situation that bears no hallmarks of an existential interpretation: "Die Gefahr selber ist, wenn sie als die Gefahr ist, das Rettende", see Martin Heidegger, *The Question Concerning Technology and Other Essays*, op. cit., p. 72.

40 Karl Jaspers, *Die Atombombe und die Zukunft des Menschen*, op. cit., p. 299.

> Damals gab es am Rande des kultivierten Lebens noch das Moor. Es reichte für den Blick, wie ein Meer, immer weiter, scheinbar ins Unendliche. Dann gab es dort die Hunte-Landschaft, ein mannigfaltiges Flußgebiet, dann Buchenwälder, Tannenwälder. Aber die Jagd? Ich war schon krank, ohne es zu wissen. Das Gewehr sicher festzuhalten beim Zielen, das ging über meine Kräfte, es wackelte immer. Eines Tages fand ich mich in einem Wald allein und weinte und fühlte: Ich kann nicht. Aber ich wußte nicht eigentlich wie and warum. Das Bewußtsein, körperlich den Anforderungen des Lebens nicht gewachsen zu sein, stieg in mir auf.[41]

The striking thing about these utterances is the way in which the landscape acts as a mental frame, a symbolic picture of landmarks of physical survival. The focus is not on the critical state of Jaspers' health as a barrier to joining a hunting expedition, but on a glimpse of his reaction to a young life that, at the age of eighteen, was already lived at the margin of physical endurance. The entire section could be an exercise on melancholy, in the sense that the landmarks appear as a way of overcoming melancholy, an attitude of mind that could have profoundly affected Jaspers' moralistic outlook. That his sense of belonging to a poetical landscape was not entirely divorced from his attachment to the German idealistic tradition was arguably concealed by the deep concern he expressed about this tradition becoming tarnished by association with the critical post-war political legacy.

Jaspers' thinking about borders was decidedly a reflection of the existential, not poetical viewpoint. The existential framework that Jaspers used was in order to separate the poetry of the landscape from the legacy of ideas, by discussing the nature of this legacy in a style of philosophy that earned Hannah Arendt's pertinent remark: "Der springende Punkt ist, daß hier zum erstenmal Kommunikation nicht konzipiert ist als "Ausdrücken" von Gedanken, das damit zweitrangig ist im Vergleich zum Denken der Gedanken."[42] Equally, by concealing his admiration for poetic forms of expression, Jaspers created an intriguing sense of tension which his examination of the threshold motif could not necessarily resolve. Indeed, Jaspers' investigations merely enhanced a sense of frustration and perhaps an ultimate suspicion that his ideas might not be widely recognized as he had intended them, as reflections of a personal, existential conflict with problems that were present in the world around him as much as they were mirrored by the world within. As a microcosm of that inner world, Jaspers' final interview is an encounter with a threshold experience, a uniquely uncharacteristic moment when the expression of ideas was valued beyond the ideas themselves.

---

41 *Karl Jaspers – Ein Selbstporträt*, op. cit., p. 12.

42 Hannah Arendt, *Karl Jaspers. Bürger der Welt.* In: *Karl Jaspers in der Diskussion* (ed. by Hans Saner), Munich 1973, p. 410.

Wilfried von Bredow

Beiderseitigkeit

Vom Verschwinden und Wiederauftauchen politischer Grenzen

Wo es nicht weitergeht, dort ist eine Grenze. Daß es aber doch weitergehen soll, daß die Grenze nichts endgültig Abschließendes ist, daß man sie überschreiten, hinausschieben kann, daß dies für diejenigen, die das unternehmen, besondere Verlockungen offeriert und Risiken impliziert, daß *Grenzsituationen* und *Grenzbewußtsein* vorgestellt und gepflegt werden, um die Grenze zu verwischen, um sich ihr zu entziehen, solche Assoziationen entstammen den Arsenalen der Moderne. Grenzüberschreitungen öffnen in dieser Perspektive die Wege in die Zukunft.[1] Wer Grenzen überschreitet, zählt zur Avantgarde.

Auch in der Sphäre der Politik erhielten Grenzen, wiewohl als soziale Institutionen viel älter, ja auf die mythischen Gründungszeiten von menschlichen Gemeinschaften zurückgehend, erst in der Moderne, genauer: in einer späteren Phase der Moderne, ihre Trennschärfe.[2]

In der Politik gibt es Grenzen, weil und soweit es um die Gestaltung von Räumen geht. Politisch beanspruchte und umgrenzte Räume nennt man Territorien. Räume, die politisch nicht beansprucht werden, die also niemand gestalten möchte, werden nicht durch Grenzen bezeichnet. *In the middle of nowhere* kann man sich nicht an Grenzsteinen orientieren.

Dabei sagen Grenzen noch nichts über die Intentionen und Prinzipien politischer Gestaltung aus. Sie stellen aber die unverzichtbare *Voraussetzung* jeglicher politischer Gestaltung dar, indem sie deren Geltungsbereich markieren. Denn jegliche Politik, das gehört in den ambivalenten Erfahrungsschatz der Menschen, ist eingrenzende und eingegrenzte Politik. Innen und außen, Einbeziehung und Ausschluß, Inklusion und Exklusion, *Wir* und *Die Anderen* – immer liegt zwischen dem, was diese Worte bezeichnen, eine Grenze.

---

[1] Vgl. den Festvortrag des Präsidenten der *Gesellschaft Deutscher Naturforscher und Ärzte* auf ihrer 119. Versammlung 1996, Joachim Treusch, *Grenzüberschreitungen – Wege in die Zukunft*. In: *Koordinaten der menschlichen Zukunft: Energie-Materie-Information-Zeit.* Hrsg. v. Joachim Treusch u.a. Stuttgart 1997, S. 13–23.

[2] Vgl. das Kapitel: *Frontière – Wort und Bedeutung*. In: Lucien Febvre, *Das Gewissen des Historikers*. Berlin 1988, S. 27–37.

1. Grenzen als Design von Territorialität

In dieser Allgemeinheit ist der räumliche Aspekt von Grenzen in der Politik nur einer unter anderen. Nimmt man speziell ihn in den Blick, dann bezieht man sich in der Regel auf einen bestimmten historischen Bezugsrahmen, nämlich das internationale System der Gegenwart. Es entstand aus der europäischen Staatenwelt, wie sie sich seit dem Mittelalter entwickelt, in mehreren Expansionsschüben über den Planeten verbreitet und im 17. Jahrhundert mit der Etablierung und wechselseitigen Anerkennung eines Gefüges souveräner Staaten fest eingerichtet hat. Ein anerkennensfähiger Staat in dieser Tradition setzt sich aus drei Komponenten zusammen, einem Territorium, einem Staatsvolk und einer irgend legitimen Herrschaftsordnung.

Raum oder in etwas pompösem sozialwissenschaftlichem Jargon: *Territorialität*[3] ist allerdings nicht irgendein neben- oder nachgeordneter Aspekt von Politik. Politische Grenzen gibt es, seit Menschengruppen angefangen haben, auf bestimmte Räume einen exklusiven Anspruch zu erheben, sie zu ihrem Territorium zu machen. „The primordial scene of the nomos opens with a drawing of a line in the soil."[4] Als internationale, also zwischenstaatliche Grenzen sind diese „Linien in der Erde" im Westfälischen System[5] von 1648 perfektioniert worden. Es könnte sein, daß die Prägekraft dieses Westfälischen Staatensystems gegen Ende des 20. Jahrhunderts nachzulassen begonnen hat, was sich u.a. an der veränderten Bedeutung zwischenstaatlicher Grenzen erkennen läßt.[6]

Aber politische Grenzen verlaufen nicht nur *zwischen* Staaten. Es gibt auch eine große Zahl *inner-staatlicher* Grenzen – zwischen Provinzen oder Bundesländern, Regierungsbezirken und Landkreisen, zwischen Kommunen und städtischen Vierteln, zwischen Wahlkreisen für die verschiedensten Zwecke. Was diese Grenzen voneinander trennen, sind in der Regel nicht mehr hoch-

---

[3] Mit Robert Sack kann man Territorialität als „the basic geographic expression of influence and power" bezeichnen: „(It) provides an essential link between society, space, and time." Robert Sack, *Human Territoriality: Its Theory and History*. Cambridge 1986, S. 216.

[4] Cornelia Vismann, *Starting From Scratch: Concepts of Order in No Man's Land*. In: B. Hüppauf (Hrsg.), *War, Violence and the Modern Condition*. Berlin, New York 1997, S. 46.

[5] Dieser Begriff wird in der angelsächsischen Debatte über Souveränität von Staaten und ihren aktuellen Bedeutungswandel und -verlust unter Experten der Disziplin von den Internationalen Beziehungen zur Kennzeichnung des modernen Staatensystems seit Mitte des 17. Jahrhunderts verwendet. Vgl. u.a.: Lynn H. Miller, *Global Order: Values and Power in International Politics*. Boulder, CO 1990, 2. Aufl., Kap. 2 und 3.

[6] „... a variety of contradictory tendencies can be found in present international life. The first is the universal recognition of territorial sovereignty as the differenciating principle in the international arena. But there is also a second, conflicting trend: the erosion of boundaries through the increasing interdependence of modern economic life. Thus, while the political systems are boundary-maintaining systems, markets – although dependent for their creation upon political power and economic networks – are not." Friedrich Kratochwil, *Of Systems, Boundaries, and Territoriality: An Inquiry into the Formation of the State System*. In: *World Politics*, 39. Jg. 1986, S. 42.

politisch definierte Räume mit deutlich erkennbaren Andersartigkeiten diesseits und jenseits. Vielmehr geht es um Verwaltungsbereiche, die räumliche Geltung administrativer und kameralistischer Zuständigkeiten. Zwar mögen sie häufig genug und sogar sehr direkt für die mit ihnen in Berührung kommenden Individuen durchaus folgenreich sein. Im normalen Geschäftsalltag geht das aber meist unter. Nur wer im Namen und mit der Autorität solcher Abgrenzungen professionell mit ihnen arbeitet oder von dieser professionellen, bürokratischen Arbeit betroffen wird, nur für sie werden solche Grenzen subjektiv wichtig. Alle anderen nehmen sie kaum oder gar nicht wahr.

Je mehr sich eine Gesellschaft ausdifferenziert, je „moderner“[7] sie wird, um so mehr Binnen-Grenzen bildet sie aus. Das liegt einfach daran, daß solche Unterteilungen gesellschaftliche Differenzierungs-Prozesse markieren. Jedenfalls gilt das für die bürgerliche Gesellschaft des Westens.

Damit ergibt sich eine eigentümliche Gegenläufigkeit in der Entwicklung von staatlichen Außen- und Binnengrenzen. Zwar ist im Laufe des 20. Jahrhunderts auch die Zahl der Staaten kräftig angestiegen, damit also auch die durch Addition errechenbare Gesamtlänge staatlicher Außengrenzen auf dem Planeten, jedoch wird dieser Prozeß von vielen Beobachtern der internationalen Politik nur als transitorisch angesehen. Demnach sind nicht solche Staatsbildungs-Vorgänge, vielmehr Integrationsprozesse von Staaten und die Herabstufung der Bedeutung von zwischen-staatlichen Grenzen zukunftsträchtig, weil mit den politischen und organisatorischen Anforderungen des 21. Jahrhunderts kompatibel.

Das Schlüsselwort für diese Vorstellung heißt natürlich *Globalisierung*. Es wird auch einen Teil der folgenden Ausführungen bestimmen, wenn auch nicht ganz allein. Stimmt die These, wonach der Globalisierungsprozeß in längerer Perspektive *internationale* Grenzen verschwinden und sie als *binnen-politische* Grenzen eines staatlichen oder quasi-staatlichen Gebildes neuer Art wieder auftauchen läßt?

2. Internationale Grenzen im Globalisierungsprozess

Man kann Globalisierung definieren als einen Vorgang, in dessen Verlauf sich die Lebens- und Arbeitsbereiche von immer mehr Menschen planetarisch vernetzen. Besonders deutlich sichtbar ist dieser Vorgang an der Entwicklung der *Kommunikationsmedien*, die eine sofortige weltweite Information möglich gemacht haben. Das bietet z.B. die Grundlage für die Vernetzung von Finanz-

[7] Die Anführungsstriche stehen hier deshalb, weil ich mich an dieser Stelle nicht weiter auf die verschiedenen Konzepte und Theorien von Modernität und Post-Moderne einlassen möchte und deswegen das Wort im umgangssprachlichen Sinne verwende.

märkten. Auf dem Feld der *Wirtschaft* ist die Globalisierung bereits, über die Internationalisierung der Produktion und über den Welthandel, ziemlich weit fortgeschritten.

Auch die *Sicherheitspolitik* unterliegt einem starken Globalisierungs-Einfluß, sowohl in ihren militärischen wie ihren nicht-militärischen Aspekten. Die moderne Rüstungs-Technologie (von den weitreichenden und zielgenauen Raketen über die Weltraum-Systeme bis zu den militärisch verwendbaren Informations-Technologien) hat den Faktor *räumliche Entfernung* für bestimmte Kriegsbilder so gut wie neutralisiert.[8]

Wenn man sich ein umfassendes Bild von dem schon erreichten Stand der Globalisierung und ihrer Dynamik auf verschiedenen Feldern sozialen Lebens machen wollte, müßte man diese Felder, z.B. die *Kulturpolitik* oder das *Freizeitverhalten*, einzeln abgehen. Globalisierung, so würde sich dabei herausstellen, ist ein in sich ganz und gar unebener Vorgang. Regionale und sektoriale Unterschiede sind unübersehbar. Es gibt auch Gegenströmungen zu ihr, deren Protagonisten damit allerdings zumeist nur ihre Ängste vor den Konsequenzen der Globalisierung ausagieren.

Globalisierung, wird ein langjähriger Mitarbeiter der Weltbank zitiert, sei „der Konkurs der Geographie“[9]. Das ist nun allerdings so pointiert ausgedrückt, daß es schon wieder nicht stimmen kann. Aber ließe sich dieses Diktum aus der Globalisierungs-Praxis der Hochfinanz vielleicht so umformulieren: Globalisierung ist der Konkurs der (nationalen) Grenzen?

2.1. GRENZEN OHNE WIRKUNG

Für bestimmte politisch relevante Phänomene läßt sich in der Tat die Behauptung aufstellen, daß sie von den bestehenden internationalen Grenzen nicht oder kaum beeinflußt werden.

Es läßt sich ferner zeigen, daß die Zahl und das politische Gewicht dieser Phänomene erheblich zugenommen hat.[10] Die nationalen Notenbanken ver-

---

[8] Daß diese Kriegsbilder nach dem Ost-West-Konflikt nicht so sehr im Blickfeld der Öffentlichkeit stehen, stattdessen seit dem Golf-Krieg 1990/91 eher „anachronistische“ Kriegsbilder die Einsätze von Streitkräften und Soldaten bestimmen, ändern an diesem Sachverhalt nichts.

[9] *Neue Zürcher Zeitung* vom 30.10.1997 (Bericht über einen Vortrag von Dieter Chenaux-Repond).

[10] Oder, was in unserem Zusammenhang aber auf dasselbe hinausläuft, daß das menschliche Bewußtsein vom politischen Gewicht dieser Phänomene erheblich zugenommen hat. Globalisierung spielt sich gewiß auch ab, ohne daß sie in ihren aktuellen und potentiellen Konsequenzen für die davon Betroffenen von diesen wahrgenommen wird. Jedoch macht erst die Wahrnehmung dieses Vorgangs durch immer mehr Menschen ein bewußtes politisches Verhalten ihr gegenüber möglich und kann sie so wiederum beeinflussen.

fügen zum Beispiel nur noch über eingeschränkte Möglichkeiten der Steuerung internationaler Währungspolitik. Bestimmte (keineswegs mit einem ungewöhnlichen Maß an krimineller Energie ersonnene) Manipulationen eines jungen Mannes in Singapore konnten über Nacht eine britische Bank ruinieren, und deren Kollaps hatte wiederum drastische Auswirkungen auf das Pfund Sterling.

Zwischenstaatliche Grenzen haben überhaupt keine Bedeutung angesichts ökologischer Bedrohungen wie dem Verfall der Ozonschicht. Überhaupt sind im Verlauf der sozialen und technologischen Entwicklung der letzten Jahrzehnte immer mehr Risiken erkennbar geworden, deren Perimeter makro-regional oder planetarisch sind. Nuklearer *fall-out* ist durch den Verlauf zwischenstaatlicher Grenzen nicht im geringsten beeinflußbar.[11]

Eine wachsende Zahl von Begriffen und Metaphern, meist mit einem unübersehbaren moralischen *drive* gebraucht, soll im öffentlichen Diskurs diesen Vorgang der Obsoleszenz zwischenstaatlicher Grenzen illustrieren:

– *Weltinnenpolitik* impliziert etwa die Vorstellung, daß alle entscheidenden politischen Fragen auf dem Planeten in einem anarchischen System gegeneinander abgegrenzter, souveräner Staaten nicht mehr sachgerecht behandelt und schon gar nicht sachgerecht (oder: menschengerecht) entschieden werden können.

– Wer vom *Raumschiff Erde* spricht, spielt dabei nicht nur auf die Winzigkeit des uns doch immer so unermeßlich groß erschienenen Planeten an, sondern will auch darauf hinweisen, daß wir, die Menschheit, uns so zu organisieren haben, daß unsere politischen Navigations-Entscheidungen einen vernünftigen Kurs verfolgen, über den wir uns alle miteinander einig sind. Grenzen im Raumschiff, das wäre absurd. Dies ist die Techno-Version der Metapher von dem einen Boot, in dem wir alle sitzen, und zwar jetzt wirklich alle miteinander, die wir auf der Erde leben.[12]

– Daß sich die Erde in ein *global village* verwandelt, hatte vor ein paar Jahrzehnten Marshall MacLuhan behauptet. Die Technik und vor allem die Kommunikationsmittel würden die Menschen in die Lage versetzen, sich auf dem Planeten so gut auszukennen wie Dorfbewohner in ihrem Dorf. Das klingt nach unglaubwürdiger Gemütlichkeit und Idylle, selbst wenn man in Rechnung stellt, daß das Modell für das *global village* nicht auf dem platten Lande zu finden ist, sondern etwa in New York rund um den Washington Square.

---

11 Allerdings muß man hier eine wichtige Einschränkung machen: Die „natürlichen" Konsequenzen von Katastrophen à la Tschernobyl lassen sich gewiß durch Grenzverläufe nicht verändern. Jedoch können die Perzeptionen solcher Katastrophen und ihrer Konsequenzen sowie die administrativ eingeleiteten Schutzmaßnahmen je nach den politischen Kulturen, Traditionen, Prioritäten und Manipulationsmöglichkeiten über Herrschafts- oder Diskursmechanismen beiderseits politischer Grenzen erheblich differieren.

12 So ähnlich hatte es Tom Lehrer seinerzeit in seinem Anti-Atom-Song gemeint: *We all go together, when we go.*

2.2. Starke Grenzen

Sofort fallen einem aber auch die Gegenbilder ein, Bilder von Paß- und Zollkontrollen, von Grenzschutz-Truppen und Einwanderungs-Prozeduren. Ein Teil davon spielt sich übrigens nicht an der Außengrenze der Staaten ab, sondern an quasi-exterritorialen Plätzen wie dem internationalen Bereich von Flughäfen. Obgleich diese Bereiche mitten in einem Staat liegen können, ist, wer sich dort aufhält, quasi schon oder noch außerhalb des betreffenden Landes.

All die genannten Institutionen und Agenturen sind damit beschäftigt, die willkommenen Besucher von den unerwünschten zu trennen. Für alle, auch die Heimkommenden, wird das Überschreiten der Grenze als Examination inszeniert. Wer die richtige Antwort weiß und die richtigen Papiere vorweisen kann, hat bestanden und darf seiner Wege gehen.

Für Menschen also und bestimmte Kategorien von Gegenständen und Waren[13] werden die Staatsgrenzen stark gemacht. Hier zeigen sie Wirkung. Folgerichtig stoßen wir hier nach wie vor auf jede Menge individueller Versuche im kleinen Maßstab sowie mit intensivster krimineller Energie geplante und ausgeführte Groß-Unternehmungen, die staatliche Grenzkontrolle zu düpieren. Nur wo es wirkungsmächtige Grenzen gibt, gedeiht der Schmuggel. Der Klein-Schmuggel des rückkehrenden Fern-Urlaubers ist allenfalls für ihn selbst ein wenig aufregend. Das sollte uns jedoch nicht dazu verführen, das Ausmaß und die Bedeutung des Schmuggels organisierter krimineller Vereinigungen herunterzuspielen, gleichviel, ob es sich um Menschenschmuggel, Schmuggel von Rauschmitteln, Waffen oder Plutonium handelt.

Starke Grenzen werden mit legalen und illegalen Mitteln zu überwinden versucht. In vielen westlichen Gesellschaften gibt es auch innenpolitische Auseinandersetzungen über die Frage, wie stark die Grenzen sein sollten und für welche Dinge und Menschen die Grenzen geöffnet werden sollen. Es läßt sich gar nicht vermeiden, daß in solchen Auseinandersetzungen politische und moralische, ideologische, menschheitsbezogene und strikt gruppen-egoistische Argumente, letztere häufig in geschöntem *design*, durcheinander purzeln. Das ist einer der Gründe, warum der Streit immer wieder von vorne anfängt und trotz des Strebens der Protagonisten nach allgemeingültigen Aussagen fast stets situationsgebunden bleibt.[14]

---

13 Im Fall der USA etwa landwirtschaftliche Erzeugnisse auch in kleinsten Mengen.

14 Das ist zwar kritisch gemeint. Es hat andererseits aber auch wenig Sinn zu verhehlen, daß die sozio-politischen Rahmenbedingungen, etwa die enorme Bilddefinitions-Macht der Massenmedien, diese Art der Debatte immer wieder erzwingen. Will man sich dem entziehen, bezahlt man mit Resonanz-Verlust.

3. Der Blick auf die Grenze

Ein politisches Zentrum ist ein Ort, an dem sich im Vergleich zu seiner Umgebung politische Macht konzentriert. Dabei kommt es nicht so sehr darauf an, aus welchen Ingredienzen die Macht entstanden ist und woraus sie ihre Durchschlagskraft bezieht. Es gibt Wirtschafts-Zentren (mit Konzentration von Produktion, Dienstleistungen oder Handel), religiöse und kulturelle Zentren sowie solche, in denen entscheidende Institutionen des politischen Systems residieren. Nicht immer, aber auch gar nicht selten kommt alles zusammen. Dann haben wir es mit einer wirklichen Metropole zu tun. In diesem Sinne nannte Walter Benjamin Paris die „Hauptstadt des 19. Jahrhunderts".

Um das Zentrum lagert sich die Peripherie. In politischer Terminologie ist Peripherie das Territorium, dessen Bewohner von den Entscheidungen des Zentrums abhängen. Die Peripherie ist vergleichsweise machtlos.

In einem allgemeineren Sinne kann man als Zentren die mächtigen, prosperierenden Regionen auf der Erde (die OECD-Welt) bezeichnen und als Peripherie die politisch und wirtschaftlich schwachen, infrastrukturell unterentwickelten und mit (sich gegenseitig verstärkenden) Problemen wie Massenarmut, Unterernährung und raschem Bevölkerungswachstum kämpfenden Länder außerhalb des reichen Kerns.

3.1. Vom Zentrum aus

In der Vergangenheit bestand eine der Schwierigkeiten politischer Großgebilde darin, daß ihre Außengrenzen meist weit entfernt vom Zentrum lagen. Die Machthaber konnten ihre Macht nur mühsam und unter großen Verlusten an Zeit, Energie und Ressourcen an die weit entfernte Grenze verlagern oder *projizieren*. Außerhalb des Landes, jenseits der (eigenen) Peripherie lauerten der Feind oder das Ungewisse. Vielfach wurde versucht, sich dagegen durch die Bildung von Pufferzonen oder strategische *glacis* zu schützen. Oder man suchte nach sogenannten natürlichen Grenzen, bei denen physikalisch-geographische Gegebenheiten wie breite Ströme, Sümpfe, unwegsames Gebirge usw. die Überschreitung der Grenze erheblich erschwerten. Gab es das nicht oder nützte es nichts, baute man Befestigungsanlagen, Wälle oder Mauern. In neuerer Zeit haben Minengürtel und anders konstruierte Todesstreifen diese Funktionen übernommen. Zuweilen sollten damit auch Fluchtbewegungen aus dem eigenen Machtbereich unterbunden oder zumindest entmutigt werden.

Vom Zentrum aus betrachtet, bedürfen die Grenzen eines besonderen Schutzes; sie müssen so unzweideutig wie möglich markiert sein. An keiner Stelle nämlich ist die klare Festlegung dessen, was „uns gehört" und derer, die

„zu uns gehören" so wichtig wie an der Grenze. Sind Besitzrechte und Loyalitäten umstritten, leidet die Ordnung, ungünstigstenfalls so, daß man sich um sie nicht kümmert (das „Der Zar ist weit weg"-Syndrom) oder sie sogar über den Haufen werfen will.[15]

Das Zentrum erhebt den Anspruch auf Kontrolle der Außengrenzen. Dieser Anspruch wird kompromißloser, je feindlicher die politischen Zentren beiderseits der gemeinsamen Grenzen einander gegenüberstehen oder je mehr vermutet wird, daß jenseits der Grenze feindliche Aktionen vorbereitet werden. Er kann auch, im Falle erprobter Zusammenarbeit, wechselseitiger politischer Zuverlässigkeit und eines geringen Gefälles im Lebensstandard beiderseits der Grenze weitgehend herabgeschraubt, ja so gut wie fallen gelassen werden. Dafür ist die Grenze zwischen Kanada und den USA ein anschauliches Beispiel.[16]

Dann verschwindet die Grenze aber noch lange nicht; sie verliert nur ihre Kontroll-Funktion. Genauer gesagt, und das läßt sich an den Modalitäten des Schengener Abkommens innerhalb der Europäischen Union studieren, wird diese Funktion nicht einfach abgebaut, sondern verlegt.

3.2. Vom Rand aus

Nur in Ausnahmefällen bleibt der, der in der Nähe der Außengrenze eines Staates lebt, von dem, was im Nachbarstaat jenseits der Grenze vor sich geht, gänzlich unberührt. Entlang der inner-deutschen Zonengrenze war das seit den frühen sechziger Jahren in der Tat so, aber derartige Abschottungen funktionieren auf die Dauer nicht.

Deswegen ist es viel häufiger üblich, daß man, wenn man am Rande, in Grenznähe lebt, in zwei Richtungen blickt, einmal auf das eigene Zentrum, dessen politische Entscheidungen man erwartet, und zweitens über die Grenze hinweg, zu den sich in der parallelen Situation befindlichen Bewohnern der Peripherie des benachbarten Staates. Unter den Bedingungen der Globalisierung, die den Raum als Träger von Entfernungen zunehmend neutralisiert, kann eine Randlage sogar relativ vorteilhaft werden. Ein extremes Beispiel bietet die Enklave Kaliningrad, wo, wie es in einem Zeitungsbericht

---

15 Im Blick auf vor-historische oder ganz frühe Gesellschaften argumentiert Niklas Luhmann, Abgrenzungen seien bei segmentären Differenzierungen in gleichartige Teilsysteme ein besonderes Problem gewesen, „denn auf der anderen Seite, in anderen Familien oder anderen Dörfern lebt man ja nicht prinzipiell anders, sondern so ähnlich wie bei uns." Niklas Luhmann, *Die Gesellschaft der Gesellschaft*. Frankfurt/M. 1997, S. 641.

16 Vgl. Ulrike Rausch, *The 49th Parallel in Perspective: The International Border in the Northeast*. In: *Zeitschrift für Kanada-Studien*, 17. Jg. 1997, H. 1, S. 131–146.

Ende 1997 heißt, „die Menschen umgeben von Grenzen leben, die nicht mehr abschotten und trennen, sondern Öffnung und Austausch ermöglichen"[17].

Von der Grenze profitiert man, teils direkt, teils indirekt. An der Grenze, insofern sie der eigenen Bewegungsfreiheit Zügel anlegt, leidet man. Die Staatsgrenzen zwischen friedlichen Demokratien[18] engen diese Bewegungsfreiheit nur wenig ein.

Anders sieht es aus, wenn der politische Akteur jenseits der Grenze als Feind wahrgenommen wird oder wenn man nicht so richtig weiß, was dort vorgeht.

Letzteres gibt es heute nur noch selten; doch im 19. Jahrhundert und früher war das eine fast archetypische Situation. Sie wird etwa, eingeengt auf die Erlebniswelt des Soldaten, in Buzzatis Roman „Il deserto dei tartari"[19] vorgeführt. Der junge Offizier, der auf die Festung an der Grenze versetzt wird, hofft auf baldige Rückkehr in die Hauptstadt. Jedoch verzögert sich die Rückversetzung, und inzwischen wird er immer mehr eingesponnen in den Mythos vom Außenposten am Rande des Nichts, in das tagtäglich mit gespannter Aufmerksamkeit zu schauen, seine und seiner Kameraden und Untergebenen Dienstpflicht ist. „Von dort, von der nördlichsten Wüste her, mußte es kommen – das Beglückende, die wundervolle Stunde, das große Abenteuer, das jedem wenigstens einmal im Leben zuteil wird. Um dieser verworrenen Hoffnung willen, die mit der Zeit immer noch fragwürdiger werden mußte, verwarteten hier erwachsene Männer den besten Teil ihres Daseins."[20]

Vom Rand aus blickt man mit einer Mischung aus Sehnsucht, Neid und leichter Verachtung auf das Zentrum; verschiebt sich das Blickfeld „über den Rand hinaus", dann sind es eine andere Art Sehnsucht und die Erwartung eines nicht-antizipierbaren Ereignisses, die sich in den Gesichtern spiegeln.

3.3. Von der anderen Seite her

Die berühmte These des amerikanischen Historikers Frederick Jackson Turner über die Bedeutung der Grenze in der amerikanischen Geschichte besagt, daß die amerikanische (West-)Grenze im 18. und 19. Jahrhundert „am diesseitigen

[17] *Frankfurter Allgemeine Zeitung*, 24.11.1997. Das „nicht mehr" in dieser Passage bezieht sich natürlich auf den Ost-West-Konflikt. In diesem Konflikt spielten die „Systemgrenzen" allerdings auch eine überaus wichtige Rolle (ablesbar z. B. an der Bedeutung, die ihrer Sicherung seitens der kommunistischen Staaten im KSZE-Prozeß zudiktiert wurde).

[18] Für manche ist dieser Terminus tautologisch, und sie halten die These für so gut wie erwiesen, daß Demokratien untereinander keine Kriege führen, ihre Konflikte mit nicht-militärischen Mitteln regeln und somit auch keine wirklich dramatischen Probleme mit den zwischen ihnen verlaufenden Grenzen haben. Dafür spricht zwar einiges; indes kann man sich darauf nicht wie auf ein naturwissenschaftliches Gesetz verlassen.

[19] Dino Buzzati, *Die Tatarenwüste*. Roman. Frankfurt/M. 1977.

[20] Buzzati, S. 48.

Rand des freien Landes“[21] verlief und durch immer neue Ströme von Siedlern Jahr für Jahr nach Westen verschoben wurde. Von dieser offenen Grenze sind nach Turner entscheidende Impulse für das kollektive Selbstverständnis sowie die politische und rechtliche Organisation der USA ausgegangen und auch über den Zeitpunkt hinaus lebendig geblieben, von dem ab es keine offene Grenze mehr gab, weil nun auch der Westen insgesamt von den Siedlern kolonisiert worden war (um 1880).

Turners *frontier*-Mythos blieb nicht ohne Widerspruch. Die amerikanische Debatte darüber ist bis heute nicht abgerissen und bildet in ihrer Summe ein aufschlußreiches Beispiel für die Entwicklung und Veränderung kollektiver Identität.

Sehen wir uns die Konstruktion des Konzepts jener „offenen Grenze“ näher an, erkennen wir eine Reihe von Eigentümlichkeiten. Diese Grenze ist eben nicht beiderseitig, sondern einseitig. Sie ist einzig und allein die (provisorische) Grenze der Kolonisten, der Zivilisation, ja der Menschenwelt selbst, denn jenseits der Grenze liegt die Wildnis, die Naturwelt,[22] in der allenfalls „Barbaren“ wohnen. Die Geschichte der ständigen Verlagerung der „offenen Grenze“ durch die weißen Siedler ist auch die Un-Geschichte der ständigen Rückverlagerung, Einschnürung, Parzellierung, Zerstörung des Territoriums der dort in einer völlig anderen sozio-kulturellen Welt lebenden Menschen (für die sich auch eine willkürliche Bezeichnung einbürgerte). Diese Siedler waren Migranten aus Europa. Sie wanderten von den Zentren weg an die Peripherien und sogar über die hinaus.

Als Blick von jenseits auf die Grenze war nur der Rückblick des Pioniers auf die „eigene“ Grenze erlaubt. Die Eingeborenen, die Barbaren, die Naturmenschen hatten keine Grenze. Die Grenzziehung war für sie ein Vorgang der Unterwerfung und der Androhung immer neuer Unterwerfungen.[23]

Es gibt noch eine andere Konstellation, für welche die Beiderseitigkeit der Grenze aufgehoben und der Blick von jenseits dieser Grenze einer voll Hoffnung und Hoffnungslosigkeit zugleich ist.

---

[21] Frederick Jackson Turner, *Die Grenze: Ihre Bedeutung in der Amerikanischen Geschichte*. Bremen-Horn 1947, S. 13.

[22] In solchen Zusammenhängen fällt dann häufig und mit provozierender intellektueller Nachlässigkeit der Terminus von der „unberührten Natur.“ Vgl. das Kapitel über Tocquevilles Ausflug in die amerikanische Wildnis in: Wilfried von Bredow, Thomas Noetzel, *Lehren des Abgrunds: Politische Theorie für das 19. Jahrhundert* – Erster Teil. Münster 1991, S. 86–98.

[23] Darüber gibt es viele Texte, historische Darstellungen, Biographien, Romane. Die Anmaßungen der Zivilisations-Missionare, ihre Motive und Ideologien, ihre Grausamkeit und die Folgen ihres Eintauchens in die Wildnis, all das wurde zu einem Grundmotiv in den europäischen Literaturen, vor allem der angelsächsischen, während der letzten 150 Jahre. Auch in der Trivialliteratur und im Film. Die Mythenbildung der „offenen Grenze“ des „Wilden Westens“ im Hollywood-Film ist Thema des ebenso spannenden wie melancholischen Romans von Guy Vanderhaeghe, *The Englishman's Boy*. Toronto 1996.

Die wenigsten Menschen würden, wenn sie die Not nicht triebe, den Ort, wo sie leben, verlassen.[24] Niemand wird als Flüchtling geboren. Heute wie früher sind Naturkatastrophen[25] wie langanhaltende Dürre, Überschwemmungen, Erdbeben, Vulkanausbrüche usw., vor allem aber auch sozio-politische Desaster wie Bürgerkriege, versuchter Völkermord, politisch, ethnisch oder religiös begründete Verfolgungen bestimmter Menschen und Menschengruppen oder drastischer wirtschaftlicher Niedergang die Ursachen für Migrations-Bewegungen. Die Wanderungs-Bewegung verläuft von den bedrohten oder verfallenden Peripherien in die Zentren. Im Unterschied zu früher sind die Zahl und die Reichweite dieser Migration erheblich größer; Migration ist ein Massenphänomen geworden, eines auch, das sich zu einem ständigen Element internationaler Politik entwickelt hat.

Flüchtlinge und Migranten haben besondere Schwierigkeiten mit Grenzen, zumeist vor deren Eintritts-Toren.[26] Die Asyl-Politik der demokratischen Staaten befindet sich hier in einem Dilemma, über das in allen diesen Staaten wegen der Unterschiedlichkeit ihrer politischen Kulturen und Traditionen mit anderen thematischen Schwerpunkten, überall aber ziemlich kontrovers öffentlich debattiert wird.

Obwohl „Einwanderung" aus der Perspektive der Zentren in längerer Perspektive meist eine Reihe generell als positiv eingeschätzter Konsequenzen hat, erhöhte sich die Furcht in diesen Zentren vor den kurz- und mittelfristigen Belastungen in letzter Zeit derart, daß sie ihre Grenz-Eingangs-Kontrollen in Bezug auf Migranten verschärft haben. Es ist fraglich, ob solche Maßnahmen, in denen sich die Spannung zwischen universalistischen moralischen Prinzipien und Großgemeinschafts-Egoismen spiegelt, mehr als nur für begrenzte Zeit durchgehalten werden können.[27]

---

[24] Gewiß treibt auch die Abenteuerlust manche dazu, ihre Heimat zu verlassen. Wenn man genau hin- und durch die Romantisierung hindurchsieht, die diesen Begriff umgibt, dann drängt sich aber doch der Schluß auf, daß der Hang zur Bodenständigkeit primär ist. Das gilt auch für die „wandernden Völker" – in deren Geschichte stößt man bald auf das Trauma, das ihnen die Bodenständigkeit genommen hat.

[25] Der Begriff ist an seinen Rändern unscharf, denn er umfaßt auch manche, die von den Menschen in Gang gesetzt wurden und deshalb als Naturkatastrophen nur erscheinen.

[26] Die deutschen Emigranten, die in den vierziger Jahren in den französischen Mittelmeerhäfen verzweifelt auf die Möglichkeit warteten, das Land verlassen zu können, befanden sich in dieser Lage, weil es so schwierig für sie war, Einreisepapiere für andere Länder zu bekommen. Nicht die Ausreise war ihr Problem.
Ganz anders die politischen Gefangenen in totalitären Staaten und Diktaturen – ihnen fehlt die Erlaubnis zur Ausreise. Totalitäre Regime und Diktaturen nutzen die Staatsgrenzen häufig als Zaun, um die eigenen Staatsbürger einzupferchen.

[27] Vgl. u.a. David Jacobson, *Rights Across Borders: Immigration and the Decline of Citizenship*. Baltimore, MD 1997.

4. Zweimal Utopia

4.1. Kollektive Identität als nationale Homogenität

Bis zum Ende des 18. Jahrhunderts stritten sich die europäischen Souveräne um Territorien und betrachteten die darauf lebenden Menschen einfach als Ressourcen. Dann veränderten sich die Grundlagen der Souveränität, und der Nationalismus stieg zur entscheidenden Ideologie auf mit dem Zweck der Integration von Gesellschaften über das Medium der kollektiven (nationalen) Identität. Für die Konstruktion kollektiver Identität und für ihre soziale, kulturelle und politische Prägekraft sind Grenzen von wesentlicher Bedeutung. Denn sie sollen möglichst alle Unsrigen umschließen und alle anderen ausschließen.

Das hat, das ganze 20. Jahrhundert hindurch, enorme politische Probleme geschaffen. Es ist auch nicht zu erkennen, daß es damit bald ein Ende haben wird. Die Grenzverläufe zwischen Staaten haben in jedem der ungezählten Einzelfälle eine eigene Geschichte. Grenzkonflikte waren und sind die Ausgangspunkte für zwischenstaatliche Kriege. Vermutlich ist jede Grenze zu irgendeiner Zeit einmal umstritten gewesen.[28] So haben die häufig ziemlich willkürlichen Grenzziehungen der Kolonialmächte im 19. Jahrhundert mit dazu beigetragen, daß viele der nach der Entkolonialisierung entstandenen neuen Staaten in Afrika, Asien und Lateinamerika sich als Nationen auszubilden große Schwierigkeiten hatten. Jedoch darf man das Gewicht dieses Faktors nicht überschätzen, denn auch anderswo waren Grenzverläufe häufig ein Spiel des Zufalls.[29]

Im frühen 20. Jahrhundert setzten sich politische Programme von Staatsführungen durch, in denen die nationale Homogenität zu einem mit hoher Priorität anzustrebenden Ziel firmierte. Dies aber produzierte überall dort die heftigsten Konflikte, wo eine derartige Homogenität nach ethnischen Kriterien bestimmt wurde. Erstens waren diese Kriterien manipulierbar, zweitens lebten nur in den seltensten Fällen alle Angehörigen eines wie immer ethnisch bestimmten Volkes in einem Staat zusammen – überall gab es Minderheiten. Und drittens endeten alle Versuche einer ethnischen Homogenisierung in einem Desaster – Massenvertreibung, ethnische Säuberung, Völkermord und

[28] Die Persistenz und zu manchen Zeiten hochlodernde Militanz der Grenzkonflikte zwischen Frankreich und Deutschland überschatteten für Generationen das deutsch-französische Verhältnis. Vgl. u.a. Franziska Wein, *Deutschlands Strom – Frankreichs Grenze. Geschichte und Propaganda am Rhein 1919–1930*. Essen 1992.

[29] Vgl. Gary Goertz und Paul F. Diehl, *Territorial Changes and International Conflict*. London-New York 1992.

eben nicht allseits unumstrittene und friedensfördernde Grenzen kennzeichnen diese Politik.[30]

Die Erfahrungen der beiden Weltkriege haben nicht bewirkt, daß solche Homogenisierungs-Programme aus der Politik verschwunden wären. Im Gegenteil: wir sind gegenwärtig mit einer Entwicklung konfrontiert, in deren Verlauf auf die Nation bezogene kollektive Identitäten eine neue Funktion übernehmen, nämlich über individuelle und kollektive Ängste vor den Konsequenzen der anonymen und turbulenten Groß-Dynamik der Globalisierung hinwegzuhelfen.

Solch eine sozialpsychologische Deutung vermag gewiß nicht das Kriegsgeschehen im ehemaligen Jugoslawien, den Aufstand der Tamilen in Sri Lanka oder die Sezessions-Bestrebungen im kanadischen Québec erklären, dafür braucht es noch andere Gründe. Wohl aber kann sie verständlicher machen, warum so viele Menschen in so verschiedenen Gesellschaften von einer ethnisch homogenen Gemeinschaft träumen, die ihnen politische Geborgenheit gewährt. Sie tun das nicht trotz, sondern wegen dieses Anachronismus.

Wenn man solche Träume politisch werden läßt, sie mit den Ingredenzien von Machtpolitik durchsäuert und ihre Durchsetzung in Angriff nimmt, dann kommt es zu Szenarien wie auf Zypern, in Bosnien oder Ruanda.

Die Vorstellung einer Welt mit lauter in sich homogenen Staaten und mit allseits anerkannten und den zwischenstaatlichen Austausch auf befördernde Weise regulierenden Grenzen ist eine Utopie, und zudem ein Anachronismus.

4.2. Synkretismus der Grenz-Räume als Welt-Modell

Globalisierung wirkt genau in die entgegengesetzte Richtung. Sie bricht durch bestehende Grenzen, vermischt (ihrer Selbstwahrnehmung nach) homogene Gruppen, löst bestehende kollektive Identitäten auf oder gibt ihnen einen anderen Sinn.[31] Die Außengrenzen eines Staates verschwinden dabei nicht. Was hingegen in den nächsten Jahren bis auf ganz wenige Ausnahmen abgebaut werden wird, das sind jene Grenzbefestigungen, die wie der Eiserne Vorhang in Europa zwischen 1947 und 1989 die martialische Unverrückbarkeit der Grenze verewigen sollen.

Stattdessen kommen andere Phänomene in den Blick. Nicht die Unterschiedlichkeit der Lebensverhältnisse beiderseits von Grenzen zieht ihn auf sich, vielmehr die besondere Vitalität in einem Grenzraum, dessen Bewohner

[30] Dies darf man nicht verdrängen, wenn man das Recht auf *kollektive Selbstbestimmung* einer ethnisch definierten Großgruppe von Menschen proklamiert.

[31] Vgl. James N. Rosenau, *Along the Domestic-Foreign Frontier: Exploring Governance in a Turbulent World*. Cambridge 1997.

von den Impulsen, die von der Grenze ausgehen, profitieren. Nicht die ethnische, kulturelle, volkswirtschaftliche Homogenität (dieser zuletzt genannte Ausdruck als Bezeichnung für eine national-protektionistisch ausgerichtete Wirtschaftspolitik), vielmehr gerade das Synkretistische, die Überlagerung, das Kombinieren von Ressourcen und Konzepten von diesseits und jenseits der Grenze machen diese Vitalität aus.

Spektakuläre Beispiele dafür gibt es in Westeuropa mit seinen verschiedenen internen Grenzregionen, den Euro-Regionen, z.B. der Regio Basilensis oder dem saarländisch-lothringischen Raum.[32] Noch um einiges spektakulärer sind die Entwicklungen an der texanisch-mexikanischen Grenze.[33]

Das Aufkommen solcher Grenzräume mit der Funktion von Mixern hat in dem Performance-Künstler Guillermo Gómez-Peña bereits ihren artistischen Verkünder gefunden: „I oppose the sinister cartography of the New World Order with the conceptual map of the New World Border – a great trans- and intercontinental border zone, a place in which no centers remain. It's all margins, meaning there are no ‚others', or better said, the only true ‚others' are those who resist fusion, mestizaje, and cross-cultural dialogue. In this utopian cartography, hybridity is the dominant culture; Spanglish, Franglé, and Gringoñol are linguas francas; and monoculture is a culture of resistance practiced by a stubborn and scared minority."[34]

Auch dieser skizzenhafte Entwurf einer hybriden Weltkultur wirbt für eine Utopie, allerdings für keine, die anachronistisch wäre wie die der homogenen Ein-Völker-Staaten.

Die politische Entwicklung wird, wenn es gut geht, einen anderen Weg einschlagen. Ich möchte ihn, das ist als Hommage an ein Land gedacht, wo man darüber vielleicht ein wenig erstaunt sein könnte, ich möchte ihn den kanadischen Weg nennen.

5. Company of Strangers

Der kanadische Weg ist gekennzeichnet von Erfahrungen und Erwartungen einer Gesellschaft, die nach beträchtlichen Schwierigkeiten, entgegen den räumlichen Gegebenheiten ein politisches Selbstbewußtsein zu entwickeln, es sogleich wieder als relativiert erlebte. Die Außengrenze zum ökonomisch mächtigen Nachbarn USA, seit dem frühen 19. Jahrhundert hat es keinen Krieg an dieser Grenze mehr gegeben, ist durchlässig, unbefestigt, unbetont.

---

32 Vgl. Heiko Riedel, *Wahrnehmung von Grenzen und Grenzräumen: Eine kulturpsychologisch-geographische Untersuchung im saarländisch-lothringischen Raum.* Saarbrücken 1994.

33 *The Economist*, 13.9.1997, *One river, one country.*

34 Guillermo Gómez-Pena, *The New World Border: Prophecies, Poems & Loqueras for the End of the Century.* San Francisco, CA 1996, S. 7.

Für den Wirtschaftsverkehr gibt es schon lange bequem zu benutzende Brükken, die die Grenze überspannen; seit dem Abschluß des North American Free Trade Agreement (NAFTA) sind sie gewissermaßen noch breiter geworden.

Und dennoch ist diese Grenze alles andere als unwichtig. Für Kanada bildet die Abgrenzung von den USA einen wichtigen Teil des nationalen Selbstverständnisses, der kollektiven Identität. Solche Abgrenzungen, die einerseits nicht abgeschafft, andererseits aber auch nicht militant gemacht werden sollen, gibt es auch innerhalb des Landes: Grenzen zwischen den Provinzen, zwischen den zahlreichen Kultur- und Religionsgemeinschaften, zwischen dem Land der Natives und dem der Einwanderer.[35] Eine Politik des Multikulturalismus und Einwanderungsgesetze, die im Prinzip keine Herkunftsregion der Erde benachteiligen wollen, haben zur Folge, daß Kanada sich rasch verändert. Der Anachronismus einer Utopie nationaler Homogenität, wie sie am ehesten noch von einem Teil der Separatisten Québecs verfolgt wird, läßt sich an der im großen und ganzen überaus manierlich geführten Auseinandersetzung über die Frage der Unabhängigkeit Québecs studieren. Die entgegengesetzte Utopie eines programmatischen multikulturellen Synkretismus läßt sich im kanadischen Kontext noch weniger beleben, denn die tolerante, weltoffene und bei allen internen Konflikten in erstaunlich hohem Maße gewaltfreie Gesellschaft Kanadas besitzt in der Tat ihre Unverwechselbarkeit.

Wie man sich abgrenzen kann, ohne sich zu isolieren, wie man eine bestimmte, deutlich profilierte kollektive Identität pflegen kann, ohne daß man dazu Militanz und Chauvinismus benötigt, dafür ist Kanada ein ermutigendes Beispiel. Wie jene alten Damen in dem halb-dokumentarischen Film „The Company of Strangers" (1988/89) von Cynthia Scott durch die Konfrontation mit der Wildnis, dem Raum, der Natur zu einer Gemeinschaft werden, ohne daß ihr die eigenen Lebensgeschichten und die gegenseitige Fremdheit geopfert werden müßten, so definiert sich Kanada als politische Gesellschaft über die kulturelle, religiöse, hautfarbige Verschiedenheit ihrer Mitglieder und integriert sie doch in eine spezifische Canadianess.

Rückübersetzt auf die Grenz-Problematik im Zeichen der Globalisierung heißt das: Wenn diese nicht aus dem Ruder laufen soll, dann wird darauf zu achten sein, daß Grenzen zwar durchlässiger und leichter verlegbar werden. Aber ganz und gar verschwinden dürfen sie nicht. Denn das Signum einer friedlichen Welt-Zivilisation ist nicht Grenzenlosigkeit, sondern eine weitere Differenzierung der Funktionen von Grenzen. Wenn es an Grenzen keine Kanonen und Gewehre und keinen Papierkrieg mehr gibt, dann sind sie wirklich auf der Höhe der Zeit.

---

[35] Vgl. Randy Williams Widdis, *Borders, Borderlands and Canadian Identity: A Canadian Perspective*. In: *International Journal of Canadian Studies*, Nr. 15, Spring 1997, S. 49–66.

Stephen F. Frowen

ECONOMIC MARGINS – A WELFARE AND MORAL ISSUE?

„Setz dem Überfluss Grenzen und lass die Grenzen überflüssig werden."
(From the prayer of a Bavarian Priest, 1864)

Charlotte Brontë in her 1849 novel *Shirley* wrote that "Misery generates hate." She is referring here to hand-loom weavers being driven into unemployment by a mill-owner introducing labour-saving machinery, undeterred by the workers' opposition. Lord Beveridge made this point – misery generates hate – the Leitmotif on the front page of his report entitled *Full Employment in a Free Society*, published almost one hundred years later in 1944, where he states that "the greatest evil of unemployment is not physical but moral, not the want which it may bring but the hatred and fear which it breeds."[1] He even extends this principle to war by continuing that "the greatest evil of war is not physical but spiritual, not the ruin of cities and killing of bodies, but the perversion of all that is best in man's spirit, to serve purposes of destruction, hate, cruelty, deceit and revenge."[2]

A view quite different from Beveridge's was expressed in *The Bankers' Magazine* stating that "human nature being what it is, the workers of the future, capitalists and wage-earners alike, will require the old spur of rewards and punishment (good profits and good wages, fears of losses and bankruptcy, and, yes, fears of unemployment and poverty) to ensure the necessary drive in this world of internal and international competition."[3]

Here we are immediately confronted with limits within which business people, economists and – more important – politicians have to operate. It is a question of boundaries. Where does the boundary lie between acting "morally" on the one hand (in the above example *not* introducing labour-saving machinery), and on the other maximising efficiency, competitiveness and

[1] William H. Beveridge, *Full Employment in a Free Society*. London 1944, p. 15.
[2] Ibid.
[3] *The Bankers' Magazine*, 1943.

profitability? Concentration on acting morally but taking a short-term view may well in the longer run prevent efficiency, competitiveness and profitability from which workers too will benefit. Taking a short-term view may therefore not be moral at all as in the long-run it may lead to more suffering on the part of workers and in addition damage the state of the economy as a whole. Perhaps we should pay less attention to Keynes's preference for short-term demand management policies and to his warning that in the long term we are all dead by being forward looking ourselves, thinking more of the *ultimate* gains and the well-being of future generations.

However, uncontrolled capitalism can be an evil in itself as Marion Gräfin Dönhoff has shown so aptly in her recent book *Zivilisiert den Kapitalismus: Grenzen der Freiheit*. Her critical views would have found much sympathy with John Maynard Keynes who in 1936 proposed what he regarded as fundamental solutions to the problem of unemployment in his most famous book, *The General Theory*. In this work he expresses the view that "the authoritarian state systems of today seem to solve the problem of unemployment at the expense of efficiency and of freedom. It is certain that the world will not much longer tolerate the unemployment which is ... inevitably associated with present-day capitalistic individualism. But it may be possible by a right analysis of the problem to cure the disease whilst preserving efficiency and freedom."[4]

The parallels between Keynes's views expressed in 1936 and the judgement of the 1993 *Declaration Toward a Global Ethic*, published by the Parliament of the World's Religions, are striking but perhaps not surprising. The latter maintains that "we live in a world in which totalitarian state socialism as well as unbridled capitalism have hollowed out and destroyed many ethical and spiritual values. A materialistic mentality breeds greed for unlimited profit and a grasping for endless plunder"[5]. With almost six decades between these two publications, nothing appears to have changed. The *Declaration* also confirms the statement in Brontë's *Shirley* "Misery generates hate" by stressing that "where power and wealth are accumulated ruthlessly, feelings of envy, resentment, and deadly hatred and rebellion inevitably well up in the disadvantaged and marginalized... In greed humans lose their 'souls', their freedom, their composure, their inner peace, and thus that which make them human."[6]

These lines of argument quite clearly lead us to the relationship between self-interest, self-improvement and altruism. Here, too, we are faced with delicate questions of boundaries and likely conflicts between them.

---

[4] John Maynard Keynes, *The General Theory of Employment, Interest and Money*. London 1936, p. 381.

[5] Ibid, p. 9.

[6] Ibid, pp. 10–11.

SELF-INTEREST AND SELF-IMPROVEMENT

In a contribution to a collective volume[7] Frank Field, the former UK Minister for Welfare Reform, comments on self-interest as follows:

> Self-interest is a fundamentally important part of human nature and its promotion is the most immediate and powerful of our drives. Self-interest is so powerful that it can be morally dangerous when decried or thwarted.[8]

Self-interest may cause selfishness, but it is also a way to self-improvement. In a healthy society most human beings do seek self-improvement through education and through cultural and other pursuits. It is indeed a major motivation in people's endeavours. Because of its underlying life-enhancing potentialities, it forms the central part of the present British Government's welfare reform.

The ethical view usually preached in Christian countries goes further than just "love thy neighbour as thyself" and has been more on the lines stated by A.C. Ewing,[9] "that the primary [Christian] virtue is unselfishness viewed as the readiness to sacrifice oneself for other men." But, as he rightly points out, carrying this view to its absolute extreme, there would be only those to give and nobody to accept and benefit from the sacrifice.

ALTRUISM

Behavioural rather than subjective altruism and selfishness as defined by Richard Dawkins[10] means that "an entity … is … altruistic if it behaves in such a way as to increase another such entity's welfare at the expense of its own. Selfish behaviour has exactly the opposite effect." Welfare he defines as "chances of survival." Dawkins is basically concerned with the survival effects for both the altruist and the beneficiary, therefore his concentration on behavioural definitions. His biological theories explain how genes for altruism can spread through a population even in a selfish world. Thus his book *The Selfish Gene* is really an explanation of our genes for unselfishness.

We can also observe reciprocal altruism of a quasi-contractual nature arising from mutual interdependence. To induce you to do something important for me, I must do something essential for you even to the point of self-sacrifice.

---

[7] Peter Askonas and Stephen F. Frowen (eds.), *Welfare and Values: Challenging the Culture of Unconcern*. London-New York 1997.

[8] Frank Field, *The Welfare Debate: Managing Self-interest, Self-improvement, Altruism*. In: S.F. Frowen and P. Askonas, *op. cit.*, p. 165.

[9] A.C. Ewing, *Ethics*. 1953, p. 34.

[10] Richard Dawkins, *The Selfish Gene*. Oxford 1989, p. 4.

Looking at the issues from a Christian position, there is an alternative to the reductionist view, which reflects recognition of transcendent values to provide a better understanding of both self-interest and altruism, and which gives ultimate meaning to human action – and not least to economic activity.[11] It is a set of actions which are genuinely independent of personal reward or reciprocation, known as hard-core altruism.[12]

Altruistic feelings – whether behavioural or for subconscious selfish motives – are an essential part of human nature, but these feelings are most strongly shown within family circles. This kinship altruism is often explained by the demands of genetic preservation, and here altruistic feelings may indeed take precedence over self-interest, with even human organs being donated to ensure the survival of close relatives. But getting further away from the family into areas such as neighbourhood, town, country and the world at large, our altruistic feelings often diminish. The extent to which they are maintained or maybe even enhanced probably depends at least partly on how civilised the society is we live in. However, altruistic family and tribal ties can be observed to be much stronger in some of the underdeveloped parts of the world than in our so-called civilised Western World. Generally speaking, I would agree with Samuel Brittan that "the difference between the altruist and the average selfish citizen is ... in what the former does with his gains."[13]

These manifold considerations are important in any attempt to reconstruct our welfare system. Ultimately, we shall always get back to problems created by the borders between self-interest, self-improvement and altruism whether we are the beneficiaries or as politicians the creators of the welfare system. In reality, the relationship between these drives is likely to be fluid (a real 'margin') with the capacity for one or the other component to develop or regress. This presumes the possibility of human maturing, not just individually but as a communal compound, a proposition which is contested by some, but strongly supported by others, e.g. Teilhard de Chardin.[14] If civilising social circumstances can be influenced, as we must hope is the case, then the maturing process can be supported by working away purposefully at expanding the climate for maturing, which is in fact the message of Welfare and Values, a volume challenging the 'culture of unconcern'.

---

[11] See Peter Askonas and Cho Ngye Kwan, *Looking Behind the Scenes: Self-interest, Civic Generosity, Altruism.* In: Peter Askonas and Stephen F. Frowen, *op. cit.*, pp. 103–116.

[12] See Samuel Brittan, *Capitalism with a Human Face.* London 1996, p. 41.

[13] Samuel Brittan, *op. cit.*, p. 61.

[14] See also Jonathan Boswell, *Community and the Economy: The Theory of Public Co-operation.* London-New York 1990.

Welfare Reform

Our modern welfare system was born fifty years ago soon after the second world war – not only in the UK but also in West Germany within the framework of her Social Market Economy. In the UK the school of social policy developed by Richard Titmuss at the London School of Economics was based on the conviction that the state must provide benefit as of right, funded by the altruism of the rest of society. Even means tests were rejected because of the stigma attached to them. In contrast to the present UK Labour Government, the Titmuss school totally refuted the notion that individuals might be responsible for their own circumstances. Furthermore, Britain's present welfare system largely ignores the adverse effect of means tests on character by penalizing work efforts through the loss of entitlement. As honesty is punished by loss of income, concealment and lying are encouraged. The rules of the welfare game simply destroy much of the moral fabric and order of our society.

The underlying problem is that governments nowadays just cannot find the money to carry the ever-rising welfare costs. That bill is now so large in the UK that it is causing a serious crisis for the Welfare System. Taking social security, health, education, defence, debt and other items together, spending in 1998 amounted to roughly £ 300 billion, of which not less than £ 85 billion went on social security alone. The figures for Germany and other EU countries are equally worrying. Without doubt a stricter regime and more effective control systems will have to be introduced by governments and it is unlikely that anyone would wish to question the wisdom of governments undertaking programmes one might call 'compassion with a hard edge.' But where does the border lie between a reasonable redistribution of social security expenditure and maybe actual cuts on the one hand, and cruelty against the poor on the other?

The UK Government is trying hard to tackle this question and – unfortunately no longer under the leadership of the former Welfare Minister Frank Field – to find a way to a better welfare system. After some delay it has now published its long awaited so-called Green Paper entitled *A New Contract for Welfare*.[15]

The Welfare Reform outlined here aims at introducing greater compulsory savings for pensions, increasing overall welfare spending, while avoiding an increase in the proportion spent by the government. It also pleads for stricter eligibility tests for disability benefits, in particular those relating to incapacity benefit. The aim here is to cut spending by reducing the number of claimants.

---

15 *New ambitions for our country: A New Contract for Welfare*, presented to the UK Parliament by the Secretary of State for Social Security and the Minister for Welfare Reform by Command of Her Majesty, March 1998 (London: HMSO, Cm. 3805).

Thus, the focus in future will be on the severely disabled. There will also be a crackdown on social security fraud which has cost the UK Government nearly £ 4.5 billion per year.

TARGETS

The centre-piece of the UK Government's welfare review outlines eight guiding principles to point towards "the direction of reform and the shape of things to come" until the year 2020. What the government's Third Way is about is something between privatisation and the status quo. The belief now is in empowerment and not dependency.

There is also a distinct attempt to move away from a system to alleviate poverty to a "new age of welfare" which promotes opportunity and develops potential. This is admirable in principle, but Governments should be aware that economic conditions have to be favourable for individuals to realise their economic potential. There is no doubt that the present welfare system leaves too many people trapped in poverty, that it provides disincentives to work, and that it permits widespread fraud. Thus, the new welfare "contract" will be between citizen and Government, based on both rights and responsibilities. This is precisely the view taken by the former German Chancellor Helmut Schmidt[16] who fought so hard together with other members of the InterAction Council (founded in 1983 by former Heads of State) to prepare and get a Universal Declaration of Human Responsibilities approved by the United Nations to be set side by side with the UN's existing Universal Declaration of Human Rights.

One of the responsibilities of government is to support those unable to work or look after themselves. In fact, according to Article 10 of the Universal Declaration of Human Responsibilities, politicians as well as every human being have the obligation to support those in need, the disadvantaged, the disabled and victims of discrimination. The responsibility of the individual includes the responsibility to take up the opportunity to be independent. Thus the first principle of the proposed UK welfare reform aims at getting people off benefit and into work with the assistance of special government funds.

The second principle of the UK welfare reform states that public and private sectors should work together to make sure that people are insured against foreseeable risks and make provisions themselves for their retirement. For this purpose the UK Government is to offer low-cost stakeholder pensions as an alternative to poor-value private pensions, with mutual organisations such as

[16] Helmut Schmidt (ed.), *Allgemeine Erklärung der Menschenpflichten – Ein Vorschlag*. Munich 1997.

building societies and trade unions participating. The third principle aims at a high quality of health care, transport, housing and childcare.

The fourth principle is devoted to the Disabled: Stringent tests for incapacity benefits to cut the £ 7.8 billion annual cost. Any savings will be allotted to cover the costs of the disability living allowance. The fifth principle provides for a system of better support for families and children. The sixth principle will consist of specific action to be taken to attack social exclusion and help those in poverty. The seventh principle will deal with fraud and encourage openness and honesty, while the eighth and final principle is meant to guarantee a modernised welfare delivery service and improve customer satisfaction.

WELFARE A MORAL ISSUE?

What should we make of all this? The welfare crisis not only in the UK but also in other European countries – and not least in Germany – is no doubt a moral one. It confirms what Lord Beveridge said over fifty years ago.

It is therefore the moral tone of the Green Paper – totally in line with parts of the UN's Universal Declarations of Human Rights and Human Responsibilities – which awakens our concern. It is interesting to look back to an earlier document, issued by the Catholic Bishops of England and Wales, which decidedly assisted the Labour Party to a victory at the UK General Election of May 1997, entitled *The Common Good*[17]. We can read here all about person-in-community, human rights, the option for the poor, subsidiarity and solidarity – all of which are themes in the Government's Green paper, although the aspect of human responsibility is not accorded a place of equal importance as human rights.

Obviously, as the UK Prime Minister Tony Blair says in the Foreword, "this Green Paper marks simply the beginning of a debate on welfare reform, not its conclusion."[18] The actual programme and details have yet to be thought through and non-official social thinking, whether Christian, Jewish or Moslem, should take up the challenge to contribute to this debate on reform. Moreover, as Tony Blair states in a letter to the author, "we are looking at various

---

17 *The Common Good and the Catholic Church's Social Teaching.* A statement by the Catholic Bishops' Conference of England & Wales. (Published by The Catholic Bishops' Conference of England & Wales, 39 Eccleston Square, London SW1V 1BX, 1997).
A policy review group is following up the aims set out in this statement to promote Christian teaching on political matters and to ensure that the Church's view is heard and understood.

18 Tony Blair, "Foreword and Introduction", *New ambitions for our country: A New Contract for Welfare*, p. iii.

ways of reforming the welfare system, and I was grateful for your words of support."[19]

The option for the poor may well lead us to conclude that the poor need more than the Green Paper is willing to recognise. Principles of justice may also incline us to argue that there is a need to support a national minimum pension, as suggested by Labour's national commission on social justice. However, we have to be aware that we live in an increasingly globalised world economy. This imposes severe restrictions on the achievement of national economic objectives, such as full employment, minimum wages or minimum pensions. It is therefore even more essential that solidarity-seeking leads us – in the words of Frank McHugh[20] – "to look at the missing piece in the jigsaw: the role that the massive financial sector must take in any worthwile discussion of ethics in a modern advanced economy." These considerations will have to be taken into account when searching for the path to a "Third Way" based on a new ethical political theory which combines the best bits of the old Left and the new Right – a true Blairite policy.

Problems of Globalisation

The globalised economy of today is dominated by powerful financial conglomerates and multinational companies. There are nowadays mergers of major financial institutions and commercial companies not only within but also between countries. In the world economy of today with the advance made in telecommunications, frontiers have virtually disappeared. This means that we live in a much more competitive world which is largely uncontrolled as there are no global supervisory authorities, and we are certainly far from the construction of any globalised ethics covering a necessary minimum to be acceptable world-wide. As one of the world's leading and most impressive theologians, Hans Küng, has emphasised: Since the breakdown of the communist system in 1989 "hat weltweit verstärkt eine Globalisiserung von Ökonomie und Technologie um sich gegriffen, die sich zunehmend der Kontrolle durch eine globale Politik entzieht und der Fundierung durch eine globale Ethik entbehrt."[21]

---

[19] Letter by Tony Blair to Stephen Frowen, 13 February 1998.

[20] Frank McHugh, *Beveridge is alive – and he is showing signs of improvement, Catholic Herald*, 3 April 1998, p. 5.

[21] Hans Küng, *Weltethos für Weltpolitik und Weltwirtschaft*. Munich 1997, p. 279. The ideas expressed in this volume have been further developed in Hans Küng and Karl-Josef Kuschel (eds.) *Wissenschaft und Weltethos*. Munich-Zurich 1998. For a critical view of Küng's "Weg vom Theologen zum Prediger des 'Weltethos'", see Otto Kallscheuer "Grenzlos global", *Neue Rundschau*, vol. 109, no. 3, 1998, pp. 11–68.

This is indeed a frightening situation in which to enter the new millennium. In fact, a timely statement by Pope John Paul II in May 1998 called for "a culture of rules which does not only concern business aspects, but which looks after the defence of human rights in the world … so that globalisation of the economy does not produce the harmful results of the wild explosion of private or collective egoism." Globalisation has indeed serious economic consequences. For example, if the UK government wants the unemployed back into work, there must be enough job vacancies. And that in turn depends largely on how competitive we are in the world economy. There is a justified demand for minimum wages. But again, if they are higher than in countries we are competing with, our workers will soon be out of a job. Multinational companies produce where labour is cheap. Take the present UK economic situation. We have a strong pound partly because our interest rates are higher than in most European countries, and partly because of present uncertainties about the future strength and stability of the Euro. The strong pound means cheaper imports which helps to keep our inflation rate low. But the UK export industry suffers and it will not be long before jobs will be shed. With imports up and exports down, we are also heading for serious balance of payments difficulties.

EMU AND THE WELFARE PROBLEM

Where is it all going to take us to and will the disappearance of old traditional frontiers between countries create new frontiers and borders of a different nature? I think the UK Government is determined to join the European Monetary Union, but first the next General Election due in 2002 must be won. At present the UK is better placed to satisfy the Maastricht criteria than most of the 11 countries now admitted to EMU – with the exception of UK interest rates being too high. The latter are no longer determined by the UK Government but, under the new rules introduced by the Labour Government in May 1997, are set by the newly established Monetary Policy Committee of the Bank of England. The Committee might want to help exporters by reducing interest rates, but they can only do so if it does not endanger the achievement of the inflation target set by the Chancellor of the Exchequer at 2.5 per cent. Lower interest rates would certainly depress the value of the pound and improve the competitiveness of British exporters. Imports, on the other hand, would get more expensive, switching demand to home-produced goods. Lower interest rates would also raise the level of investment. The overall expansionary effect would be desirable for as long as there is sufficient excess capacity in the economy to satisfy the additional demand for goods and services. Once full employment is reached, a rise in the inflation rate becomes the new danger. Nevertheless, moderate inflation may actually assist in maintaining a high level of both employment and economic growth – at least in the short run. Again, here too we are faced with competing objectives and the border between them causes serious problems in decision-making, whereby the degree of flexibility in the determination of both interest rates and the inflation target will play a decisive part.

CONCULDING REMARKS

These are precisely the issues which will form the greatest challenge for the European Central Bank and the Euro. Setting a single interest rate for the entire Euroland will require an adjustment mechanism to assist the disadvantaged EMU members.

Improved labour mobility and sufficient transfer payments from the rich to poorer member countries are prerequisites for a smooth functioning of the Euro, but they will be difficult to achieve without political integration.

I am mentioning these economic factors to illustrate the existence of serious limits the UK government will encounter when trying to put the welfare proposals set out in the Green Paper into practice. If they fail, they may not be blamed entirely because of the many unknown exogenous factors arising from developments in the rest of Europe and the world economy, which will reflect on "the state we're in" (to borrow the title of Will Hutton's economic bestseller) ourselves economically. But despite these reservations, we have, I think, reason to congratulate Frank Field and the UK Governement on setting out a broad framework of the way ahead towards a welfare reform which hopefully will help us to get out of our present welfare crisis. The UK example may also serve as a case study for other countries trying to cross the border from a society hit by increasing inequality to a world of social justice in which governments and individuals take their social rights and responsibilities as seriously as the Universal Declaration of Human Rights[22] and the Universal Declaration of Human Responsibilities demand.

[22] For a brief discussion of the Universal Declaration of Human Rights on the 50th anniversary of its ratification by the UN, see Klaus Dieke "Ein gemeinsam zu erreichendes Ziel: Was die Verfasser der Allgemeinen Erklärung der Menschenrechte wollten." *Frankfurter Allgemeine Zeitung*, 30. November 1998, p. 11.

Roger Thiel

Brücken-Reflexionen

Zum Problem des Übergangs bei Simmel, Nietzsche, Heidegger und Kafka

In Zeiten des Rausche(n)s und der Luft, in Zeiten der unsichtbaren Übertragung von Daten, kurz: in Zeiten des globalen Kalküls sind Transmitter-Erscheinungen wie Brücken beinah überflüssig geworden. Es scheint, als seien es Relikte auf dem Stand des Vortechnischen, die ihren Charme unserer Liebe zum Archaischen einerseits, zum Musealen anderseits verdanken. Im Zeitalter der elektronischen Medien, das den Ruck vom Festen zum Flüssigen und weiter zum Unsichtbaren vollzogen hat; in einem Zeitalter, das – mit den Worten des Architekten Peter Eisenman – so schnell geworden ist, daß nicht einmal Zeit ist für das Anschauen von so etwas wie Bildern in Museen, sind so ‚harte' Dinge und Medien wie Brücken dem Nachdenken über die Gegenwart der beschleunigten Gesellschaft eher hinderlich, als daß sie den verlustfreien Übergang von Daten von einem Ort zum andern beförderten, geschweige denn garantierten. Trotz der ihr innewohnenden Magie, trotz ihrer starren Materialität und ihres Ding-Charakters läßt sich die Brücke nicht einfach bewundern in Kuriositätenkabinetten oder Museen. Selbst eher architektonische Geste als Architektur, nimmt sie Platz und hat ihren Platz in der Welt; in ihr hat sie als ‚Objekt', als Ding ihren Ausstellungsort. Und diese Stellung ist mitnichten so einfach, wie man vielleicht auf den ersten Blick glauben möchte. Selbst ihre ‚Form' ist eher unentschieden als bestimmt und klar: sie pendelt zwischen Architektur und ihrer Geste, zwischen einem Ort und dem andern. Nach dieser knappen Skizze ist die Brücke ein Inter-, ein Zwischenstadium, eine Irritationszone. Als dieses Inter- ‚ist' sie aber kaum. Als Zone, deren Ortszugehörigkeit nicht auszumitteln ist, bleibt die Brücke an Faktoren und Allegorien der Gefahr und des Wagnisses, der Unsicherheit und der Angst gekoppelt. (Kaum verwunderlich also, daß von Zeit zu Zeit weniger die verbindenden und überspannenden Artistikleistungen von Brücken bejubelt werden als vielmehr die ihnen inhärenten destruktiven Energien oder ihre extreme Anfälligkeit für allerlei Zerstörung, sei's durch Erdbeben, sei's durch Hurricanes. So widmete Alexander Kluge beinah eine ganze Sendung dem Schwanken und schließlich dem Einsturz der Brücke von Tacoma, bedingt durch einen Tornado, aufgenommen von einer Amateurkamera.) Im wahrsten Sinne dieser Unentscheidbarkeit ist die Brücke ein *Übergangs*-Phänomen, eine Grenze, eine Schwelle.[1]

Die Kulturgeschichte von Orient und Okzident hat von diesen Übergangs- oder Schwellenphänomenen einen reichen Fundus gerade materialisierter Erscheinungen aufzubieten, die alle selbst wieder eine Grammatik des Labilen, des Schwindels und des Pendelns provozieren. Die Brücke ist vielleicht ihr sinnträchtigster Ausdruck. Das Gefühl der Unsicherheit, des Zögerns, das manchen Benutzer von Brücken überfällt, und das Schwanken, das Brücken strukturell immanent ist, kommt auch an dem Berufsstand zum Ausdruck, der sich dem Bauen von Brücken widmet. Nicht nämlich Architekten – natürlich zieren Ausnahmen wie Santiago Calatrava die Regel – bauen Brücken. Brücken sind also, so könnte man übereilt folgern, überhaupt keine tektonischen Arrangements; Brücken werden von Genies der Statik und der Konstruktion, Virtuosen der Spannung und des Materials entworfen und entwickelt. Diese Meister des Kalküls haben einen eigenen Namen: Brücken-Bauer, und einige ihrer besten – wie zum Beispiel Fritz Leonhardt[2] – sind hochdekorierte Pioniere nicht nur auf dem Gebiet von Brücken durch und über schier unmögliches Gelände, Abgründe und reißende Wasser; sie sind es auch mit Blick auf die Weiterentwicklung von Werkstoffen, die dann wiederum in Kombination mit andern Technologien in ganz unterschiedlichen Disziplinen eingesetzt und ihrerseits fortentwickelt werden. Brücken-Bauer also sind Übersetzer; Brücken-Bauer sind interdisziplinär, d.h. wörtlich: sie bewegen sich im Zwischen-Reich der Disziplinen; oder in einem ‚Reich', das als solches gar keins ist und deshalb erst alle andern ‚Reiche' begründet. Sie sind, hermeneutisch gesprochen, Interpreten.

Die Brücke hat jedenfalls immer wieder auch als Hort und Ort privilegierter Darstellungsformen und Allegorien gedient, und die Palette ihrer Genres ist vielfältig. Sie reicht vom Pop-Song der Simon & Garfunkel (*Bridge Over Troubled Water*), der Puhdys (*Über sieben Brücken mußt du gehn*) bis zu den Filmen *Die Brücke von Arnheim, Die Brücke* und dem einzigartigen Spektakel, das der Film *Les Amants du Pont-Neuf* entfaltet, der mit seiner Feuer- und Wasser-Symbolik alles bisher Dagewesene in den Schatten stellt. Der Pont-Neuf galt schon einmal als Kultobjekt der Kunst: in Christos Verpackung, die in der Verhüllung erst das Nachdenken über die Offenbarung und die Offenbarkeit von ‚Brücke' initiierte. Den Brücken also eignet etwas, das vielen Architekturen

---

1 Zu einer Vielzahl solcher Übergangs- und Schwellenphänomene im allgemeinen vgl. Christiaan L. Hart Nibbrig, *Übergänge. Versuch in sechs Anläufen*. Frankfurt/M. 1995. — Ich danke Andreas Herz herzlich für Kritik und manchen Hinweis.

2 Vgl. den reich bebilderten Band von Paul Bonatz und Fritz Leonhardt, *Brücken*. Königstein im Taunus 1952, und insbesondere ihre Reflexionen an seinem Anfang.

oder ihren Gesten schlecht abgeht. Sie metaphorisieren etwas schlechthin Wahres, und nicht selten sind Brücken zu Wahrzeichen geworden: sieht man die Golden Gate Bridge, ist es unnötig zu erwähnen, daß man sich in San Francisco befindet; zeigt ein Bild oder ein Filmausschnitt die Brooklyn Bridge, weiß jeder, von welchem Teil New Yorks hier die Rede ist; ähnliches läßt sich von der Tower Bridge in London, dem Ponte Vecchio in Florenz, der Seufzer- und Rialto-Brücke in Venedig, der Engels-Brücke in Rom, der Honshu-Shikoku-Brücke in Tokyo und der Bosporus-Brücke in Istanbul sagen, die sogar noch die Delikatesse für sich reklamieren kann, zwei Kontinente – Europa und Asien – sowohl zu verbinden als auch zu trennen; besonders an ihr wird leichthin sichtbar, was Brücken generell charakterisiert: sie sind Elemente zwischen zwei Orten, dem einen Ort und dem andern, sie sind die räumliche und zeitliche Demarkationslinie zwischen einem terminus a quo und einem terminus ad quem. Und Brücken stehen für die Orte, in oder zwischen denen sie sich befinden, ihnen aber nicht sowohl (an)gehören, und vielleicht sind diese Orte erst, was sie sind, dank ihrer Brücke, ihrer Brücken. Und nicht zuletzt sind es gerade Brücken – vielleicht wegen ihres dilemmatischen Risikowertes –, die eigens Heilige und den heiligen Nepomuk als ihren Patron haben. Paradoxerweise ist der heilige Nepomuk deswegen Brücken-Patron, nicht etwa, weil sein Einsatz eine Brücke gerettet hätte, sondern vielmehr, weil durch seinen Sturz von der Prager Karls-Brücke in die Moldau im Jahr 1393 das Leben der Königin Johanna von Böhmen gerettet wurde. Als ihr Beichtvater verriet er auf Drängen König Wenzels IV. seine Beichtgeheimnisse nicht – und was die Königin schützte, das geriet ihm zum Verhängnis. Diese Episode einer Heiligenvita war so imposant und populär, daß sie nicht nur ihr literarisches Echo Jahrhunderte später in Goethes Gedicht „St. Nepomuks Vorabend" fand; sie erzählt zudem, daß der schwimmende Leichnam Nepomuks von zaubrischen Lichtern umflort und begleitet gewesen sein soll – ein Zeichen, zu dessen Erinnerung später auf der Moldau Lichterschwemmen inszeniert wurden.[3] Und die mögen nun ihrerseits einen heimlichen Intertext zu Leos Carax' Film *Les Amants du Pont-Neuf* geliefert haben.

I

Unter den Auspizien der Beobachtung der Welt scheint es so, als ruhe das Bild der äußeren Dinge, der äußeren Natur einem Paradox auf, demzufolge alles sowohl als getrennt als auch als verbunden gelten kann. Aus dieser funda-

[3] Offenbar gehört die Geschichte dieses Patronats schon zum Kulturgut vieler mit Brücken Beschäftigten. Vgl. nur Hans Werner Kettenbach, *Romantik der Ingenieure*. In: *Frankfurter Allgemeine Zeitung* vom 1. April 1995, Bilder und Zeiten.

mentalen Zweideutigkeit zieht der Soziologe Georg Simmel in seinem Essay *Brücke und Tür* (1909) das Fazit, daß es zum Vermögen des Menschen und zu seinem Bewußtsein gehöre, „zu binden und zu lösen."[4] Entgegen dem Prinzip der Natur obliege es allein dem Menschen, zwei Dinge aus einem Ding-Kontinuum zu isolieren und sie als getrennte zu bezeichnen. Voraussetzung dieser Trennungsoperation sei aber eine Beziehung, eine Verbindung in unserem Bewußtsein, die zudem skandiert wird durch eine Differenz, die ihre Trennung allererst ermöglicht. Dies „Dazwischenliegende", so Simmels Terminus, ist auch das entscheidende Axiom bei der Umkehrung dieser Operation: als verbunden kann nur gelten, was isoliert ist, „die Dinge müssen erst außereinander sein, um miteinander zu sein." Oder schlichter: die Trennung ist die Verbindung. Nach dieser kurzen Initiation trägt Simmel eine erste ‚wolkige' Klimax seines Gedankens vor: „Praktisch wie logisch wäre es sinnlos, zu verbinden, was nicht getrennt war, ja, was nicht in irgendeinem Sinne auch getrennt bleibt." Am Parameter der Brücke sieht Simmel einen Höhepunkt des menschlichen ‚Verbindungswillens', mithin ein Symbol der „Ausbreitung unserer Willenssphäre über den Raum", die sich zudem erfolgreich sowohl gegen die passive wie aktive Divisionstendenz in dieser Konfiguration (der Verbindung zweier getrennter Orte) stemmt. Mit der Intention auf Wiederholung markiert die Brücke die Materialisierung des „Wunders des Weges", indem sie die bloße Dynamik des Weges und der Bewegung stillstellt, anhält, unterbricht: sie ist diejenige Zäsur, die das bloße Telos der Brücke um ihren ästhetischen Wert anreichert und überbietet und in diesem Stillstand „die ganze in der Zeit fließende und verfließende Bewegtheit dieser Wirklichkeit sammelt." Mit der Rhetorik des Erhabenen und der Reinheit beschreibt Simmel im Symbol der Brücke das menschliche Vermögen der Synthesis, die der Kontingenz der Natur weit überlegen sei durch räumlich-unmittelbare Anschaulichkeit.

Den Vorzug allerdings seiner beiden Parameter gibt Simmel der Tür. Während in der Korrelation von Trennung und Verbindung die Brücke den Akzent auf die letztere setze, stelle die Tür „in entschiedenerer Weise" die Identität der Differenz von Trennung und Verbindung dar oder, mit den Worten Simmels, „wie das Trennen und das Verbinden nur die zwei Seiten ebendesselben Aktes sind." Am Phänomen der Tür scheint ihm die Schwelle, das Bild des Grenzpunktes, das Scharnier und der „dauernde Wechseltausch" zwischen Innen und Außen, zwischen Setzungsakt der menschlichen Endlichkeit und der Unendlichkeit, zwischen Physischem und Metaphysischem auf. Gerade der „dauernde Wechseltausch" steht ein für eine qualitative Veränderung beim Wechsel von der einen Seite zur andern, für einen „völligen Unterschied der Intention"; sie zumal ist an einen Akt der Freiheit gekoppelt, der einem

[4] Alle Zitate in der Simmel-Partie nach Georg Simmel, *Brücke und Tür*. In: *Das Individuum und die Freiheit*. Berlin 1984, S. 7–11.

erlaubt, in dieselbe hinauszutreten oder, freiwillig, in die Begrenzung hineinzugehen. Gegen diese Favorisierung der Tür bleibt für die Brücke bloß eine Charakteristik im Modus der Defizienz: steht die Tür für einen „dauernden Wechseltausch" zwischen Endlichem und Unendlichem, so die Brücke lediglich für die Verbindung eines Endlichen mit Endlichem. Als eine zwischen zwei Punkten gespannte Linie gelte die Brücke als eine Vorschrift unbedingter Sicherheit und Richtung; zum andern aber will Simmel an der Brücke die Offenbarung ablesen, daß es keinen Unterschied mache, „in welcher Richtung man eine Brücke überschreitet". Wenigstens gesteht Simmel ihr zu, das „wunderliche Gefühl" beim Überschreiten auszulösen, „einen Augenblick zwischen Himmel und Erde zu schweben." An Simmels Ausführungen lassen sich – mindestens – drei markante Eckdaten fixieren:

1. Endliches oder Begrenztes verdankt sich einem menschlichen Setzungsakt. Simmels Logik folgend, könnte aber eine Brücke genausogut Unendliches mit Unendlichem verbinden; die genuine Leistung wäre dann die Synthesis der Verbindung im Setzungsakt; sie würde kraft der Verbindung trennen, kraft der Thematisierung und Materialisierung der synthetisierenden Setzung des „Dazwischenliegenden" alle Parameter – Ort, Brücke, Ort – verendlichen.

2. Zum andern widerspricht sich Simmel gerade mit den zuletzt referierten Sätzen: weder gilt eine Vorschrift mit Blick auf Richtung und Sicherheit der Brücke noch ist der Richtungssinn per se unterschieds- und folgenlos. Simmel hat diese zentralen Topoi nicht klar auseinandergehalten und konturiert, wahrscheinlich, um seiner Privilegierung der Tür Nachdruck zu verleihen. Die Grenze, die die Tür markiert, befördert, durch ihre Reduktion auf größtmögliche Einfachheit und Plastizität, in besonderem Maße das Nachdenken über Behausung und Obdachlosigkeit, Intimität, Privatheit und Öffentlichkeit, und zwar vom Archaischen bis zum durch den ganzen Evolutions- und Zivilisationsprozeß gegangenen Individuum unserer Tage – ein Faszinosum für den Soziologen.

3. Und schließlich sind lediglich die metaphysischen und anthropologischen Aspekte von Simmels Theorie haltbar, wenn er die Tür als Gelenk und Bild des Grenzpunktes des „dauernden Wechseltausches" apostrophiert und der Brücke vorzieht. Seine eigene Metaphorik stellt denn auch den Unterscheidungsbemühungen ein Bein: die Brücke garantiere eben gerade, „einen Augenblick zwischen Himmel und Erde zu schweben." Daraus folgt: Nur unter der Preisgabe des Unterschieds von Hin und Her des Wegs, des Richtungssinns; nur unter der Preisgabe der Folgen der Ortsveränderung – mit Blick auf das querende Subjekt muß man gar von Ver*a*nderung sprechen –, läßt sich das „Dazwischenliegende" der Brücke als qualtativ geringer einschätzen als die Tür. Wäre Simmel nicht von der Gleichheit aller isolierten Orte oder Dinge ausgegangen, sein Urteil über das Differenzphänomen Brücke wäre sicher analog zur Charakteristik der Tür ausgefallen. Schematisch hätte er die Prä-

misse Ort-Brücke-Ort lediglich in die logisch korrektere von Ort-Brücke-andrer Ort transformieren müssen, um dem Faktor nicht nur des Differenzphänomens Brücke als solchem, sondern darüber hinaus der Verbindung dessen, was schon vorher als Geschiedenes und Verschiedenes figurierte, gerecht zu werden. Gemäß seines eignen Diktums wäre demzufolge aufgegangen, was der Kybernetiker und Architekturtheoretiker Ranulph Glanville so zuspitzt: „Dasselbe ist anders."[5] Nur so hätte seine erste tastende Klimax der Trennungsverbindung aufrechterhalten werden können.

Liest man die Unterschiede der beiden Differenzzonen von Brücke und Tür unterscheidungs- und systemtheoretisch, so gibt es deren drei: Zum einen ist die Brücke wesentlich länger, so daß sie selbst beinah beanspruchen könnte, als ‚dritter Ort' zwischen Ort und seinem Gegenteil zu fungieren; zum andern verkörpert sie nicht nur einen räumlichen Unterschied und hebt ihn in ihrer Funktion wieder auf, sondern zugleich vergeht Zeit, will man eine Erfahrung machen mit ihr. Dieser spatio-temporale Aspekt trifft auch auf die Tür zu, nicht aber in gleicher Extensivität. Was an der Tür als Gleichzeitigkeit erscheint, das löst die Brücke in sequentielle Kontiguität auf. Dadurch kann die Brücke als metonymisches Phänomen quasi zur Metapher (Simmel: Symbol) für Differenz überhaupt avancieren; zum dritten schließlich bringt Simmel an der Tür eine systemtheoretische Differenzmarkierung (Unterscheidung) ins Spiel, die in der Tat als paradigmatischer konstitutiver Unterschied anzuerkennen ist: die Beobachtung der Differenz von Innen und Außen. Als konstitutiv gilt diese Unterscheidung aber nicht der Differenzmarke (dem konstitutiven Unterschied) selbst, dem „Bilde des Grenzpunktes", dem „dauernden Wechseltausch", kurz: dem „Dazwischenliegenden". Als basales Konstituens figuriert sie für die Architektur, die Beobachtung der und die Kommunikation über Architektur. Für die Differenz, die hier in Frage steht, ist die verschiedene ontologische Verfassung von Innen und Außen relativ gleichgültig; ihren Part kann auch, formal betrachtet, ein Ort und ein andrer Ort stellvertreten. Interessant an dieser Diskussion wird allerdings die oben bereits gestreifte Frage, ob eine Brücke überhaupt Architektur sei. Wenn unter dem Blickwinkel der Systemtheorie die Einheit des Unterschieds von Innen und Außen, von Schließung und Öffnung, von Form und Medium, von herausgeschnittener, endlicher „Parzelle" und „Kontinuität und Unendlichkeit des Raumes" die regulative Idee und das konstitutive non plus ultra der Architektur darstellt, dann kann in der Tat eine Brücke nur unter ganz bestimmten Voraussetzungen einen architekto-

[5] Ranulph Glanville, *Objekte*. Hrsg. und übersetzt von Dirk Baecker. Berlin 1988, S. 61. Dies Diktum hätte auch Heideggers volle Zustimmung gefunden. Vgl. Martin Heidegger, *Der Satz der Identität*. In: *Identität und Differenz*. Pfullingen [6]1978, S. 9–30.

nischen Wert erhalten. Genaugenommen aber ist sie: eine architektonische Geste und als solche ein Ding.[6]

II

Was an der Brücke mithin auftritt, ist das Problem der Übertragung, des Übergangs, der Übersetzung: des Metaphorischen (Metapher im Sinne des griechischen μεταφερειν). Friedrich Nietzsche jedenfalls hat die Brücke zur ontologischen Grundkonstante anthropologisiert und poetisiert. In der Programmatik von ‚Zarathustra's Vorrede' zu seinem *Also sprach Zarathustra* (1883–1886) formuliert Nietzsche sein Credo und seine Hoffnung mit Blick auf den Menschen emphatisch und hymnisch so:

> Der Mensch ist ein Seil, geknüpft zwischen Thier und Übermensch, – ein Seil über einem Abgrunde.
> Ein gefährliches Hinüber, ein gefährliches Auf-dem-Wege, ein gefährliches Zurückblikken, ein gefährliches Schaudern und Stehenbleiben.
> Was gross ist am Menschen, das ist, dass er eine Brücke und kein Zweck ist: was geliebt werden kann am Menschen, das ist, dass er ein *Übergang* und ein *Untergang* ist.[7]

Nicht nur Nietzsches biblische Rhetorik des hohen Stils läßt keinen Zweifel daran, aus welchem Kanon er sowohl schöpft als auch ihn – parodierend – überbietet; gleich alle drei theologischen Tugenden bietet er auf, um seinen Gedanken zu akzentuieren. Von der mittleren virtus theologica, der Hoffnung, wird aber seine ganze Konstruktion abhängen. Zarathustra nämlich hegt als Lehrer des Übermenschen eine geradezu eschatologische Hoffnung auf das Kommen einer Figur, der er diesen Namen gibt: Dionysos. Als dessen Lehrer ist Zarathustra zugleich dessen Für-, Vor- und Ver-Sprecher, und demzuvor ist er der Lehrer der Seele und des Menschen. Dieser selbst ist der Gang, der Übergang und der Untergang in eins, das Gehen zunächst des Gedankens. Als Gang ist er bloß vorübergehend und übergänglich und schließlich vergänglich, nichtsdestotrotz aber notwendig. Nietzsche wählt aus der ganzen Metaphorik sowohl des Bauens als auch der Bewegung gerade die Brücke aus, um den Menschen (‚Stadium des Menschen') zu charaktersieren. Dem zentralen Topos der Brücke schreibt er eine besondere Qualität zu: als Brücke zum Übermenschen ‚gebärdet' sie die Seele – ein unermeßlich wichtiges Emblem des Nietzscheschen Denkens. Diese Gebärde ist als Synonym zu der oben be-

[6] Zum systemtheoretischen Unterscheidungsmodell vgl. die ebenso hinreißende wie instruktive Studie von Dirk Baecker, *Die Dekonstruktion der Schachtel. Innen und Außen in der Architektur*. In: Niklas Luhmann, Frederick D. Bunsen, Dirk Baecker, so auf dem Titelblatt: *Unbeobachtbare Welt. Über Kunst und Architektur*. Bielefeld 1990, S. 67–104.

[7] Friedrich Nietzsche, *Sämtliche Werke. Kritische Studienausgabe*. Hrsg. v. Giorgio Colli und Mazzino Montinari. München-Berlin-New York 1980, Bd. 4, S. 16–17.

reits erwähnten Geste zu lesen; so wäre die Brücke in der Tat eine architektonische Geste. Aber warum ist das so?

Mit der Brücke artikuliert Nietzsche – und mit ihm die Rhetorik des Einsamsten, Zarathustras – nicht nur die Positionen von Mensch, Seele und Leben; mit der Brücke verweist er zugleich auf seinen „abgründlichsten Gedanken", den Gedanken der Ewigen Wiederkehr. Und es ist dieser Weg über die Brücke, dieser Umweg und Un-Weg, der gegangen sein will, wenn anders kommen soll, was zu kommen gerufen und prophezeit ist: der ‚unbekannte Gott', Dionysos. Die Unwegsamkeit, die Um-Wegsamkeit dieses Wegs verdankt sich nicht so sehr einer kurvenreichen Risikolage, sondern vielmehr einer Figur, die sich aufgrund ihrer prekären ontologischen Verfassung jeder bautypologischen Zuordnung entzieht: dem Labyrinth. Nun werden aber in diesem Labyrinth Personen nicht einfach in die Irre der Zirkularität, des Taumels und des Schwindels geleitet. Nietzsches Labyrinth ist weitaus dilemmatischer: der Faden nämlich gilt nicht mehr, er ist gerissen, zerrissen; und so muß geraten, „errathen" werden: das Labyrinth ist ein Rätsel, das selbst nichts verrätselt. Als Rätsel, das nichts verrätselt, verweist es auf seine Struktur als auf die der Wiederholung. Nicht zirkulär ist sie – gegen diese vergleichsweise einfache Vorstellung haben sich sowohl Nietzsche als auch die avanciertesten französischen Theoretiker vehement verwahrt – ihre Struktur wäre als sich beständig verschiebende und verschobene, als sich teilende und geteilte telos-lose Linie zu denken. Die Form der geraden Linie markiert – so Gilles Deleuze, der diese Irritation mehrmals unter Bezug auf die Labyrinthe von Jorge Luis Borges aufruft[8] – das schrecklichste, grausamste aller möglichen Labyrinthe. Nicht nur für die Raumform – mit Blick auf die Brücke –, auch und gerade für die Zeitform hat diese Konstitution Konsequenzen: derjenige, der die Brücke überschreitet, das Labyrinth durchläuft, kann sich nicht mehr – *der* Faden ist gerissen – an eine Linearität (historischer Zeit) klammern, sondern wird einer Wiederholung überantwortet, derzufolge das Subjekt ist, was es wird und wird, was es ist (letztere Wendung ist die Minimal-Variation des Untertitels zu Nietzsches Text *Ecce homo*). Genauer: als Zeitlichkeit des Subjekts figuriert das futurum exactum, das futur anterieur, nach dem das Subjekt das gewesen sein wird, das es dabei ist zu werden. Unter dem Blickwinkel einer ‚Rhetorik der Zeitlichkeit' wäre es also geprägt von (s)einer unerreichbaren zeitlichen Vorgängigkeit, die wiederum das herausragende Merkmal des Verfahrens der Allegorie ist.[9] Walter Benjamins Verdienst ist es, präzis gezeigt zu haben, was das für die Allegorie selbst bedeutet: sie geht leer aus.[10] ‚Leere' aber ist das Kenn-

---

[8] Vgl. Gilles Deleuze, *Logik des Sinns*. Frankfurt /M. 1993, S. 87.

[9] Vgl. Paul de Man, *Die Rhetorik der Zeitlichkeit*. In: *Die Ideologie des Ästhetischen*. Hrsg. v. Christoph Menke. Frankfurt/M. 1993, S. 83–130.

[10] Vgl. Walter Benjamin, *Gesammelte Schriften*. Hrsg. v. Rolf Tiedemann und Hermann Schweppenhäuser. Frankfurt/M. 1972 ff., Bd. 1, S. 406.

zeichen des Realen, letztlich des Dings, z.B. der Brücke. „Leer aus" geht schließlich auch die Prophetie des Versprechers Zarathustra – was nicht heißen soll, daß sie schlechthin nicht notwendig wäre. Ver-, Vor- und Fürsprechen sind imperative willensanaloge sprachliche Ausdrucks- und Äußerungsformen, und als solche Phänomene können sie sich dem Verschwinden bloß entziehen, wenn sie ausgelegt, auseinandergelegt und aufgeschoben, kurz: interpretiert werden. Interpretation, das ist – wie oben schon angedeutet – die Grammatik der Brücke und die Brücke der Grammatik. Die Ewige Wiederkehr, die Interpretation, die Brücke: sie schieben auf, was ankommen soll (muß); die Ankunft, die immer schon gewesen sein wird, blitzt nur augenblickshaft auf, bleibt aber nicht. Woran Nietzsches Gedanke der Ewigen Wiederkehr baut, ist die Unvollendung, und was verspricht, verspricht sich. Was mit der Wiederholung am Werk ist, inszeniert Nietzsche in der komplexen Verflechtung seiner Figurationen Ariadne und Dionysos, die jede Entscheidung über Positionen und Prioritäten, Tausch und Täuschung, Führung und Verführung, Suchen und Versuchung in diesem Labyrinth suspendiert. Als Folge dieser Suspension, die auf dem Schauplatz des Subjekts statthat, ist die mögliche Unmöglichkeit des „kommenden Gottes" anzusehen. Zukunft nämlich ist eine Zeitform, die in sich gefaltet ist, in eine Seite der Erwartung und eine der Kontingenz. Der Zufall, die Inzidenz der Zukunft ist es, die sowohl dem Subjekt als auch der Figur der Ankunft den Boden entzieht. Heinrich von Kleist hat an der Schwelle des 19. Jahrhunderts in einem Brief an Wilhelmine von Zenge vom 16.11.1800 – mit dem Zusatz einer Zeichnung – materialiter gedeutet, welchem Umstand sich das Zustandekommen einer ‚Brücke' (hier: eines Torgewölbes) überhaupt verdankt:

> Ich ging an jenem Abend vor dem wichtigsten Tage meines Lebens in Würzburg spazieren. Als die Sonne herabsank war es mir als ob mein Glück unterginge. Mich schauerte wenn ich dachte, daß ich vielleicht *von allem* scheiden müßte, von allem, was mir teuer ist. Da ging ich, in mich gekehrt, durch das gewölbte Tor, sinnend zurück in die Stadt. Warum, dachte ich, sinkt wohl das Gewölbe nicht ein, da es doch *keine* Stütze hat? Es steht, antwortete ich, *weil alle Steine auf einmal einstürzen wollen* – und ich zog aus diesem Gedanken einen unbeschreiblich erquickenden Trost, der mir bis zu dem entscheidenden Augenblicke immer mit der Hoffnung zur Seite stand, daß auch ich mich halten würde, wenn alles mich sinken läßt.[11]

An Nietzsches Zukunftsbestimmung, die erst im Durchgang durchs Labyrinth, als Übergang *und* Untergang konzipiert und konturiert werden kann, scheint die Bankerotterklärung des Sub-jekts und zugleich die Verwandlung des Menschen in ein Pro-jekt auf. Einhergeht und prononciert wird mit dieser Verwandlung im Prozeß der ‚Menschwerdung' diejenige vom datum („das Gegebene") über das unentbehrliche factum („Projekt") zum – in der Aner-

[11] Heinrich von Kleist, *Sämtliche Werke und Briefe*. Hrsg. v. Helmut Sembdner. München 1984, Bd. 2, S. 598.

kennung der Bewahrung der Wiederholung, der Brücke – fatum („Schicksal"), genauer: zu Nietzsches prominenter Figur des amor fati. In seiner summa *Vom Subjekt zum Projekt. Menschwerdung* hat der Phänomenologe Vilém Flusser[12] Nietzsches Denken unter den Vorzeichen einer veränderten Medialität irisierend reaktualisiert und auch die für die hier diskutierten Facetten der zentralen Termini der Distanz und des Experiments, das „Aus-sich-selbst-Herausgehen" – so Flussers etymologische Variante von Projekt –, nicht außer acht gelassen. Durchs Labyrinth, über die Brücke: auf diesem Weg wandelt sich das Subjekt zum Projekt und schließlich zum Projektil:

> Ich habe gehen gelernt: seitdem lasse ich mich laufen. Ich habe fliegen gelernt: seitdem will ich nicht erst gestossen sein, um von der Stelle zu können.
> Jetzt bin ich leicht, jetzt fliege ich, jetzt sehe ich mich unter mir, jetzt tanzt ein Gott durch mich.[13]

Welche Kraft, welche Energie dies Projekt freizusetzen in der Lage ist, das faßt Nietzsche in *Ecce homo* (1889) in die berühmt gewordenen Zeilen unter der Überschrift ‚Warum ich ein Schicksal bin', die keinen Zweifel am Selbsturteil seines Gedankens lassen:

> Ich kenne mein Loos. Es wird sich einmal an meinen Namen die Erinnerung an etwas Ungeheures anknüpfen, – an eine Krisis, wie es keine auf Erden gab, an die tiefste Gewissens-Collision, an eine Entscheidung heraufbeschworen *gegen* Alles, was bis dahin geglaubt, gefordert, geheiligt worden war. Ich bin kein Mensch, ich bin Dynamit.[14]

Weil mit Blick auf Labyrinth und Projekt die Ankunft einer Instanz vereitelt werden muß; weil die Brücke ihrer Sprengung überantwortet werden muß; und weil jeder Übergang ein Untergang sein muß, deswegen steht Nietzsche am Ende seines Denk-Wegs nicht *auf* der Brücke, sondern *an* der Brücke und dichtet, im Eingedenken:

> An der Brücke stand
> jüngst ich in brauner Nacht.
> Fernher kam Gesang:
>
> goldener Tropfen quoll's
> über die zitternde Fläche weg.
> Gondeln, Lichter, Musik –
> trunken schwamm's in die Dämmrung hinaus ...
>
> Meine Seele, ein Saitenspiel,
> sang sich, unsichtbar berührt,
> heimlich ein Gondellied dazu,
> zitternd vor bunter Seligkeit.
> – Hörte Jemand ihr zu? ...[15]

---

12 Vilém Flusser, *Vom Subjekt zum Projekt. Menschwerdung*. (*Schriften* Bd. 3). Hrsg. v. Stefan Bollmann und Edith Flusser. Düsseldorf 1994, vgl. S. 20 u. 22.

13 Friedrich Nietzsche, KSA, Bd. 4, S. 49.

14 Friedrich Nietzsche, KSA, Bd. 6, S. 365.

15 Friedrich Nietzsche, KSA, Bd. 6, S. 291 (‚Warum ich so klug bin').Von welcher zentralen

III

Auch dem Nietzsche-Leser Martin Heidegger ist das entscheidende ‚Motiv' der Brücke, der Doppelcharakter eines ortlosen Orts, der unbewegten Bewegung nicht entgangen, und auch er läßt mit seiner Hilfe den Gedanken der Ewigen Wiederkehr plastisch erscheinen. Heideggers intentionsgesteuerte Lektüre verkürzt allerdings um eminent wichtige Aspekte und zieht dem Gedanken damit den Stachel des Skandalösen. Nicht aber seine Nietzsche-Lektüre soll hier interessieren; ihre Erwähnung ist gleichwohl nicht überflüssig, schürzt sie doch einen Knoten von Arbeiten, die dem ‚Motiv' der Brücke verstärkte Aufmerksamkeit widmeten und Heideggers Denken einen initialen Impuls gegeben haben dürften.

Einen Höhepunkt hat in architekturtheoretischen Diskursen gerade der jüngsten Vergangenheit insonderheit sein immer wieder zitierter Aufsatz *Bauen Wohnen Denken* (1951) markiert. In ihm wird die Geste der Brücke als Paradigma des Bauens entfaltet. Daß Heidegger nun ausgerechnet an der Brücke das Wesen des Bauens – und mit ihm auch des Wohnens und des Denkens – demonstriert wissen will, ist keine kleine Zumutung für das Denken, und daß die Wellen der Empörung nicht höher schlugen und schlagen, ist verwunderlicher als das Ansinnen Heideggers selbst. Eine Zumutung stellt dieses Ansinnen jedenfalls mit Blick auf die Unterscheidung von Brücke und Tür durch Georg Simmel als auch auf die systemtheoretische Charakterisierung der Architektur im allgemeinen durch Dirk Baecker dar. Einmal angenommen, man kenne außer dem genannten Aufsatz ein paar wesentliche Arbeiten aus der späteren Phase, so würde man wohl vermuten, daß Heidegger mit der Brücke seine Denk-Figur des Ge-stells zu entfalten versuchte.[16] Wie alle Leitworte Heideggers ist auch das Ge-stell nicht einfach bestimmt, sondern beruht in sich selbst auf einer labilen polaren oder paradoxen Doppel-Definition. Heidegger hat dieses Wort geprägt, um im ‚Einblick in das, was (heute) ist', das Ge-stell als das Wesen der modernen Technik zu kristallisieren. Im Ge-stell ergibt sich eine Konstellation von Mensch und Sein, die alle Merkmale der Herausforderung trägt. Als Versammlung des Stellens stellt das Ge-stell den

Bedeutung dieses Gedicht für Nietzsche gewesen ist, läßt sich ermessen, wenn man sich vor Augen führt, daß es in Nietzsches Werk zweimal Eingang gefunden hat. Vgl. unter der Überschrift ‚Intermezzo' den Text *Nietzsche contra Wagner*. Ebd., S. 421.

16 Heideggers Schreibweise von ‚Ge-stell' ist, wie bei vielen seiner Leitworte (vgl. z. B. Sein/Seyn, Ereignis/Er-eignis), nicht konstant. Es tauchen im Laufe der Zeit alle möglichen Varianten auf (Gestell/Ge-stell/Ge-Stell). Die Entscheidung für die Schreibweise Ge-stell leitet sich aus der Tatsache ab, daß Heidegger selbst, in einem Vortrag mit dem Titel *Das Gestell* – dem zweiten eines Quartetts von Vorträgen, in denen er sein Technik-Denken entfaltet – diese Schreibweise favorisierte. Mehr dazu in: Martin Heidegger, *Die Technik und die Kehre*. Pfullingen [5]1982.

Menschen; der Mensch stellt sich dieser Herausforderung, und das Resultat seines Tuns ist das Stellen im Sinne des Bestellens von Seiendem und der Sicherung des Bestands. So heißen denn auch die Grundzüge des „herausfordernden Entbergens": Steuerung und Sicherung. Damit hat Heidegger präzis die Grundaxiome derjenigen Wissenschaft beziffert, die die Moderne dominiert: Kybernetik. Und deren Kurzformel heißt: Steuerung von Materie und Energie durch Information.[17]

Zumindest mit Blick auf die eine Seite der Stellung – das Bestellen – kann Heidegger eine Allusion auf das Her-vor-bringen, das Her- und Dar-stellen des griechisch gedachten ποιειν nicht unerwähnt lassen; diese Allusion verschweigt er denn auch nicht. An eben dieser Stelle würde man wohl eine Parallele von Brücke *und* Ge-stell oder eine Interpretation der Brücke *als* Ge-stell vermuten; und an eben dieser Stelle verankert Heidegger die problematische paradoxe Dopplung des Ge-stells. Nicht nämlich entbirgt und stellt das Gestell im Her-, Vor- und Dar-stellen nur, sondern zugleich verbirgt, verstellt und entstellt es dasjenige Geschehen, das Wahrheit ereignet. Diesen zweiten, gleichzeitigen Zug des Ge-stells hält Heidegger für den eigentlich dominierenden Aspekt: es ist dies das Geschick des Ge-stells, das zu verbergen, zu verstellen (oder zu verhehlen), was es bestellt und hervorbringt; und es ist dies die eigentümliche Gefahr, daß im Prozeß der Dar-, Her- und Vor-stellung die Ent-stellung – quasi als die andre Seite einer Münze – zugleich am Werk ist. Aus diesem Grund kann das Ge-stell nicht als Entfaltungsfigur des Paradigmas Brücke im Dreieck von Bauen, Wohnen und Denken figurieren. Immerhin gilt das Ge-stell, in dem der Mensch und das Sein in der wechselweisen Herausforderung zusammengehören, als *„Vorspiel"* dessen, was Ereignis heißt:

> Das Er-eignis ist der in sich schwingende Bereich, durch den Mensch und Sein einander in ihrem Wesen erreichen [...]. Das Ereignis als Er-eignis denken, heißt, am Bau dieses in sich schwingenden Bereiches bauen. Das Bauzeug zu diesem in sich schwebenden Bau empfängt das Denken aus der Sprache. Denn die Sprache ist die zarteste, aber auch die anfälligste, alles verhaltende Schwingung im schwebenden Bau des Ereignisses. Insofern unser Wesen in die Sprache vereignet ist, wohnen wir im Ereignis.[18]

Für dies Ereignis noch eigens die strukturelle Analogie der ‚Brücke' zu bemühen, erübrigt sich für Heidegger schon deshalb, weil sich die ganze Passage liest, als sei sie nichts als eine Illustration, eine Bestimmung (des Wesens) der Brücke. Noch aber leuchtet nicht ein, wie denn nun gerade die Brücke den Aufenthalt des Wohnens verstatten soll. Dazu ein erster Hinweis: „Im Er-eig-

---

[17] Als Ergänzung mit Blick auf das Differenzphänomen ‚Brücke' sei hier auf die Definition des Begriffs ‚Information' verwiesen, die der Kybernetiker Gregory Bateson geliefert hat: Information ist ein *Unterschied, der einen Unterschied ausmacht*. Gregory Bateson, *Form, Substanz und Differenz*. In: *Ökologie des Geistes*, Frankfurt/M. [4]1992, S. 576–597, hier S. 582.

[18] Martin Heidegger, *Der Satz der Identität*. S. 26.

nis schwingt das Wesen dessen, was als Sprache spricht, die einmal das Haus des Seins genannt wurde."[19] Damit wäre die terminologische Trias des hier in Rede stehenden Textes extrapoliert.

Die Rettung des Menschen aus der erwähnten Gefahr der Verstellung sieht Heidegger erst durch die Über- und schließlich die Verwindung des Vorspiels Ge-stell kommen. Erst dann nämlich wird der Blick frei auf die poietische Dimension allen Stellens; und die Rettung aus der Gefahr der Verstellung beruht in Sprache und Dichtung als den Niederschlägen des Ereignisses und des Gevierts. Obwohl sie die labilsten und gefährdetsten Weisen des Seins darstellen – wie immer bei Heideggers Leitworten, so ist auch hier wieder eine paradoxe Dopplung am Werk –, sind sie auch als die ausgezeichnetsten Weisen des Seins dazu berufen, die Entstellung zu entstellen und einen (unverstellten) Einblick in das zu gewähren, was ist (Wahrheit/αληθεια).[20]

Ganz und gar außerhalb jeder Gefahr siedelt Heidegger die Brücke demnach als solche an. Während Simmel in der Korrelation von Trennung und Verbindung den Akzent der Brücke auf die letztere fallen ließ, diese aber ohne jene nicht zu denken wäre; während Nietzsches Brücke lediglich übergänglicher Natur war und endlich unter Explosionsdruck auch noch das Subjekt verabschiedete, verleiht ihr Heidegger das Antlitz eines versammelnden Ruhens, einer Gelassenheit, die in unverstellter Weise den vom Ge-stell gerade vernachlässigten Pol des Wahrens (des Bestands) ergibt. Das ist Heideggers Metamorphose vom Labilen zum Stabilen, vom Ge-stell zum Geviert. Als Gewähr dieser Einschätzung gilt ihm die Auskunft der Sprache selbst:

> Bauen heißt ursprünglich wohnen. Wo das Wort bauen noch ursprünglich spricht, sagt es zugleich, *wie weit* das Wesen des Wohnens reicht. Bauen, buan, bhu, beo ist nämlich unser Wort „bin" in den Wendungen: ich bin, du bist, die Imperativform bis, sei. Was heißt dann: ich bin? Das alte Wort bauen, zu dem das „bin" gehört, antwortet: „ich bin", „du bist" besagt: ich wohne, du wohnst.[21]

Bauen, Wohnen und Sein sind also Deklinationen einer Sache. Bauen aber ist wiederum – wie das Ge-stell – zwiefältig bestimmt: zum einen setzt es den Akzent aufs Wahren, Pflegen, Bewahren; zum andern auf das Errichten und Herstellen von Bauten. Mit Blick auf das Bewahren und Bleiben, das Hüten und Schonen wohnt der Mensch auf der Erde und gehört desgleichen in die ursprünglichste Einheit der Einfalt des Gevierts. Geviert ist Heideggers Kontrapunkt zum Ge-stell. In der Bewahrung des Wohnens geschieht nicht nur

---

[19] Ebd., S. 28.

[20] Eine sehr detaillierte Lektüre des Ge-stells liefert der Aufsatz *Typography* von Philippe Lacoue-Labarthe. In: *Typography. Mimesis, Philosophy, Politics*. Cambridge-London 1989, S. 43–138.

[21] Martin Heidegger, *Bauen Wohnen Denken*. In: *Vorträge und Aufsätze*. Pfullingen ^{4}1978, S. 139–156, hier S. 141. Weitere Zitate aus diesem Text erscheinen in der Heidegger-Partie in runden Klammern und arabischen Ziffern.

eine Rettung aus der Gefahr, sondern zugleich werden die Dinge in ihr Wesen gebracht, freigelassen und eben – gelassen.

Für ein solches ‚Ding' steht die Brücke. Als Ding versammelt die Brücke im „überschwingenden Übergang" – und diese Sammlung und Versammlung wäre ein Konvergenzpunkt zu Simmel – das Geviert aus Erde, Himmel, Göttlichen und Sterblichen. Freilich ist damit das Eigenartige der Brücke noch nicht hinreichend beschrieben. Die Brücke als Ding ist selber ein Ort, der vor dem Dasein der Brücke nicht existiert, ein Ort, der eine Stätte allererst verstattet, den Raum allererst einräumt. Dadurch entzieht Heidegger die Brücke einer Rhetorik der Beliebigkeit. Nicht nämlich nach dem Prinzip der Verrechenbarkeit, des Kalküls, des Mathematischen; nicht nach spatium (Zwischenraum) und extensio (Ausdehnung) wird die Brücke als Ort vom Raum eingeräumt, sondern umgekehrt: erst durch den Ort, die Brücke, wird Raum eingeräumt, d.h. in seine Grenze freigelassen. Auch der Raum wird mit dieser Bestimmung der Beliebigkeit entzogen: nicht länger figuriert er als Gegenstand oder Gegenüber des Menschen und nicht länger als irgendein Ding der Erlebnissphäre. Heidegger versucht diesem Punkt viel Trennschärfe zu verleihen, indem er, sehr verhalten, eine zentrale und prominente Figur seines Denkens, nämlich das andenkende Denken, das Denken des Gedächtnisses – und hier ist ein weiterer Konvergenzpunkt zu erblicken, diesmal zu Nietzsche – aktiviert. Denkt man *an* eine Brücke in der Ferne, *durchsteht* dieses Denken *in sich* die Ferne zu diesem Ort; insofern ist es möglich, dort, bei der Brücke zu sein, und zwar näher als derjenige, der sie tagtäglich überquert. Mit Blick auf Raum und Mensch heißt das: „Die Sterblichen *sind*, das sagt: *wohnend* durchstehen sie Räume auf Grund ihres Aufenthaltes bei Dingen und Orten. Und nur weil die Sterblichen ihrem Wesen gemäß Räume durchstehen, können sie Räume durchgehen." (152) Schon vor *Bauen Wohnen Denken* hat Heidegger in der Erörterung der Gelassenheit die hier zitierten Topoi der Inständigkeit und der des Andenkens expliziert und präzisiert.

Zwei entscheidende Termini, die den Denk-Weg Heideggers auf seinem Brücken-Parcours säumen, sollen abschließend sowohl auseinandergefaltet als auch aufeinander bezogen werden: das Bauen und das Wohnen. Zum Bauen: „Das Bauen bringt nämlich das Geviert *her* in ein Ding, die Brücke, und bringt das Ding als einen Ort *vor* in das schon Anwesende, das jetzt erst *durch* diesen Ort eingeräumt ist." (154) Das Ding, die Brücke, artikuliert aber nicht kraft der Bestimmung des Gevierts bloß die Identität aller darin Bezogenen; vielmehr ist es qua Lassen und Eingelassensein in die Gelassenheit der Austrag des „Gegeneinanderüber", die Artikulation des Risses, der Differenz, der Identität der Differenz. Ohne das Wohnen allerdings – man könnte auch sagen: die Gelassenheit – wäre es mit dem Bauen nichts. Denn Wohnen ist *„der Grundzug"* (155) des Seins. Und also: Gemäß des Grundzugs des Seins wohnt der Mensch in der Sprache, dem Haus des Seins; die Brücke wäre dann jenes

Sprach-Er-eignis, das in das Wesen dessen schwingt, „was als Sprache spricht."

IV

Viel gefährlicher und viel verwickelter sind die Spekulationen über Brücken von Franz Kafka. Brücken zäsurieren seine Texte immer wieder an markanten Stellen, und in der strengsten Nüchternheit versucht er mit ihrer Hilfe eine mögliche Unmöglichkeit darzustellen, ein quasi ‚bildloses Bild' jenseits aller Metaphorizität zu inszenieren. Jedem, der Kafkas Texte einmal gelesen hat, wird der Effekt, den diese figurlose Figur zeitigt, nicht entgangen sein. Nicht nur als Chiffre des Jenseits aller Darstellbarkeit muß dieser Effekt, diese Spur ‚gelesen' werden, die auf den Kern allen Lesens verweist: es ist die Geste, und als solche – Walter Benjamin ist mit anhaltender Rigorosität diesem aphänomenalen Phänomen am weitesten gefolgt und hat seine noch so entlegenen Provinzen in Kunst und Sprache aufgespürt und ausgelotet und selbst seine flüchtigsten Manifestationen festgehalten (nicht nur mit Blick auf Kafka und Bertolt Brecht) – rangiert sie außerhalb von Sprache und Schrift und bleibt doch dilemmatisch und bedeutsam auf sie bezogen, ja komplettiert erst ihre Verfassung. Walter Benjamin hat für diese Geste auch einen Terminus gefunden, der die Wirkung des Anhaltens, des Stockens, des Staus und des Staunens, der Enthaltsamkeit von Intention, Regel, Gesetz und Darstellbarkeit übersetzt: das Ausdruckslose.[22]

Dies Ausdruckslose vereinigt aber eine derartige Energie in sich, daß es die Sprache, den Leser, den Text und die Darstellung allererst aus sich entläßt. In einer an Radikalität und Kühnheit kaum zu überbietenden Scharfsinnigkeit hat Maurice Blanchot in seinem Aufsatz *Die Holzbrücke. Die Wiederholung, das Neutrum* einer Fußnote folgende Hypothese, folgende Lust, folgende Versuchung anvertraut: „Wenn man das Buch (d.i. *Das Schloß*) so versteht, hätte man fast Lust zu behaupten, der ganze Sinn werde im ersten Absatz ausgetragen, getragen von der „Holzbrücke", die von der Landstraße zum Dorf führt: *„Lange stand K. auf der Holzbrücke [...] und blickte in die scheinbare Leere empor."*[23] Am Leitfaden der Brücke verknüpft Blanchot sämtliche zentralen Motive, Topoi und Termini, die Kafkas Schreiben und seine Eigentümlichkeit ausmachen: Wiederholung, Verdopplung, Imitation, Mimesis, Simulation; Text und Kommentar, Hypotext, Palimpsest und Autorschaft; Mythen, musisches Epos

[22] Die umfassendste Begriffsbestimmung des ‚Ausdruckslosen' gibt Benjamin in seinem Essay über *Goethes Wahlverwandtschaften*. In: Walter Benjamin, *Gesammelte Schriften*, Bd. 1, S. 123–201.

[23] Maurice Blanchot, *Die Holzbrücke. Die Wiederholung, das Neutrum*, In: *Von Kafka zu Kafka*. Frankfurt/M. 1993, S. 153–167, hier S. 166, Anm. 3.

und Rhapsodie; Geheimnis, Aufschub, Endlosigkeit, Distanz und Mangel. In der Mitte aber seiner Meditation, die um die Wiederholung – erneut ein Analogon zu Nietzsches Brücken-Philosophem – und ihre Derivationen kreist, steht die Leere, die Leerstelle, das Grabmal, das Nichts, auf deren Rücken das Drama der Differenz und des unendlichen Selbstbezuges, der Differenz des Identischen und der Nichtidentität, der Splitterung, des ‚bildlosen Bildes': der zu einem Initial fragmentierte Name, K., das Neutrum schließlich ausgetragen und inszeniert wird. Die Brücke – die Leere. So gelesen, wäre mit Benjamin zu folgern: die Brücke, die Leere: das Ausdruckslose. Aber wohlgemerkt: es steht derart am Anfang – gleichermaßen also in der Mitte und am Ende – von Kafkas Text, nicht nur des *Schlosses*, auch andrer Schriften, daß von der Entfaltung, der Perplikation und der Explikation des *Textes* erst im Ausgang *von* und im Rückgang *zu* ihm die Rede sein kann.

Wie sehr bei Kafka das Ausdruckslose der Geste eignet (und umgekehrt), das läßt sich vielleicht am eindringlichsten mit den letzten Zeilen seiner berühmten Erzählung *Das Urteil* (1912) demonstrieren. Nachdem der Urteilsspruch des Vaters zum Tod des Ertrinkens erfolgte, leistet der Sohn stante pede Folge: „Schon hielt er das Geländer fest, wie ein Hungriger die Nahrung. Er schwang sich über [...] und ließ sich hinfallen. In diesem Augenblick ging über die Brücke ein geradezu unendlicher Verkehr."[24]

Es ist dieser Augenblick, diese Inszenierung des Schwunges über das Geländer und der Fall, diese entscheidende Zäsur, die als das Ausdruckslose zur Geltung kommt. Aus ihm entsteht die Erzählung, darauf läuft sie zu, und Kafka unterstreicht seine ‚Verfahrensweise' der Intentionslosigkeit, wenn er den Text nach dieser reinen Geste seinem möglichen Unmöglichkeitsgrund überantwortet: dem Verstummen, dem Abbruch von Text und Sprache.

Aber auch zunächst ganz anders anmutende Figurationen evoziert Kafka aus dem Kosmos seiner Brückenüberlegungen. So versucht der Goethe-Verehrer Kafka einmal im Traum an einer Moldau-Brücke seiner Heimatstadt Prag die Medialität des Überträgers, die Transmitter-Erscheinung Brücke, über die Wahrnehmung zu erforschen. In der Nacht vom 22. zum 23. Januar 1913 – also selbst auf der zeitlichen K(l)ippe, der zeitlichen Brücke von einem Tag zum andern – schreibt Franz Kafka an Felice Bauer:

> Sehr spät, Liebste, und doch werde ich schlafen gehn, ohne es zu verdienen. Nun, ich werde ja auch nicht schlafen, sondern nur träumen. Wie gestern z.B., wo ich im Traum zu einer Brücke oder einem Quaigeländer hinlief, zwei Telephonhörmuscheln, die dort zufällig auf der Brüstung lagen, ergriff und an die Ohren hielt und nun immerfort nichts anderes verlangte, als Nachrichten vom „Pontus" zu hören, aber aus dem Telephon nichts und nichts zu hören bekam, als einen traurigen, mächtigen, wortlosen Gesang und

---

[24] Franz Kafka, *Das Urteil*. In: *Sämtliche Erzählungen*. Hrsg. v. Paul Raabe. Frankfurt/M. 1978, S. 23–32, hier S. 32.

> das Rauschen des Meeres. Ich begriff wohl, daß es für Menschenstimmen nicht möglich war, sich durch diese Töne zu drängen, aber ich ließ nicht ab und ging nicht weg.[25]

Kafka zelebriert in diesem Passus die Selbstreflexion seines Schreibens und dessen Problematik, und zugleich schreibt er die medialen Bedingungen dieser Problematik mit dem – modernen – Vokabular von Nachrichtentechnik, Informations- und Kommunikationstheorie und Psychophysik präzis an. Seine Bestimmung als Schriftsteller folgt dabei exakt der Definition der ‚poetischen Funktion' im Sinne Roman Jakobsons als „*Einstellung* auf die BOTSCHAFT als solche."[26] Das Drängen auf die ‚Nachrichten vom „Pontus"' ist Kafkas Version des Willens aller Schriftsteller nach einem Signal-Rausch-Abstand auf seinem Maximum, einer verlustfreien Übertragung von Sinn und Bedeutung ihrer Texte.[27] Das aber, was „er nichts und nichts zu hören bekam" als Rauschen, hieß zur Goethe-Zeit Blödsinn oder Wahnsinn und war aus dem Kanon der Literatur ins Exil der Irrenhäuser verbannt. Mächtig ist dies Rauschen, so mächtig, daß Menschenstimmen – und letztlich Menschenohren – zu schwach sind, eine Nachricht aus diesem Chaos der Geräusche herauszufiltern. Und das hat folgenden Grund: Nachrichten oder Botschaften fallen mit Rauschen unter medientechnischen Bedingungen – und sie sind es, die hier das Spiel regeln – in eins, was weiterhin heißt, daß das Maximum an Information von dem Maximum an Störung prinzipiell ununterscheidbar ist. Alle Information, will sie übertragen werden, ist auf einen Kanal angewiesen, der nun, schon seinerseits aus Materie, selbst nichts anderes produziert als weißes Rauschen; deshalb sind „Information ohne Materie und Materie ohne Information verkoppelt wie die zwei Lesarten eines Vexierbildes."[28] Mithilfe einer Mathematik des Rauschens und der Signale, die fuzzy logic, Zufall, Stochastik, Kontingenz, oder wie immer man die zukunftsabhängige Unwahrscheinlichkeit auch nennen mag, in ihre Operationen einbezieht, ist es möglich, encodierte Nachrichten oder geheime Botschaften, die sich anhören wie Rauschen, aus dem Rauschen herauszufiltern. Der Zusammenfall von Nachricht und Rauschen im weißen Rauschen ist die Materialität der Kommunikation und die Kommunikation der Materie; die Materialitäten der Kommunikation und die Kommunikation der Materie – nicht geheime, codierte, letzte oder einfach Botschaften als solche – sind, nach Friedrich Kittlers schönem poetischen Wort, „ein modernes Rätsel, womöglich sogar das moderne."[29]

---

[25] Franz Kafka, *Briefe an Felice und andere Korrespondenz aus der Verlobungszeit.* Hrsg. v. Erich Heller und Jürgen Born. Frankfurt/M. 1993, S. 264.

[26] Roman Jakobson, *Linguistik und Poetik.* In: *Poetik. Ausgewählte Aufsätze 1921–1971.* Hrsg. v. Elmar Holenstein und Tarcisius Schelbert. Frankfurt/M. 1979, S. 83–121, hier S. 92.

[27] Vgl. Friedrich Kittler, *Signal-Rausch-Abstand.* In: *Materialität der Kommunikation.* Hrsg. v. Hans Ulrich Gumbrecht und K. Ludwig Pfeiffer. Frankfurt/M. 1988, S. 342–359, hier S. 348.

[28] Ebd., S. 345.

[29] Ebd., S. 342.

Wie aber decodieren, was nie encodiert; wie lesen, was nie geschrieben wurde? Das, was nur rauscht, ist Materie, reines Rauschen als das Rauschen des Realen: *jam*. Jam eignet aber die Irregularität der Entropie des Realen, und schon aus diesem Grund ist es ein heikles Unterfangen, was teilweise ein Mißlingen nach sich zieht (wie hier im Falle Kafkas), mittels Sprache und Schrift, die der andern Ordnung des Symbolischen und nicht der (Un-)Ordnung des Realen angehören (nichtsdestotrotz aber auf ihr aufbauen), aus diesem Realen eine Nachricht ausmitteln, geschweige sie/es speichern zu wollen im Medium des Symbolischen. Das ist das Dilemma, daß das durchs Gitter oder Raster des Symbolischen fällt (hier: der Schrift des Schriftstellers Franz Kafka), was reine Materie, reines Rauschen ist; ein Dilemma, das anzeigt, daß Kommunikation vielleicht nichts mehr kommuniziert und Information nicht mehr informiert. Es ist das Risiko desjenigen, der zu verstehen versucht und dieses Unternehmen enttäuscht sieht – wie hier Kafka. Einen Vorteil aber hat das ansonsten so diskreditierte Reale: es klebt an seinem Platz und ist auf seinen Ort festgelegt und also feststellbar. In Kafkas kurzer Briefpassage sind es gleich vier Kanäle, vier Rausch-Reservoirs des Realen, alle an ihrem Ort: der Traum, die Brücke (das Quaigeländer), das Telephon, das Meer und als deren fünfter, außerhalb des Textes, nicht zu vergessen –: die Post, die diesen Brief Kafkas an seine Geliebte Felice Bauer zu transportieren hatte und die bei Kafka ein von gefährlichen Gespenstern bewohnter Zwischen-Raum ist, ein Medium, durch das Kommunikation und Information scheitern können. (Den von reversiblen Qualitäten geprägten ‚Receiver' Ohr klammere ich bei dieser Aufzählung bewußt aus.)

Wenn nach dieser nachrichten- und medientechnischen Skizze die Nachricht von reinem Rauschen getilgt, und das Rauschen des Realen, des Kanals, des Mediums letztlich von ihm selbst erzeugt wird; wenn die Nachricht, der Sinn oder Inhalt einer Botschaft qua Zusammenfall mit dem Medium nicht mehr zu decodieren sind, drängt sich die Frage auf: was ist dann der ‚Inhalt' von Realem, von Kanälen, Medien? Den Inhalt eines Mediums bilden, wie wiederum Friedrich Kittler schreibt, „jeweils andere Medien."[30] Oder pointiert formuliert: „Ein Medium ist ein Medium ist ein Medium."[31] Mit dieser Gertrude-Stein-Variation läßt sich Kafkas Medien-Reflexion lesen: Der Inhalt des Traums ist die Brücke ist das Telephon ist das Meer. Und all diese Medien rauschen: mächtig, wortlos, traurig. Ein weiteres Spezifikum von Medien besteht in ihrer Unübersetzbarkeit, im Scheitern der Übertragung, des Tausches, im Zerbrechen der Figur der Metapher. „Ein Medium ist ein Medium ist ein Medium. Es kann also nicht übersetzt werden. Botschaften von Medium zu Medium tragen heißt immer schon: sie anderen Standards und Materialitäten

[30] Friedrich Kittler, *Grammophon Film Typewriter*. Berlin 1986, S. 8.
[31] Friedrich Kittler, *Aufschreibesysteme 1800–1900*. München ^{3}1995, S. 288.

unterstellen. In einem Aufschreibesystem [...] tritt an den Platz von Übersetzung mit Notwendigkeit die Transposition."[32] Nachrichten vom „Pontus" – „das waren in vortechnischen Tagen [...] Nachrichten aus dem Schwarzmeer-Exil Ovids, des Vorbilds schlechthin für Literatur als Liebesbrief"[33] – kann auf einer andern Stufe von Kafkas Medien-Schaltung Nachrichten vom „Pons" heißen. Aber auch schon angesichts des Rauschens des Realen könnte hier ein Hör- und Schreibfehler vorliegen, der aus einem dilemmatischen Signal-Rausch-Abstand resultiert, aufgrund dessen pons und pontus nicht scharf unterschieden werden können. Wie dem auch sei: was bleibt, sowohl für Kafka als auch für Felice als auch für Kafkas Leser, ist nichts: Leere.

Für dies Brücken-Ding, das zu keiner Übersetzung taugt, gibt Kafka neben der fürs Reale charakteristischen Leere auch die Art seiner Formalisierung preis: die Brücke ist eine Brücke ist eine Brücke ist eine Brücke.[34] Formal also gehorcht es dem Prinzip der Wiederholung; sein Scheitern allerdings, das Mißlingen der Über-Tragung, der Abbruch, die Umkehr, zeigt, daß ihm zugleich ein Moment der Differenz eingeschrieben ist. Mit Blick auf die differente Wiederholung als das signifikante Mal des Brücken-Dings bei Kafka scheint erneut ein Konvergenzpunkt zu den Überlegungen sowohl Simmels als auch Nietzsches und Heideggers auf. Allein Kafka aber war es vorbehalten, seine Radikalität auf eine nie gekannte Spitze zu treiben.

In seiner kurzen, nur drei Absätze auf einer dreiviertel Seite umfassenden Erzählung von 1917 aus dem Nachlaß, der Max Brod den Titel *Die Brücke* gab und die dem Ersten Oktavheft entnommen ist – Kafka hat sie aus leicht nachvollziehbaren, geradezu anekdotischen Gründen niemals zur Publikation vorgesehen –, werden alle Kulminationspunkte Simmels, Nietzsches und Heideggers enggeführt und überboten. Selbst auf eigne Texte, wie die in der Sammlung *Ein Landarzt* sich findende ‚kleine Erzählung' *Ein Traum* (1914/15), die die analoge Figur der Drehung im Fall beschreibt, nimmt Kafka hier Bezug; zugleich verweist er auf Texte wie *Das Urteil* (1914) und weist auf *In der Strafkolonie* (1914). Allsamt sind diese Texte Belege einer wuchernden Inter-Textualität, der Wiederholung und Variation, der Rückbesinnung auf Topoi, Figuren und ‚Motive'.

Weit illusionsloser als beispielsweise Nietzsche, der mit seiner Brückenvision (unter Rekurs auf die Wiederholung) noch die Zeitform des Zweiten Fu-

---

[32] Ebd., S. 335.

[33] Friedrich Kittler, *Grammophon Film Typewriter*. S. 89.

[34] Das Problem der Brücke stellt für den Psychoanalysekritiker und Pathognostiker Rudolf Heinz ein immenses Faszinosum dar, das er in vielen seiner Texte immer wieder einführt und beleuchtet. Unter Eröffnung eines Heidegger-Zitats aus *Bauen Wohnen Denken* entfaltet Heinz mit der Stein-Variation das logik-kritische Potential dieses Satzes. Vgl. Rudolf Heinz, *Pathognostik für Philosophen*. In: *Pathognostische Studien II* (Genealogica Bd. 17). Essen 1987, S. 41–53.

tur aufbot, um zumindest eine Dauerstellung, des Gedächtnisses, einzurichten, hat Kafka, trauerlos, auch von dieser Form bereits Abschied genommen. Die Zeitform seiner Erzählung – und damit die des Subjekts, genauer: des SujektObjekts, das Blanchot Neutrum nennt und Joseph Vogl mit einer Formel aus Gilles Deleuze' Unsinns-Poetik *Logik des Sinns* noch präziser als ‚Vierte Person' apostrophiert[35] – ist das Imperfekt; imperfekt im Wortsinn: „Ich war steif und kalt, ich war eine Brücke, über einem Abgrund lag ich."[36] Der mittlere Teil dieses Satzes, selbst ein Satz, stellt buchstäblich das Vermittlungstechnologicum der Brücke dar. Aber die „technische Elementaridee der Brücke" (Ferenczi) streift nur erst das Skandalon dieser Eröffnung. Die Zeitform des Imperfekt macht aus der Copula – mithin eine Travestie auf den ‚Satz der Identität' – und also der ‚Brücke selbst' (ebenso wie Heideggers Einforderung, die Brücke nur als Brücke und als Versammlung des Gevierts verstehen zu sollen) ein ‚Ding der Unmöglichkeit'. Und die ultima ratio der (Selbst-)Erkenntnis in Kafkas Text ist eben die Einsicht in dies Ding, das aber als Reales in seiner Leere sich jeder Erkenntnis – wie der Zugang zum Unbewußten – letztlich entziehen muß: als Ding ist es ein schieres Ding der Unmöglichkeit. Kafka schreibt das in aller gnostischen Nüchternheit: „Ohne einzustürzen kann keine einmal errichtete Brücke aufhören, Brücke zu sein." Alles, was einmal gemacht wurde – factum –, heißt das – und es bezieht sich nicht nur auf das Brücken-Ding, sondern auch auf das Wort- und Text-Ding, das ja Kafkas Text ist –, ist notwendig gekoppelt an sein Schicksal – fatum –. Das wiederum setzt einen Zufall voraus. Einem Zufall ist es zu verdanken, daß jemand „sich zu dieser unwegsamen Höhe" verirrte, denn „die Brücke war in den Karten noch nicht eingezeichnet." Im Wartestand des Körperdouble-Technikdings Brücke kann der Eintritt des Ereignisses, der das Bindemittel schließlich dem Sabotageakt der Brückensprengung überantworten wird, weder erinnert noch gewußt werden: „Ich weiß nicht, – meine Gedanken gingen immer in einem Wirrwarr und immer in der Runde": Chaos und Ewige Wiederkehr. Im Moment der Inzidenz „sprang er mit beiden Füßen mir mitten auf den Leib." Im Krisispunkt des Brückenscheitels, in der Differenz der Todesfuge hält die Sprengung Einzug. Weil „gänzlich unwissend", entspringt der Wille zum Wissen: „Und ich drehte mich um, ihn zu sehen. –" Mit dieser Torsionsfigur führt Kafka die Reflexion/Reflektion als Spiegeltätigkeit des Ursprungs von Menschenkörper und Technikding zugleich ein. Und dieser „haltlose Ursprung" wird nach Rudolf Heinz, dem Pathognostiker der Brücke, zum „Ur-Sprung,

---

35 Vgl. Joseph Vogl, *Vierte Person. Kafkas Erzählstimme.* In: *DVjs,* 68, 1994, Heft 4, S. 745–756.
36 Franz Kafka, *Die Brücke.* In: *Sämtliche Erzählungen.* S. 284.

-Riß – zerspringende Vermittlungshypostase."[37] Und so liest sich das bei Kafka:

> Ich war noch nicht umgedreht, da stürzte ich schon, ich stürzte, und schon war ich zerrissen und aufgespießt von den zugespitzten Kieseln, die mich immer so freundlich aus dem rasenden Wasser angestarrt hatten.

Die Metonymie der Schlußpassage ist die Urkunde von der Kundelosigkeit, der zu sehen versuchende Blick der Vierten Person wird pariert vom Blick der tödlichen Kiesel.[38] Am Ende wird der zerstückelte Körper liquidiert von dem Medium, dessen Rauschen den Text Kafkas drei Mal skandiert: vom Wasser; und am Ende weiß man außer dem Scheitern der Übertragungsqualität, der Medialität des Brücken-Körper-Dings wie von allem Realen: nichts.

---

37 Rudolf Heinz, *Technik und Psychopathologie*. In: *Pathognostische Studien III* (Genealogica Bd. 20). Essen 1990, S. 183.

38 An dieser Stelle läßt sich die Beziehung der hier nicht in einem der traditionellen Rhetorik verpflichteten Sinn zu verstehenden metafigurativen Tropen Metapher und Metonymie, die zuvor schon zweimal im Text erwähnt wurde, trefflich nachvollziehen. Die Metapher nämlich täuscht etwas vor, was die Metonymie der Wahrheitsprüfung unterzieht. Demnach wäre die Metonymie die metaphernauflösende „Wahrheit über den Text im Text." So die Formulierung Christoph Menkes – *„Unglückliches Bewußtsein". Literatur und Kritik bei Paul de Man."* In: *Die Ideologie des Ästhetischen*. S. 265–299, hier S. 282 – in seinem Referat über Paul de Mans Text *Lesen (Proust)*. In: *Allegorien des Lesens*. Frankfurt/M. 1988, S. 91–117, hier S. 104.

Rüdiger Görner

‚Poetik' der Grenze

Die Grenzen nur der Dinge gehn uns an.
Alexander Lernet-Holenia,
Fragmente nach Browning

I

Nach Grenzen fragte die Ästhetik der Aufklärung. Mit Lessing erkannte sie, daß die Kunst „in den neueren Zeiten" zwar „ungleich weitere Grenzen erhalten"[1] und sich zu umfassenderer Darstellung befähigt habe; aber gerade deswegen sah es die Ästhetik jener Zeit als ihre Aufgabe an, Kunstgattungen und Kategorien neu zu bestimmen. ‚Urteilskraft' etwa, mithin kompetente Kritik, sollte die „Grenzen der Malerei und Poesie" ermitteln, die Trennungslinie zwischen Nachahmung und Kunstschöpfung angeben und die Vernunft als abgrenzendes Richtmaß, ästhetisch urteilend, instrumentalisieren.[2]

Währenddessen entwickelte sich ein Genie-Bewußtsein, das auf Grenzüberschreitung und Entgrenzung setzte und Grenzen allenfalls noch in zur Schwelle eingesenktem Zustand gelten ließ wie in Goethes Hymne *An Schwager Kronos*,[3] einer Schwelle, auf welcher jedoch der zur selbstbefreienden Entgrenzung Unfähige zurückbleibt.

Für Goethe ist es freilich bezeichnend, daß er auf seinem Weg zur klassischen Reifezeit gerade dieses allumfassende, emanzipatorisch-rousseauistische Moment der Selbstentgrenzung revidieren und als Gefährdung des Menschen problematisieren wird. Eigens thematisiert das an sophokleische Muster gemahnende Chorlied *Grenzen der Menschheit* diese Entwicklung, reizvol-

---

[1] Gotthold Ephraim Lessing, *Werke*. Band VI: *Kunsttheoretische und kunsthistorische Schriften*. Hrsg. v. Herbert G. Göpfert. München 1974, S. 25 („Laokoon").

[2] Um die Grenzen zwischen den Begriffen ‚Aufklärung', ‚Cultur' und ‚Bildung' zu bestimmen, bezog sich beispielsweise Moses Mendelssohn – modern genug – auf ihren jeweiligen ‚Sprachgebrauch' und bestimmte ihn darüberhinaus auch als literaturästhetisches Richtmaß. In: Moses Mendelssohn: *Was heisst Aufklären?* (1784). In: Moses Mendelssohn, *Ästhetische Schriften in Auswahl*. Hrsg. v. Otto F. Best. Darmstadt 1974, S. 266.

[3] In: *Hamburger Ausgabe*. Hrsg. v. Erich Trunz, München 1988. Bd I,48 (V. 22).

lerweise unter Beibehaltung der freien Rhythmik, die signalisiert, daß bei aller neu gewonnenen Einsicht in die Notwendigkeit von Grenzen dem Menschen das subjektive Ausdrucksvermögen bleibe: „Ein kleiner Ring / Begrenzt unser Leben, / Und viele Geschlechter / Reihen sie dauernd / An ihres Daseins / Unendliche Kette."[4] Die Grenzen des Menschen, sein Wissen um sie gewähren ihm den Raum zur Selbstbestimmung und zum Ermessen des Selbstwertgefühls.

Damit ist eine Konstellation skizziert, die das Widerspiel von Grenzerfahrung und Grenzüberschreitung in der Moderne prägen und seine poetologische Dimension charakterisieren wird, ein Widerspiel, das im Grunde vorsokratischen Urspungs ist. Parmenides etwa hatte den Grenzen selbst jedoch keine eigenständige ontologische Qualität eingeräumt und schlichtweg ausgeschlossen, daß auch sie ‚werden', an Entwicklungen teilhaben, mithin sich verändern, ja, daß sie selbst ‚Wesen' hervorbringen können.[5] Solche ‚Wesen' können wir ‚Grenzgänger' nennen, Existenzen im Dazwischen, zentrale Randfiguren, die unsere Phantasie in Gang setzen.[6] Einmal mehr war es Lichtenberg gewesen, der als erster ein Gespür für dieses Phänomen hatte und es auch, zwischen Aufklärung und Geniebewußtsein pendelnd, auf einen aphoristischen Begriff brachte: „Auf der Gräntze liegen immer die seltsamsten Geschöpfe."[7]

Den Wesenscharakter der Grenze betont die Sprache auch dadurch, daß sie von ihrer ‚Verletzbarkeit' weiß. Entsprechend verstehen sich die „Geschöpfe der Gräntze" gefährdet, in jedem Falle exponiert. Diese Spezies, die zwischen den Kulturen und Epochen angesiedelt ist, neigt freilich dazu, die Grenze, den Ort ihres prekären Daseins, nicht zu überschreiten. Sie halten an ihr fest; sie fühlen sich weder diesseits noch jenseits und in keinem Landesinneren wohl. Sie befinden sich beständig auf dem Sprung entlang ihrer Grenze, aber sie finden den Absprung von der Grenze nicht oder nicht mehr.

Wer von einem ‚Inneren' ausgeht, das zumindest er für gesichert und verankert hält, mag eher zu dem bereit sein, was man in der Postmoderne mit Georges Bataille die ‚Überschreitung' genannt hat. Michel Foucault hat diesen Ansatz Batailles wie folgt charakterisiert: „Vielleicht wird es eines Tages offenkundig, daß sie [die Erfahrung der Überschreitung, R.G.] für unsere Kultur

---

[4] Ebd., S. 146 f. (V. 37–42).

[5] „Seiendes stößt an Seiendes. Und unbeweglich in den Grenzen mächtiger Fesseln *ist* es anfanglos, endelos, da Werden und Vergehen in weite Ferne verschlagen sind [...] Denn die mächtige Notwendigkeit hält es in den Fesseln der Grenze, die es ringsum einschließt, weil nach Fug das Seiende nicht unvollendet ist, denn es leidet keinen Mangel." In: *Parmenides, Vom Wesen des Seienden.* Die Fragmente, griechisch und deutsch. Hrsg., übers., und erläutert von Uvo Hölscher. Frankfurt/M. 1986, S. 23 [Frag. 8].

[6] Vgl. dazu Rüdiger Görner, *Grenzgänger. Dichter und Denker im Dazwischen.* Tübingen 1996.

[7] In: Georg Christoph Lichtenberg, *Schriften und Briefe.* Hrsg. v. Wolfgang Promies. Bd. I, München 1968, S. 254.

ebenso entscheidend ist wie noch vor nicht allzu langer Zeit für das dialektische Denken die Erfahrung des Widerspruchs. Noch sind die Zeichen verstreut; doch die Sprache, in der die Überschreitung ihren Raum und ihre Erhellung finden wird, steht vor ihrer Geburt."[8]

Die ‚Zeichen' dieser neuen Sprache des Überschreitens sind in der Tat auffindbar. Schon Hölderlin sprach von diesen ‚Zeichen' und versuchte sie umzusetzen vermittels einer entschieden gräzisierten Syntax; sie zeigten sich in Goethes orientalisierender Symbolik, in T.S. Eliots polyglottem lyrischem Aufarbeiten zerbrochener Traditionen, nicht minder in Rilkes transzendierenden Sprachverweisen.[9]

Im Werk Rilkes verbinden sich Grenzbewußtsein und der Wille zur Überschreitung in einer besonders eigentümlichen Weise. Rilke führte die Grenzmetapher sowohl in einem statischen als auch dynamischen Sinne in seine Dichtung ein. Er verstand sich auf polyglotte Überschreitung der Grenze, aber auch darauf, ihren existentiellen Sinn zu gestalten; desgleichen erfuhr er die ‚Grenze' als einen Ort unverhoffter Durchlässigkeit, aber nicht ohne mythische Konnotationen.

II

Grenzen beschrieb Rilke als Geschehnisse und Erfahrungen. Dies gelang ihm insbesondere in seiner Prosa *Erlebnis* (1913).[10] Sie wagte es, das – nach Rilkes eigener Auskunft – Unbeschreibliche zu beschreiben, schon an sich ein Grenzfall im Kompositorischen. Der Erzähler schildert eine Naturbegebenheit, genauer: die unverhoffte Fühlungnahme eines Lesenden mit der Natur. „Seiner Gewohnheit nach mit einem Buch auf und ab gehend, war er darauf gekommen, sich in die etwa schulterhohe Gabelung eines strauchartigen Baumes zu lehnen, und sofort fühlte er sich in dieser Haltung so angenehm unterstützt und so reichlich eingeruht, daß er so, ohne zu lesen, völlig eingelassen in die Natur, in einem beinah unbewußten Anschaun verweilte."[11]

Damit sind die Voraussetzungen für eine intensive Naturwahrnehmung gegeben. Die Symbolik bedarf kaum einer Erläuterung: Das Medium des Bewußtseins, das Buch, verliert seine Bedeutung angesichts des Empfindens, in

[8] Zit. nach: Uwe Justus Wenzel, *Grenzverkehr. Vor hundert Jahren wurde Georges Bataille geboren*. In: *Neue Zürcher Zeitung* vom 13./14. September 1997 [Nr. 212], S. 51.

[9] Beispielsweise in Wendungen wie „O die Verluste ins All, Marina, die stürzenden Sterne!" in: Elegie – an Marina Zwetajewa-Efron (1926), in: Rilke, *Werke. Kommentierte Ausgabe in vier Bänden* [KA]. Hrsg. v. Manfred Engel, Ulrich Fülleborn, Horst Nalewski, August Stahl. Frankfurt/M.-Leipzig 1996, Bd. 2, S. 405.

[10] Ebd., Bd. 4, S. 666–670.

[11] Ebd., S. 666.

der Natur aufgehoben zu sein. Über den Inhalt des Buches erfahren wir nichts, vieles dagegen über die sich offenbarende Natur. Der Leser verwandelt sich in halbbewußtem Zustand, der Vorform einer Trance, zu ihrem intimen Vertrauten. Rilkes Prosa deutet die Natur nicht als ein lebendiges Textbild, als Buch anderer Art im Sinne Goethes, das unverstanden, aber nicht unverständlich, mithin entzifferbar sei, sondern als Gegenstand einer quasi mystischen Erfahrung: „[...] es war, als ob aus dem Innern des Baumes fast unmerkliche Schwingungen in ihn übergingen [...]; sein Körper wurde gewissermaßen wie eine Seele behandelt und in den Stand gesetzt, einen Grad von Einfluß aufzunehmen, der bei der sonstigen Deutlichkeit leiblicher Verhältnisse eigentlich nicht hätte empfunden werden können."[12]

Die Begrenzung durch diese ‚leiblichen Verhältnisse' scheint für einige Augenblicke aufgehoben. „Gleichwohl, bestrebt, sich gerade im Leisesten immer Rechenschaft zu geben, fragte er sich *dringend*, was ihm da geschehe, und fand fast gleich einen *Ausdruck*, der ihn befriedigte, vor sich hinsagend: er sei auf die andere Seite der Natur geraten."[13]

Bemerkenswert an dieser Passage ist, daß der Beinahe-Naturmystiker sich seines Daseins als (potentiell kritischer, in jedem Falle aber bewußter) Leser und folglich als ein Sprachwesen erinnert und seine Erfahrung zur Sprache bringen will. Es ist gleichermaßen die Erfahrung wie der Ausdruck des Auf-die-andere-Seite-der-Natur-Geratens, was ihn beglückt.

Bleibt die Frage, wie es unter diesen Umständen um die Grenze zwischen Subjekt und Natur bestellt ist. Schon jetzt scheint dieser ‚Leser' in Rilkes Prosa gewissermaßen zu einem ‚kleinen Grenzverkehr' fähig zu sein, einem recht mühelosen beiderseitigen Überqueren der Grenze, die zwischen ihm und der Natur verläuft. Im zweiten Teil der *Erlebnis*-Prosa wendet sich der Erzähler dann eben jener Grenze zu. „Er gedachte der Stunde in jenem anderen südlichen Garten [Capri], da ein Vogelruf draußen und in seinem Inneren übereinstimmend da war, indem er sich gewissermaßen an der Grenze des Körpers nicht brach, beides zu einem ununterbrochenen Raum zusammennahm, in welchem, geheimnisvoll geschützt, nur eine einzige Stelle reinsten, tiefsten Bewußtseins blieb."[14]

Diese ‚Grenze' verwandelt sich zu einer Metapher der Vereinigung von innen und außen, von Natur und Individuum, aber auch zu einem Ort ‚reinsten Bewußtseins', das bei Rilke nicht Reflexion meint, sondern tiefen Einblick in das Wesen des Eigenen und der Dinge.

Ein ‚Erlebnis' ganz anderer Art veranlaßte Rilke, sich weiter mit der Frage der Grenze zu beschäftigen. Mitte September 1913 hatte er in München eine

12 Ebd.
13 Ebd., S. 667 (meine Hervorh.)
14 Ebd., S. 668 f.

Ausstellung mit Wachspuppen Lotte Pritzels besucht. Drei Monate später reflektiert er seine Eindrücke in einem Brief an Sidonie Nádherny: „Ja, sie ist von einer wunderbaren Existenz, diese Engelspuppe, auf ihrem so unbeschreiblich fein gewählten Postament, es waren außerdem noch zwei da, zu denen ich oft wiederkam, alle ergriffen sie mich durch ihr Hinschwinden, als ob an einer äußersten ganz leisen Grenze des Nochsichtbaren noch einmal Gegenstände entstünden –, kleine Seufzer von Gegenständen [...]."[15]

Diese „seltsamen Geschöpfe", um an Lichtenbergs Ausdruck zu erinnern, am Rande der Wahrnehmung, sie sind für Rilke Wesen des Möglichen; der Konjunktiv ist ihr Modus. Wenn sie denn entstünden, gehörten sie zur Welt des Gerade-Noch, auch wenn man sie bereits als Vorboten der Sphäre des Noch-Nicht ansprechen dürfte.

Rilkes Brief an Sidonie Nádherny präludierte seinem im Februar 1914 entstandenen Versuch über besagte Wachspuppen Lotte Pritzels. Wieder thematisiert er darin die Frage nach der Bedeutung von Grenzen im Bereich der Wahrnehmung, jedoch mit einer gewichtigen Akzentverschiebung. Beschäftigte ihn im Brief an Sidonie in erster Linie die ‚Grenze des Nochsichtbaren' und mit ihr das Potential am Rande des Daseins, so wendet sich sein Essay *Puppen* einem Randbezirk existentieller Art zu: „[...] die Puppe [war] die erste, die uns [als Kinder, R.G.] jenes überlebensgroße Schweigen antat, das uns später immer wieder aus dem Raume anhauchte, wenn wir irgendwo an die Grenze unseres Daseins traten."[16]

Die Puppe als ‚seltsames Geschöpf' der Grenze, als Sinnbild des Schweigens, auch wenn Rilke ihr – anders als der Marionette – eine „Seele" zubilligte, sie konfrontiert den Menschen, den Dichter besonders, mit den Grenzen des ‚Säglichen', des Aussagbaren. Die ‚Grenze des Daseins' markiert für Rilke das Schweigen, wobei er es sich zur Aufgabe gemacht hatte, diese Grenzen zu weiten, dem Gebiet des scheinbar Unsäglichen doch noch Worte abzugewinnen.

Daß dieser Versuch keine beiläufig zu vollbringende Arbeit sein kann, sondern alles vom Menschen fordert, unterstreicht ein Gedicht Rilkes, das im Winter 1913/14 entstanden ist. Er beschließt es mit den Versen: „Wir stehn und stemmen uns an unsre Grenzen/ und reißen ein Unkenntliches herein."[17]

An dieser Grenze des Daseins vollzieht sich keine Metamorphose; nur unter Aufbietung aller Kräfte kann sich hier überhaupt etwas Schöpferisches ereignen. [Bemerkenswert ist hier ein Seitenblick auf eine Aussage Kafkas; im

---

15 In: Rainer Maria Rilke, *Briefe in zwei Bänden.* Erster Band 1896 bis 1919. Hrsg. v. Horst Nalewski. Frankfurt/M.-Leipzig 1991, S. 480 [Brief vom 9. Dezember 1913].

16 In: Rilke, KA 4, S. 689.

17 In: Rilke, KA 2, S. 86 („O Leben Leben, wunderliche Zeit/von Widerspruch zu Widerspruche reichend [...]".

Januar 1922 schreibt er in seinem Tagebuch, daß ihn eine innere „Wildheit" zu zerreißen drohe; die „Einsamkeit" gehe dabei unweigerlich auf das Äußerste" zu, wobei er von einem „Ansturm gegen die letzte irdische Grenze" spricht und resümiert: „Diese ganze Literatur ist Ansturm gegen die Grenze."[18]

Gemeint ist ein Widerstand, der unsere Selbsterweiterung zu verhindern scheint. Doch der Dichter, der gegen diese Grenze anschreibt, sieht sich und sein Werk zumindest zeitweise an diesem Widerstand wachsen.

Man erwarte jedoch von Dichtern keine poetologischen Konsistenzen; am wenigsten im Umgang mit Grenzen. Im Juni 1914 verfaßte Rilke sein Gedicht „Wendung", das auch eine ‚Wendung' im Hinblick auf sein Verständnis von Grenzen darstellt, durchaus im Widerspruch zu seinem Befund, daß Grenzen für Verwandlungen der denkbar ungeeignetste Ort sei. Die entscheidende Passage seiner Selbstrevision lautet:

> Denn des Anschauns, siehe, ist eine Grenze.
> Und die geschautere Welt
> will in der Liebe gedeihn.[19]

Die Grenze der sinnlichen Wahrnehmung wird hier nun doch zum Umschlagspunkt. Auf das „Werk des Gesichts" folgt „Herz-Werk". Damit präludierte Rilke jener Auffassung von Grenze und Verwandlung, zu der er dann im Umkreis der *Sonette an Orpheus* und ihrem befreienden Umgang mit widerständischen Grenzwerten im menschlichen Bewußtsein fand:

> Brau uns den Zauber, in dem die Grenzen sich lösen,
> immer zum Feuer gebeugter Geist!
> Diese, vor allem, heimliche Grenze des Bösen,
> die auch den Ruhenden, der sich nicht rührte, umkreist.
>
> Löse mit einigen Tropfen das Engende jener
> Grenze der Zeiten, die uns belügt;
> denn wie tief ist in uns noch der Tag der Athener
> und der ägyptische Gott oder Vogel gefügt.[20]

Um die Zeit-Grenzen zu relativieren, ruft Rilke den Anachronisten unter den Wissenschaftlern, den Alchimisten. Mit Hilfe der Magie soll er über die ‚lügende Zeit' aufklären, ein paradoxes Verfahren, mag man einwenden, nicht aber für Dichter. Sie meinen mit diesem Grenzen lösenden ‚Tropfen' die zwischen zwei Bedeutungsbereichen vermittelnde und damit grenzenüberschreitende Metapher.

Die Metapher, die dies ‚leisten' sollte, hieß im Spätwerk Rilkes der „Gong". In seinem gleichnamigen Gedicht vom November 1925 ist gleichfalls von einem Zaubergebräu, einer ‚Lösung' die Rede, „gesättigt mit schwer/löslichen

---

[18] Franz Kafka, *Tagebücher 1910–1923*. Hrsg. v. Max Brod (1951), Frankfurt/M. 1983, S. 345 (Eintrag vom 16. Januar 1922).
[19] KA 2, 101, Z. 45–47.
[20] Rilke, KA 2, S. 278.

Göttern".[21] Das Destillat dieser ‚Lösung' ist der „Gong", ebenso wie er die „Summe des Schweigenden" versinnbildlicht. Der Gong wäre demnach das seltsamste, eigentümlichste der an Grenzen entstehenden „Seufzern von Gegenständen" oder „Geschöpfen". Er durchdringt die Grenze, versetzt sie in Schwingung, hebt sie scheinbar auf, erschallt am Rande der sinnlichen Wahrnehmung („Nicht mehr für Ohren ..."), ja, kehrt die Gesetze des Wahrnehmens um: Der Gong ‚hört' uns „scheinbar Hörende", wie Rilke sagt. Damit wird die Grenze der Ort, an dem sich die Werte umwerten.

Gerade im lyrischen Spätwerk zwischen 1922 und 1926 sagt Rilke ‚Musik' und ‚Resonanz', wenn er den Umgang mit Grenzen meint: „Und zwischen dem und jenem Schwingen/schwingt namenlos der Überfluß [...]."[22] Dies ist jedoch nicht mehr (nur) die orphische Musik der Verwandlung, sondern ein Klingen zwischen den sinnlichen Wahrnehmungen, von denen wir, so Rilke in seinem Gedicht, nicht mehr wissen, was sie uns wirklich mitteilen.

Kaum gewinnt man den Eindruck, daß Rilke das Aufheben der Grenzen, sei es im Gong oder in der Zauberlösung, gelungen sei, und wir lesen seine nicht ohne unterschwelliges Bedauern ausgedrückte Feststellung, mit der er sein Gedicht „Musik" beschließt: „Was wir auch tun, mit einem jeden Schritt/ verwischen wir die Grenzen des Entdeckens." Rilke hat diese Verse in Klammern gesetzt und ihnen dadurch selbst einen Zwischenbereich zugewiesen – zwischen Behauptung und Relativierung.

III

Kunst gestaltet Grenzen, artikuliert oder transformiert sie, zeigt das Scheitern ihrer Überwindung oder verbrämt sie durch das emphatische Beschwören ihres Gegenteils: des Offenen – bei Rilke in einem Maße wie zuvor nur in Hölderlins Dichtung. Kunst geht es um sichtbare wie unsichtbare Grenzen, wie das Beispiel Kafkas lehrt und sein Tagebucheintrag vom 22. März 1922 illustriert: „Die fortwährend zitternde Grenze zwischen dem gewöhnlichen Leben und dem scheinbar wirklicheren Schrecken", notierte er.[23] Diese Grenze entzieht sich in Kafkas Augen präziser Bestimmung; sie ist spürbar, aber nicht faßbar und mithin unüberschreitbar. Anders als bei Rilke (oder Hölderlin) konnte es Kafka auch gar nicht um ein wirkliches Plädoyer für eine Überschreitung gehen. Aufgrund seiner eigenen Lebenssituation mußte er viel-

21 Ebd., S. 396. Vgl. zur Interpretation dieses Gedichts vor allem: Albrecht Riethmüller, Rilkes Gedicht „Gong". An den Grenzen von Musik und Sprache. In: Günter Schnitzler (Hrsg.), *Dichtung und Musik. Kaleidoskop ihrer Beziehungen*. Stuttgart 1979, S. 194–223.

22 Rilke, KA, 2, S. 398 f. (Gedicht „Musik"). Vgl. dazu meinen Aufsatz: „... und Musik überstieg uns ..." Zu Rilkes Deutung der Musik. In: *Blätter der Rilke-Gesellschaft* 10 (1983), S. 50–68.

23 In: Kafka, *Tagebücher*, a.a.O., S. 360.

mehr versuchte „Grenzdurchbrechungen" für „schmerzvoll" halten. Die Tagebuchaufzeichnungen über seine Beziehung zu Milena Jesenska belegen dies hinreichend. Die Grenze zwischen ihnen wuchs in seinen Augen, anstatt überschreitbar zu werden, sie wuchs in die Höhe, wuchs sich aber auch zu einem Abgrund aus: „Was früher ein trennendes Band war, ist jetzt eine Mauer oder ein Gebirge oder richtiger: ein Grab."[24]

Als vergleichsweise unüberschreitbar erweist sich die Grenze vor dem „Gesetz" bereits in der Türhüter-Parabel (1915) sowie in den beiden 1917 entstandenen Erzählungen „Beim Bau der chinesischen Mauer" und „Die Brücke." Kafkas ‚Brücke' stellt sich als unüberschreitbar heraus; denn sie revolviert im entscheidenden Augenblick ihres Überquert-Werdens und läßt den Begeher der Brücke abstürzen.[25] Dagegen wäre die durch die ‚chinesische Mauer' geschaffene Grenzziehung im Grunde überwindbar; scheint sie doch urspünglich nur als ein ‚Teilbau' konzipiert worden zu sein; Bauabschnitt um Bauabschnitt ist sie mithin durchlässig. Das Entscheidene aber ist, daß sie der Mythos der Unüberwindlichkeit umgibt.

Die eigentliche ‚Grenze' jedoch, die Kafka in dieser Erzählung thematisiert, ist jene der „Denkfähigkeit." Ihrer Beschränktheit steht das ‚Endlose' gegenüber, das im Zusammenhang mit dem chinesischen Mauerbau zu bedenken wäre.[26] Diese ‚Grenze' hat freilich auch eine ironische Seite; denn der Erzähler empfiehlt, daß das Nachdenken über die Logik, die sich hinter den baulichen Anordnungen dieser Mauer seitens der, wie Kafka sagt, ‚Führerschaft' verbirgt, auf Grenzen stoße, die nicht überschritten werden sollten. Es genüge, zu akzeptieren, daß die Bauleitung einen unzusammenhängenden und überdies unzweckmäßigen Mauerbau errichten wollte. Ein Spielverderber, wer weiter über den Sinn solcher Anordnungen nachdächte, so die ironische Sentenz des grenzüberbewußten Erzählers.

Um es zu wiederholen: Kafka akzentuierte die Mythisierung der Grenze, die einen Durchbruch ins ‚Offene' im Sinne Hölderlins und Rilkes nicht zuläßt. Kafkas ‚Grenze' gibt sich in den Erzählungen den Anschein der Unüberwindlichkeit, wobei seine Lebenserfahrung vom Leiden an der tatsächlichen, existentiell wirklichen Grenze im Verkehr mit anderen geprägt gewesen ist.

In zwei philosophischen Feuilletons hat Ernst Bloch in den Jahren 1930 und 1931 über das Wechselverhältnis von erlebter Grenze und mythisierter Grenze reflektiert. Bloch sprach vom ‚mythischen Bann', der von Grenzen ausgehe und ursprünglicher sei „als das politische Grenzziehen."[27] Er unter-

---

[24] Ebd., S. 354 (Eintrag vom 29. Januar 1922).

[25] Ders., *Sämtliche Erzählungen*. Hrsg. v. Paul Raabe, Frankfurt/M. 1979, S. 284. Zum Brükkenmotiv vgl. den Beitrag von Roger Thiel in diesem Band.

[26] Ebd., S. 293.

[27] Ernst Bloch, *Fabelnd denken*. Essayistische Texte aus der ‚Frankfurter Zeitung'. Hrsg. v. Gert Ueding. Promenade 10, Tübingen 1997, S. 83.

suchte Grenzen zunächst aus der Sicht des modernen Reisenden, verwies aber auch auf die existentielle Dimension der Grenze als ‚terminus vitae': „An jeder Grenze", so Bloch, „spiegelt sich ein Vorschein von Tod und [...] vom Übergang aus einer Macht, einem Herrschaftsbereich, einem bedingten Zustand in einen andern [...]."[28] Im Reisenden sah Bloch einen Menschen, der einerseits an Grenzen erinnert, aber gleichzeitig ihr Überfahren genießen wolle. Dem fügte er einen Gedanken hinzu, der gerade auch nach 1989 bedeutsam geblieben ist: „Die Grenze als ‚Symbol' der Absperrung wie der Erneuerung bleibt, auch wenn ihre politische Markierung fallen sollte."[29]

In seinem zweiten Feuilleton über die Grenze schickte sich Bloch gar an, „das Lied der Grenze zu singen."[30] Und warum? Weil er den Wert einer Reise in dem Maße steigen sah, in dem die Grenze auf bürokratischem Wege unüberwindlicher gemacht wurde. Aus dem ‚Vorschein der Grenze' wurde eine ‚Vorahnung': Bloch wollte das ‚Lied der Grenze' singen, bevor es dafür politisch zu spät sein könnte.[31]

Was für Reisende gilt, bezeichnet auch den Zustand des existentiell sich bewußten Menschen; er wird, wie Bloch meinte, „gegen die Grenze ... unruhig."[32] Das Wissen um Grenzen, hierin unterscheidet sich Blochs Ansatz grundsätzlich von den grenzermittelnden Bestrebungen der Aufklärung, verunsichert die Bewohner der Moderne. Dennoch hielt er in diesem Feuilleton an der kulturvermittelnden und mithin ästhetischen Bedeutung von Grenzüberschreitungen fest, als er unvermittelt folgende Bemerkung in seinen Text einwarf: „Der junge Wagner überschritt die Grenze, als er den Freischütz in Paris hörte."[33]

Mit diesem Satz verweist Bloch auf eine Grenzüberschreitung, und zwar in einer (für den jungen Wagner) fremden Kultur zur eigenen, ein Vorgang, der zur Selbstvergewisserung des Künstlers geführt und zu seiner Selbstbestimmung beigetragen hat. Das eigene Kulturerbe im Fremden erfahren, Bloch sprach gar von einem „Patriotisch-Werden gegen Vergangenheit"[34] und antizipierte damit einen Leidenskern künftiger Exilerfahrung.

IV

Als Anspruch blieb Blochs halb ironischer, halb ernst gemeinter Vorsatz, das Lied von der Grenze zu singen, eines der leidvollen Motive lyrischen Schaf-

28 Ebd.
29 Ebd., S. 85.
30 Ebd., S. 125.
31 Ebd.
32 Ebd.
33 Ebd., S. 128.
34 Ebd.

fens in der zweiten Hälfte des 20. Jahrhunderts, etwa im Dichten von Nelly Sachs.

Linie wie
lebendiges Haar
gezogen
todnachtgedunkelt
von dir
zu mir.

Gegängelt
außerhalb
bin ich hinübergeneigt
durstend
das Ende der Fernen zu küssen.

Der Abend
wirft das Sprungbrett
der Nacht über das Rot
verlängert deine Landzunge
und ich setze meinen Fuß zagend
auf die zitternde Saite
des schon begonnen Todes.

Aber so ist die Liebe –[35]

Diagonal alliterieren in diesem Gedicht ‚Linie' und ‚Liebe', eine Linie vom Du zum Ich, halb lebendiges Zeichen, halb Schattengrenze. Ein einmaliges Du, ein dreimaliges Ich, das von Strophe zu Strophe einsamer wird, obgleich es sich mit Sprachbildern möglichen Überschreitens umgibt. Es sieht sich ‚außerhalb', aber ‚hinübergeneigt' voll Verlangens. Die zur Neige gehende Zeit, der ‚Abend', stellt gar eine Möglichkeit zum Absprung bereit, verlängert scheinbar die ins Nichts hineinragende Landzunge; doch was dem Ich da angeboten wird, vermag es nicht mehr wirklich zu nutzen: Aus der ‚Linie' wird eine ‚zitternde Saite', eine Todesschwingung, ein Grenzwert der Existenz, dabei noch Liebeszeichen.

Die Ich-Du-Beziehung gewinnt keine sinnstiftende Wirklichkeit; vielmehr erweist sich das Du als Vorbote des Todes und damit als Grenzfall einer Beziehung. An anderer Stelle spricht Nelly Sachs von den „Hautgrenzen", an denen die Toten tasteten und „im Schauer der Geburten/Auferstehung" feierten.[36] Hier ist von Grenzen die Rede, hinter denen metaphysische ‚Schauer' den möglichen Grenzüberschreiter erschüttern können.

Es ist jedoch nicht diese transzendente Dimension, die den Charakter des Gedichts bestimmt. Ihr Grundmotiv ist die Linie, Sinnbild der Verbindung, aber auch des aufs äußerste reduzierten Dazwischens. Diese Konzeption hat

---

35 Nelly Sachs, *Gedichte*. Hrsg. und mit einem Nachwort versehen von Hilde Domin. Frankfurt/M., Siebente Auflage 1992, S. 91.

36 Ebd., S. 98 („Schon/mit der Mähne des Haares…").

ihre Entsprechung bei Martin Buber. In seiner grundlegenden Schrift „Das dialogische Prinzip" (1923) sprach er von „verlängerten Linien der Beziehungen", die sich im „ewigen Du" schnitten.[37] Damit ist jedoch auch der Unterschied zu Nelly Sachs benannt: Ihr Gedicht kennt ein solches ‚ewiges Du' als metaphysischen Bezugspunkt nicht mehr, genauer: es hält ihn für nicht aussprechbar.

Eine Variation dieses Themas bietet H. G. Adlers Gedicht „Wahrheit der Grenze"; in seiner Mittelstrophe bereitet sich vor, was dem Gedicht sein besonderes Gepräge gibt: Die Frage nach dem Wahr-Werden von Grenzen:

Aber das Nächste: wen läßt es gewiß sein?
Nur daß es geglaubt wird, dann gelobt,
Wie sich die Blicke ihm bestellen;
Worte versuchen es, stündlich und ständig,
Die kleinen Hände mit sachtem Befassen,
Wo sie Grenze verspüren, eigentümlich
Grifflos fern zwischen gestern und heute.[38]

In diesem Gedicht ist das ‚Du' neutralisiert; es wird allenfalls noch als ein ‚Nächstes' erkennbar. Gleiches gilt für das Ich, allenthalben ein Charakteristikum der Lyrik Adlers, deren eigentümliche Wirkung auch durch die Abwesenheit des lyrischen Ichs bedingt ist.[39]

Dem ‚Nächsten' werden Blicke bestellt, so wie man Haus und Feld bestellt, bearbeitet, richtet, winterfest macht. Aktiv werden in dieser Strophe die Worte, die wie Hände zugreifen wollen, aber die Grenze nicht fassen können. Sie entzieht sich begrifflicher Bestimmung, verselbständigt sich aber, indem sie zwischen herkömmlicher Sprache und Schweigen ‚wahr' wird.

Diese Wendung ist gewissermaßen ein aufklärerischer Rest, wobei – analog zu Lessing – die Suche nach dem Wahren der Grenze das wesentliche ist, das grifflose Greifen nach dem nicht paraphrasierbaren ‚Wahren'.

Diese zwei Beispiele lyrischen Sprechens über Grenzen veranschaulichen ein Grundproblem: In der Lyrik der Spätmoderne versteht sich das Gedicht selbst als Grenzfall der Kommunikation. Zeile um Zeile ist Grenze zwischen Verstehen und Nicht-Verstehen-Können. Im Hermetischen des lyrischen Sprechens ereignet sich eine Grenzziehung, die sich ihrer Überschreitung ins Umgangssprachliche widersetzt. Im hermetisch abgeschlossenen Sprechen radikalisiert sich ein poetisches Grenzbewußtsein, das aber auch Widerstand gegen geschichtsvergessenes Parlando leisten will.

---

[37] Martin Buber, *Das dialogische Prinzip*. Heidelberg, 4. Aufl. 1979, S. 102.

[38] In: H. G. Adler, *Blicke*. Gedichte. Berlin 1979, S. 56.

[39] Vgl. dazu meinen Aufsatz: *Ichlos. Überlegungen zur Lyrik H. G. Adlers*. In: H. G. Adler. *Text und Kritik*. München 1999 (im Druck).

Das unerreichbare Ideal solcher Lyrik besteht darin, die Grenze, die zwischen Alltäglichkeit und existentieller Erschütterung verläuft, selbst zum Sprechen zu bringen.

Der Mensch tendiert dazu, seine eigenen Grenzen von sich wegzuschieben, zu verdrängen, ein Umstand, an dem er letztlich scheitern muß; dazu gehört die Verarbeitung dessen, was er an Eindrücken und Wissen in Wirklichkeit nicht verarbeiten kann. Mit der ‚Wahrheit' dieser Grenzen konfrontiert, weicht er in der Regel aus und betreibt Grenzkosmetik.

Sucht man nach einem Gedicht, das den existentiellen Grenzfall archetypisch in der Moderne beschreibt, dann findet man es bei Gertrud Kolmar.

AN DER GRENZE

An der Grenze grüßt ein Haus.
Wandrers Zuflucht, stammgezimmert,
Schirmt's vorm Strahl, der ficht und flimmert,
Wehrt dem Herbstwind, der's umwimmert.
Oftmals späht ich von ihm aus
Nach der Grenze.

An die Grenze kroch der Schmerz,
Lag im Busch als bunte Steine;
Fand ich einen, ward's der meine.
Schrittweis kehr ich heim und weine,
Und mir blieb mein müdes Herz
An der Grenze.

Auf die Grenze fällt bald Schnee,
Stäubt und schlägt: Ein Weg erblindet,
Der durch Tann sich aufwärts windet.
Ob zurück ins Tal er findet?
Eins nur weiß ich wohl: ich steh
An der Grenze.[40]

Dieses Gedicht entstand zwischen 1918 und 1922 und gehört zu den erst posthum veröffentlichten sogenannten „Frühen Zyklen" der Dichterin. Von welcher Grenze ist die Rede? Von einer Bewußtseinsgrenze, einer Grenze zum Schweigen oder schlicht von einer Landesgrenze?

Das Gedicht beginnt mit einer scheinbar romantischen Szene. Sie könnte der „Winterreise" entstammen: Ein Wanderer sucht Schutz; das Haus verheißt Geborgenheit. Und doch lockt das Draußen, der Blick auf die Grenze. Sie ist eine ständige Versuchung: Wer sie gesehen hat, will sie überschreiten. Diesem Wanderer jedoch ist es gerade nicht gegegeben, Grenzen zu übergehen, sie zu überwinden; vielmehr wird er zum Wanderer entlang der Grenze, zum Grenzgänger, und die Grenze zu seinem Schicksal.

[40] Gertrud Kolmar, *Das lyrische Werk.* München 1960, S. 143. Vgl. meinen Beitrag: *Schmerz und Steine und Schnee.* In: *Frankfurter Anthologie 18.* Hrsg. v. Marcel Reich-Ranicki, Frankfurt/M.-Leipzig 1995, S. 144–146.

Den Wanderer lockt sogar der Schmerz, der mit Grenzerfahrungen verbunden ist; in Form von ,bunten Steinen' wird er kostbar. Wer diese Steine aufhebt, dem werden sie unterderhand zum Verhängnis. Das Kostbarste, das ,müde Herz', erliegt dem leidvollen Zauber der Grenze; ihre Magie rührt daher, daß sich auf ihr Diesseits und Jenseits begegnen, die problematische Lebenswirklichkeit und die Hoffnung auf eine andere Welt.

In Kolmars Gedicht gleichen die Empfindungen des Wanderers Grenzwerten; denn genau bestimmbar sind sie nicht. So weiß der Wanderer nicht, weshalb er ,weint'. Die letzte Strophe zitiert nur noch in Anklängen einstige Naturromantik: Die verschneite Grenze täuscht vor, daß sie sich nun leichter überwinden lasse. Die geographischen Verhältnisse werden unscharf, die Wege funktionslos. Ihre Richtungen sind auf der Strecke geblieben. Dieser Wanderer kann nicht länger zwischen Weg und Ziel unterscheiden. Am Ende der dritten Strophe steht fest, daß er mit der Grenze wird leben müssen, ohne Aussicht darauf, sie hinter sich lassen zu können. Mithin ist nicht mehr eine bloße Landesgrenze gemeint, sondern die Grenze seiner Optionen.

Auffällig ist der Aufbau dieses Gedichts: Seine Strophen werden vom refrainartig gebrauchten Hauptmotiv buchstäblich ,umgrenzt'. Die streng durchgehaltene parallele Reimstruktur und der bis zum Litaneihaften gleichtaktige Rhythmus bewirken, daß man bei wiederholtem Lesen glaubt, selbst an diese Grenze zu stoßen.

Versuchte sich Kolmar zu entgrenzen, indem sie so eindringlich über die Grenze schrieb? Handelte es sich hier um die Grenze zwischen Ich und Du, zwischen Liebender und Geliebtem? Meinte sie mit ,Grenze' den Rand der Existenz, an den sie sich schon damals, vor und nach der November-Revolution, von den Antisemiten gedrängt fühlte? Die Fragen sind unentscheidbar. Jedoch sollte uns heute, im Wissen um ihr Leiden, eine solchermaßen poetisch evozierte Grenze zu einer Brücke werden.

V

Die dichterische Auseinandersetzung mit Grenzen hängt davon ab, ob sie von der prinzipiellen Überschreitbarkeit der Grenzen ausgeht oder nicht, und ob sie im Modus der Metamorphose ein Mittel solcher Überschreitung sieht. Kafkas Beispiel hat veranschaulicht, daß sich gerade in der Verwandlung der Zustand sozialer Abgrenzung verschärfen kann; sein Gregor Samsa erleidet in der Verwandlung seine absolute Ausgrenzung.

Selten ist die materielle Beschaffenheit von Grenzen ein literarisches Thema.[41] Oft dagegen gilt das Paradoxon: Je unsichtbarer die Grenzen sind, je wirklicher, widerständischer sind sie. Ob Haarlinie, Baumrinde oder Haut als permeable Wand oder als Todesstreifen, ob Sprachgrenze oder Bewußtseinsgrenze, die bloße Nennung des Wortes ‚Grenze' signalisiert ein entwicklungshemmendes Moment, eine Entschleunigung und die Notwendigkeit vorsichtiger Annäherung. Der eigentlich poetische Ertrag solcher verlangsamten Prozesse besteht dann in sprachlichen Grenzwerten, die sich hermeneutisch allenfalls nur annähernd erschließen lassen. Eine Poetik der Grenze, oder vor diesem Hintergrund sinnfälliger formuliert: Das Poetische der Grenzhaftigkeit menschlicher Erfahrung gehört in der Moderne (seit 1800) zur Grundsubstanz dichterischen Schaffens und verbürgt dessen existentielle Brisanz.

[41] Eine Ausnahme stellt Barbara Köhlers Grenzlyrik dar, die durch Installationen (Gedichte auf Fenster) die Materialität der Gedichtvermittlung in ihr Schaffen einbezieht. Vgl. dazu den Beitrag von Margaret Littler in diesem Band.

Hans Jürgen Scheuer

„Übers Kreuz das Fernste zu verknüpfen gewohnt“ –

Joseph Beuys und das Kreuz als Zeichen der Erkenntnis/Grenze

I. Kreuz-Tableau: ein Musterfall

In seiner Auslegung der ‚Kreuzigung' (1962/63) aus der Staatsgalerie Stuttgart betont Johannes Stüttgen den Rang dieser Skulptur im Œuvre seines Lehrers Joseph Beuys:

> Ohne Zweifel handelt es sich hier bei der Kreuzigung um einen Musterfall jenes Werkzusammenhangs, für den Joseph Beuys berühmt, ja berüchtigt geworden ist. Die Turbulenz, die sich in der ewigen Frage zuspitzt: „Was ist das eigentlich? Was soll das Ganze?“, wird aber im speziellen Fall dieser Kreuzigung besonders dadurch aufgeladen, daß sie nicht nur im Kontext „Kunst“ steht (Frage: „Was hat das denn noch mit Kunst zu tun?“), sondern darüber hinaus auch in einem unmittelbaren Bezug zum Religiösen – genauer: zum Christentum.[1]

Vor jenen prompt verfügbaren Fragen, was das Ganze denn solle und ob das eigentlich noch mit Kunst etwas zu tun habe (oder mit Christentum), wäre freilich die weniger abgehobene Frage erst noch zu klären, was denn eigentlich da zu sehen ist.

Möglicherweise ja zweierlei nacheinander und ineinander: In Kenntnis des Werktitels mag sich die Aufmerksamkeit des Betrachters zunächst auf das figurale Schema der Skulptur richten. Dabei könnte er sich, mit Stüttgen, an eine traditionelle ikonographische Konstellation erinnert sehen: an die Deesis, den Bildtyp der beiden Bittflehenden, Maria und Johannes, zur Linken und Rechten des gekreuzigten Erlösers. Dieser pathosgeladenen Szene der Fürbitte und ihrer Vermittlung über die Grenze des irdischen Lebens hinaus scheinen freilich die verwendeten Materialien und deren Zustand zu widerstreiten, wenn nicht gar Hohn zu sprechen: Neben verschnittenem Kiefern-

[1] Vgl. Johannes Stüttgen, *Kreuzigung*. In: ders., *Zeitstau: im Kraftfeld des erweiterten Kunstbegriffs von Joseph Beuys. 7 Vorträge im Todesjahr von Joseph Beuys*, Stuttgart 1988, S. 7–24, hier: S. 11.

holz stehen zwei kalkverkrustete Plastikflaschen, verrostete Nägel, Elektrokabel, Draht, eine Stahlnadel und vergilbtes, mit rostbrauner Fußbodenfarbe übermaltes Zeitungspapier. Abfallteile also zumeist, schmutzüberzogen und ausgestellt im Prozeß ihrer Dekomposition, scheinen die Positionen der präfigurierten Protagonisten einzunehmen und im Raum des angespielten Heilsgeschehens zu verstellen.

Will man angesichts dessen nicht gleich von einer Blasphemie oder von einer Ästhetik des Schocks um des bloßen Schockierens willen sprechen, so ließe sich vielleicht sagen, Beuys' ‚Kreuzigung' setze durch solche Materialwahl der ikonographischen Identifikation des Geschehens und seiner Beteiligten, also jeder traditionalistischen Deutung, eine entschiedene Grenze.

Zugleich wird diese Grenze aber gerade durch die Materialität der verwendeten Stoffe wieder geöffnet, zumindest aber verschoben. Denn die sie überziehenden Benutzungsspuren weisen sehr wohl und präzise auf Geschehenes hin, nur daß sie dessen Richtungssinn vom ikonographischen Schema auf ganz andere, nicht traditionelle, sondern pragmatische Zusammenhänge hin ablenken:

– die leeren Plastikflaschen enthielten einmal Blutkonserven. Sie lassen so u. a. die Assoziation mit dem vitalen Blutkreislauf, mit gespendetem oder vergossenem Blut zu;

– die am Kreuzesstamm befestigten Elektrodrähte ermöglichten einmal Stromfluß und damit technisch erzeugte Bewegung;

– das „aus Brettchen und Klötzchen zusammengenagelte, verschnürte Holzgestell" bildete einmal – so Johannes Stüttgen –

> das Gerüst für eine Tonplastik […]. Sogar noch ausgetrocknete Tonreste kleben daran. Offenbar ist es wirklich schon einmal für eine Skulptur benutzt worden. Beuys, den ich danach fragte, bestätigte es. Es stamme noch aus seiner Akademiezeit, und er habe es für eine Figur gebraucht. […] Dazu kommt nun noch, daß die Größe des Gestells [Maße: 42,5 x 19 x 15 cm], seine spezifische Form und Massenverteilung von der Idee einer Skulptur bestimmt sind, die selbst nicht mehr vorhanden und zu sehen ist, für die aber das hier Sichtbare Ausgangspunkt und Grund war. Dieses indirekte Moment ist permanent anwesend, wie bei einem Skelett, das einmal in einem lebendigen Körper gesteckt hat, oder einem Baugerüst, das entfernt wird, wenn der Bau selbst schließlich steht. So gesehen ist dieser Gegenstand in der Tat ein Überrest, Zeugnis eines vergangenen Vorgangs, gleichzeitig aber aufs neue zum Einsatz gebracht, mit neuen Elementen versehen.[2]

Zu besagten neuen Elementen zählen vor allem die Nadel und das zuoberst des vertikalen Brettes befestigte Braunkreuz. Stüttgens Beschreibung zufolge fällt jene Nadel das Lot im Rahmen der asymmetrisch nach rechts verschobenen Gruppe. Sie markiere, indem sie die Skulptur wie ein Meßinstrument in Beziehung zum Gravitationszentrum der Erde setze, ein naturgesetzliches

[2] Ebd. (wie A. 1), S. 16f.

Gleichgewicht.[3] In Spannung dazu führt die Komposition ihr eigenes Verschiebungsprinzip vor und behauptet so eine innere, eigenwertige Dynamik.

Das Braunkreuz könnte in diesem Zusammenhang, ebenso grenzsetzend wie grenzaufhebend, als Siegel der geschehenen Formveränderung und zugleich als Polaritätszeichen der in der Auslegung noch (einmal) geschehenden Transformation fungieren. An der traditionellen Position der Kreuzesinschrift, des *titulus*, befestigt, gibt der Papiergrund des Braunkreuzes zudem die Titelbuchstaben eines Zeitungsausrisses zu erkennen: vermutlich ein „[h]ält an“. Durch die möglichen inneren Bezüge auf Kreislauf und Bewegtheit läßt die Aufschrift sich doppeldeutig verstehen im Sinne sowohl des Stillstellens als auch des Fortdauerns jenes unsichtbaren formativen Geschehens.

Derart im Titel der Komposition angehalten und anhaltend, wird das Kreuz zum semiotischen Umschlagpunkt: zwischen einem „geistigen Sinn“ (*sensus tropologicus*), dessen Tropen die Grenzen des Christlichen um eine kosmologische Dimension erweitern und diese Dimension als Erde, Gravitation, elektrische Polarität konkretisieren, sowie einem „historischen“ oder Materialsinn, der in der ‚Kreuzigung‘ (1962/63) Überreste vergangener (und womöglich verworfener) künstlerischer Produktion und biographische Relikte der Lehrzeit des Joseph Beuys an der Staatlichen Kunstakademie Düsseldorf umwertet und im Zeichen des Kreuzes verrätselt. Die Deutungsprozesse gehen also ihrerseits überkreuz: Biographisches wird allegorisiert und aus der lebensgeschichtlichen Evidenz ins Mythologische entrückt, christlich spiritualisierte Kosmologie dagegen als Materie vergegenständlicht und stofflich vergegenwärtigt.

II. Kontext

Von Beginn seines künstlerischen Curriculums an hat sich Joseph Beuys mit dem Kreuzzeichen auseinandergesetzt. Ob in Skulptur, Zeichnung und Installation, in Performance, Multiple und diagrammatischer Skizze, ob als Stempelbild, Einritzung oder Übermalung – das Kreuz erscheint ubiquitär im Beuysschen Œuvre.[4] Es ist ihm und seinem Werk daher zu einer Art Markenzeichen geworden: wie Fettecke, Filzhut oder die Präsenz seiner Handschrift und Künstlersignatur. In einem Stempel des Namenszuges ‚BEUYS‘ aus dem Jahre 1967 wird ihr denn auch tatsächlich ein gleichschenkliges Kreuz einge-

[3] Vgl. ebd. (wie A. 1), S. 17.

[4] Das entsprechende Material ist in folgenden Ausstellungskatalogen, die speziell der Erscheinungsform des Kreuzes bei Beuys gewidmet sind, gesammelt und dokumentiert: 1. Katalog: *Kreuz + Zeichen. Religiöse Grundlagen im Werk von Joseph Beuys*, Suermondt-Ludwig-Museum und Museumsverein Aachen, 11.8.–29.9.1985. Aachen 1985, 2. Katalog: *Joseph Beuys. Braunkreuz*, Westf. Landesmuseum Münster, o. O., o. J.

schrieben.[5] Darüber hinaus stellen zahlreiche selbstkommentierende Äußerungen, die ebenso integraler Bestandteil seines Werkes sind wie sie den Äußerungscharakter seiner Werke unterstreichen, das Kreuz heraus als Zeichen und Stationsmarkierung eines die Künstlerbiographie durchziehenden, sie tragenden und stilisierenden Erkenntnisprozesses.

In einem vielzitierten und mehrfach in unterschiedlichen Zusammenschnitten nachgedruckten Gespräch mit Friedhelm Mennekes S. J.[6] entwirft Joseph Beuys ein vierphasiges Modell dieses Prozesses:

1. Die Phase des Experiments:
   In diesem Versuchsstadium (zwischen 1947 und 1954), das Beuys selbst zwar als persönlich wichtig wertet, hinsichtlich des Wirkungspotentials aber als „traditionell gebunden, impotent, regressiv"[7] bezeichnet, fungiert das Kreuz, z. T. für konkrete Gebrauchs- und Auftragszusammenhänge bestimmt, als Kult- und Memorialgegenstand in Form von Kruzifixen, Entwürfen zu Grabmälern oder etwa zu einem Taufbecken. Es werden Motive herkömmlicher christlicher Ikonographie abbildend aufgegriffen und handwerklich bearbeitet: Kreuzigungsgruppe, Schmerzensmann, Pietà, schließlich der auferstehende Christus.

   > Die meisten Versuche sind sehr klein geblieben, was vielleicht schon ~~andeutet~~ sagt, daß es eben Versuche waren. Sie sind modellhaft geblieben, manches ist überhaupt nicht ausgeführt. Es besteht nur aus hartem Ton oder in Gips. Dann erschöpft sich diese Versuchsreihe, vom traditionellen Motiv her an das Spirituelle heranzukommen. [...] Bei diesen frühen Versuchen kam ich mir eigentlich vor wie ein Mensch, der nur noch versucht, ein Motiv aufzugreifen, das längst besser und gültiger und in ~~besseren kulturellen~~ angemesseneren geistigen Zusammenhängen gemacht worden war. Ich hatte den Eindruck – ~~wie soll ich das sagen –~~ mich auf einem Irrweg zu befinden.[8]

2. Die Phase der neuen mythologischen Konstellation:
   Als Mythologie in einer „völlig neuen Konstellation", in der „das Christliche ~~eingebettet in eine Art pantheistisches Umfeld~~ [...] mit Naturkräften in Zusammenhang gebracht [ist], mit planetarischen ~~Welten~~ Bewegungen, mit kosmischen Dimensionen", charakterisiert Beuys die folgenden Arbei-

---

[5] Vgl. Friedhelm Mennekes, *Joseph Beuys im Gespräch. Das Kreuz ist zur Kultur geworden*, in: F.M. und Johannes Röhrig. *Crucifixus. Das Kreuz in der Kunst unserer Zeit*, Freiburg-Basel-Wien 1994, S. 68–83, hier: S. 81f. Vgl. auch Johannes Stüttgen, *Die Stempel von Joseph Beuys*, In: Wilfried Dickhoff und Charlotte Wehrhahn (Hrsg.), *Joseph Beuys. Zeichnungen – Skulpturen – Objekte*. Düsseldorf 1988, S. 155–208.

[6] Im folgenden wird das Gespräch mit Joseph Beuys zitiert nach dem Abdruck der von Beuys korrigierten maschinenschriftlichen Transkription in Friedhelm Mennekes (Hrsg.), *Beuys zu Christus. Eine Position im Gespräch – Beuys on Christ: A Position in Dialogue*, übers. ins Amerikanische v. Lesa Mason u. Jon Boles, Stuttgart 1989, ^{4}1994, S. 12–67.

[7] Ebd. (wie A. 6), S. 14.

[8] Ebd. (wie A. 6), S. 12.14.

ten um das Kreuzzeichen bis „in die Zeit Ende der fünfziger Jahre."[9] Unter dem Einfluß der Lektüre Rudolf Steiners und seiner Schriften zu einer anthroposophisch gewendeten Christologie entwickelt sich diese Konstellation in Zeichnungen und Skizzen, konzentriert um die Vorstellung der Transsubstantiation vom Crucifixus – durch den Tod hindurch – zum triumphierenden Christus. Sie stellt zugleich die Fläche dar, auf die Joseph Beuys seine eigene „Legende vom Künstler" projiziert. Bis in jüngste Zeit ist sie ungebrochen von ihm nahestehenden Biographen kolportiert worden: die naturnahe Kindheit am Niederrhein (inklusive Hirtenspielen),[10] visionäre Inspirationen und Erscheinungen in der Jugendzeit, schließlich das Schlüsselerlebnis des Stuka-Absturzes über der Krim im März 1944, wo der zweiundzwanzigjährige Bordfunker Beuys schwerverletzt von tartarischen Nomaden geborgen und, in wärmenden Filz gehüllt, mit Fettsalben verarztet sowie mit Milch, Quark und Joghurt ernährt, zum Leben zurückgebracht worden sein soll. Ernst Kris und Otto Kurz haben schon 1934 solch legendarische Überhöhungen der Künstlervita wie das Hirtenleben des Frühberufenen – seit der volkstümlichen Überlieferung von Giottos Leben ein gern aufgesuchter *locus communis* – aus dem Vergleich von Künstlerbiographien der Renaissance als mythologischen Fond des Genie-Paradigmas und seiner literarischen Stilisierung analysiert. Sie gehen auch ein in den Komplex der Beuysschen „Neuen Mythologie": Mischungen aus Biographie und Anekdotischem „als ein[em] Stück Geheimbiographie des Helden."[11] Fortan spielen sich die Bearbeitung des Kreuzsymbols und – parallel dazu – die Beuysschen Äußerungen zum eigenen Lebens-/

9 Ebd. (wie A. 6), S. 16.

10 Götz Adriani, Winfried Konnertz und Karin Thomas zitieren in ihrer Biographie zur Darstellung der Kindheit und Jugend des Joseph Beuys dessen „Erinnerungen" zur eigenen Vorgeschichte ohne jeden Kommentar als lebensgeschichtliches Faktum: „Ich kann mich noch gut erinnern, daß ich mich jahrelang verhalten habe wie ein Hirte, das heißt, ich bin herumgelaufen mit einem Stab, einer Art ‚Eurasienstab', wie er später auftaucht, und hatte immer eine imaginäre Herde um mich versammelt. Ich war richtiggehend ein Hirte, der alles auskundschaftete, was in der Umgebung vorging" (s. *Joseph Beuys*, Köln 1973, S. 12). Bei Heiner Stachelhaus werden dann noch die Anführungszeichen der Selbstaussage getilgt, so daß die folgende kolportagehafte Nachdichtung entsteht: „Beuys erinnerte sich auch daran, daß er als Heranwachsender jahrelang wie ein Schafhirte herumgelaufen sei – mit einem richtigen Hirtenstab, der in seiner künstlerischen Aktionszeit zum ‚Eurasienstab' wird, und mit einer imaginären Herde" (s. *Joseph Beuys*. Düsseldorf: claasen 1987, S. 13f.). Eine kritische Sichtung des biographischen Materials und der Legendenbildung versprechen dagegen Frank Gieseke und Albert Markert, *Flieger, Filz und Vaterland. Eine erweiterte Beuys-Biographie*, Berlin 1996. Leider wird die Brauchbarkeit ihrer Ausführungen dadurch in Frage gestellt, daß sie die fiktiven Elemente der Beuysschen Biographie nicht als Bausteine einer Werkstruktur, sondern als Symptome einer Verdrängung oder Verschleierung nationalsozialistischer bzw. neurechter Ideologeme verstehen möchten und zu diesem Zweck mit polemischen Spekulationen und suggestiven Text-Bild-Montagen arbeiten: Der Legende wird hier eine Anti-Legende hinzugedichtet und an die Stelle der Kolportage tritt die Denunziation.

Werklauf auf doppeltem Boden ab: auf einer formal-materiellen bzw. selbstdokumentarischen Ebene und auf einer Ebene des Hermetisch-Verschlüsselten, als kosmisch-geistiges Arkanwissen Präsentierten.

3. Die Phase der Aktionskunst:
Seit Anfang der sechziger Jahre wird dieser Verdoppelungsprozeß konsequent theatralisiert, bevorzugt in Performances durchgeführt und im Zuge seiner Inszenierung auf sämtliches Material, mit dem Beuys und das mit Beuys in Berührung kommt, ausgedehnt: Titel älterer Arbeiten werden umbenannt; das Erd- und Blutzeichen des aufgepinselten, aufgedruckten oder aufgestempelten ‚Braunkreuzes' besetzt multiplikatorisch sämtliche Genres und den gesamten Raum des Beuysschen Schaffens; in serienbildenden „Aktionen" schließlich – wie ‚The Division of the Cross' und ‚The New Cross' oder ‚Eurasia' – ‚Manresa' – ‚Eurasienstab' (zwischen 1966 und 1968 an verschiedenen Orten wiederholt und fortgeführt) – findet das Kreuz Verwendung als Fundstück, Merkzeichen und Reliquie der performierten transitorischen Spielhandlung, als ergänzbares und transformierbares Fragment, das in verschiedenen Zustandsformen wiederkehrt, oder im Gegenteil als fixes Polarisierungs-, Energie- und Impulssymbol mit der Aura prinzipieller naturwissenschaftlicher Fundierung und Exaktheit in Analogie zum Pluszeichen der Elektrizitätslehre. Selbst wiederverwendbares Requisit, kann es außerdem, wie im Fall der ‚Kreuzigung' (1962/63), aus wiederverwerteten Abfällen und Resten früherer künstlerischer Produktion neu zusammengesetzt, dann mit dem angehefteten Arkanzeichen des Braunkreuzes geheimnisvoll versiegelt und ausgestellt werden.

4. Die Phase des „erweiterten Kunstbegriffs":
Diese vierte Phase bezeichnet weniger eine Schaffensperiode, die sich zeitlich, stofflich oder hinsichtlich bestimmter Genre- und Medienpräferenzen abgrenzen ließe, als vielmehr den Effekt, das Resultat jener Proliferation des Kreuzzeichens und der Legende seines Distributors: Es handelt sich hier um die Verdichtung, ja Verfilzung über's Kreuz aufgerufener Wertvorstellungen, Haltungen und Assoziationen zum Zweck der Projektion eines umfassenden und geschlossenen kulturellen Zusammenhangs und seiner gedachten sozialen Praxis. Darin und durch diese lassen sich alle möglichen symbolischen Zuordnungen schalten – von mythischen und religiösen über naturwissenschaftliche zu technischen.

> Das Kreuz ist ja das Zeichen für diese Auseinandersetzung des Menschen mit seiner eigenen Idee. Das Kreuz erscheint seit dem Mysterium von Golgata als das Zeichen für

[11] Vgl. Ernst Kris und Otto Kurz, *Die Legende vom Künstler. Ein geschichtlicher Versuch.* Mit einem Vorwort von Ernst H. Gombrich, Frankfurt/M. 1980, S. 31.

> die Erde überhaupt, und es erscheint überall wie eingewachsen in den Bestrebungen des Menschen, in seinem ganzen Suchen nach Erkenntnis allerorten, nicht nur als religiös fixiertes Zeichen, sondern vor allen Dingen als Orientierungssymbol in der Wissenschaft. Heute ist die Wissenschaft undenkbar ohne die Idee des Koordinatennetzes, das heißt ohne die Idee der Begriffe von Raum und der dahinterliegenden Zeitproblematik. Sie sind aufgegriffen und systematisiert worden anhand des Koordinatensystems. Sogar bei den Waffen hat man diese Orientierungshilfe eines Kreuzes im Maschinengewehrvisier. Das Kreuz ist also ganz und gar zur Kultur geworden.[12]

Das Kreuz wird so in der Tat zum Universalzeichen erhoben: jedenfalls für das Material-, Form- und Ausdrucksuniversum namens ‚BEUYS', das seinen artifiziellen Raum über Kunstbetrieb und kunstinteressierte Öffentlichkeit hinaus in gesellschaftliche und politische Öffentlichkeit hinein erweitert: als *arcanum publicatum* (offenbares Geheimnis). Daher kann Beuys etwa auch die Ökologiebewegung der frühen achtziger Jahre unter das Zeichen des Kreuzes rücken, unter dem die Großaktion ‚Stadtverwaldung. 7000 Eichen' auf der ‚Documenta VII' (1982) antritt zum Sieg über die Stadtverwaltung. In dieser Aktion ging es um die Verstellung des Platzes vor dem Kasseler Fridericianum mit 7000 Basaltblöcken. Der so besetzte öffentliche Raum nun durfte durch keine amtliche Anordnung, sondern einzig durch Gemeinschaftshandeln der Bürger, durch Spende und Anpflanzung von 7000 Eichen zusammen mit je einem Steinblock, freigelegt und wiedergewonnen werden. Die Auslegung des Projektes durch Beuys ist dabei bezeichnend für die inzwischen etablierte ideologische Dichte und – bei aller Öffentlichkeit – Abgegrenztheit jenes Universums, in dem eine Berührungsassoziation die andere auslöst und Beuys spielend vom Hölzken auf's Kreuzken zu sprechen kommt:

> F.M.: Der Baum ist demnach auch eine Christus-Figuration?
>
> J.B.: Der Baum, der Lebensbaum ist ja überhaupt dieses Zeichen für die allgemeine Intelligenz. Und auch der Prozeß, der mit dem Baum geschieht und den wir heute am Wald wahrnehmen, zeigt dies auf. Heute wird der Wald von selbst zu dem, wozu das Holz des Kreuzes benutzt wurde. ~~Das war eben das tote Holz.~~ Und diese ganzen Aussprüche: „Denn wenn das mit dem grünen Holz geschieht, was wird dann erst mit dem dürren werden!" (Lk 32,31). Das ist ja das ätherische Element der Substanz, die erzeugt wird durch ~~den~~ Christus selbst und durch den Menschen selbst, der ~~potentiell~~ wohl in der Lage wäre, das was man Kreativität nennt zu vollziehen. ~~Und~~ Deswegen sind die Bäume wichtig! Die Bäume sind nicht wichtig, um dieses Leben auf der Erde aufrecht zu erhalten, nein, die Bäume sind wichtig, um die menschliche Seele zu retten.[13]

Hier handelt es sich offensichtlich nicht mehr um die Textur eines regelmäßig gewebten Arguments, sondern um den Filz ineinandergepreßter allegorischer Deutungsebenen.

---

12 Vgl. *Elisabeth Pfister im Gespräch mit Joseph Beuys*. In: F. Mennekes, *Beuys zu Christus* (wie A. 6), S. 122–126, hier: S. 124.

13 Vgl. *Gespräch mit Joseph Beuys* (wie A. 6), S. 48.

Durch die vier Phasen des Beuysschen Erkenntnisprozesses hindurch können wir also den Prozeß einer vom Künstler angestoßenen und forcierten Zeichenbildung verfolgen:

- die Investition in ein gescheitertes handwerkliches Unternehmen,
- den Kredit in vorgefundene Mythologien der Weltanschauung und der Biographik,
- die Wertschöpfung durch ununterbrochenen Umsatz und Auszeichnung symbolträchtig wiederkehrender Elemente der Produktion (allem voran: des Kreuzes und durch das Kreuz),
- die Akkumulation des Deutungskapitals durch Publizität und Verallgemeinerung.

Dadurch kommt es zu einer paradoxen semiotischen Universalisierung, die sich – bei genauerer Betrachtung – eng innerhalb der doppelten Grenze einer kosmologischen Gnosis und eines biographischen Vitalismus abspielt. Das Kreuz (womöglich das der Signatur eingeschriebene) stellt innerhalb dieses durch strikte Abgrenzung erzeugten ideologischen Systems die Vermittlungsstelle, die Position des Positionswechsels innerhalb eines Chiasmus dar, eine Relaisstation für makro- und mikrokosmische Stichwörter und Requisiten, deren Austausch und Turbulenz den Eindruck der Universalität entstehen läßt, als wäre „übers Kreuz das Fernste miteinander zu verknüpfen."[14]

III. Über einige Wertungsschübe in der Geschichte des Kreuzzeichens

Mit dieser Skizze eines Beuysschen Musterfalls und seines Werkzusammenhangs aus dem Blickwinkel der Zeichenbildung und Bedeutungsfiktion ist *in nuce* ein semiotischer Prozeß umrissen und nachvollzogen, der historisch die überragende Bedeutung des Kreuzzeichens für den christlichen Kulturzusammenhang begründet und der zunächst auf dem Gebiet der Theologie, dann aber gerade auf dem Gebiet der Ästhetik emphatische Erweiterung erfährt. Er steuert auf ein Universum der Repräsentation hin, die doch stets gebunden bleibt an die präsent gehaltene Gegenbewegung der alles andere als universalistischen Grenzziehungen. Wäre das Kreuzzeichen, wie Wouter Kotte und Ursula Mildner es für Beuys reklamierten[15], wirklich ein Universalzeichen, dann wäre es entweder nicht universal oder kein Zeichen. So lautet die These, die im folgenden beleuchtet werden soll mit Hinweisen auf theologische und ästhetische Umwertungsunternehmen, die am christlichen Kreuz

---

[14] Vgl. J.W. Goethe, *Noten und Abhandlungen zu besserem Verständnis des West-östlichen Divans.* In: *Hamburger Ausgabe*, Hrsg. v. Erich Trunz, Bd. 2, München [13]1982, S. 179 (‚Orientalischer Poesie Urelemente').

[15] Vgl. Wouter Kotte und Ursula Mildner, *Das Kreuz als Universalzeichen bei Joseph Beuys. Ein Requiem*, Stuttgart 1986.

ansetzen und die offensichtlich dem Unternehmen des Joseph Beuys prägend vorangehen.

1. THEOLOGIA CRUCIS

Bereits die Einsetzung des Kreuzzeichens als des christlichen Symbols schlechthin durch Paulus trägt die paradoxen Züge von universalistischem Anspruch und der Grenzziehung als dessen Möglichkeitsbedingung. Denn keineswegs drängt sich das Kreuz als ein derartiges Merk- und Erkennungszeichen den ersten Christen auf, markiert es doch den Moment der tödlichen Niederlage ihres Rabbis, des Nazareners Jesus, und in der römischen Antike die schmachvollste aller Todesarten. Deshalb wählen die frühen Christen das eindeutige soteriologische Zeichen des Fisches (griech. *ichtys* als Abbreviatur für *Iesoûs Christòs Hyiòs Theoû Sotér*, Jesus Christus, Sohn Gottes, Erretter) oder greifen auf die antike Ikonographie des *pastor bonus*, des guten, zuerst den Orpheus darstellenden Hirten, zurück.

Die ersten Gläubigen gehören zudem anfangs unausweichlich entweder zur Gruppe der Judenchristen oder zu derjenigen der Heidenchristen. Sie sind insofern für Paulus entweder durch die Beschneidung (*peritomé*) oder durch Unbeschnittenheit (*akrobystía*) charakterisiert. Während erstere, dem Römerbrief (Kap. 2) zufolge, im körperlichen Mal die Materialität des in Stein gemeißelten Gesetzes (*nómos*) repräsentiert, weist die Unbezeichnung der Heiden auf die Präsenz eines Naturgesetzes hin, das ihnen ins Herz (*kardía*) geschrieben sei. Fehlt es diesem jedoch an der Kontur, beurteilbar in Erscheinung zu treten, so daß den (im Sinne des Gesetzes des einen Gottes) „Gesetzlosen" letztlich droht, daß sie ohne Gesetz (*anómos*) auch einfach verworfen werden, so droht den Juden (trotz ihrer traditionellen Kenntnis des einen Gottes und seines Gesetzes) die vollständige Verkennung beider durch Verwechslung Gottes mit dem Gesetz und des Gesetzes mit Gott. Die christliche Position entwirft und erfindet Paulus zwischen diesen beiden Grenzen von Natur und Tradition. Er nennt sie paradox *peritomè kardías*, Beschneidung des Herzens (Röm 2,29).

Die dazugehörige Haltung, abgesetzt gegenüber Gesetzesgehorsam einerseits und Instinkt andererseits, heißt im Römerbrief *pístis*, Glauben. Dieser wird exemplifiziert am Stammvater des Monotheismus: an Abraham, dessen unbedingter Gehorsam gegenüber Gott, gepaart mit natürlichem Gerechtigkeitssinn, die positiven Werte beider Seiten noch vor jeder zeichenhaften Differenzierung und Scheidung vereinigt hält: Weder existieren für ihn schon Beschneidung und Gesetz noch besteht die Notwendigkeit, dem entgegen Naturgesetz und Unbeschnittenheit zu thematisieren und zu problematisieren (Röm 4,1–12). *Ho dè díkaios ek písteos zêsetai* – „Der Gerechte wird aus seinem

Glauben heraus ewig leben" (Röm 1,17) wird daher zur umfassenden Formel der in die Vorzeit zurückverlegten christlichen Entgrenzung. Und Abraham, von dem dies ausgesagt wird, dient – entdifferenziert, allein durch den von Paulus emphatisch verstandenen Zusatz *ek písteos* hervorgehoben – zur Personifikation der Beschneidung des Herzens.

Umgekehrt bildet die Beschneidung des Herzens die Paulinische Metapher der *pístis*, die als Begriff sonst gänzlich unbestimmt bleibt und daher eben entgrenzt und entgrenzend erscheinen kann, ist sie doch weder ganz aus der Enge des Gesetzeszusammenhangs noch ganz aus der Enge des Naturzusammenhangs diskursiv ableitbar. Ihre Metapher jedoch stellt ihr inneres sprachliches Bildungsgesetz aus und damit in ihr verborgene, heimliche Grenzziehungen. Sie ist aus der chiastischen, kreuzweisen Verbindung von Natur- und Traditionszusammenhang konstruiert:

peritomé		*akrobystía*
	x	
nómos		*kardía*.

Die diagonale Verknüpfung von *peritomé* und *kardía* reduziert das Viereck der möglichen Beziehungen,[16] das aus einer primären Opposition und ihren sekundären, wiederum oppositionellen Implikaten besteht, auf eine Dreiecksbeziehung. Diese läßt das Merkmal der *akrobystía* außen vor und schneidet deren denkbare Kommunikation mit dem *nómos* ab. So entsteht mit der Anknüpfung des Herzens an die übergeordnete Signifikanz der *peritomé* durch Reduktion eine (scheinbar) unüberschreitbare Grenze zu den „gesetzlos" lebenden Heiden. Ihr entspräche die nach demselben Schema des Positionstauschs gebildete Verbindung von *akrobystía* und *nómos*: die Unbeschnittenheit des Gesetzes. Sie stellt das andere, zwar unausgesprochen bleibende, aber dem Christentum immanente und in ihm wirksame Ausgrenzungsprinzip gegenüber den Juden dar. Genauer gesagt: Durch die Ausklammerung des körperlichen Zeichens einer primär durch Geburt und familiäre Segmentierung geregelten Religionszugehörigkeit wird zugleich die Möglichkeit geleugnet, es könne

[16] Mit besagtem Viereck ist eine semiotische Grundstruktur der Signifikation angesprochen, die Algirdas Julien Greimas in seiner ‚Strukturalen Semantik' zur narratologischen Erweiterung der strukturalistischen Analyse von Minimalpaar-Oppositionen entworfen hat. Frederic Jameson charakterisiert diese Grundstruktur – nicht ohne Ironie – in seinem Vorwort zu dem amerikanischen Greimas-Reader *On Meaning. Selected Writings in Semiotic Theory* (Minneapolis 1987) folgendermaßen: „Here finally we find opened up the ‚black box' through which narrative is somehow ‚converted' into cognition and vice versa. Finally we have the equations, we can witness the processes of transfer, which need no longer be posited mystically since it is ‚visible' before us" (S. XIV). Neu ist diese (entmystifizierende und zugleich mystifikatorische) Entdeckung auf dem Feld der Semiotik freilich nicht: Schon Aristoteles hat sich jener Quadratur der Zeichenverhältnisse bedient, um sie, unter besonderem Hinweis auf die fehlenden (ausgegrenzten und in die Latenz gedrängten) Terme, zum strukturellen Paradigma der Analogie und der Metapher zu erklären (s. Poetik, Kap. 21, 1457b16–33).

zwischen „Jude" und „Herz" als dem Sitz eines natürlichen Gerechtigkeitssinnes eine Beziehung geben. Diese Entwertung des alten Religionszeichens, die durch Entkörperlichung und Entsegmentarisierung des neuen Kreuzzeichens dessen Universalisierbarkeit garantieren soll, bringt daher nur eine umso einschneidendere neue Grenzziehung mit sich, deren Spur sich bis in die Pogrome und Gewaltakte des christlichen Antisemitismus hinein verfolgen ließe.

Dieser paradoxen chiastischen und verdeckt reduktionistischen Seitenverkehrung, die Sache und Werk des Glaubens nach Paulinischer *pístis*-Konzeption darstellt, sind das Symbol des Glaubens und seine Gestalt äquivalent: das Kreuz ohne Corpus, von dem die synoptischen Evangelien sagen, ein jeder, der Christus nachfolge, solle es stellvertretend auf sich nehmen (und sich selbst auf diese Weise in einen Zeichenkörper verwandeln). Zwar bilden Stellvertretung und Entkörperlichung dabei die Modi der anvisierten Universalisierung des Zeichens. Der 1. Korintherbrief 1,18–25 aber geht in diesem Universalisierungsbestreben gleichwohl wiederum von der Abgrenzung der Christen von Juden und Heiden aus. Vor ihrer Folie definiert er das „Wort vom Kreuz" (*ho lógos ho gàr toû staúrou*) als „eine Torheit denen, die verloren werden" (*toîs mèn apollyménois moría*), als „Gotteskraft" aber „denen, die wir gerettet werden" (*toîs dè sozoménois hemîn dynamis theoû*). Für letztere gilt: „Wir predigen Christus als den Gekreuzigten" (*hemeîs dè keryssomen Christòn estauroménon*), während der Gekreuzigte – aus dem Blickwinkel der Verworfenen betrachtet – den Juden eine Anstößigkeit (*skándalon*), den Griechen aber eine Absurdität (*moría*) darstelle. Beiden freilich soll der Gekreuzigte als das Gegenteil des jeweils Vermeinten, als Kraft (*dynamis*) bzw. als Weisheit (*sophía*) Gottes, verkündet werden.

Diese Umwertung ins genaue Gegenteil kann nur unter der Voraussetzung einer paradoxen Struktur des Kreuzzeichens gelingen. Es widerspricht den Erwartungen zumal der Juden, von denen es doch zuvor hieß, sie verlangten Zeichen, insofern, als mit den von ihnen erwarteten *semeîa* (1. Kor 1,22) Wunderzeichen und Zeichen des Triumphs gemeint sind, die das Kommen des Messias und seines Königreichs anzeigen, auszeichnen und so auch legitimieren sollen. Verglichen damit erscheint das Marterholz als schlechtes Zeichen und als (von den Römern so ja auch intendierte) Verhöhnung des messianischen Königtums. Den christlichen Zeichenhaushalt dagegen öffnet es auf ein Königreich hin, das nicht von dieser Welt ist und dessen Glorie durch die Balken des Kreuzes mit Absicht verstellt wird. Jenseits dieser durch's Kreuz aufgerichteten Grenze der Sichtbarkeit wird die *gloria* Gottes im Verborgenen gehalten und kann nur durch die Investition des Glaubens transzendiert und transparent gemacht werden. Das Mordinstrument verhüllt also den Ungläubigen, was es im selben Zug der Verhüllung, im Zeichen und seiner Signifikation, den Gläubigen enthüllt: die versprochene Erlösung vom

Tod durch den Tod des Erlösers. So funktioniert das Kreuz – aufgrund der semiotischen Differenzierung und Verknüpfung von Latenz und Transparenz, von Verborgenheit, Offenbarung und offenbarem Geheimnis in einem Signifikanten – als Mysterienzeichen, und dieser Umstand als Gegenstand der Reflexion macht es zum eigentlichen Anknüpfungspunkt, ja zum Formans theologischen Denkens. *CRUX sola est nostra theologia* – „Das Kreuz allein ist unsere Theologie" wird später Luther in den ‚Operationes in Psalmos' (WA 5,176,32f.) sagen und an gleicher Stelle (WA 5,179,31): *Crux probat omnia* – „Das Kreuz prüft und beweist alles."[17]

2. Aesthetica in cruce

Die Ästhetisierung dieser paradoxen und doppelbödigen Theo-Logik im 18. Jahrhundert läßt sich meines Erachtens an den theologiekritischen Schriften Lessings und den ihnen zugeordneten dramatischen Arbeiten, die eine entsprechende „Theaterlogik"[18] modellieren, beispielhaft verfolgen. Dort ist zwar das Skandalon zunächst einmal nicht das Kreuz und seine Auslegung, sondern eher die Erklärung des Rätsels vom leeren Grab.[19] Doch ist dabei – besonders deutlich im frühen Lustspiel ‚Die Juden' – die Dynamisierung und Historisierung derselben fingierten, überkreuz operierenden Zeichenschöpfung am Werk, die der *Theologia crucis* zugrundeliegt. Im Unterschied zu dieser jedoch geht es Lessing um eine erneute Grenzverschiebung in Form einer Entmetaphorisierung der „Beschneidung des Herzens". Sie soll zeigen, daß Beschneidung und Herz sehr wohl auch im eigentlichen Sinne zusammengehören können, ja daß ein darzustellendes „Gesetz des Herzens" (*nómos kardías*) die strikte Geschiedenheit von *peritomé* und *akrobystía* wenn schon nicht zunichte machen kann, so doch als eben bloß körperlichen, nicht aber moralisch bewertbaren Unterschied erkennen läßt.

---

17 Ausführliches zur Kreuzestheologie Luthers s. bei Pierre Bühler, *Kreuz und Eschatologie. Eine Auseinandersetzung mit der politischen Theologie, im Anschluß an Luthers theologia crucis*, Tübingen 1981 (= Hermeneutische Untersuchungen zur Theologie; 17), bes. S. 73–132.

18 Zitiert wird im folgenden nach der Ausgabe *Gotthold Ephraim Lessing. Werke*, 8 Bde., Hrsg. v. Herbert G. Göpfert u.a, München 1970. Der Begriff „Theaterlogik" ist dem Kontext der zweiten ‚Anti-Goeze'-Polemik entnommen, wo Lessing das von seinem Gegner geprägte Schlagwort aufgreift und umkehrt zur Rechtfertigung der „gute[n] Logik", die für die Predigt wie für die Komödie in gleicher Weise gelte (s. *Werke*, Bd. 8, S. 195).

19 Das gilt für die Reimarus-Schriften und die Polemiken, die sich an ihre Publikation durch Lessing anschließen, ebenso wie für den dramaturgischen Einfall Lessings, das leere Grab für die Bühnenhandlung seines Lustspiels ‚Die Juden' (s. *Werke*, Bd. 1, S. 375–422) im Requisit der Schnupftabaksdose zu miniaturisieren. Bei den im folgenden angeführten Zitaten des Stückes wird wegen der Kürze der Szenen und, um den Nachvollzug des Zitierten auch anhand anderer Ausgaben zu ermöglichen, jeweils auf Seitenangaben verzichtet und statt dessen die Nummer des Auftritts angegeben.

Im 22. und vorletzten Auftritt des Stückes sieht sich entsprechend der „Erretter", ein Reisender, der einen Baron aus den Händen zweier, durch umgehängte Judenbärte vermummter Raubmörder vor dem sicheren Tod bewahrt hat, zum Lüften seines eigenen, lange gewahrten Incognitos gezwungen und damit zu einem Bekenntnis, welches das judenfeindliche Ressentiment des von ihm erretteten Barons als moralisches Urteil *ad absurdum* führt:

Der Reisende. Ich bin ein Jude.
Der Baron. Ein Jude? grausamer Zufall!
Christoph. Ein Jude?
Lisette. Ein Jude?
Das Fräulein. Ei, was tut das?
Lisette. St! Fräulein, st! ich will es ihnen hernach sagen, was das tut.

Freilich sind es lediglich die unverstellte, „sich selbst gelaßne Natur" (6. Auftritt) des Fräuleins, der Tochter des Barons, und die Lebensklugheit ihrer männererfahrenen Bediensteten Lisette, die sich „hernach" (will sagen: nach lustspieltypisch vollzogener Hochzeit) über den zu vernachlässigenden genitalen Unterschied verständigen könnten. Doch kommt es zu einem solchen *happy ending* in den ‚Juden' nur auf der Ebene der Bediensteten, die ohnehin zum christlichen Personal des Stückes zählen (s. Letzter Auftritt):

Lisette. Und wanns dazu kömmt, ist Er wohl auch gar ein Jude, so sehr er sich verstellt?
Christoph. Das ist zu neugierig für eine Jungfer gefragt! Komm Sie nur!
(Er nimmt sie untern Arm, und sie gehen ab)
Ende der Juden

Zum Ehebund zwischen dem Christenkind und dem Juden aber kommt es nicht, und auch das Angebot des beschämten Barons, der Reisende möge doch anstelle seiner Tochter sein ganzes Vermögen annehmen, wird mit Verweis auf das reichlich vorhandene eigene Vermögen ausgeschlagen: Zwischen dem Wohltäter und dem Geber der Gegengabe kann es in diesem Fall keine Reziprozität und damit auch keine Äquivalenz geben. Die Grenze, die das Lustspiel in der Regel als familiäre gestaltet und durch Heirat als überwundene darstellt, hält hier, dem üblichen Lustspielplot zuwider, die beiden Ökonomien voneinander getrennt. Ihre Zusammenführung erscheint zu kostspielig, als daß selbst ein aufklärerisches, der Religionstoleranz verpflichtetes Lustspiel sie sich leisten könnte. Deswegen zeigt der Reisende von Anfang an eine auffällige, an Fluchtverhalten erinnernde Eile und eine philosophisch verbrämte Haltung strikter Verweigerung des Gabentauschs (s. 4. Auftritt):

Der Reisende. [...] Das, was wir diesem Herrn erwiesen haben, verlieret den Namen einer Wohltat, so bald wir die geringste Erkenntlichkeit dafür zu erwarten scheinen. [...] Wen man in die Verbindlichkeit setzt, sich weitläuftig, und mit dabei verknüpften Kosten zu bedanken, der erweiset uns einen Gegendienst, der ihm vielleicht saurer wird, als uns unsere Wohltat geworden. Die meisten Menschen sind zu verderbt, als daß ihnen die Anwesenheit eines Wohltäters nicht höchst beschwerlich sein sollte. Sie scheint ihren Stolz zu erniedrigen; –
Christoph. Ihre Philosophie, mein Herr, bringt sie um den Atem.

Die einzige Ökonomie, die in Lessings Stück einen neuen Wert erzeugt, ist daher eine imaginäre und allegorische, zwischen Ernst und Spott, Unwahrheit und Wahrheit im Austausch operierende. Sie tritt nach außen als klamottenhafte Theatralik in Aktion und vollzieht in vier Zügen den Ringtausch einer silbernen, (fast) leeren Schnupftabaksdose.

1. Zug: Die Schnupftabakdose wird aus Rache für den vereitelten Raubüberfall dem Reisenden von einem der beiden Täter, dem Vogt des Rittergutes Martin Krumm, gestohlen (2. Auftritt).

2. Zug: Sie wandert als „Geschenk", das ihn „keinen Heller" gekostet habe, aus seinen Händen in die des Dienstmädchens Lisette, um so dem Taschendieb die Aussicht auf Lisettes Herz zu eröffnen – statt dessen handelt er sich dafür jedoch eine Ohrfeige des Fräuleins ein mit der Bemerkung: „Ihr Flegel, versteht ihr denn keinen Spaß?" (11./12. Auftritt).

3. Zug: Von Lisette geht die Dose sodann zu Christoph über, dem Diener des Reisenden, zum Zwecke seiner Bestechung. Die Zahlungskraft des Requisits erscheint für dieses Mal gedeckt durch den dringenden Wunsch des Barons, mit Hilfe Lisettes Informationen über das Geheimnis des Reisenden auszukundschaften. Da Christoph aber selbst nichts von der Identität seines Herrn weiß, die hartnäckig drängende Lisette freilich Christophs Unkenntnis nur als Scherz verstehen will und zusätzlich zum Wert der Dose ihre Liebe an die Informationsübergabe bindet, reimt sich der Bedrängte eine plausibel erscheinende Geschichte seines Herrn zusammen: Er sei, als „einer von Adel" und aus Holland kommend, „eines honetten Mords" wegen auf der Flucht vor den Freunden des „Entleibten" und versuche sich durch seine Eile der „Verfolgung" zu entziehen (14. Auftritt).

4. Zug: Dieses „entdeckte Geheimnis" präsentiert Christoph im letzten Zug des Tauschprozesses seinem Herrn als großartigen Einfall, dank dessen er nun „vor weiterer Neugierigkeit sicher" sei. Obendrein zeigt er ihm die silberne Dose mit der Bemerkung: „Nicht wahr, Sie lögen selber ein Gesetzchen, wenn Sie so eine Dose verdienen könnten."[20] Der Reisende erkennt sie als die eigene und zeigt sich schockiert und ver-

[20] Die Frankfurter Lessing-Ausgabe bemüht sich umständlich, den Litteralsinn dieser „dunklen" Stelle zu ermitteln und herzustellen: „*Gesetzchen*] Diminutiv zu ‚Gesetz' in der Bedeutung „Liedchen, Sprüchlein", hier: ein bißchen" (s. Gotthold Ephraim Lessing, *Werke und Briefe in 12 Bdn*. 1. Bd., Werke 1743–1750, Hrsg. v. Jürgen Stenzel, Frankfurt/M. 1989, S. 1160). Demgegenüber tritt vor dem Hintergrund der Paulinischen *pístis*-Konzeption der Bezug zum *nómos* der Juden als allegorischer, wenn auch durch die Spottrede des Dieners verkleinerter, deutlich hervor.

wirrt. In der folgenden 22. Szene sieht er sich daraufhin gezwungen, jenen virtuellen Wertzuwachs der Dose, der ihm durch die Lüge Christophs Mitleid und Tochter des Barons zu sichern scheint, in der Münze der Wahrheit auszuzahlen, so daß am Ende des Umgangs der Tabaksdose die Erkenntnis an den Tag tritt: der „Erretter" ist ein Jude.

Damit aber nähert sich Lessing auf dramaturgischem Wege einer allegorischen Transformation der *Theologia crucis* und ihrer latenten Dogmatik der Ausgrenzung, indem er ein eigentliches und nicht paradox-gespaltenes Verständnis der Kreuzesinschrift *Iesus Nazarenus Rex Iudaeorum* vorschlägt: Sie stellt im Lichte der vorgeführten Theaterlogik keine Verspottung mehr dar, sondern schreibt den christlichen Verfolgern der Juden ins Stammbuch: der Erlöser würde heute – 1749 – selbst zu den eilig und *incognito* Reisenden, weil Verfolgten gehören, da er als Jude vor den „Freunden des Entleibten", den Christen, über die Grenze fliehen müßte[21]:

> Christoph. Ich will doch nimmermehr glauben, daß ich von ohngefähr die Wahrheit sollte gelogen haben? (19. Auftritt).

Lessings Verwandlung des Paulinischen Dogmas aus seinem Zentrum, der Stelle des Kreuzzeichens, heraus zu einer dramatischen Parabel zielt darauf, die vom Kreuzesdogma versiegelte und zum Verstummen gebrachte Wahrheit zu historisieren, sie wieder an den Tag der Geschichte zu bringen und ihr Zeichen, das Kreuz, das einmal für Tod und Auferstehung Christi gesetzt wurde, der Erkenntnis zurückzugewinnen. Dieser Vorgang bezieht sich auf das metaphorische Paradigma des Römerbriefes zurück und modifiziert es durch eine Verschiebung der dort gezogenen Grenzen: Was sich für Paulus aus der historischen Position des frühesten Christentums und aus einem drängenden Legitimationsbedarf als primäre Opposition von Beschneidung vs. Unbeschnittenheit darstellte, das erscheint Lessing im Jahre 1749 nur noch als marginales, ideologisch verhärtetes und überdeterminiertes Problem. Deshalb kehrt er nicht nur die Rangfolge um und erhebt die vormals sekundäre Opposition von *nómos* und *kardía* zur primären. Er gestaltet diese Opposition darüber hinaus auch als eine nicht-disjunktive und nicht hierarchisch subsumierende Relation zu einem Paradigma für ein empfindsames „Gesetz des Herzens", indem er eine Linie mitten durch die Paulinischen Distinktionen zieht und den überkommenen theologisch-ideologischen Überbau von *peritomé* und *akrobystía* – jedenfalls im Vollzug seiner Theaterlogik – einfach streicht.

---

[21] Zur detaillierteren historischen Situierung von Lessings Lustspiel vgl. Wilfried Barner, *Gotthold Ephraim Lessing: Die Juden*. In: ders. (Hrsg.), *Ein Text und ein Leser. Weltliteratur für Liebhaber*. Göttingen 1994, S. 93–107 (dort auch weitere Literaturhinweise).

Dies garantiert zwar, wie am doppelten Lustspielschluß ablesbar, noch lange kein *happy ending*. Doch führt es dennoch zum Gelingen einer letzten Gabe, die schon nicht mehr zur Ökonomie des Ringtauschs der Schnupftabaksdose gehört. Christophs Anklage gegen seinen Herrn:

> Was? Sie sind ein Jude, und haben das Herz gehabt, einen ehrlichen Christen in Ihre Dienste zu nehmen? Sie hätten mir dienen sollen. So wär es nach der Bibel recht gewesen. Potz Stern! Sie haben in mir die ganze Christenheit beleidigt –

beantwortet dieser trotz der Pöbelei seines Dieners mit der „Vergeltung" der geleisteten Dienste, indem er ihm die silberne Dose endgültig überläßt. Daraufhin ändert der so großherzig Entlohnte seine Absicht, und statt seinen Herrn zu verlassen, ordnet er sich nun im Bewußtsein der wahren Verhältnisse ihm als Diener unter: „Topp, ich bleibe bei Ihnen!" Damit aber erweist er sich – aus der Perspektive einer allegorischen Lektüre dieser Geste – als der wahre *Christo-phóros*, von dem das Mysterium des Messias und seines unvorhersehbaren Eintritts in die Geschichte – aus den Händen eines Juden empfangen – weitergetragen wird[22] (und sei es in Form eines leeren Behältnisses, dessen Wert ein rein semiotischer, im Austausch je erst zuzuschreibender ist). Sein Dienst für einen Beschnittenen ist dabei keineswegs eine Perversion dessen, was „nach der Bibel recht" wäre, sondern – genau umgekehrt – Bestätigung und Erfüllung eines Bibelworts aus Paulus' Römerbrief 15,8: „Denn ich sage: Christus ist ein Diener der Beschneidung geworden um der Wahrheit Gottes willen" (*légo gàr Christòn diákonon gegenêsthai peritomês hypèr aletheías theoû*).

Lessing gehört mit einer solchen historisch-semiotischen Exegese des Wortes vom Kreuz und seiner Logik zu denjenigen, die die ästhetische Voraussetzung der modernen Revision und Freisetzung des Kreuzzeichens für andere Wissensbereiche als den theologischen geschaffen haben. Einige Aspekte dieser epistemologischen Weiterung möchte ich mit Blick auf Beuys an den Beispielen Goethes, Nietzsches und Rudolf Steiners abschließend skizzenhaft darstellen:

a) Mit Goethes Reinterpretation des Kreuzes scheint neben Lessings historisch-geschichtsphilosophischem Interesse eine neue naturgeschichtliche Dimension des Zeichens auf. Diese Reinterpretation nämlich erschöpft sich nicht in einem Goethe nachgesagten starken Affekt gegen das leibfeindliche und widernatürliche Marterholz, wie er sich blasphemisch in den ‚Venezianischen

---

[22] Zur Rolle der Juden als der von Jahwe erwählten und erzogenen Übermittler der sich qua Vermittlung offenbarenden Wahrheit vgl. auch Lessings geschichtstheologisches Konzept der ‚Erziehung des Menschengeschlechts': „Allein wozu, wird man fragen, diese Erziehung eines so rohen Volkes [...]? Ich antworte: um in der Folge der Zeit einzelne Glieder desselben so viel sichrer zu Erziehern aller übrigen Völker brauchen zu können. Er erzog in ihm die künftigen Erzieher des Menschengeschlechts." (§18; in: *Werke*, Bd. 8, S. 493).

Epigrammen' und priapisch im Gedicht ,Das Tagebuch' zu regen scheint. Auch spricht die heftige Aversion gegen das Newtonsche *experimentum crucis*, das in der Zerspaltung und Zerlegung des körperlos ungetrübten, weißen Lichtes die monistische Ursache aller Farberscheinungen erweisen möchte, nicht einfach für die polemische Übertragung theologischer Kategorien (im Sinne einer ,Farbentheologie' Goethes[23]) auf das Feld der Optik, die damit zum Schlachtfeld eines Goetheschen Religionskrieges gegen die moderne quantifizierende Naturwissenschaft stilisiert erschiene. Vielmehr haben diese Elemente einer Kreuzespolemik durchaus auch ein konstruktives Widerspiel in den epistemologischen Konzepten des Nachbilds und des Urphänomens. So spielt in bezug auf beide das Kreuz als Fensterkreuz eine wiederkehrend bedeutende Rolle: Im didaktischen Teil der ,Farbenlehre' wird es zum entscheidenden Gegenstand, an dem das paradoxe Verhältnis der Gleichzeitigkeit von Simultaneität und Sukzessivität beim Nachbild sichtbar wird:

> Wer auf ein Fensterkreuz, das einen dämmernden Himmel zum Hintergrunde hat, morgens beim Erwachen, wenn das Auge besonders empfänglich ist, scharf hinblickt und sodann die Augen schließt, oder gegen einen ganz dunklen Ort hinsieht, wird ein schwarzes Kreuz auf hellem Grunde noch eine Weile vor sich sehen.[24]

In der autobiographischen ,Konfession des Verfassers' zur ,Farbenlehre' ist es ebenfalls ein Fensterkreuz, dessen Stäben die Entdeckung des Urphänomens der Farbe als einer Erscheinung der Grenzziehung und Grenzverschiebung zu verdanken ist:

> Aber wie verwundert war ich, als die durchs Prisma angeschaute weiße Wand nach wie vor weiß blieb, daß nur da, wo ein Dunkles dran stieß, sich eine mehr oder weniger entschiedene Farbe zeigte, daß zuletzt die Fensterstäbe am allerlebhaftesten farbig erschienen, indessen am lichtgrauen Himmel draußen keine Spur von Färbung zu sehen war. Es bedurfte keiner langen Überlegung, so erkannte ich, daß eine Grenze notwendig sei, um Farben hervorzubringen.[25]

Daß hier Erkenntnistheorie und Biographie ebenso aufeinander bezogen werden wie *Be*kenntnis und Kreuz – jenes als autobiographischer Sprechakt, dieses aber, freigesetzt aus seiner eingeschränkten, traditionell religiösen Bekenntnisfunktion, als Symbol der *Er*kenntnis –, macht im Kontext des bisher diskutierten christlich-theologischen Zeichenparadigmas die eigentliche konzeptionelle Neuerung Goethes aus. Entsprechend gestaltet er, zumal in ,Dichtung und Wahrheit', sein intellektuelles Selbstporträt nachbildlich und komplementär zur Ikonographie der Passion und des Kreuzigungsgeschehens: als

---

23 Vgl. Albrecht Schöne, *Goethes Farbentheologie.* München 1987.

24 Vgl. *Frankfurter Ausgabe,* Bd. I,23,1, *Zur Farbenlehre.* Hrsg. v. Manfred Wenzel, Frankfurt/M. 1991, S. 36.

25 Vgl. *Hamburger Ausgabe,* Bd. 14, S. 259.

„das Weltkind in der Mitten"[26] zwischen den Propheten der reinen Natur und der reflexionslosen Religionsschwärmerei:

> Kreuzigen sollte man jeglichen Schwärmer im dreißigsten Jahre,
> Kennt er nur einmal die Welt; wird der Betrogne der Schelm.[27]

b) In Nietzsches erster Abhandlung der ‚Genealogie der Moral' über die Herkunft von ‚Gut und Böse, Gut und Schlecht' wird die *longue durée* eines Zeichenwandels beschrieben, der „sub hoc signo", unter'm „Symbol des ‚heiligen Kreuzes'"[28] stattgefunden habe. Es handelt sich dabei um die Verdopplung und Verdrängung einer sich physisch manifestierenden Opposition von „gut" vs. „schlecht" im Sinne von Stärke vs. Schwäche durch deren Inversion „gut" und „böse" unter dem umgekehrten Vorzeichen einer Moralisierung, die das Band zur körperlich evidenten Konstitution kappt. Das Kreuz als Zeichen der jüdisch-christlichen „Moral des Ressentiments" ist für Nietzsche Zeichen einer Sklavenmoral, die gerade die Schwäche der Unterlegenen als das Gute ausgibt, um die Überlegenheit des Starken als das Böse moralisch herabzusetzen und zu verwerfen. Auch hier wird eine sekundäre Opposition zur primären erhoben – allmählich und „schwer zu sehen" – mit der zusätzlichen Komplikation, daß der positive Term „gut" äquivok genau entgegengesetzte Werte bezeichnen kann. So wird Nietzsches Kreuz zum Signum einer sich latent und unterschwellig vollziehenden „Umwertung aller Werte", eines Prinzips, dem freilich auch Nietzsches eigenes Umwertungsprojekt, die Aufdekkung jener vergessenen, ursprünglicheren Moral des Stärkeren, unterliegt. Indem das Kreuz also zum bloßen Inversionszeichen wird, verliert es jegliche referentielle Bindung (auch die historische und naturgeschichtliche). Es läßt – grundstürzend formalisiert – den Ort des Projekts einer Genealogie der Moral im Wirbel der nicht stillzustellenden Umkehrungen und Äquivokationen verschwinden und nur einen einzigen methodischen Grundsatz stehen: „Nein, das Umgekehrte ist die Wahrheit!"[29]

c) Solcher tendentiell leerlaufenden Signifikation des Kreuzes entgegnet Rudolf Steiner mit einer Revitalisierung des Zeichens. Seine synkretistische An-

---

26 Vgl. *Hamburger Ausgabe*, Bd. 10, S. 30 (‚Dichtung und Wahrheit', III,14).

27 Vgl. *Frankfurter Ausgabe*, Bd. I,1, Gedichte 1756–1799, Hrsg. v. Karl Eibl, Frankfurt/M. 1987, S. 454, Nr. 52 (‚Venezianische Epigramme'). Zum Problem des epistemologischen Wechselbezugs von Kreuz und Dichterporträt bei Goethe siehe Verf., *Manier und Urphänomen. Lektüren zur Relation von Erkenntnis und Darstellung in Goethes Poetologie der „geprägten Form."* Würzburg 1996 (= Epistemata 185), S. 189–212.

28 Vgl. Friedrich Nietzsche, *Jenseits von Gut und Böse. Zur Genealogie der Moral*, Kritische Studienausgabe, Bd. 5, Hrsg. v. Giorgio Colli und Mazzino Montinari. München-Berlin 1988, S. 269 (1. Abh., 8. Kap.).

29 Ebd. (wie A. 28), S. 268.

throposophie bedient sich des Kreuzzeichens, um an ihm die Vereinigung der Termini *dynamis* und *sophía* vorzuführen:

> Denn als Kraft sollte in die Menschheit gehen, was als „Weisheit" von anderen Verkündigern ausgeflossen ist.[30]

Sollten Kraft und Weisheit bei Paulus noch dem jüdischen und dem heidnischen Einspruch gegen das Kreuz als Skandalon bzw. als Absurdität entgegenwirken, so vermag Steiner, indem er wie Lessing die für die frühen Christen primäre Opposition Juden vs. Heiden vernachlässigt, direkt mit den Vorstellungen einer ausströmenden Lebenskraft und einer neuzugründenden Weisheitslehre zu operieren, die der neutestamentlichen Christologie einen fremden Subtext unterlegt. Im Kreuzungspunkt dieser neu konzipierten *dynamis* und *sophía* siedelt er dabei den Menschen an und kehrt so das christologische Repräsentationsverständnis um: Nicht mehr der einzelne Gläubige nimmt das Kreuz auf sich in zeichenhafter Stellvertretung Jesu Christi, sondern der Gekreuzigte selbst nimmt zeichenhaft die Stelle des Menschen ein im Sinne eines Modellfalls für die *anthropo-sophía* menschlicher Reinkarnation. Entsprechend entwickelt Steiner in seinen Lektüren des Lukas- und Matthäusevangeliums sowie in der Schrift ‚Aus der Akasha-Forschung. Das Fünfte Evangelium' den besagten Subtext aus der buddhistischen Lehre der Seelenwanderung und des Karma. Das sogenannte „Christus-Prinzip" stellt, vor diesem Hintergrund gelesen, mit dem Vergießen des „überschüssige[n] Blut[es] der Menschheit"[31] und der Transsubstantiation des Körpers Jesu in den mystischen Körper des Christus die historisch avancierteste Fassung der Reinkarnationslehre dar, die das Christentum zur Zeit der Evangelien aus seinem kulturellen Kontext heraus formulieren und vertreten konnte. Demgegenüber betreibt Steiner freilich eine noch weitergehende Umdeutung im Zeichen des Kreuzesgeschehens von Golgotha: Lebensphilosophisch insistiert er auf der Rückverwandlung der „in Historie umgewandelte[n], auf den äußeren Platz der Weltgeschichte gebrachte[n] alte[n] Initiation" in Physiologie. Diese allerdings erscheint ihm – „grösser [...] als alles, was neues, stümperhaftes, physiologisches Denken [der Naturwissenschaft] zutage fördern kann"[32] –, gesteigert zur Physiologie des Astral- und Ätherleibs. Damit gibt die Enthüllung des Subtextes einerseits dem Kreuz einen neuen Körper zurück, der andererseits jedoch sogleich wieder zum Gegenstand der Vergeistigung und neuer, unverhüllt betriebener Mystifikation wird. Diese aber führt konsequent zur Abschottung und Selbstausgren-

---

[30] Vgl. dazu und zum Folgenden Rudolf Steiner, *Das Lukas-Evangelium. Zehn Vorräge gehalten in Basel vom 15.–24. September 1909*. Nach einer vom Vortragenden nicht durchgesehenen Nachschrift mit einem Vorwort hg. v. Marie Steiner, Dornach 1931, S. 246–278 (X. Vortrag), hier: S. 271.

[31] Ebd. (wie A. 30), S. 272.

[32] Ebd. (wie A. 30), S. 259.

zung einer anthroposophischen Geheimlehre, wie sie in jener Vor-Schrift zum Ausdruck kommt, welche den Ausgaben der Steinerschen Evangelien-Vorträge im Philosophisch-Anthroposophischen Verlag am Goetheanum zu Dornach (Schweiz) vorangestellt ist:

> Es wird niemand für die Schriften ein kompetentes Urteil zugestanden, der nicht die von dieser Schule geltend gemachte Vor-Erkenntnis durch sie oder auf eine von ihr selbst als gleichbedeutend erkannte Weise erworben hat. Andere Beurteilungen werden insofern abgelehnt, als die Verfasser der entsprechenden Schriften sich mit den Beurteilern in keine Diskussion über dieselben einlassen.

3. Ecce Beuys!

Steiners Rede vom Astral- und Ätherleib bzw. vom vitalen Überschuß und Ausströmen des „überflüssige[n] Blut[es] der Menschheit" bildet die direkte Voraussetzung für die Spuren des verschwundenen tönernen Corpus und die leeren Blutkonservenflaschen der ‚Kreuzigung' (1962/63). Insofern ist Beuys' Umgang mit dem christlichen Symbol nicht nur ein Musterfall für sein eigenes Œuvre. Er setzt vielmehr eine langdauernde „Arbeit am Mythos" dieses speziellen Zeichens voraus. Die Beuysschen Transformationen können dabei bruchlos an seine Vorläufer anschließen, deren semiotisches, der Theologie (Paulus) und Geschichtsphilosophie (Lessing) abgerungenes Paradigma sie jedoch weder einfach reproduzieren noch grundsätzlich attackieren. Peter Bürger hat diese Gratwanderung zwischen avantgardistischem Angriff auf hergebrachte, unter dem Begriff der Kunst versammelte Schemata der Ästhetik und konservativem modernistischen Klassizismus mit der Metapher des „Grenzgänger[s]" Joseph Beuys beschrieben und, ausgehend von dessen „eigentümliche[m] Umgang mit Begriffen", auf das Prinzip der „semantische[n] Verschiebung" hingewiesen:

> Zwar verwendet er herkömmliche Termini, aber er verlagert ihr semantisches Zentrum, indem er sie einem anderen Begriff annähert, den er dann aber gleichfalls aus seinem Zentrum rückt. So verschiebt er den Kunstbegriff, indem er ihn dem der Wissenshaft annähert; diesen wiederum setzt er vom herrschenden Wissenschaftsbegriff ab, indem er ihn unter Absehung vom Methodischen definiert.[33]

Entsprechendes gilt für Beuys' Rückgriff auf die drei zuletzt vorgestellten Revisionen des Kreuzzeichens:

- Zwar zitiert die ‚Kreuzigung' (1962/63) in ihrer Objektsprache die Leitmotive der Steinerschen Christologie ganz unverhohlen, doch erschöpft sie sich nicht in der Illustration anthroposophischer Dogmatik. Im Gegenteil:

[33] Vgl. Peter Bürger, *Der Alltag, die Allegorie und die Avantgarde. Bemerkungen mit Rücksicht auf Joseph Beuys*. In: *Postmoderne: Alltag, Allegorie und Avantgarde*. Hrsg.v. Christa und Peter Bürger, Frankfurt/M. 1987, S. 196–212, Zitate: S. 202, 204.

Denn an jenem Kreuzungspunkt von *dynamis* und *sophía*, im leeren Zentrum des Kreuzes, wo Steiner den Menschen als kosmische Kraft ansiedelt und sein Menschenbild zur esoterischen Weisheitslehre erhebt, verortet Beuys – zugleich konkreter und ambivalenter – seinen eigenen Körper, sein eigenes Bild, seine eigene Biographie: Er stellt sich selbst und die von ihm hinterlassenen Spuren rückhaltlos aus und erzeugt so – indem er den Akt der Selbstausstellung unablässig wiederholt und stilisiert – das Geheimnis um die Künstler- und Kunstfigur Beuys: gerade durch schrankenlose Exoterik und öffentlichen Selbstkommentar.

- In derartiger Selbstthematisierung des Lebens als „Dichtung und Wahrheit" der Kunstanschauung Goethes sich nähernd, hält er dessen zwischen Allegorie und Symbol schwankenden, nachbildlich invertierten Überkreuz-Semiosen gleichwohl eine steile, strikt allegorisch verfahrende Materialästhetik entgegen:

> Beuys zwingt den Stoffen eine fest umrissene allegorische Bedeutung auf. Wir vermögen diese zwar intellektuell nachzuvollziehen, aber sie heften sich nicht an das, was wir sinnlich wahrnehmen.

Die Selbstkommentierung dient also nicht allein der biographischen Selbstbezeugung, sondern gehört – so Peter Bürger – als „vom Autor gesetzte Allegorie" „zum Werk wie im barocken Emblem die Subskriptio."[34]

- Als offensichtliche Wertzuschreibung schließlich erfaßt jene allegorische Intention mit Fett und Filz ebenso wie mit der Materialzusammenstellung der ‚Kreuzigung' Stoffe und Stoffreste, die zuvor, für sich oder in ihrer Komposition genommen, noch keinen künstlerischen Wert zu besitzen schienen. Daher könnte man eine materielle Entsprechung zu Nietzsches Analyse und Projekt einer „Umwertung aller Werte" hier am Werk sehen. Doch wird auch dieses Theorem, das unter'm Zeichen des Kreuzes steht, in der ‚Kreuzigung' (1962/63) letztlich dezentriert, indem das in der Skulptur gestaltete Transformationsereignis durchaus nicht nur als semiotische Turbulenz, sondern als spirituelle Transsubstantiation nach Steiners Christus-Prinzip gedacht ist, welches freilich seinerseits in der beschriebenen Weise biographisch und exoterisch aus seinem esoterisch-anthroposophischen Zentrum gerückt worden war.

Beuys' ‚Kreuzigung' (1962/63) markiert mithin einerseits – von ihren Vorbildnern Goethe, Nietzsche und Steiner her gesehen – den unverfügbaren und „unmöglichen Ort"[35] all dieser am Kreuz ansetzenden Umwertungsunternehmungen. Sie zieht und entzieht die unter dem Kreuzzeichen bekannten Grenzen der Erkenntnis noch einmal. Und indem sie, eingespannt zwischen Kosmologie und Biographie, ihre Transformationen fixiert, ausstellt sowie im

[34] Alle drei Zitate ebd. (wie A. 33), S. 208.
[35] Ebd. (wie A. 33), S. 204.

Kontext von Selbstkommentaren und Lebens-/Werklauf des Künstlers als soziale Praktik erkennen läßt, manifestiert sie zudem dessen politische und gesellschaftliche Aufgabe als diejenige des Grenzgängers, „der die Grenze, die er hin- und hergehend überschreitet, zugleich verschiebt."[36]

Andererseits aber verhilft die Analyse des Kreuzparadigmas bei Paulus und Lessing, wenn nicht zur unmittelbaren Einsicht in zusätzliches Quellenmaterial zur ‚Kreuzigung' (1962/63), so doch zur Betrachtung der durchaus präzisen Position, die dieses grenzverschiebende, u-topische Unternehmen des Joseph Beuys einnimmt. Jene Position (als nicht schon unmögliche, sondern vielleicht einzig [noch?] mögliche) läßt sich aufsuchen im Rahmen einer Theo- und Theaterlogik, die mit impliziten, latent gehaltenen Sekundäroppositionen und unausgesprochenen Ausgrenzungen operiert, um dem Ereignis der Kreuzigung (einem historisch und geographisch absolut marginalen, aus nicht-christlichen Quellen kaum belegbaren „honetten" Justizmord unter anderen) eine zeichensetzende, strukturbildende und über die Zeiten tradierbare Erwartung von Wahrheit abzugewinnen. Daß dabei Elemente, die ein unbegrenzt invertierbares Spiel der Kombinatorik nach dem Muster der semiotischen Turbulenz in Nietzsches Genealogie auslösen würden, ausgesondert und einer Verschwiegenheit überantwortet werden, die nicht einfach diejenige des Mysteriums ist, sondern eine Latenz, eine Entthematisierung noch einmal innerhalb des Mysteriums selbst, dient – mit Niklas Luhmann zu sprechen – als „Struktursicherungsmittel."[37] Im Falle der heidnischen *akrobystía* liegen Zweck und Verfahren der Ausgrenzung durch Paulus noch explizit offen – jedenfalls für die eingeweihten Christusgläubigen im Schreiben an die römische Gemeinde: Indem den Heiden ein anderer als bloß instinktiver Gerechtigkeitssinn abgesprochen wird, reklamieren die Christen für sich in Absetzung davon einen privilegierten Zugang zur Erkenntnis des göttlichen Gesetzes. Die viel brisantere Ausgrenzung der Juden, die diesen nicht gut die Kenntnis des Gesetzes absprechen kann, ihnen wohl aber den fehlenden Zugang zum innersten Kern des Menschseins, dem Herzen, unterstellt, liegt dagegen unterhalb der Artikulations- und Initiationsschwelle: Würde diese unterschwellige Supposition Gegenstand des (kommunikativen oder sozialen) Austauschs, so würde dies – das ist Lessings Erkenntnis – zur Beschämung des christlichen Hegemonieanspruchs auf die Wahrheit führen (Der Baron. Ich schäme mich meines Verfahrens.). Der Zeichenschöpfungsprozeß um den Gekreuzigten müßte verlorengehn, gehörte er doch selbst zum Volk, dessen Verworfenheit stillschweigend behauptet wird. Es besteht also ein deutliches Latenzbedürfnis, und bei dieser Latenz handelt es sich eindeutig um eine „struk-

[36] Ebd. (wie A. 33), S. 203.

[37] Vgl. Niklas Luhmann, *Soziale Systeme. Grundriß einer allgemeinen Theorie*, 6. Aufl., Frankfurt/M. 1996, S. 456.

turfunktionale […] mit der Funktion des Strukturschutzes."[38] Freilich ist die Entdifferenzierung der Differenz, die sich als der „kleine Unterschied" zwischen Beschneidung und Unbeschnittenheit darstellt, noch keine Lösung des Problems, kehrt dieser doch in Lessings Lustspiel mit der Verweigerung der Braut- und Vermögensgabe ins Ökonomische verlagert und vergrößert wieder. Die Trennung zwischen Juden und Christen ist damit zwar ein Stück weit entsubstantialisiert, doch die strukturfunktionale Latenz des Kreuzzeichens ist dadurch lediglich vom Symbolischen ins Metaphorische hinübergewechselt: Es bleibt die Verweigerung des Austauschs, der Kommunikation.[39]

Hier genau setzt nun Joseph Beuys' ‚Kreuzigung' (1962/63) an: Da das Latenzproblem des christlichen Kreuzzeichens nur unter Preisgabe seiner Zeichenhaftigkeit zu beheben wäre, eben dies aber ein Ding der Unmöglichkeit darstellt, da dieses Kreuz „ganz und gar zur Kultur geworden" ist, bleibt als einzig möglicher Anknüpfungspunkt der Bearbeitung die Latenz selbst. Beuys ganzes Unternehmen besteht letztlich in ihrer Ausstellung: im *arcanum publicatum*. Damit kann nicht das Lüften, Ausposaunen oder Umschreiben des Geheimnisses gemeint sein. Denn die hier angesprochene Latenz ist nicht inhaltlich zu fassen und kann daher nicht ausgeplaudert oder gegen einen anderen Wortlaut, ein anderes Dogma ausgetauscht werden: Sie ist ja Strukturlatenz. Was sich dagegen zeigen läßt, ist die Strukturiertheit der Latenz: an den Spuren der Transformation, an der ereignishaften Aktion und ihrem Weiterwirken in anschließenden neuen Aktionen, Installationen, Multiplikaten und werkförmigen Einzelstücken. Wo immer sich derartiges ereignet und herausstellt, sagt es, versiegelt durch's Braunkreuz, an: „Ich bin latent! Seht her, welch ein Geheimnis! *Ecce* Beuys!"

---

38 Ebd. (wie A. 37), S. 459.

39 Die folgende Formulierung Luhmanns scheint mir treffend die Funktionsweise eines Systems zu erfassen, das auf dem Mysterium und seinen im Schweigen gehaltenen Implikationen aufruht und dennoch nicht auf seine universelle Propagierung verzichten möchte: „Wenn Strukturen Latenzschutz benötigen, heißt dies dann nicht, daß Bewußtheit bzw. Kommunikation unmöglich wäre; sondern es heißt nur, daß Bewußtheit bzw. Kommunikation Strukturen zerstören bzw. erhebliche Umstrukturierungen auslösen würde, und daß diese Aussicht Latenz erhält, also Bewußtheit und Kommunikation blockiert." (wie A. 37, S. 459).

Yahya A. Elsaghe

„‚Merde!' [...] und ‚Hol's der Geier!'"

Zur Imagination der deutschen Westgrenze in Thomas Manns Alterswerk

Als Thomas Mann in seinem letzten Lebensjahr den Schauplatz seiner letzten Novelle besichtigte und bei dieser Gelegenheit aus seinem letzten Roman vorlas, fiel seine erste Wahl auf die Reise Felix Krulls von Frankfurt nach Paris – nicht zur ungeteilten Freude der Düsseldorfer, deren einer im Namen des „wahrscheinlich größeren Teil[s] der Bevölkerung" und mit „Abschrift [...] an [...] den Bundeskanzler" forderte, „[d]ie Regierung sollte endlich dazu übergehen, derartiges zu verbieten."[1] Im dennoch öffentlich vorgelesenen Kapitel des *Krull*-Fragments ließ Thomas Mann zum ersten und einzigen Mal in seinem Werk das Phänomen der modernen Staatsgrenze als eigentlichen Gegenstand des Erzählens thematisch werden (abgesehen einmal von der Schweizer Grenze, die er in Gestalt der ägyptischen in den Josephsromanen verballhornt hatte).

Thematisch wird die Staatsgrenze zunächst im Zusammenhang mit einer familialen Katastrophe. Nachdem sein Vater, von einem „jüdischen Bankier" und „Halsabschneider" ins „Netz gelockt",[2] sich erschossen hat (und die Leiche dennoch mit Hilfe eines „Geistlichen Rat[s]" katholisch bestattet wurde, der an „riechendem Fußschweiß leide[n]" soll[3]), muß Felix bekanntlich nach Paris emigrieren, um beim jüdisch-deutschschweizerischen Hotelier Isaak Stürzli unterzukommen. Zuallererst erscheint die „Reichsgrenze" im zweiten Buch, drittes Kapitel, als „unübersteigliche Schranke."[4] Denn Krulls „Militär-

---

1 Zitiert nach: Margot Ulrich, *Thomas Mann und Düsseldorf. Biographische und literarische Beziehungen.* In: Volkmar Hansen und Margot Ulrich (Hrsg.), *Thomas Mann 1875–1975. Zur Einführung in die Thomas Mann-Ausstellung Düsseldorf anläßlich des hundertsten Geburtstags.* Düsseldorf 1975, S. 55–67, hier S. 65.

2 Zitiert wird nach: Thomas Mann, *Gesammelte Werke.* Frankfurt/M. [2]1974; hier Bd. 7, S. 319 (vgl. Bd. 1, S. 454). Die Zitate aus den Handschriften erfolgen mit freundlicher Genehmigung des Thomas Mann-Archivs der Eidgenössischen Technischen Hochschule, Zürich. Dem Leiter des Archivs, Dr. Thomas Sprecher, und seinen Mitarbeiterinnen, lic.phil. Katrin Bedenig, lic. phil. Cornelia Bernini, Rosmarie Hintermann und lic. phil. Martina Peter, sei für ihre Hilfsbereitschaft bestens gedankt.

3 Bd. 7, S. 324 f.

4 Bd. 7, S. 334.

verhältnis" ist nicht „geordnet", um so weniger, als er, „die Vorrechte der gebildeten Klasse nicht errungen" hat und die volle Dienstzeit absolieren müßte.[5] Obwohl also kein Abiturient, überwindet Felix die scheinbar „unübersteigliche Schranke" und ‚erringt' seinen, wie er ihn nennt: „wahren Davidssieg"[6] über die deutsche Militärbürokratie bekanntlich gerade dadurch, daß er sich enzyklopädisches und selbst akademisches Wissen, „eine Druckschrift klinischen Charakters" aneignet[7] und „epileptoide Zufälle" simuliert (die ein Militärarzt mit „übernormale[r] Sinnesverschärfung [...] in Zusammenhang zu bringen" weiß).[8]

Seine Drückebergerei, im größtmöglichen Gegensatz zum Männlichkeitsideal und Ehrenkodex der wilhelminischen Gesellschaft, läuft auf Fahnenflucht hinaus, wie sie zur selben erzählten Zeit eines anderen „deutsche[n]" Hochstapler-„Märchen[s]", im *Hauptmann von Köpenick* an einem notabene elsässischen Deserteur hart geahndet wird. Sie entspricht damit genau der „[u]npatriotisch[en]"[9] und landesverräterischen Gesinnung, die Krull beim eigentlichen Grenzübertritt an den Tag legt. Auf der deutsch-französischen Grenze spricht er sich gegen ein deutsches Elsaß-Lothringen aus, verleugnet seine deutsche und maßt sich eine französische Herkunft an. Seinen zwiefachen Verrat aber begeht er nicht in deutscher, sondern in der Sprache des um neunzehnhundert so genannten „Erbfeind[s]."[10] Das Deutsche bleibt dadurch schon hier von Lüge und Verrat unberührt wie in Paris dann auch von allem Unrat, der dort, darin besteht die tiefere Bedeutung eines wirklich gelungenen Witzes, nicht über das Französische hinausgelangt: „Sie sagten ‚Merde!' und, da auch Deutsche dabei waren: ‚Verflucht nochmal!' und ‚Hol's der Geier!'"[11]

Das Pfingstereignis, das Felix auf der Grenze überkommt, ist dürftig motiviert über die Frankophilie seines Vaters und letztlich über eine Urgroßmutter, von welcher die Krulls „französisches Blut ererbt" haben wollen.[12] Die vereinzelten französischen Brocken, die er von seinem Vater aufschnappte („‚c'est ça', ‚épatant' oder ‚parfaitement'"[13]), und der verschwindend geringe Bruchteil seines „französischen Bluts" (höchstens ein Achtel) vermögen indessen nicht, die sich beim Grenzübertritt abspielende Szene plausibel zu motivieren und die Identität zu rechtfertigen, zu der sich Krull dabei in seiner an-

---

5 Ebd.
6 Bd. 7, S. 372.
7 Bd. 7, S. 350.
8 Bd. 7, S. 369f.
9 Bd. 9, S. 131.
10 F. Sintenis, *Zur Verwertung von Goethes Briefen*. In: *Goethe-Jahrbuch* 28, 1907, S. 134–149, hier S. 142.
11 Bd. 7, S. 403.
12 Bd. 7, S. 265f.
13 Bd. 7, S. 266.

geblichen „langue [...] paternelle"[14] einem Repräsentanten des französischen Staats gegenüber wenigstens ‚zur Hälfte' bekennt:

> „Bonsoir, Monsieur le commissaire!" begrüßte ich den Zöllner, indem ich mit einem gewissen dumpfen Singen auf der dritten Silbe des Wortes „commissaire" verweilte. „Je suis tout à fait à votre disposition avec tout ce que je possède. Voyez en moi un jeune homme très honnête, profondément dévoué à la loi et qui n'a absolument rien à déclarer. Je vous assure, que vous n'avez jamais examiné une pièce de bagage plus innocente."
>
> „Tiens!" sagte er und betrachtete mich näher. „Vous semblez être un drôle de petit bonhomme. Mais vous parlez assez bien. Êtes-vous Français?"
>
> „Oui et non", antwortete ich. „A peu près. A moitié – à demi, vous savez. En tout cas, moi, je suis un admirateur passionné de la France et un adversaire irréconciliable de l'annexion de l'Alsace-Lorraine!"
>
> Sein Gesicht nahm einen Ausdruck an, den ich strengbewegt nennen möchte.
>
> „Monsieur", entschied er feierlich, „je ne vous gêne plus longtemps. Fermez votre malle et continuez votre voyage à la capitale du monde avec les bons voeux d'un patriote français!"
>
> Und während ich noch unter Danksagungen mein bißchen Unterzeug zusammenraffte, machte er schon sein Kreidezeichen auf den noch offenen Deckel meines Handkoffers. Bei meinem raschen Wiedereinpacken jedoch wollte es das Ungefähr, daß dieses Stück etwas von der Unschuld verlor, die ich ihm mit Recht nachgerühmt hatte, da eine Kleinigkeit mehr darin einging, als vordem darin gewesen war.[15]

Der Verrat an der eigenen deutschen Identität und der eigentliche Landesverrat stehen in einem und demselben Abschnitt, äußerlich unverbunden („En tout cas"), aber offensichtlich in einem inneren Zusammenhang. Die bis zur Unverständlichkeit vage Antwort auf die Frage nach der nationalen Identität, „Oui et non [...]. A peu près. A moitié – à demi, vous savez", erhält durch die ‚auf jeden Fall' hinzugefügte Denunziation der deutschen ‚Annexion' einen ganz präzisen Sinn. Krull gibt damit zu verstehen, selbst aus Lothringen oder aus dem Elsaß zu stammen, juristisch also zwar kein Franzose zu sein, diese deutsche Fremddefinition seiner Identität aber nicht zu akzeptieren. Er appelliert mit dieser unausgeprochenen Lüge an die Sympathie und Solidarität des französischen Beamten, die er unverzüglich ausnutzt. Noch auf der Grenze bestiehlt er eine wirkliche Elsässerin, Dichterin und Klosettschüsselfabrikantengattin: „Impudemment riche"[16] im wahrsten Sinne des Worts.

Der auf der Grenze begangene Landesverrat, der dadurch ermöglichte oder doch erleichterte Diebstahl und selbst noch dessen späteres Geständnis wird sich auszahlen: wenn nämlich Krull der bestohlenen Straßburgerin in Paris wiederbegegnet, die sich dort an ihm für ihren impotenten Mann schadlos hält und ihre zweifache, masochistisch-päderastische „Verkehrtheit"[17] befriedigt, indem sie sich von ihm in einem sublimiert sadomasochi-

---

[14] Bd. 7, S. 414.

[15] Bd. 7, S. 388 f.

[16] Bd. 7, S. 436.

[17] Bd. 7, S. 445.

stischen Arrangement und in expliziter Reinszenierung des Grenzübertritts weiter bestehlen läßt.[18] Das bei diesem Grenzübertritt gestohlene Gut aber, eine „Kleinigkeit" nur im allzu wörtlichen Sinn, ein Schmuck-„Kästchen",[19] steht in seinen weitreichenden, weitreichend guten Folgen dem berühmten Kästchen-Motiv der *Wanderjahre* an Bedeutung um nichts nach. Mit Hilfe eines Kollegen aus Zagreb, der den sprechenden Namen „Stanko" trägt, „Influenza" hat und an „dreckige[n] Kopfschmerzen" leidet,[20] wird Krull den Schmuck in Paris für gutes Geld dem Uhrmacher Pierre Jean-Pierre verkaufen (den Alf Brustellin und Bernhard Sinkel, in einer bis heute immer wieder ausgestrahlten Produktion der Achtzigerjahre und im Auftrag des Österreichischen Rundfunks und des Zweiten Deutschen Fernsehens, zu einem „Jean-Pierre Blumenberg" und seinem ganzen Habitus nach zum Klischeejuden ummodelten).

Das erlöste Geld ist nichts anderes als ein Startkapital. Felix investiert es in sein Pariser „Doppelleben";[21] dieses wiederum bringt ihn mit einem luxemburgischen Adligen in nähere Bekanntschaft; und in dieser endlich besteht die unmittelbare Voraussetzung der ganzen Hochstaplerkarriere. Krulls Erhebung beruht innerhalb der kapitalistischen Logik also auf seiner „[u]npatriotisch[en]" Denunziation der deutschen Grenze allein – nur darauf und nicht, der Text läßt hier nichts offen, nicht etwa auch noch auf dem „Liebes-Diebsgut", das er bei späterer Gelegenheit in jenem „barocken" Ritual erbeutet.[22]

Um diese ganze, diese doppelte Demontage der „Reichsgrenze" und „unübersteigliche[n] Schranke" in ihrem intrikaten Verhältnis zu Thomas Manns Gesamtwerk goutieren zu können, sollte man sich die Parameter des so vorteilhaft folgenreichen Grenzübertritts vergegenwärtigen. Zur Kombination von Grenzübertritt und Schmuckdiebstahl ließ sich Thomas Mann offensichtlich durch Kurt Martens *Ehepaar Kuminski* und Martens wiederum durch die Memoiren des Hochstaplers Georges Manolescu anregen, eine „Hauptquelle"[23] des *Felix Krull*, auf die Thomas Mann vielleicht überhaupt erst über Martens und dessen Dieb und Heiratsschwindler Kuminski aufmerksam wurde.[24] Während dieser aber, über Bozen aus Verona kommend, ins Reich

---

18 Bd. 7, S. 448–450.

19 Bd. 7, S. 390.

20 Bd. 7, S. 451.

21 Bd. 7, S. 498.

22 Bd. 7, S. 451.

23 Thomas Mann, *Notizbücher*. Hrsg. v. Hans Wysling und Yvonne Schmidlin. Frankfurt/M. 1991 f., Bd. 2, S. 160 [Kommentar].

24 Vgl. Hans Wysling, *Narzißmus und illusionäre Existenzform. Zu den Bekenntnissen des Hochstaplers Felix Krull*. Bern-München 1982 (Thomas Mann-Studien, Bd. 5), S. 153. Beim Verweis auf einen ungedruckten „Brief vom 30.11.1910" muß es sich um einen Setzfehler für „Brief vom 30.11.1901" handeln. Vgl. Thomas Mann, *Briefe an Kurt Martens I: 1899–1907*. Hrsg. v. Hans Wysling. In: *Thomas Mann-Jahrbuch* 3, 1990, S. 175–247, hier S. 198f.

einreist,[25] erfolgt Krulls Diebstahl im Lauf einer vom Reich aus gesehen zentrifugalen Bewegung. Und vor allem überquert Krull eine andere, nicht die Südost-, sondern eben die Westgrenze. Denunziert wird hier nur die West-, und zwar ein ganz bestimmter Verlauf der Westgrenze. Dieser wurde erst im Deutsch-Französischen Krieg so festgelegt und war zur Entstehungszeit des betreffenden Kapitels wieder zugunsten eines, wenn man so will: natürlicheren Grenzverlaufs korrigiert worden, so daß Krulls zur erzählten Zeit scheinbar so dreistes Bekenntnis unversehens in vollendete Übereinstimmung mit den faits accomplis der tatsächlich herrschenden Verhältnisse zu stehen kommt.

Setzte man diese ‚natürliche', eben die Rheingrenze im *Krull* konsequent an, so verlöre erstens der Denunziant, der schon iure sanguinis kein ‚reiner' Deutscher sein soll, seine deutsche Identität iure soli tatsächlich und würde wie Kuminski zum Fremden: Krull, und das war Thomas Mann in den Notizen eine kartographische Skizze wert, stammt diesem Skizzenblatt zufolge aus Eltville und ist im Roman ausdrücklich „westlich" oder, wie es in der älteren Lesart der Handschrift mit einer die wieder zentrifugale Lage des Orts hervortreibenden Präposition hieß: er ist „west*wärts*" des Rheins geboren.[26] Diesen, aber auch nur diesen einen Faktor seiner ‚rheinländischen' Identität verleugnet er nirgends: weder bei seinem ersten Grenzübertritt, bei dem er insinuiert, aus Elsaß-Lothringen zu stammen; noch auf seiner nächsten Reise von Paris nach Lissabon, während derer er sich als luxemburgischer Marquis ausgibt.

Und zweitens gewönne die Imagination der deutschen Westgrenze, ließe man diese mit dem Rhein versuchsweise ganz zusammenfallen, eine eindeutige, sozusagen hygienische Struktur. Jenseits des Rheins käme schlechterdings alles hygienisch Bedenkliche zu liegen: der „riechende Fußschweiß" des katholischen Geistlichen und die von einem jüdischen „Halsabschneider" zu verantwortende Leiche des Selbstmörders; ansteckende Krankheit und „drekkige Kopfschmerzen"; der sprechende Name „Stanko" und das schmutzige Wort „Merde!"; die Impotenz des Straßburger Fabrikanten und die Perversionen seiner Frau; deren schlechte, französisch-deutsche Reime[27] und der anrüchige Reichtum, dessen Herkunft eigens und ganz redundanterweise nochmals jenseits des Rheins verortet wird: „*Straßburger* Klosettschüsseln von Houpflé"[28] (welche Kurt Hoffmann in seiner am Ort und zur Zeit des deutschen Wirtschaftswunders gedrehten Verfilmung dennoch durch „Gänsele-

---

[25] Kurt Martens, *Das Ehepaar Kuminski*. In: Kurt Martens, *Katastrophen. Novellen*. Berlin 1904, S. 51–86.

[26] Bd. 7, S. 266; im Original keine Hervorhebung.

[27] Bd. 7, S. 450. Vgl. Thomas Mann, *Tagebücher 1953–1955*. Hrsg. v. Inge Jens. Frankfurt/M. 1995, S. 170.

[28] Bd. 7, S. 448; im Original keine Hervorhebung.

berpastete" ersetzte; war doch der ,unanständige' Reichtum der Houpflés, womöglich dem berüchtigten ,non olet', Vespasians Rechtfertigung seiner ,Ursteuer'[29] nachempfunden, ein für das Massenmedium offenbar allzu plastisches Sinnbild eines Kapitalismus, in dem, sit venia verbo, mit jedem Dreck ein Vermögen zu machen ist).

Die im Gesamtwerk vorherrschende Grenzimagination, die sich von der des *Felix Krull* spezifisch unterscheidet, ihr jedoch andererseits auch wieder frappant gleicht, läßt sich in ihrer Eigenart dadurch erklären, daß Thomas Mann wie der Verräter Krull „wenige Jahre nur nach der glorreichen Gründung des deutschen Reiches"[30] zur Welt kam und damit einer Generation angehörte, deren nationale Identität sich unter besonders schwierigen Bedingungen bilden und behaupten mußte. Denn die Grenzen des Zweiten Reichs wären in keinem der seinerzeit gängigen nationalistischen Diskurse zu legitimieren gewesen, weder sprachlich noch auch nur dialektal, weder konfessionell noch sonstwie historisch, weder ethnisch noch eben aufgrund eines ,natürlich' gegebenen Territoriums; und Thomas Manns Lebens- und Schaffenszeit umfaßt alle und halt auch die am offensichtlichsten willkürlichen Grenzziehungen und Grenzverschiebungen, welche eine nationaldeutsche Identität zwischen 1871 und 1990 immer wieder aufs neue in Frage stellen und gefährden sollten.

Bewältigt werden solche Legitimationsdefizite nach Benedict Anderson unter anderem in der Erzählliteratur und vor allem in deren Rezeption durch die Lesegemeinschaft, als die sich, immer nach Anderson, die ,imagined community' der Nation konstituiert hat[31] und wie sie für Thomas Mann fast von Anfang an und nach der jüngsten Erhebung des deutschen Literaturkanons bis heute gegeben ist.[32] – Auf die besondere Frage, welche kollektive Imagination der deutschen Grenze das Fehlen eines nationalen Gründungsmythos und das Versagen der nationalistischen Diskurse kompensierte, geben Thomas Manns Romane und Erzählungen eine bündige, ebenso erstaunliche wie im Grunde naheliegende Antwort:

Zwei Jahre nach der Reichsgründung und zwei Jahre vor Thomas Manns Geburt veröffentlichte jenseits des Rheins der Vater eines anderen kanonischen Erzählers, Adrien Proust, eine Preisschrift mit einem hier sehr vielsagenden Titel: *Essai sur l'hygiène internationale et ses applications contre la peste, le*

---

29 Sueton, Vespasian, 23 („urinae vectigal"; C. Suetonius Tranquillus, *Opera*. Bd. 1: *De vita Caesarum*. Hrsg. v. Maximilian Ihm. Stuttgart 1978, S. 308).

30 Bd. 7, S. 266; in der älteren Fassung der Handschrift: „vor vierzig Jahren". Ursprünglich sollte Felix' Geburtsjahr mit dem der Reichsgründung sogar ganz zusammenfallen. Vgl. Wysling, S. 36 f., der die Verschiebung des Geburtsjahrs von 1871 auf 1875 allein aufgrund der autobiographischen bzw. der Beziehung zu Heinrich Mann zu erklären versucht.

31 Benedict Anderson, *Imagined Communities. Reflections on the Origin and Spread of Nationalism*, London-New York ^{2}1994, S. 22–36.

32 Vgl. *Der deutsche Literatur-Kanon*. In: *Die Zeit*, 23. Mai 1997, Nr. 22, S. 42f., hier S. 42.

choléra, la fièvre jaune […]. Prousts Postulat einer ‚internationalen Hygiene', seine Verhängung von Völkerrecht und Infektionsprävention, die daraus resultierende Praxis des ‚cordon sanitaire' ebenso wie die epochalen Durchbrüche, welche der deutschen Epidemiologie in den folgenden Jahren und Jahrzehnten des Nationalismus gelingen sollten: dies alles reflektiert die innere Beziehung, in welcher der Körper als Gegenstand politischer Macht zum modernen Konzept der Nation steht und die Giorgio Agamben freigelegt hat, indem er einen Foucaultschen Begriff der ‚Biopolitik' und Carl Schmitts Staatstheorie ineinander überführte.[33]

Der ‚cordon sanitaire' als Schutzschild gegen Infektionskrankheiten gibt in Thomas Manns Romanen und Erzählungen ganz offensichtlich das Modell für die Imagination der deutschen Grenze ab, und das weit über die Existenz des Zweiten und selbst noch des sogenannten Dritten Reichs hinaus. Um für die entsprechenden drei Abschnitte der Schaffenszeit je nur ein einziges, besonders gut bekanntes Beispiel zu nennen (den *Tod in Venedig* für das wilhelminische Kaiserreich, den *Zauberberg* für die Weimarer Republik und den *Doktor Faustus* für die Kriegs- und Nachkriegszeit im Exil), in dem jeweils eine tödliche Infektionskrankheit außerhalb des deutschen Reichsgebiets situiert ist: „Der" Cholera-„Tod in Venedig", die Tuberkulose in Davos, die syphilitische Ansteckung des Doktor Faustus in „Preßburg, ungarisch Pozsony"[34] (in der Handschrift: „tschechisch Bratislava" und in Franz Seitz' preisgekrönter Verfilmung sinnigerweise sogar „Sarajewo [sic!]", und zwar ausdrücklich „[i]n der Čaršija, dem Türkenviertel",[35] also, wie im Film ganz deutlich wird – nach erfolgter Ansteckung „ruft der Muezzin zum Geben"[36] –, außerhalb des ‚christlichen Abendlands').

Alle diese Ansteckungen sind jenseits der Südostgrenze lokalisiert, in Österreich (auch Seitz fixiert im „Türkenviertel" eigens einen „K. u. K.-Obrist[en]"[37]) oder aber auf mit Österreich historisch eng assoziiertem Gebiet. Als ‚cordon sanitaire' also war genaugenommen nur ein ganz bestimmter, und zwar ausgerechnet derjenige Teil der „Reichsgrenze" imaginiert worden, an dem die nationalistischen Diskurse am gründlichsten versagt hätten. Die Notwendigkeit, dieses Versagen phantasmatisch zu kompensieren, verrät sich

---

33 Giorgio Agamben, *What is a Concentration Camp? A Reflection on Political Space in Our Time.* Vortrag, gehalten am 18. Oktober 1994, an der University of California at Berkeley.

34 Bd. 6, S. 205.

35 Franz Seitz, *Doktor Faustus – Lesefassung des Drehbuches.* In: Gabriele Seitz (Hrsg.), *Doktor Faustus. Ein Film von Franz Seitz nach dem gleichnamigen Roman von Thomas Mann.* Frankfurt/M. 1982, S. 31–112, hier S. 57.

36 Ebd., S. 59. Die „Lesefassung des Drehbuches" folgt hier ganz offensichtlich dem schon realisierten Film; denn in der originalen ‚Fassung des Drehbuches' ist das betreffende Detail nicht am Ende der letzten, sondern am Anfang der ersten Sarajevo-Einstellung vermerkt (Kopie des Thomas Mann-Archivs, S. 97).

37 Seitz, *Doktor Faustus – Lesefassung des Drehbuches*, S. 58.

insbesondere auch in der imaginären Überdetermination des betreffenden Grenzsegments, das zum Beispiel, unter anderem, auch mit der Geschlechterdifferenz konvergiert. Es ist regelmäßig ein männlicher Held (Gustav Aschenbach, Hans Castorp, Adrian Leverkühn), der die deutsch-österreichische Grenze überquert. Und die Gefahr, die jenseits dieser Grenze auf ihn lauert, geht mehr oder weniger direkt, aber ebenso regelmäßig von einem fremden, entweder weiblichen oder dann ‚vormännlichen' Körper aus (der unbestimmt, aber entschieden fremden Prostituierten Hetaera esmeralda; der Russin Clawdia Chauchat aus dem „ganz entlegenen [...] Daghestan, [...] das liegt ganz östlich über den Kaukasus hinaus";[38] dem Polen Tadzio im zusehends orientalisch verfremdeten Venedig, das seinerseits als „schmeichlerische und verdächtige Schöne"[39] und dessen „unsaubere[] Vorgänge im Inneren"[40] im Grunde wieder als venerische Infektion einer Prostituierten imaginiert sind).

In Thomas Manns Erzählwerk also, so läßt sich der vorläufige Befund mit vertretbarer Ungenauigkeit und unter Ausklammerung bisher nur des *Felix Krull* zusammenfassen, erhält ein ganz bestimmter Teil der deutschen Grenze eine für den je katastrophalen Handlungsverlauf konstant entscheidende Funktion; eben derjenige Grenzabschnitt, der mit den Argumenten nationalistischer Diskurse am allerwenigsten zu halten gewesen wäre. Die Darstellung der Südostgrenze kompensiert dieses Legitimationsmanko durch die immer gleiche Imaginationsstruktur, in der Misogynie, Xenophobie und Todesangst zu einer ebenso suggestiven wie stabilen Symbiose zusammenfinden; vom als solcher im *Tod in Venedig* schon greifbaren[41] Vorabend des Ersten Weltkriegs bis nach dem Ende des Zweiten, dessen Vorgeschichte und Katastrophe im *Doktor Faustus* erzählt wird.

Mit diesem ernüchternden und entmutigenden Befund kann man und müßte man es sogar bewenden lassen, hätte der Autor eben nicht ein Alterswerk hinterlassen, das diesen Namen in einem vollen, tieferen, nicht bloß chronologischen Sinn verdient und welches also das lebenslang fraglos und unreflektiert gültige Imaginationsschema sub specie mortis problematisiert und ironisiert. Zeitlich umfaßt das so verstandene Alterswerk keine drei Jahre – die Zeit seit der endgültigen Heimkehr nach Europa –, quantitativ keine zwei ganze Texte – die letzten Kapitel des *Krull*-Romans und die Novelle *Die Betrogene* –, thematisch aber gleich mehrere, in der *Betrogenen* besonders tief greifende Paradigmenwechsel.

38 Bd. 3, S. 193.
39 Bd. 8, S. 503.
40 Bd. 8, S. 504.
41 Vgl. Bd. 8, S. 444.

Dieser letzte vollendete Text, den Thomas Mann selbst als Werk seiner „Rückkehr" zur „alten Erde" bestimmte,[42] unterscheidet sich von den früheren in dreierlei Hinsicht: im Geschlecht seiner Hauptfigur, einer Frau; in der hier thematischen, nämlich keiner Infektions-, sondern einer Krebskrankheit; in der Situierung der Handlung, die, wie sonst nur ein Teil des *Felix Krull*, im äußersten Westen Deutschlands spielt (ursprünglich sogar in Meerbusch, damals noch „Meererbusch", das heißt, wie Thomas Mann nachweislich ganz genau wußte – er hat sich brieflich nach der genauen Lage des Orts erkundigt und diesen in seiner Landkarte eigenhändig eingezeichnet –: „westlich" und „westwärts" des Rheins).

Die Relevanz des dritten, lokalen Paradigmenwechsels ergibt sich wieder schon aus einer quellenkritischen Analyse des Texts. Denn dieser weicht nur gerade in topographischer Hinsicht von den Vorgaben eines Gesellschaftsklatschs ab, die Thomas Mann sonst erstaunlich genau beibehalten hat:

> […] Erinnerung K.'s [Katia Manns, Y.A.E.] an eine ältere Münchener Aristokratin, die sich leidenschaftlich in den jungen Hauslehrer ihres Sohnes verliebt. Wunderbarer Weise tritt, nach ihrem entzückten Glauben kraft der Liebe, noch einmal Menstruation ein. Ihr Weibtum ist ihr zurückgegeben – es war im Grunde noch nicht tot, denn wie hätte sonst auch dies junge, mächtige Gefühl sie ergreifen können? Zu diesem faßt sie unter dem Eindruck der physiologischen Segnung, Verjüngung, Auferstehung, frohen und kühnen Mut. Alle Melancholie, Scham, Zagheit fällt davon ab. Sie wagt zu lieben und zu locken. Liebesfrühling, nachdem schon der Herbst eingefallen. Dann stellt sich heraus, daß die Blutung das Erzeugnis von *Gebärmutter-Krebs* war – auch eine Vergünstigung, da die Erkrankung gewöhnlich nichts von sich merken läßt. Furchtbare Vexation! War aber die Krankheit der Reiz zur Leidenschaft u. täuschte sie Auferstehung vor?[43]

In Katia Manns „Erinnerung" waren ‚Leidenschaft' und Krankheit der „Aristokratin" in München situiert. München, dessen südöstlich-randständige Lage bei solchen Gelegenheiten gerne zur europäisch-asiatischen Kontinentalgrenze emporstilisiert wird, erscheint in Thomas Manns Gesamtwerk bekanntlich häufiger als alle anderen Städte als Ort problematischer und fataler Ereignisse: vom zweiten Ehedebakel Tony Buddenbrooks, die „lieber […] in die Türkei" als dorthin zurückginge,[44] bis zu den Katastrophen im *Doktor Faustus*, wie sie sich vor einem „Ölgemälde" anbahnen, „welches das Goldene Horn mit dem Blick auf Galata darstellt"[45] (und welches, da es sich dabei mit der allergrößten Wahrscheinlichkeit um Ottokar Gräbners *Konstantinopel* handelt, noch heute in München hängt). Obwohl sich München also aus äußeren *und* inneren Gründen als Ort der Handlung hätte anbieten, ja aufdrängen

42 Brief vom 5. Juli 1952 an Agnes Meyer. Vgl. Bd. 11, S. 529.
43 Thomas Mann, *Tagebücher 1951–1952*. Hrsg. v. Inge Jens. Frankfurt/M. 1993, S. 198.
44 Bd. 1, S. 387.
45 Bd. 6, S. 261.

müssen, hat Thomas Mann diese in einer ganz anderen, in seinem Gesamtwerk völlig singulären Stadt situiert:

> In den zwanziger Jahren unseres Jahrhunderts lebte in Düsseldorf am Rhein, verwitwet seit mehr als einem Jahrzehnt, Frau Rosalie von Tümmler mit ihrer Tochter Anna und ihrem Sohne Eduard in bequemen, wenn auch nicht üppigen Verhältnissen.[46]

Die an den Anfang des Texts exponierte Ortsangabe verdient schon deswegen Beachtung, weil der Stadtname „Düsseldorf" in der Erstpublikation ein zweites Mal an einen Textanfang rücken sollte. Zuerst erschien *Die Betrogene* in drei Nummern des *Merkur*, in deren zweiter der Text wieder mit dem Namen „Düsseldorf" beginnt:

> Von Düsseldorf und seiner langen Geschichte seit den Merowingern wußte er [der Hauslehrer Ken Keaton] mehr, als Rosalie und ihre Kinder zusammengenommen [...].[47]

Dieser Anfang, an dem der besondere Ort der Handlung wieder einen ersten, hier sogar den allerersten Gegenstand bildet, ist um so bezeichnender, als die zwischen der ersten und der zweiten *Merkur*-Nummer verlaufende Grenze durchaus keine ‚natürliche' ist: In keiner älteren und jüngeren Fassung verläuft sie gerade so, weder im Manu- noch im Typoskript noch auch in der Buchfassung. Sie würde weder mit einem der im Typoskript markierten ‚Spatien' noch mit einem der schon in der Handschrift festgelegten Alineas konvergieren, sondern je mitten in einen fortlaufenden Absatz fallen.

Die Emphase, welche die innerhalb des Gesamtwerks ohnehin auffällige Ortsangabe schon als Incipit des Texts erhält und in der Erstpublikation also doppelt erhalten hat, läßt sich mit der seltsam redundanten Form zusammenbringen, welche diese Angabe zunächst annimmt: „in Düsseldorf *am Rhein*". Der befremdlich überflüssige Fluß- hinter dem Stadtnamen könnte auf die territorialpolitische Bedeutung weisen, welche der Rhein „in den zwanziger Jahren" – „Handlung spielt um 1925", steht in den Notizen – entweder de facto hatte oder im „Herbst" 1925 in Locarno sogar de iure erhielt. In der darauf reagierenden antifranzösischen Propaganda,[48] an der sich auch Ernst Bertram beteiligte und die Thomas Mann schon deshalb vertraut sein mußte (etliche von Bertrams einschlägigen Schriften befinden sich noch in der Nachlaßbi-

---

46 Bd. 8, S. 877.

47 Thomas Mann, *Die Betrogene. Erzählung*. In: *Merkur* 63, 1953, S. 401–417; 64, 1953, S. 549–573; 65, 1953, S. 657–671, hier 64, S. 549.

48 Vgl. z.B. Aloys Schulte, *Frankreich und das linke Rheinufer*. Stuttgart-Berlin 1918, hier v. a. S. 12–14, 315–322; Martin Spahn, *Elsaß-Lothringen*. Berlin 1919, hier v. a. S. 367; Alfons Paquet, *Der Rhein als Schicksal*. In: Alfons Paquet, *Der Rhein als Schicksal oder das Problem der Völker*. Bonn 1920, S. 9–62, hier v. a. S. 60; Hermann Oncken, *Die historische Rheinpolitik der Franzosen*. Stuttgart-Gotha 1922; Ernst Bertram, *Rheingenius und génie du Rhin*. Bonn 1922. Zur älteren Literatur vgl. v. a. Helmuth von Moltke, *Die westliche Grenzfrage*. In: Helmuth von Moltke, *Gesammelte Schriften*. Bd. 2: *Vermischte Schriften*. Berlin 1892, S. 171–228.

bliothek[49]), spielte nicht nur der französische Anspruch auf eine ,natürliche' Ostgrenze eine Rolle, sondern besonders auch die Angst, daß dieser Anspruch ein Vorwand dafür sei, endlich diesseits des Rheins Fuß zu fassen; eine Befürchtung, die zur Zeit und gerade am Ort der Handlung sehr berechtigt war. Denn wie in Thomas Manns Lexikonexzerpten notiert, war Düsseldorf „1921–25 von den Franzosen als Sanktionsstadt besetzt."[50]

In der *Betrogenen* fungiert der Rhein auch insofern wieder als ,natürliche' Grenze, als diese noch immer mit der Geschlechterdifferenz konvergiert. Hier aber, ineins mit der Verschiebung des Interesses von der Ost- auf die Westgrenze, sind die Positionen im üblichen Zuweisungsschema genau umgekehrt besetzt. Der weibliche Part ist hier zum ersten und einzigen Mal Deutschland zugespielt, und zwar einem ehemals preußischen, wenngleich katholischen Gebiet. Und dieses wird in der Druckfassung des Texts diesseits selbst seiner ,natürlichen', eben der Rheingrenze vom hier männlichen Fremden wortwörtlich *heim*gesucht und gleichsam penetriert: durch den „*Haus*lehrer" Ken Keaton, einen amerikanischen Veteranen aus dem Ersten Weltkrieg, dessen Bewegung auf die deutsche Reichsgrenze zu also ursprünglich im offensichtlichsten, nämlich militärischen Sinn als feindliche und aggressive intendiert und definiert war.

Die bei Thomas Mann an sich schon beispiellose Umkehrung eines fast lebenslang gültigen Schemas, die weibliche Sexualisierung Deutschlands gegenüber einem nun männlich imaginierten Ausland, geht mit einem noch spektakuläreren Paradigmenwechsel einher, der hinsichtlich des gewandelten deutschen Selbstverständnisses noch sehr viel mehr aussagt als diese weibliche Imagination Deutschlands. Die tödliche Krankheit, in deren Zeichen der über die deutsche Grenze hinweg stattfindende Kulturkontakt steht, ist nicht mehr ansteckend.

Wie die zuvor konstante Besetzung der Südostgrenze mit Infektionsängsten, so reflektiert auch die Überwindung dieses Imaginationsschemas einen wissenschaftsgeschichtlichen Zusammenhang. Alle für Mittel- und Westeuropa relevanten Infektionskrankheiten waren noch unverstanden, als Thomas Mann zur Welt kam; und alle wurden zu seinen Lebzeiten erklärt, zuletzt, 1933, die Grippe. Die wissenschaftlich adäquate Beschreibung der Infektionskrankheiten bedeutete freilich noch nicht deren medizinische und schon gar

---

[49] Ernst Bertram, *Der Rhein. Ein Gedenkbuch.* München 1922 (hier besonders das Motto aus Hölderlins Rheinhymne und das erste Gedicht *Der Rhein*); ders., *Nietzsche. Versuch einer Mythologie.* Berlin 1918, S. 182 f.; ders., *Straßburg. Ein Kreis.* München 1922 (hier besonders die Widmung „Den Rheinkindern" und das erste Gedicht *Rhein*); ders., *Moselvilla.* Frankfurt/M. 1954 (wieder mit einem Hölderlin-Motto, diesmal sinnigerweise aber nicht der Rheinhymne entnommen; entspräche doch die Interpretation des Flusses – S. 9: „er mag sich von diesem Lande nicht trennen" – Hölderlins Deutung nur der *Donau* und gerade nicht des Rheins).

[50] Vgl. *Meyers kleines Lexikon.* Leipzig ^{8}1931 f., Bd. 1, Sp. 631.

nicht pharmakologische Meisterung, sondern schuf natürlich erst die Voraussetzungen dafür. Dieser andere Prozeß der praktischen Bewältigung ansteckender Krankheiten darf auch für die ,westliche' Welt erst in den Vierzigerjahren als abgeschlossen gelten: 1944 fand Selman Waksman mit dem Streptomyzin eine zunächst vielversprechende Behandlung der Tuberkulose;[51] und 1943, nachdem Alexander Fleming anderthalb Jahrzehnte zuvor das Penizillin schon isoliert hatte, begannen Howard Walter Florey und Ernst Boris Chain dieses klinisch gegen die Syphilis zu verwenden, wofür sie 1945 den Nobelpreis erhielten.

Zur Zeit also, als Thomas Mann den *Doktor Faustus* zu schreiben begann, im Frühjahr 1943, wird er kaum schon etwas von diesem neuen, bahnbrechenden Antibiotikum gewußt haben, welches die Chemotherapie mit Salvarsan ablöste, der sich der Syphilitiker Leverkühn 1906 zu unterziehen scheint (wenngleich Fritz Schaudinn ein Jahr zuvor den Syphiliserreger erst gefunden hatte und Paul Ehrlich die auf Schaudinns Entdeckung aufbauende Salvarsan-Therapie erst Jahre später entwickeln sollte, die in der von Thomas Mann benutzten Fachliteratur indessen nicht datiert wird).[52] Als der *Faustus*-Roman aber 1947 erschien, hatte auch die Syphilis ihre Bedrohlichkeit schon ganz verloren. Diese wissenschafts- und kulturgeschichtliche Entwicklung, an deren Ende die Angst vor dem Krebstod an die Stelle jahrhundertealter Infektionsängste trat, hat in der *Betrogenen* sehr weitreichende Folgen. Grenzimagination und Todesangst scheinen hier zum ersten Mal auseinanderzutreten. Die Krankheit scheint ihre Bedeutung nun unabhängig vom topographischen Bezugssystem und dessen hier ebenfalls neuer Sexualisierung zu erhalten; sagt doch am geöffneten Körper der unheilbaren Patientin der Professor zu seinem Assistenten:

> [...] Und doch rate ich Ihnen, meine Vermutung zu übernehmen, daß die Geschichte vom Eierstock ausging, – von unbenützten granulösen Zellen nämlich, die seit der Geburt da manchmal ruhen und nach dem Einsetzen der Wechseljahre durch Gott weiß welchen Reizvorgang zu maligner Entwicklung kommen. [...][53]

Die „maligne Entwicklung" ging von „unbenützten [...] Zellen" aus und wird dadurch zum, wie sie damals auch Wilhelm Reich als Resultat ,chronischer Sexualstauung' zu verstehen versuchte: zum Ausdruck ungelebter Möglichkeiten. „[D]ie Geschichte", so der in seiner saloppen Schmissigkeit ungewollt vieldeutige und tiefsinnige Ausdruck des zynischen Mediziners, hat offenbar ganz aus eigenem ihr schlimmes Ende genommen. Ihre Tragik scheint nichts mehr mit Grenzübertritt und Randlage zu tun zu haben, sondern ganz im Land der eigenen „Geburt" situiert zu sein. In der *Betrogenen* scheinen Tod

---

51 Vgl. Roy Porter, *The Greatest Benefit to Mankind. A Medical History of Humanity from Antiquity to the Present*. London 1997, S. 457f.

52 F. W. Oelze und Meta Oelze-Rheinboldt, *Die Geschlechtskrankheiten und ihre Bekämpfung.* Berlin 1924.

53 Bd. 8, S. 949.

und Krankheit nicht von außen einzudringen, sondern immer schon in Deutschland gelauert zu haben, und die deutsche Grenze scheint nicht mehr als ‚cordon sanitaire' zu funktionieren.

Die Betrogene ließe sich somit wirklich als Alterswerk in jenem verheißungsvollen Sinn lesen, als Beglaubigung der Möglichkeit, auch noch so festgefahrene Phantasmen zu überwinden; – nur daß solch eine Interpretation des Texts etwas zu schön und viel zu ungenau wäre, um von diesem selbst nicht widerlegt zu werden. Unter dem nur scheinbar ganz neuen Arrangement von Sexualität, Krankheit und Grenzimagination lassen sich noch immer die alten Imaginationsstrukturen aufdecken.

Denn schon die bei Thomas Mann unerhörte Assoziation Deutschlands mit dem Weiblichen geht mit zwei weiteren Besonderheiten und Modifikationen einher, welche den auf den ersten Blick so spektakulären Charakter dieser Assoziation relativieren müssen. Gegenüber der früheren Reichsimagination ist hier beides modifiziert, sowohl die Geschlechterdifferenz als auch das Deutschland, das über sie imaginiert wird. Nicht Deutschland schlechthin erscheint hier in der Position des Weiblichen, und vor allem nicht das Deutschland, aus dem Aschenbach, Castorp und Leverkühn je ausreisen müssen, um sich in Todesgefahr zu begeben, – nicht das monarchistische Reich also, sondern „die Republik". Mit deren Verhältnissen versucht „[d]ie Betrogene" ihre Leidenschaft explizit zu legitimieren:

> „[...] Wir haben doch jetzt die Republik, wir haben die Freiheit, und die Begriffe haben sich sehr verändert zum Légèren, Gelockerten hin, das zeigt sich in allen Stücken. [...]"[54]

Die ‚alles' imprägnierende „Atmosphäre" der Republik, so heißt sie in den Notizen, kommt im Text und bereits in den Vorarbeiten dazu in einen direkten, ja ursächlichen Zusammenhang mit der krankhaften Leidenschaft zu stehen. Diese bricht wegen der „gelockert[en]" „gesellschaftlichen Sitten"[55] durch, namentlich infolge eines so erst freigegebenen Blicks auf die nackten „Götterarme"[56] des Hauslehrers (wie sie Rosalie infolge einer Korrektur nennt – in der Handschrift waren es zunächst nur eben „herrliche Arme" –; ein an jene doppelt ‚perverse' Szene des *Krull* erinnerndes Wort, in welcher die Houpflé von Felix' „Götterglieder[n]" und „Hermes-Beinen"[57] ergriffen wird und welche natürlich ihrerseits auf dem Gebiet einer Republik spielt, deren Gründungsdatum noch dazu den allerersten hier aufgeschnappten „Namen" eingeschrieben ist: „Rue du *Quatre Septembre*"[58]).

54 Bd. 8, S. 927.
55 Bd. 8, S. 907.
56 Bd. 8, S. 901.
57 Bd. 7, S. 442, 444. Vgl. Thomas Mann, *Tagebücher 1949–1950*. Hrsg. v. Inge Jens. Frankfurt/M. 1991, S. 238.
58 Bd. 7, S. 392; im Original keine Hervorhebung.

Der weibliche Blick auf den Mann ist symptomatisch für die andere, entscheidende Bedingung, an welche die weibliche Imagination Deutschlands gebunden bleibt, eine Wandlung nämlich oder vielmehr die völlige Auflösung der traditionellen Geschlechterrollen. Die deutsche Frau selbst bestimmt ihre aktive, die Rolle eben der Begehrenden als eine ausdrücklich männliche:

> „[...] Diesmal bin ich's, die begehrt, von mir aus, auf eigene Hand, und habe mein Auge auf ihn geworfen *wie ein Mann auf das junge Weib* seiner Wahl [...]."[59]

Die weibliche Sexualisierung Deutschlands ist demnach an ganz besondere Voraussetzungen geknüpft, an ein besonderes Deutschland und an eine Verunklärung gleichsam der sexuellen Differenz. Man kann sie daher nicht einfach als Widerruf des früheren Assoziationsschemas lesen, in dem das Deutsche *Reich* als männliches und in seiner Männlichkeit als gesundes imaginiert wurde. Aber auch die scheinbar so ganz neue Krankheit, welche das republikanisch-weibliche Deutschland befällt, erhält auf einen zweiten Blick erstaunlich ähnliche Züge wie die früheren Infektionen.

Entscheidend für deren in Thomas Manns Erzählwerk so eindrücklich dokumentierte Faszinationsgeschichte und zugleich für die enge Assoziation der diversen Ansteckungen mit der sexualisierten Landesgrenze war jeweils eine spezifische Ambivalenz, ein regelmäßig auch stark stimulierender Aspekt, wie er den Krankheiten immer oder doch nur mit Ausnahme seiner Parodie in jenem *Krull*-Kapitel zukommt, in dem der getäuschte Militärarzt eine symptomatologisch entsprechende „Überfeinerung"[60] diagnostiziert. Die Syphilis zum Beispiel erscheint im *Doktor Faustus* als „das Aphrodisiacum des Hirns",[61] und im *Zauberberg* entsprach die sexuelle Stimuliertheit der Tuberkulosekranken einer weitverbreiteten und allgemeinen Ansicht.[62] Solchen Vorstellungen aber fügt sich überraschend genau die besondere Krebsart, an der Rosalie von Tümmler stirbt.

Genau wie im *Doktor Faustus* geht die Krankheit hier vom Geschlechtsapparat aus, und zwar befällt sie im Unterschied zu jener Tagebuchnotiz zunächst nicht die „Gebärmutter", sondern den „Eierstock". Das Motiv für diese Verlegung läßt sich aus Thomas Manns Korrespondenz genau rekonstruieren. Während seines Briefwechsels mit einem hierzu eigens konsultierten Arzt wurde Thomas Mann klar, daß der „Gebärmutter-Krebs" bei jener „Münchener Aristokratin" nicht der primäre gewesen sein konnte. Denn in diesem Fall, so die briefliche Auskunft des Fachmanns Frederick Rosenthal, versinken die

59 Bd. 8, S. 901f.; im Original keine Hervorhebung.
60 Bd. 7, S. 370.
61 Bd. 6, S. 331.
62 Vgl. z.B. Sander Gilman, *Franz Kafka. The Jewish Patient.* New York-London 1995, S. 187f.; Roy Porter, *What is Disease?* In: Roy Porter (Hrsg.), *The Cambridge Illustrated History of Medicine.* Cambridge-New York-Melbourne 1996, S. 82–153, hier S. 106.

„Frauen gewoehnlich sehr frueh in einen Zustand morbider Melancholie" und „sexueller Frigiditaet". Und die hierauf folgende Stelle des Briefs hat sich Thomas Mann eigenhändig angestrichen: „*Wir sehen praktisch die Kombination eines sexuellen Wiedererwachens* [...] *und* eines nachfolgenden Zugrundegehens an einer Krebskrankheit *nur dann,* wenn der *primaere Krebs vom Eierstock ausgeht.*"[63]

Ebendieser Verursachungszusammenhang von „Krankheit" und „Leidenschaft" wird schon im Tagebuch erwogen („War aber die Krankheit der Reiz zur Leidenschaft [...]?") und im Text der *Betrogenen* dann durch den Wortlaut der vom Spezialisten gestellten Diagnose eindeutig suggeriert:

> [...] Und doch rate ich Ihnen, meine Vermutung zu übernehmen, daß die Geschichte vom Eierstock ausging, – von unbenützten granulösen Zellen nämlich, die seit der Geburt da manchmal ruhen und nach dem Einsetzen der Wechseljahre durch Gott weiß welchen Reizvorgang zu maligner Entwicklung kommen. Da wird denn der Organismus, post festum, wenn Sie so wollen, mit Estrogenhormonen überschüttet, überströmt, überschwemmt [...].

Ohne daß dem zynischen Professor auch hier die Tragweite dessen bewußt sein könnte, was er so alles daherredet, werden die Möglichkeiten kausaler Beziehungsbildung nun noch entscheidend weiter getrieben als in der Korrespondenz und im Tagebuch. Nicht nur ist der Organismus „*mit Estrogenhormonen ueberschuettet*" (bis hierher zitiert Thomas Mann die von ihm doppelt und dreifach unterstrichene Fließmetaphorik seines medizinischen Gewährsmanns, die sich dann verselbständigt: „überströmt, überschwemmt")[64] und ließe sich also die Krankheit als Ursache des Begehrens interpretieren. Auch die Ursache der Krankheit selbst rückt hier, wenn auch noch so vage und als Leerstelle nur, in den Blick: „durch Gott weiß welchen Reizvorgang" (dafür bei Rosenthal: „durch einen *neuentstehenden* Reizvorgang"[65]).

Es versteht sich von selbst, was durch die mit einem allwissenden Gott floskelhaft gefüllte und als solche nur desto fühlbarere Leerstelle angedeutet oder als Möglichkeit jedenfalls nicht ausgeschlossen werden soll: daß eben nicht nur das Begehren durch den krankhaft erhöhten Hormonspiegel verursacht wurde, sondern daß diese hormonelle „Ursache", um es mit Rosenthal zu sagen, ihrerseits wieder nur eine spezifische „Wirkung" war.[66] *Deren* im Novellentext nahegelegte Ursache freilich geht über die von Rosenthal erwo-

---

63 Frederick Rosenthal, Brief vom 11. Mai 1952 an Thomas Mann; Hervorhebungen des Originals.

64 [Frederick Rosenthal,] *Zur Physiologie und Pathologie der Eierstöcke im Zusammenhang mit Erscheinungen in den Wechseljahren* [Manuskript des Thomas Mann-Archivs; vermutlich Anlage eines verschollenen Briefs aus der zweiten Mai-Hälfte 1952]; Hervorhebungen Thomas Manns. Vgl. Bd. 8, S. 901.

65 Rosenthal, Brief vom 11. Mai 1952; im Original keine Hervorhebung.

66 [Rosenthal,] *Zur Physiologie und Pathologie der Eierstöcke im Zusammenhang mit Erscheinungen in den Wechseljahren.*

gene „Kausalitaet" hinaus,[67] dessen Antworten überhaupt erkennen lassen, wie mangelhaft das wissenschaftliche Verständnis der Krebsentstehung damals noch war. Die ja wohl bis heute nicht restlos gefüllte Lücke der Fachwissenschaft wird in der Novelle spekulativ, hypothetisch oder, wenn man so will, mythisch geschlossen.

Das Erklärungsangebot, das der Text an der zitierten Stelle macht, hat erhebliche Implikationen. Läßt man sich auf die angebotene Antwort einmal ein, wozu der Wortlaut des Texts geradezu nötigt – *„durch Gott weiß welchen Reiz*vorgang" –, dann ist die Krankheit der „Betrogene[n]" durch ihr Begehren, und das heißt auch: durch den Begehrten bedingt, und das wieder hieße: durch einen Fremden ausgelöst. Der vom fremden Kriegsveteranen hervorgerufene Tod der deutschen Adligen entspricht genau der Intention, die diesen Fremden als Soldaten der deutschen Grenze allererst entgegenführte. Die im Werk Thomas Manns letzte tödliche Krankheit beginnt unversehens doch wieder den früheren zu gleichen.

Der Krebs, mit nur geringfügiger Überspitzung gesagt, ist selbst wieder zur Infektionskrankheit geworden, oder er weist doch, ganz ohne Übertreibung, dieselbe Ätiologie auf wie die Infektionen in den älteren Texten. Genau besehen ist er nicht sua sponte oder wie auch immer ‚miasmatisch' entstanden. Rosalie von Tümmler hat ihn im eigentlichen Wortsinn des an sich schon verführerischen Sprachgebrauchs ‚bekommen' (nicht selber ihn ‚entwickelt', ‚hervorgebracht' und ‚entstehen lassen', wie Ken Keaton alternativ zu ‚to get cancer' sagen könnte: ‚to develop cancer'). Krankheit und Tod werden der „Betrogene[n]" von einem anderen Menschen gleichsam ‚zugefügt' und ‚angetan' wie bei einer Infektion. Wieder sind sie an die sexuelle Differenz gebunden, und einmal mehr wird ihre letzte Ursache mit dem Ausland assoziiert. Die deutsche Grenze funktioniert hier noch immer oder versagt hier vielmehr als ‚cordon sanitaire'.

Obwohl Thomas Mann, so läßt sich summarisch sagen, mit der *Betrogenen* den Versuch unternommen hat, die deutsche Grenze nicht nur in sexueller, sondern eben auch in hygienischer Hinsicht neu und anders zu imaginieren als zuvor, scheinen ihn also dennoch auch hier wieder die alten Imaginationsschemata einzuholen. Wie die nun weibliche Sexualisierung genaugenommen nur des republikanischen Deutschlands mit einer Störung und Vertauschung der Geschlechterrollen einhergeht und infolge dieses Rollentauschs die aktive und die passive ‚Diathese' doch wieder in der gewohnten und altbekannten Weise auf In- und Ausland zu liegen kommen, so wird die neue Konzeption einer sozusagen ‚deutschen' Krankheit in den konkreten Modalitäten ihrer Umsetzung durch ältere Vorstellungsmuster überformt und so gewissermaßen widerrufen. Die nur auf den ersten Blick autochthon ‚deutsche' Krankheit

[67] Ebd.

ist doch oder könnte zumindest doch wieder von außen bewirkt sein, so daß der eigentliche Grund des Übels also doch nicht diesseits der deutschen Grenze zu suchen und zu finden wäre.

Empfänglich für die Vorstellung solcher externer Krankheitsursachen blieb Thomas Mann auch dann noch, als er die Folgen des Nationalismus längst vor Augen hatte. Daß er diese Vorstellung sogar mit seinem kosmopolitischen Selbstverständnis durchaus zu verbinden gewußt hätte, zeigt der *Doktor Faustus*, besonders ein in den Materialien dazu erhaltener Ausschnitt aus dem *Time*-Magazin von Ende Februar 1944, aus einer Zeit also, als man auf das Ende des oder eines bestimmten Nationalismus schon hoffen durfte. Es geht in dem Artikel um die Herkunft der Grippe oder „Influenza", von deren verheerendster, der zu Unrecht so genannten ‚spanischen' Epidemie ein böser Zufall will, daß sie seinerzeit ausgerechnet durch die amerikanischen Soldaten nach Europa gelangte, zu denen Ken Keaton gehörte, und zwar ausgerechnet aus Kansas,[68] das in einer antiamerikanischen Tirade Keatons *parte pro toto* für die Vereinigten Staaten schlechthin steht.[69] Unter der Schlagzeile „Flu from Venus?" hatte sich Thomas Mann im ersten Absatz des Zeitungsausschnitts zwei Sätze rot angestrichen: „germs reach the earth from other planets"; „organisms causing recent flu epidemics had come from Venus, Jupiter or Mars."[70]

68 Vgl. Stefan Winkle, *Geißeln der Menschheit. Kulturgeschichte der Seuchen.* Düsseldorf-Zürich 1997, S. 1045.
69 Bd. 8, S. 898 f.
70 Vgl. Bd. 6, S. 364.

Rhys W. Williams

'Nachrichten von der Grenze': Alfred Andersch's prose writings

In 1965 Alfred Andersch was commissioned by the Deutsches Fernsehen to visit Spitzbergen in the Arctic. His film of that trip, *Haakons Hosentaschen*, appeared in 1966 and three years later his written account of the experience was published under the title *Hohe Breitengrade oder Nachrichten von der Grenze.*[1] The first part of the title paid tribute to Lord Dufferin's *Letters from High Latitudes*, a nineteenth-century travelogue, which served as part of Andersch's meticulous background-reading for the venture; the subtitle 'Nachrichten von der Grenze' highlights what I shall argue is a recurrent motif in Andersch's œuvre. Here the 'Grenze' in question appears to be specific enough: the journey which the travellers undertake is towards the 'Packeisgrenze', the boundary which marks the furthest limit of sea-going exploration before the arctic ice begins. But the 'Grenze' is, simultaneously, a point at which even the most primitive civilisation (with its recorded history) ends and a 'pure' landscape, a landscape unmapped, untouched by human agency, begins. Significantly, none of the forty-eight colour photographs included in the volume depicts a human being; few enough capture animal life. This absolute landscape of ice offers a counterpart to Andersch's 'Heißer sardischer Golf', a travelogue[2] from the intense heat of Sardinia, yet they share a remoteness, an exposure to the extremes of human endurance. *Hohe Breitengrade*, designates a 'Grenze', too, where the writer and his painter/photographer wife (thinly veiled ciphers for Andersch and his wife Gisela) are increasingly fascinated by the abstract forms which nature has shaped. These forms seem to be the product of an artistic sensibility; the 'Grenze' between natural and man-made beauty is crucially blurred. It is a 'Grenze', finally which confronts protagonists and readers alike with the limits of technological progress, with the seemingly inexorable

---

1 Alfred Andersch, *Hohe Breitengrade*. Zürich 1969. For consistency and ease of access I have elected to refer throughout, unless otherwise indicated (as here), to the relevant volume of the Diogenes *Studienausgabe in 15 Bänden*. Zürich 1979.

2 First published as 'Heißer sardischer Golf' in *Süddeutsche Zeitung*, 16 July 1960, reprinted as the first two sections of 'Nach Tharros' in *Aus einem römischen Winter*, Zürich 1979, pp. 82–99.

destruction of rare species of life. Andersch's ecological sensitivity is nowhere more in evidence than in *Hohe Breitengrade.*

'Grenzen', though, fascinate Andersch throughout his life, from his earliest prose pieces to his last major novel *Winterspelt*. 'Grenzen' are limits, boundaries, frontiers that imply a subjugation or control of the area which they encompass, but equally imply the possibility of throwing off that control by stepping beyond, into an unknown which is equated with freedom: aesthetic, political and social. Indeed, the 'Grenze' invites transgression, a challenge to established norms, a revolt against the pressures imposed within. The existence of the 'Grenze' implies, at the same time, a topography: a centre, a periphery where controls weaken, and a beyond in which they may be fully cast off. In Andersch's writing, as I shall seek to demonstrate, the 'Grenze' is not infrequently associated with physical danger; the decision to step beyond it is a personal one; it calls into question existing loyalties to group ideologies and values; it is tantamount to a betrayal, and it is almost invariably associated with the category of the aesthetic.

The first text which I propose to examine is Andersch's first published work, the short story which appeared in the *Kölnische Zeitung* on 25 April 1944 under the title 'Erste Ausfahrt'. This text, which was subsequently republished posthumously in the volume *Erinnerte Gestalten* in 1986 under the title 'Sechzehnjähriger allein', made Andersch, if only by six weeks or so, a writer of 'Innere Emigration'. The story presents a journey from the centre to the periphery, away from the urban to the edge of the natural world: the young Werner (a cipher for Andersch himself) cycles south from Munich into the surrounding countryside, turning his back on the social and domestic pressures of his life in the city and losing himself in contemplation of nature, which transmits a sense of the unlimited possibilities of life opening up before him. The landscape is again a landscape without people, presented with a painter's eye:

> In der Nähe waren da noch Wälder, Äcker und Wiesen, Dörfer und der helle See hingebreitet, und das Land war durchzogen von Straßen, aber in der Ferne, jenseits des Gewässers, schwand alles dahin in ein grünes, stumpfes, von hellen grauen Schatten überflogenes Wogen, das irgendwo in einer weiten, äußersten Ferne an den eisengrauen, unbeweglichen Himmel stieß und dann war nichts mehr. Dann war Raum, Raum, Raum![3]

Looking north, presumably back towards the city and a future adult life, Werner reflects 'daß dort sich seine Sehnsucht nach der Grenzenlosigkeit erfüllen würde, nach der Unendlichkeit eines Raums, in dem auch er selbst mit seinen Gedanken und Taten unendlich werden konnte' (*EG*, 170). The landscape betokens intensity of experience; it is a harbinger of the richness of life

[3] *Erinnerte Gestalten*, Zürich 1986 (= *EG*), p. 169.

to come, a compensation for the insecurities and social compromises which Werner has fled. Leaving aside for the moment the mawkish sentimentality of the piece, its neo-Romantic 'Sehnsucht nach dem Unendlichen', one can detect that beneath the adolescent dreams lies a topography of control and restriction against which Werner rebels.

Andersch's literary début, published, it should be noted, at the age of thirty rather than sixteen, seems to reflect a double constraint. The first is that of Andersch's own adolescence, depicted again after the war in *Die Kirschen der Freiheit* (1952), where he notes that he made, during the years of street battles between the young communists (to which he belonged) and the SA, 'Ausbruchsversuche'[4] on his bicycle: 'Fuhr solche Touren immer allein und ahnte die Möglichkeiten des Lebens' (*KF*, 31–32): 'Fortgehen, dachte ich, [...] immer weiter gehen, alles zurücklassen, neue Berge, Ebenen, und die nie erblickte See' (*KF*, 32). The second set of constraints is, of course, that which Andersch faced in 1944 as an adult. The previous decade had been, for Andersch, years of compromise: his initial rebellion against his father's extreme right-wing ideology had led him to throw in his lot with the Kommunistischer Jugendverband; his arrest in 1933 and brief incarceration in Dachau and a subsequent rearrest, had prompted his decision to break with his communist affiliations; his marriage to a well-to-do half-Jewess, Angelika Albert, and the birth of a daughter, constrained him to make further compromises; a job as an advertising copywriter in Hamburg was as close as he came in these years to the literary career on which he had set his heart. Called up to the army, Andersch had taken part in the invasion of France and had been stationed as part of the occupying forces near Arras. It was on leave from France that he met Gisela Groneuer in 1940. The complications of their relationship, the fact that he was about to abandon a half-Jewish wife even as the plans for the 'Final Solution' were being realised, must have imposed profound pressures. Andersch applied for membership of the Reichsschrifttumskammer in February 1943, a month before his divorce was finalised. Called up again in October 1943, he found himself posted to Denmark in April 1944, where he heard that Suhrkamp had turned down his projected volume 'Erinnerte Gestalten'. Six weeks later, Andersch had opted to desert from the army in Italy and was an American prisoner of war. The longing for 'Grenzenlosigkeit', the sense of being hemmed in, of having one's life determined by others, was Andersch's experience of the years of National Socialism. His own enforced compromises, allied no doubt to his private problems, suggest that his predilection for remote landscapes devoid of human beings, was laid down very early. This scenario received important reinforcement in the years after 1945 by Andersch's decision to present his formative experiences before and during National So-

[4] *Die Kirschen der Freiheit*, Zürich 1979 (= *KF*), p. 31.

cialism as a pattern of determinism from which his desertion in Italy in June 1944 was the only escape.

One of the striking features of *Die Kirschen der Freiheit* is the oscillation in the text between freedom and determinism. Determinism manifests itself initially in the text as the numbing petit-bourgeois world from which isolated trips to the countryside present the only counterbalance. Initially, his commitment to communism seems a liberating experience: 'das wilde Aroma von Leben..., das mir half, mich aus meiner kleinbürgerlichen Umwelt zu befreien' (*KF*, 23), but, with the hindsight born of later cold-war experience, Andersch was to realize that Marxism was 'eine deterministische Philosophie ..., welche die Freiheit des Willens leugnete' (*KF*, 37). Art, or more precisely an escapist aestheticism, is one of the main ways in which Andersch sought to keep at bay the totalitarian pressures, but, by 1952 at least, he is fully aware that an aestheticism which is forced upon one by outside agencies is essentially unfree and hence debased. While Andersch's life up to the desertion is depicted as shaped by outside forces, his act of existential choice, thanks no doubt to his post-war reading of Sartre, is represented as an absolute imperative, determined by nothing and no-one. The setting is on the margin, in no man's land, on the 'Grenze' between the old life of bad faith and the new unknown life on which he is about to embark. His project is the re-fashioning of the self through positive choice. The setting is a 'Wildnis', a kind of moral no man's land, a 'Freiheit zwischen Gefangenschaft und Gefangenschaft.' That 'Angst' accompanies his decision will surprise no-one who is familiar with Sartre. But Andersch is at pains to imbue the lansdcape itself with 'Angst'; it was a landscape which 'legte einem das Gefühl der Angst nahe' (*KF*, 79):

> Ich hatte mich entschlossen, 'rüber zu gehen, weil ich den Akt der Freiheit vollziehen wollte, der zwischen der Gefangenschaft, aus der ich kam und derjenigen, in die ich ging, im Niemandsland lag. (*KF*, 81)

The transgressive gesture ('rübergehen') presupposes a boundary. The setting, which recalls the 'Grenzenlosigkeit' of 'Erste Ausfahrt', is a wilderness; moreover, it is aesthetically pleasing: 'Meine Wüste war sehr schön' (*KF*, 128), a factor which facilitates Andersch's efforts to conflate in his text the quite disparate notions of aesthetic, political and existential freedom. The 'Wildnis' which marks the point of transition is an ideal setting for the kind of mystical grasp of essentials, the phenomenological 'Wesensschau', which also constituted Werner's experience. The setting of the act of freedom is the wilderness, which permits Andersch to wax lyrical about other wildernesses which he has known (none of which has anything to do with escape from National Socialism, but all of which become imbued with a sense of limitless freedom, echoing that 'Ur-Erlebnis' depicted in 'Erste Ausfahrt'):

> Ich ziehe mich gern in Wildnisse zurück. Ich meine damit die Uferlinie des Wattenmeeres bei Kampen [...], ich meine die Felsen von Cap Finistère, das Tal des oberen Tet in den Ostpyrenäen, die Reiher der Camargue, die Ahornbäume am Fuße der Laliderer Wände, die Schafherde der Montagne de Lure, die zerschossenen Wälder auf dem Kamm der Schnee-Eifel, Brackwasser am Mississippi, von Pelikanen reglos umstanden, und die großen Wälder von New Hampshire und Maine. Auch jene Viertel der ganz großen Städte meine ich, in denen die Häuser zur Wildnis werden, wie es in Rom geschieht, in den Stadtteilen der beiden Seiten des Corso (barocke Kirchen und Brunnen blühen darin wie Orchideen), in Hafen von Hamburg, im Paris des linken Seine-Ufers und des Montmartre. An einem Dezember-Vormittag habe ich die Place du Tertre wie eine graue, versponnene Waldlichtung gesehen. Sie hat geträumt – einen Traum in urzeitlichem Violett. (*KF*, 112)

The landscapes which are listed here (and cityscapes, though the latter are carefully associated with nature through imagery: 'blühen', or 'wie eine Waldlichtung') offer precisely the kind of 'Traum', the neo-Romantic sense of time standing still, of rationality suspended, which he depicted in his writing under National Socialism. And even more significantly, these landscapes are associated with a new artistic direction. He juxtaposes his own decision to desert with a set of reflections on modernism in art, employing the same phrase in each case: 'Man ist überhaupt niemals frei außer in den Augenblicken, in denen man sich aus der Geschichte herausfallen läßt' (*KF*, 126) and: 'Als die europäische Kunst den Weg des Willens gegen das Fatum der Geschichte zu Ende gegangen war, ließen sich Picasso und Apollinaire in die Freiheit fallen' (*KF*, 127). The crossing of the boundary, the moment of escape, is directly related to artistic experiment, to the kind of modernism which totalitarian regimes found unacceptable. Here, as much later in *Hohe Breitengrade*, the absolute landscape is presented as being congruent with an art which challenges existing preconceptions.

It is entirely consistent with Andersch's perception of crossing frontiers that the group of characters who escape in *Sansibar oder der letzte Grund* (1957) should take with them a Barlach bronze, for that frontier crossing must, in Andersch's scheme of things, be accompanied by intense danger, an element of chance, and a plea for artistic modernism. Once more political, existential and artistic freedom are interwoven. It is helpful to view the text diachronically; political freedom is related, on the one hand, to 1937, to the threat posed by National Socialism to communists (Gregor and Knudsen), to Jews (Judith), to the mentally ill (Knudsen's wife) and to 'entartete Kunst' (the bronze statue). But the specific historical situation is left deliberately vague, so that 'die Anderen' may stand for any totalitarian power. If we relate the text to its date of publication, then we can begin to see why Andersch should have chosen to set the escape in Rerik, in what was, by 1957, in East Germany. The red towers of the church acquire a more obvious and topical political significance, and the choice of Barlach becomes highly significant. If he had wanted to signal the Nazi threat to modern art, any Expressionist painting might have done.

Barlach is chosen, less because of Barlach's position in the Third Reich, than because his work was hotly debated in the GDR in the early 1950s. The Barlach exhibition in Dresden in 1952 unleashed a bitter debate on formalism. Brecht's description of the exhibition in *Sinn und Form* contains the following lines:

> Da ist der Buchleser, die Bronze von 1936. Ein sitzender Mann, vorgebeugt, in schweren Händen ein Buch haltend. Er liest neugierig, zuversichtlich, kritisch. Er sucht deutlich Lösungen dringender Probleme im Buch. Goebbels hätte ihn wohl eine "Intelligenzbestie" genannt.[5]

This is, of course, the very statue which Andersch selects for Sansibar; moreover, he has virtually identical things to say about it. Gregor's reaction to the statue is recounted in detail:

> Er trägt unser Gesicht, dachte er, das Gesicht unserer Jugend, das Gesicht der Jugend, die auserwählt ist, die Texte zu lesen, auf die es ankommt. Aber dann bemerkte er auf einmal, daß der junge Mann ganz anders war. Er war gar nicht versunken. Er war nicht einmal an die Lektüre hingegeben. Was tat er eigentlich? Er las ganz einfach. Er las aufmerksam. Er las genau. Er las sogar in höchster Konzentration. Aber er las kritisch.[6]

Amongst other things, then, *Sansibar* is a contribution to a German-German debate on artistic freedom and modernism. If Barlach statues have to be saved from anywhere, it is from the East Germany of the 1950s.

Largely because of his excellent socialist credentials and his rediscovery of radical politics in the 1970s, Andersch's strongly anti-communist line in the 1950s has tended to be underplayed. His essay 'Der Rauch von Budapest' of 1956 contained a vehement assault on Soviet communism. Interestingly, this essay was reprinted in the first edition of *Die Blindheit des Kunstwerks* in 1965, but was the only essay to have been omitted from all later editions. For Andersch in 1956 the communism of the GDR is 'ein weißer Terror der falschen, der faschistischen Kommunisten', because 'die Linie Ulbrichts ist die Linie der künstlerischen Reaktion und des geistigen Todes.'[7] Aesthetic response is, for Andersch, a guarantee of freedom from deterministic schemes. As Margaret Littler[8] has convincingly demonstrated, Andersch's position moves away from a strictly existential concern in the late 1950s (perhaps under the influence of his new anti-communism) to a phenomenological one, towards a fascination with perception and memory. If memory is a constituent part of perception, then the Sartrian notion of casting off the self of bad faith becomes a phenomenological impossibility. Perhaps Andersch's sense of heightened per-

---

[5] Bertolt Brecht, 'Notizen zur Barlach-Ausstellung.' In: *Sinn und Form. Beiträge zur Literatur*, 4 (1952), pp. 182–86, here p. 184.

[6] *Sansibar oder Der letzte Grund*. Zürich 1979 (= *S*), p. 40.

[7] *Die Blindheit des Kunstwerks*. Frankfurt/M. 1965, p. 19.

[8] *Alfred Andersch (1914–1980) and the Reception of French Thought in the Federal Republic of Germany*, Studies in German Language and Literature. 8 Lewiston-Queenston-Lampeter 1971, see especially Chapter III.

ception, a relic of the neo-Romanticism of his youth, has to be built into *Sansibar* by the inclusion of 'der Junge', whose thirst for new experiences, new perceptions and new landscapes, provides an echo of Werner's experience in 'Erste Ausfahrt'. Gregor, by contrast, has already made his decision to abandon communism before the action begins. His Tarasovka experience is an aesthetic experience; it represents the abandonment of a goal-directed deterministic view of history for the sensuous delight in landscape; an experience which forms part of his memory and thus shapes his perception of the present:

> Das ist Tarasovka, Grigorij! Wir haben Tarasovka genommen! Gregor lachte zurück, aber es war ihm gleichgültig, daß die Tankbrigade, der er als Manövergast zugeteilt war, Tarasovka genommen hatte, er war plötzlich fasziniert von dem goldenen Schmelzfluß des Schwarzen Meeres und dem grauen Gestrichel der Hütten am Ufer, ein schmutzig-silbernes Gefieder, das sich zusammenzuziehen schien unter der Drohung eines dumpf dröhnenden Fächers aus fünfzig Tanks....
> [...] Im Anblick Reriks erinnerte Gregor sich an Tarasovka, weil dort sein Verrat begonnen hatte. Der Verrat hatte darin bestanden, daß ihm, als einzigem, der goldene Schild wichtiger gewesen war als die Einnahme der Stadt. (*S*, 22)

In viewing the landscape, which is itself depicted as a painting, with a fine sense of composition and colour, Gregor frees himself from the goal-directed, utilitarian, or deterministic schemes of things and responds with a delight in objects as they are. This is clearly a betrayal: delight in the world as it is, implies that the world does not need to be changed.

It is clear that while Judith and the 'Klosterschüler' statue need to escape from Rerik, Gregor does not. He has already abandoned his deterministic world view. The 'Grenze' at which he operates is that between the intuitive and the analytical. He represents at once two modes of viewing and thinking about the world. After putting himself in a position to join the others in escaping from Germany to Sweden, Gregor renounces the possibility. His final vision is a phenomenological one, the product of a process of phenomenological reduction, in that things are reduced to their essentials, all contingency, all intention and all that has previously been thought about the object, are excluded: 'Das graue Morgenlicht erfüllte die Welt, das nüchterne, farblose Morgenlicht zeigte die Gegenstände so, wie sie wirklich waren, rein und zur Prüfung bereit. Alles muß neu geprüft werden, überlegte Gregor' (*S*, 134).

Even as Andersch moved away from Sartrian existentialism, his fondness for situations of existential choice remained. In *Die Rote* (1960) Franziska finds herself in an extreme situation: trapped between a husband, Herbert, an aesthete, whose attitude to Italian culture is derived entirely from guidebooks, and a lover, Joachim, who embodies the power of the German industrialist. Franziska's discovery that she is pregnant, triggers a sudden decision to remove herself from the choice between aestheticism and power and flee. The first train leaving Milan station is the express to Venice; she breaks out of the pressures which surround her and escapes to Venice, where a further set of pressures will beset her in the guise of the unreconstructed Nazi Kramer (embodying power) and the latter's victim Patrick, who stands for aesthetic escapism. Franziska's escape is towards a city which signifies a 'Grenze' in a number of ways: Venice, as presented by Andersch, is a city which straddles wealth and poverty; it is situated between sea and land, between birth and death, between its cultural past and its industrial present. It is a city on the margin, an appropriate setting for the struggles that take place. Franziska's refuge will be Fabio Crepaz, a former communist who has abandoned politics for art and she will, in the first edition of the book at least, find sanctuary with Fabio's family in the industrial suburb of Mestre.

As one might expect, Andersch's depiction of the moment of crisis is shot through with references to art, literature and music. Thomas Mann's *Der Tod in Venedig,* Hemingway's *Across the River and into the Trees,* Virginia Woolf's *To the Lighthouse* (for the episodes on the lagoon) and Rilke's work as the antinomy to the *neoverismo* of the Italian film (here Andersch is distancing himself from his own pre-war image of Italy), all these are literary forebears which accompany the crisis. The central metaphor is musical, Monteverdi's *Orfeo* with its 'Eindruck von magischer Trauer':[9]

> Es war genau die richtige Reaktion auf die Meldung von einer äußersten Katastophe. Die war also das sogenannte Ewige in der Kunst: weil ein Mann sich im Jahre 1606 zu dem Gedanken der Katastrophe richtig verhalten hatte, stimmte seine Musik auch heute noch. Monteverdi hatte die Pest in Venedig erlebt. (*R*, 19)

Fabio Crepaz is to lead his Eurydice (Franziska) out of the dead winter landscape of Thomas Mann's Venice into the contemporary Italy of neoverismo which Andersch had come to admire so much. That Andersch felt constrained to omit the last chapter of his novel in response, largely, to Marcel Reich-Ranicki's critique of the happy ending, ruined the carefully worked *Orfeo* metaphor. Though whether a job in a soap factory in Mestre was ever a convincing resolution of Franziska's dilemma is at least a moot point. The visual arts are, of course, not neglected. Frau Mauro's *Mappa Mundi*, the longitudinal and latitudinal lines of which meet on the Campanile in Venice, the spot where Fabio and Franziska will meet, is a key to the way the plot will develop. More significant yet is Giorgione's *Tempestà*, a painting which, for Fabio, represents 'die Darstellung der ewigen Trennung zwischen Mann und Frau' (*R*, 27), another 'Grenze' in Andersch's work which is confronted here explicitly for the first time. Andersch may well have been attracted to the metaphoric possibilities of the painting because it displayed in a curiously detached way a soldier and a woman with a baby, each apparently self-absorbed, while the eponymous storm, of which they appear oblivious, rages in the background.[10]

---

[9] *Die Rote.* Zürich 1979 (= *R*), p. 19.

[10] The fact that Andersch himself returned, after the storms of war, from an American PoW

Finally, the novel offers another visual image which affords insight into Andersch's literary strategy. When Franziska departs abruptly for Venice, much is made of a house which she spots near Verona as the train passes:

> Das Haus war ein Würfel, ein Würfel aus Trostlosigkeit und Verfall und geheimem Leben, Leben im Dunkel [...]. *ich habe mich immer nur für solche Häuser interessiert, ich wollte hinter das Geheimnis solcher Häuser kommen, ganz Italien besteht aus solchen Häusern, in denen Leute abends im Dunkeln sitzen und Geheimnisse bewahren, arme bittere leuchtende Geheimnisse, du bist romantisch, hat Herbert immer zu mir gesagt.* (*R*, 16)

While one is tempted to concur with Herbert's dismissive remark, it is clear that Andersch is exploring precisely the question of otherness and its fascination. The narrative of *Die Rote* involves Franziska in penetrating the facade of such houses, in getting to the bottom of the neo-Romantic 'Geheimnis' of otherness. Significantly, the last section of the novel, a section which Andersch chose to omit from the 1972 edition of the novel, is entitled 'Das Geheimnis solcher Häuser', and depicts Franziska's integration into life in Mestre with Fabio's family. At least part of Andersch's strategy, then, involves the attempt to convey to German readers exactly what makes Italy different. Andersch made detailed notes in preparation for the novel based on his own stay in Venice in the winter of 1957–58; the notebook which he kept contains details of settings and meals, together with precise menus and prices.[11] This meticulous exactitude is more than mere local colour; it reflects his desire to offer some clues to the mystery of what constitutes the otherness of Italy. The 'Grenze' which Andersch was, as a passionate traveller, anxious to cross was that which separates one culture from another. What, amongst other things, divides Herbert and Franziska are two possibilities of tourism: the intellectual, classical journey, with its emphasis on the specific cultural artefact or monument, and the romantic journey, in which travelling, rather than arriving, offers the intuitive experience of otherness. Neither possibility seems to be sufficient in itself; some combination of the two is clearly presented as the ideal. Indeed, nearly all Andersch's evocations of place are shot through with literary reminiscence, with the results of historical, political or sociological background reading. Far from being phenomenological, in the sense that all preconceptions are excluded, Andersch's visions all too often confirm the literary, sociological and historical insights which he has studied with due assiduousness before he set out on his journey. As he freely admits in *Hohe Breitengrade*: 'Wir suchten uns einen Baedeker von Spitzbergen, aber es gab keinen' (*HB*, 22).

camp to find that Gisela had just given birth to another man's child, conceived in the aftermath of the Ardennes offensive, adds a peculiar private poignancy to this image.

11 The notebook is to be found in the Alfred Andersch Nachlaß in the Deutsches Literaturarchiv, Marbach am Neckar.

Two years after *Die Rote*, Andersch published *Wanderungen im Norden*, a text which brought together impressions and insights gained during his many visits to Scandinavia, the first of which took place as early as 1953. But it also contained reflections on art, nature, landscape and design. Andersch was clearly impressed by Swedish design, by its simplicity of form and material: 'im übrigen gibt es nur Bäume, Steine und Wasser und überhaupt keine Kunst, die mit ihrem jahrhundertealten Tradition, mir ihren tausend Formen, mit ihrem verdammten 'alles schon mal dagewesen' auf den Künstlern lastet.'[12] In an interview with the Swedish jewellery designer Synnöve, Ken (like Franz Kien, a cipher for Andersch himself) wonders why she elects to work with such simple material; her reply offers the reader an insight into Andersch's aesthetic: 'die Menschen würden immer flacher und geheimnisloser, und sie wolle sie durch den Schmuck, den sie verfertige, wieder geheimnisvoll machen' (*WN*, 38). The 'Nachwort' of *Wanderungen im Norden* contains Andersch's most explicit statement yet of the distinction between mere tourism and the crossing of the boundary into the other which is Andersch's definition of true travel. The tourist is dismissed as a superficial traveller, with preconceived ideas about the place which he is visiting; yet even the tourist is dimly aware, as he reads his guidebook in his hotel bedroom 'daß er genau in diesem Augenblick das Wesentliche versäumt, die Minute der Wahrheit'. (*WN*, 190). The correct phenomenological response, for Andersch, is openness to experience: 'von Stimmungen berührt, von Farben, von Gerüchen, von Formen, von der Essenz fremden menschlichen Lebens oder von der Substanz toter Steine' (*WN*, 191).

If we define boundaries and frontiers as that which separates cultures, then Andersch's *Efraim* (1967) is a study in otherness. While Andersch's central characters conventionally seek to throw off their allegiance to the social or ideological group, to prevalent intellectual fashions and comforting conformities, George Efraim is, in complete contrast, desperate to belong. Andersch is exploring here the converse of his heightened sense of otherness, the otherness of England, which supplies the backdrop for both the modern marital problem (Efraim, Meg and Keir) and the historical issue (the holocaust and its personal legacy). Andersch was, amongst other things, a passionate tourist; for him, man is 'vor allem auch ein Geschöpf, das reist.'[13] Travel is cross-border experience, a confrontation with otherness. The traveller is jolted out of his habitual ways of seeing the world: 'Jede Reise ist ein kritisches Unternehmen, eine Form der Selbstkritik, der Kritik an den Zuständen in denen man lebt, der schöpferischen Unruhe, des Zwanges, sich der Welt zu stellen'.[14] The traveller

12 *Wanderungen im Norden*. Zürich 1984 (= *WN*), p. 29.

13 'Vom Reisen lesend', first published in *Neue Deutsche Hefte*, No. 128, 1970, reprinted in *Aus einem römischen Winter. Reisebilder*. Zürich 1979, p. 100.

14 Ibid.

experiences 'jenes gesteigerte Leben', he is impelled to grasp the mysterious essence of another place. Andersch appears to attribute to the experience of travel the status of aesthetic appreciation, combining, as it does, both a critical and an affirmative element. Delight in the world as it is, a kind of phenomenological process, is combined with the critical virtue that the new experience throws into doubt all that has previously been experienced. Clearly, the figure of George Efraim permits Andersch to combine the political and historical virtues of exile as an appropriate response to National Socialism with the phenomenological virtues of perceiving the otherness, the 'Geheimnis' of England, with all its affirmative and critical associations. Andersch's attempt to convey as a writer the atmosphere of London is brilliantly interwoven with Efraim's sense of not belonging, of being an outsider. Andersch's experience as a traveller, his remarkable sensitivity to the uniqueness of place, is not the same thing as choosing exile (a possibility which Andersch later admitted he never even considered and an omission to which he was sensitive), but in the figure of George Efraim the two experiences coalesce.

As in Andersch's other evocations of cross-border activity, there is always an aesthetic concomitant. Efraim's visit to Dillon's bookshop near Meg's flat is prefaced with a few remarks about experimental literature, followed by a clear statement of preference for the psychological novel, the novel of human relationships:

> Mein persönlicher Geschmack ist freilich eher konservativ – was die schöne Literatur betrifft, so suche ich immer nach Erzählungen, in denen Menschen zu Menschen in Beziehung gesetzt werden, wobei ich es schätze, wenn die Bemühung des Erzählers sich auf äußerste Klarheit richtet, da ja das Thema, eben jene Beziehungen, schon differenziert und geheimnisvoll genug ist.[15]

Here, Efraim/Andersch offers an early version of his newly acquired judgement on the English novel. In 'Auf der Suche nach dem englischen Roman', which appeared in the *Times Literary Supplement* on 12 September 1968, he was to justify just such a preference. Cross-border tastes are, he suggests, difficult to reconcile: on the West German market (a market which, incidentally, Andersch, with his early enthusiasm for Sartre and Simone de Beauvoir, for Adorno, Benjamin and the Frankfurt School, for the *nouveau roman*) taste does not favour the English novel:

> da er eigensinnig darauf besteht, Beziehungen und Konflikte zwischen Menschen darzustellen, Charaktere und ihre seelischen Regungen zu schildern, eine spannende Handlung zu entwickeln, historische und soziale Zusammenhänge scharf zu zeichnen und darüber hinaus die Individualität seines Verfassers zu spiegeln.[16]

---

15 *Efraim*. Zürich 1979 (= *E*), p. 193.
16 Reprinted in *Die Blindheit des Kunstwerks*. Zürich 1979, pp. 103–110, here p. 104.

This passage contains both a precise description of *Efraim* and an acknowledgement of Andersch's belated discovery of the virtues of plot and character.

In his last major novel, *Winterspelt* (1974) Andersch returns to the landscape in the Eifel where he visited Gisela in the war years. The physical location is the 'Grenze', the western border of Germany during the Ardennes offensive of late 1944 and early 1945, in particular, the no man's land between the lines. Andersch's work with historical sources was assiduous; but his basic premise is an exploration of what might have happened. The central female figure Käthe Lenk 'wollte nicht ins Innere, sie wollte an den Rand'[17]; her key role in Major Dincklage's plan to surrender his whole battalion to the Americans allows Andersch to explore a problem which had beset him since 1944, namely the difficulty of individual desertion, despite the fact that the High Command recognised the impossible military situation. The novel is based on a 'what if…': 'Geschichte berichtet, wie es gewesen. Erzählung spielt eine Möglichkeit durch' (*W*, 22). The 'Grenze' here is between what was, and what might have been, between the indicative and the subjunctive.

Dincklage's affair with Käthe enables them to call upon the support of the communist Wenzel Hainstock, Käthe's former lover, who lives in hiding near Winterspelt. Through Hainstock, Dincklage contacts Captain John Kimbrough, his American counterpart, who is captivated by the plan and who uses, as an intermediary, Bruno Schefold, an art historian. Dincklage, a prisoner of his military code, insists that Schefold should cross the lines openly as an earnest observer of American intentions, with fatal consequences. For Andersch himself, the locality is crucial: 'Die Geschichte ist die Geschichte des Fortgehens einer Frau aus einer Schlacht. Wohin? An den Rand. Käthe und G. (Gisela Andersch) dringen immer bis zu Rändern vor, geographischen, künstlerischen, inneren' (*AAL*, 91).[18] Paradoxically, of course, Giesla's refuge in the Eifel was to place her at the very heart of the Ardennes Offensive. Andersch, whose early emotional involvement with Gisela was situated in the Eifel, was always drawn to the landscape. In the American PoW magazine *Der Ruf*, he had in July 1945 offered, under the pseudonym Thomas Gradinger, a nostalgic reminiscence entitled 'Tagebuchblatt aus der Eifel'; in his short story 'Die letzten vom "Schwarzen Mann"' of 1958, the spirit of a dead soldier haunts the Eifel:

> Roland liebte Grenzen, weil an ihnen die Länder unsicher wurden. Sie verloren sich in Wäldern, zerfransten sich in Karrenwegen, die plötzlich aufhörten, in Radspuren, in Fußpfaden, unterm hohen gelben Gras, das niemand schnitt, in Sümpfen, Ödhängen, Wacholder, verufenen Gehöften, Einsamkeit, Verrat und Bussardschrei. Schnee-Eifel hieß das, Ardennen, Hohes Venn…'[19]

---

[17] *Winterspelt*. Zürich 1979 (= *W*), p. 244.
[18] *Das Alfred Andersch Lesebuch*, ed. Gerd Haffman's. Zürich 1989, p. 91.
[19] *Geister und Leute*. Zürich 1979, p. 41.

Now, in *Winterspelt*, Andersch returns to the landscape. Once again, a modernist work of art accompanies the attempt to cross over, to grasp the otherness of experience, to resist totalitarian pressure. It is a painting which Schefold has liberated from National Socialist control, a painting by Paul Klee from 1930, entitled 'Polyphon gefaßtes Weiß'; it is perhaps not surprising that Andersch should have chosen to retitle the painting in his novel 'Polyphon *umgrenztes* Weiß' (*W*, 270).

Colin Riordan

THRESHOLD AND TRANSGRESSION IN THE WORKS OF PATRICK SÜSKIND AND MARTIN WALSER

I. BORDER AND SPACE

'Die Welt, sage ich, ist eine Muschel, die sich erbarmungslos schließt'. These words, uttered by the eponymous narrator of Patrick Süskind's first published work 'Das Vermächtnis des Maître Mussard',[1] are in context not wholly metaphorical. Seduced by his own efforts to explain the presence of shell-shaped rocks under his garden and elsewhere in the world, the deluded Mussard finds ubiquitous confirmation of his theory that the crust of the earth, and indeed everything in the cosmos, are gradually being transformed into the chalky shell-substance which he believes has already invaded his own body. This monistic apocalypse, this thoroughgoing 'Vermuschelung'[2] is being engendered by the universal 'Ur-Muschel'[3] which has, Mussard believes, already ingested and regurgitated him in an incident which to the reader seems identifiable as a stroke. Mussard's pitiful delusions amount to a firm belief that all matter in the universe will lose its distinguishing characteristics and become one substance enclosed by the giant universal shell. All existing distinctions, and with them all existing borders, frontiers, peripheries, perimeters and margins will dissolve to be replaced by the one all-embracing, absolute, impermeable boundary. This image of ultimate enclosure and manufactured space is one which is not only reflected in a number of permutations in Süskind's later works, but also acts as an archetypical starting-point for considering the nature of borders themselves.

It is with some sympathy that one encounters John C. Welchman's comment that 'The border [...] has become ceaselessly available for critical theory'.[4]

---

1 Patrick Süskind, *Das Vermächtnis des Maître Mussard*. In: *Drei Geschichten und eine Betrachtung*. Zürich 1995, pp. 55–108, here p. 66, first published *Neue Deutsche Hefte*, No. 149/ 1976.

2 Ibid., p. 92.

3 Ibid., p. 105.

4 John C. Welchman, *The Philosophical Brothel*. In: John C. Welchman, ed., *Rethinking Borders*. Basingstoke 1996 pp. 160–86, here p. 173.

'Questions at the boundaries of civilizations, cultures, classes, races and genders', as James Clifford puts it,[5] are posed with bewildering diversity. In the absence of a 'unique, essential, specific border *experience*',[6] then, we need a reading of border appropriate to the present purpose. Without wishing to rehearse familiar arguments in excessive detail, it is necessary to establish that borders and enclosures depend for their existence on a centre that defines itself in contradistinction to a periphery and an excluded beyond. Political cartography has long been the most common means of representing the opposition between the authoritarian centre and the subjugated periphery.[7] Borders, then, imply a space which is manufactured; the space which they delineate is created.

The peripheries of that space can be used and abused in a number of ways from delimiting and exclusive to transgressive and reformulative. And that is the crucial point: what has been made can be unmade. What has been modelled can be remodelled. The making and unmaking of the margin engenders conflict, violence, struggle. It is the demarcation of spaces, the defining, defence, transgression and redefinition of the edges of that space, its margins and boundaries in the works of Süskind and others that I wish to discuss here.

Borders can be 'a limit that subtends and controls'[8], in the sense of boundaries intended to be impermeable but which are nevertheless susceptible to external infringement. Or borders can be 'a special transgressive space,'[9] fluid margins which indicate a peripheral area, the space within which transgressions take place, within which violence and conflict are sited. Transgressions can be against conventional cultural, social, ethical or sexual norms, or against personal space. In Süskind's *Die Taube*, the threshold is the explicit image which denotes the site of both conflict and stability, a place of precarious balance which is simultaneously to be desired and feared, created and destroyed, drawn and re-drawn.

II. Threshold and Containment

In an amusing essay of 1986, Patrick Süskind playfully denied the effects of literary influence on the writer except perhaps subliminally.[10] Allegedly un-

---

[5] James Clifford, *Writing Culture: The Poetics and Politics of Ethnography*, quoted in ibid., p. 172.
[6] Ibid., p. 173.
[7] See, for example, Nelly Richard, *The Cultural Periphery and Postmodern Decentring: Latin America's Reconversion of Borders*. In Welchman, ed., *Rethinking Borders*, pp. 71–84; here a paraphrase of p. 71.
[8] Ibid., p. 160.
[9] Ibid.
[10] Patrick Süskind, *Amnesie in litteris*. In: *Drei Geschichten und eine Betrachtung*, pp. 111–29, first published in *L'80, Zeitschrift für Literatur und Politik*, No. 37 (1986).

able to remember anything he reads, he speculates on the causes of this literary amnesia:

> Vielleicht ist Lesen eher ein imprägnativer Akt, bei dem das Bewußtsein zwar gründlichst durchsogen wird, aber auf so unmerklich-osmotische Weise, daß es des Prozesses nicht gewahr wird. [...] Und für jemanden, der selber schreibt, wäre die Krankheit womöglich sogar ein Segen, ja beinahe eine notwendige Bedingung, bewahrte sie ihn doch vor der lähmenden Ehrfurcht, die jedes große literarische Werk einflößt, und verschaffte sie ihm doch ein völlig unkompliziertes Verhältnis zum Plagiat, ohne das nichts Originales entstehen kann.[11]

No doubt this was written in response to critiques of *Das Parfum* (1985), the intertextuality of which is almost fetishistic. The subversive tone of the 1986 essay indicates, however, that one would be wise not to take its sentiments at face value, for *Die Taube*, published the following year (1987), also contains strong literary undercurrents. While this novella is less promiscuously allusive than *Das Parfum*, the story nevertheless has powerful echoes both of Kafka (especially *Die Verwandlung*) and of Handke's *Die Angst des Tormanns beim Elfmeter*. But the story also has a clear affinity with another, less famous, German text, namely Martin Walser's *Ein fliehendes Pferd* (1978). This is an affinity which seems to go beyond the mere diffuse osmosis to which Süskind refers, albeit tongue in cheek, in his essay of 1986. Moreover, the juxtaposition of *Die Taube* with *Ein fliehendes Pferd* adds up to more than the sum of its parts so far as the topic under discussion here is concerned.

The external events of both stories are straightforward enough. The action of *Die Taube* encompasses twenty-four hours in the life of Jonathan Noel, a reclusive and socially dysfunctional, bank security guard in Paris. He lives an obsessively regular, well-ordered existence alone in a tiny room which over the years he is converting to a hermetic, hermitic refuge from the outside world.[12] On emerging from his room one morning he is pathologically terrified by the sight of a pigeon in the corridor. The whole routine of his life and work, and indeed the balance of his mind, are affected. He resolves at enormous personal cost and inconvenience to move into a hotel, using the money which he was labouriously reserving to buy his room and complete the proc-

---

11 Ibid., p. 126–7.

12 Small, hermetic rooms and spaces feature in much of Süskind's work, notably in *Der Kontrabaß*, and seem to have some autobiographical significance beyond the literary value ascribed to them in the course of this piece. In an essay describing the writing and filming of *Rossini*, a feature film, the screen play of which Süskind wrote in collaboration with its director Helmut Dietl, the author describes his nervousness at the filming itself and his escape from the scene of the action: 'Eine Strecke von vielen hundert Kilometern legt er zwischen sich und den Ort des grausamen Geschehens und beginnt, um seine Nerven zu beruhigen und seine Ängste zu betäuben, einen Essay über die Schwierigkeiten beim Drehbuchbauen zu schreiben, allein im engen Kämmerlein, wo er alles schön unter Kontrolle hat' (Helmut Dietl, Patrick Süskind, *Rossini, oder die mörderische Frage, wer mit wem schlief*. Zürich, 1997, p. 255.)

ess of self-isolation. After a day of mounting terror Noel ends up in a hotel room, where he experiences a crisis which seems to resolve the problem, at least partially. The next morning he returns to his own room, and the pigeon has gone.

Martin Walser's *Ein fliehendes Pferd* is the story of Helmut and Sabine Halm who, on holiday at Lake Constance, meet by chance Klaus Buch, a school friend of Helmut, and his much younger wife Helene. A series of meetings between the two couples is marked by Halm's increasingly desperate attempts to shake off the overbearing Buch, whose competitive nature and aggressive openness about sex push the repressed, impotent Halm to breaking-point. In a key scene Klaus Buch catches and brings under control a bolting horse, a feat which only serves to fuel his boastful invasion of Halm's privacy. Tension builds during a sailing trip: the two men take on the lake, until violence erupts as a storm blows up; when Helmut kicks the tiller out of Buch's hand, the latter falls overboard and seems to be lost. After Buch's apparent drowning, Halm begins to take on his characteristics, while Helene reveals that the superficially confident Buch had been a mass of insecurities, that he had been hoping to rebuild his life by modelling himself on Halm. With no explanation Buch reappears and collects his wife. The story ends with Halm reverting to type and, externally at least, the *status quo ante bellum* is restored.

There are several key points of contact between the two works. The first is the 'Novelle' form, expressly stated in the case of *Ein fliehendes Pferd*, clearly detectable in the case of *Die Taube*. Both have the characteristics associated with the form, both build towards a crisis in the lives of the protagonists which is triggered by an apparently trivial external cause, the release of which is marked by a storm. The main protagonists in the two stories seem to be as if re-born or transformed after their critical experience, though their lives seem to go on as before. In terms of Novelle theory, the central event or experience crucial to the form is in itself marginal. Referring to Paul Ernst's *Der Weg zur Form* (Munich, 1928), Martin Swales remarks that: 'the interpretative complexity of the novelle is produced by experiences that are marginal in the sense that they are not completely accessible to rational ordering elucidation'.[13] The question of 'rational ordering' versus disorder and the irrational is fundamental to my subsequent argument, but at this point I wish only to note that the very form of the novelle lends itself to writing at the margin.

Importantly, in each case animals play a key role in encroaching on the lives of the characters. Noel's irrational terror of the pigeon outside his door is matched by that of Klaus Buch with respect to Halm's pet dog, while the bolting horse of the title of Walser's text figuratively goes to the heart of Halm's insecurity. In each case, animals circumscribe and delineate the freedom of

13 Martin Swales, *Theory of the Novelle*. Princeton 1977, p. 27.

action of the protagonists, or at least are associated with an attack on the defensive shell which each of them constructs. Although in each case the protagonists end up in much the same position as they began, both Helmut Halm and Klaus Buch on the one hand, and Jonathan Noel on the other, are figuratively and sometimes literally in a state of instinctive, animalistic flight. This state of affairs is even described in similar terms. Halm's fears produce a characteristic reaction reflected in the book's central image of the bolting horse: 'dann wollte er fliehen. Einfach weg, weg, weg'.[14] Jonathan Noel, on escaping from the pigeon outside his door, succumbs to panic: 'es war ihm alles egal, er wollte nur weg, weg, weg'.[15] There are other linguistic correspondences which suggest an allusive rather than merely coincidental relationship between the two novellas, as will become clear shortly. But first I wish to examine the way in which the characters in these two works are depicted constructing defensive boundaries around themselves, and to consider the question of what encroaches upon these exclusive borders, beginning with *Die Taube*.

Noel's reaction to the vicissitudes of life is to create a secure refuge in the form of a rented room in which his personal comfort is not the primary objective: 'Er suchte nicht Bequemlichkeit, sondern eine sichere Bleibe, die ihm und ihm allein gehörte, die ihn vor den unangenehmen Überraschungen des Lebens schützte und aus der ihn niemand mehr vertreiben konnte' (*DT*, 9). The room is further described ambivalently as 'seine Geliebte' (*DT*, 12), though it also has maternal characteristics, not only protecting, but nourishing and warming him. The clear suggestion in the text is that the ultimate causes of his self-isolation were the insecurities created by his mother's disappearance when Noel was a child, and that the appearance of the pigeon outside his room reactivates the trauma of that original loss.[16] Yet there is also much to suggest that there are broader implications to the use of a pigeon to disrupt the secure environment which Noel has created for himself. In particular, it is clear in the text that it is not merely the pigeon itself, but its natural functions and its context, on the boundary of Noel's self-created dominion, which cause what appears to the reader to be a grotesque over-reaction on the part of the central character.

[14] Martin Walser, *Ein fliehendes Pferd*. Frankfurt/M. 1978, p. 12. Subsequent references will be indicated by the abbreviation *FP*.

[15] Patrick Süskind, *Die Taube*. Frankfurt/M. 1987, p. 29. Subsequent references will be indicated by the abbreviation *DT*.

[16] Noel's Jewish parents were incarcerated in Drancy from where they were deported, presumably to death in the camps. On the first page of the book, the word 'Angeln' is used demonstratively in two different senses to create a link between the mother's disappearance and the effect of the appearance of the pigeon. There are several other passages which reinforce the same point. In that sense, Jonathan Noel is a victim of the twentieth century; that he takes part in French colonial adventurism as a soldier in Indochina merely accentuates his marginality.

Süskind goes to some lengths to establish the extraordinarily disruptive nature of the pigeon incident: we are asked, for example, to believe that the previous twenty years had, by contrast, been a period of 'vollkommene Ereignislosigkeit' (*DT*, 5). Noel's reaction to the disruption of this apparent state of being and nothingness is as follows: 'Er sei zu Tode erschrocken gewesen – so hätte er den Moment wohl im nachhinein beschrieben, aber es wäre nicht richtig gewesen, denn der Schreck kam erst später. Er war viel eher zu Tode erstaunt' (*DT*, 15). The extreme nature of Noel's reaction, hair standing on end 'vor blankem Entsetzen' (*DT*, 16), practically beseeches the reader to regard the pigeon as something other than itself, particularly in a text as pregnant with symbolism as this one. Pigeons and doves are indeed an ambiguous signal. The biblical bird of peace, Picasso's dove, the quintessential message-bearer, the harmless, bird-brained creature with a natural, mysterious sense of orientation is both vermin and angel, a disease-bearing bird which is a wholesome source of food. Yet its very multivalency supplies a clue which is shortly confirmed when we discover Noel's own view of the bird: 'eine Taube ist der Inbegriff des Chaos und der Anarchie, eine Taube, das schwirrt unberechenbar umher' (*DT*, 18). The pigeon is an arbitrary element, the unpredictable, the uncontrollable. What is disturbing about the pigeon is its position on the edge of Noel's protective realm of order and predictability. The mess it makes is as disturbing to him as the bird itself. But it is merely a catalyst. Representing no specific danger in itself, the pigeon is a capricious sign, a reminder that the creation of his room is part of an effort to respond to a disorienting, disordered world. He has made a reasonable response to unreasonable circumstances, but the response is unsustainable. The edifice which Noel has built is bound to collapse, not because of any specific outside influence, but because of the existence of the irrational, the unordered, the anarchy and chaos which lie beyond the regulated confines of his existence. Reacting on an instinctive level in the same way as the pigeon, he loses his sense of control. He is dealing with an atavistic fear; the pigeon has become 'das Entsetzliche', an invader from a terrifying abstract domain. Should this story, then, be read purely as a psychological study in existential terror? An account of 'das namenlose Erschrecken vor der Wirklichkeit', as Thomas Söder puts it?[17] That it should not, I would contend, can be shown by reading it in the context of Walser's *Ein fliehendes Pferd*.

Helmut Halm is also a character who lives his life in a self-constructed protective shell, the penetration of which would be a personal catastrophe. His primary fear is 'das Erkannt- und Durchschautsein' (*FP*, 12); any sign of intimacy or knowledge of his private life on the part of others plunges him into

---

[17] Thomas Söder, *Patrick Süskind, "Die Taube": Versuch einer Deutung*. Freiburg im Breisgau, 1992, p. 97.

panic and activates the flight instinct. Jonathan Noel, too, is driven to despair by the habit of his concierge of studying him as he passes: 'Warum zum Teufel beachtet sie mich schon wieder? Warum werde ich schon wieder von ihr überprüft? (*DT*, 34). Though in Halm's case the space which he creates has no concrete existence, he is depicted ascribing an imaginary physical form to it: 'Unerreichbar zu sein, das wurde sein Traum. Und er hatte Mühe, die schlanke, spitze, nach allen Seiten vollkommen steil abfallende Felsenburg nicht zu einem andauernden Bewußtseinsbild werden zu lassen' (*FP*, 13). Believing the society in which he lives to be wholly superficial, Halm elevates deception to a principle of life: 'Wie sollten denn die Leute das Leben aushalten, ohne Schein! [...] Täuschung, war das nicht die Essenz alles Gebotenen?' (*FP*, 69–70). His aim is to create a counterfeit exterior to conceal the private interior: 'Es gab überhaupt nichts Ekelhafteres für ihn als dieses Offendaliegen vor einem anderen. So etwas wie Lebensfreude entwickelte sich bei ihm wirklich nur aus dem Erlebnis des Unterschieds zwischen innen und außen' (*FP*, 80). Frankness, personal development and self-discovery represent not virtues but disastrous breaches of his defences; as he puts it in an unsent letter to Klaus Buch: 'Ich bin nicht interessiert, etwas über mich zu erfahren, geschweige denn, etwas über mich zu sagen' (*FP*, 37). By his veneration of 'Schein', Halm protects a private space inaccessible to outsiders. Like Noel, then, Halm subscribes to the view that hell is other people. Klaus Buch breaches his defences with his insistence on reminiscing about their early onanistic experiences and with personal questions about his sex life. Yet as in the case of *Die Taube*, there is more to Halm's techniques of self-protection than an autistic need to avoid meaningful social contact. In this case too it is clear that Halm's recognition of the similarity between his own behaviour and that of the bolting horse of the title is a further factor in the collapse of his self-erected boundaries. For Halm recognizes the horse as a symptom of nature unbound; nature once tamed but in a state of release. The struggle within Halm is in essence one between ordered civilisation and the perceived disorder of the natural world. His attempts at self-isolation through immersing himself in the products of civilization – in this case a repeated failure to read Kierkegaard's diaries, and as a teenager *Also sprach Zarathustra* read on the beach in French translation – founder on the secret recognition that he is as prey to his instinctive urges as is the horse: 'Ja, ich fliehe. Weiß ich. Wer sich mir in den Weg stellt, wird. . .' (*FP*, 37). I will return later to this strong hint of latent violence, but first I want to establish that what Halm is actually excluding is nature, or what he conceives nature to be. Halm is unsettled by the feral, the untamed, the unpredictable. The notion that Walser places Halm on a self-created border between nature and humanity is reinforced in a striking image which is echoed in Süskind's later novella.

The effect of Klaus Buch's successful capture of the horse on Helmut Halm is overwhelming, and stems in part from the way in which the deed is accomplished: 'Das Pferd rannte wieder los. Aber Klaus saß. Klein und eng. Irgendwie anliegend' (*FP*, 89). Klaus seems almost to have become part of the animal, claiming afterwards that 'wenn ich mich in etwas hineindenken kann, dann ist es ein fliehendes Pferd' (*FP*, 90). It is not just Halm's pride which is hurt, but his whole notion of the world. By suspending the division between himself and nature Klaus has openly conceded that the border is artificial. Helmut is confronted with the breakdown of his technique of 'Schein', and becomes susceptible to the incursion of nature. He loses the ground under his feet, as it is put, and visualizes himself in a desperate position:

> Er sah sich auf einem Felsen liegen, der von oben her heftig von Wasser überflutet wird. Er, Helmut, kann sich fast nirgends mehr festhalten. Aber der Wasserschwall läßt einfach nicht nach. Es ist keine Frage mehr, wie das ausgehen wird. Trotzdem krallt und krallt er sich fest. Und verlängert so, da der Ausgang gewiß ist, nur die Qual des Kampfes. (*FP*, 92)

Envisioning himself pitted against such elemental forces, Helmut realizes he is hopelessly trapped in a cycle of responses to nature, of which his rejection of other people is merely a part. The novella reaches its crisis in a storm on the lake; beset by elemental forces on all sides Helmut finally succumbs to instinct and lashes out at his opponent. But having gone through the crisis, both of them survive. The last sentence of the novel is the same as the first. Nothing has changed.

There is a parallel development in *Die Taube*, although in that case the power of the thunderstorm is figuratively apocalyptic; it seems to indicate not only the imminent demise of Noel himself but 'das Ende der Welt, den Weltuntergang, ein Erdbeben, die Atombombe oder beides – auf jeden Fall das absolute Ende' (*DT*, 93). But this ultimate collapse of Jonathan Noel's self-created secure area is as illusory as Maître Mussard's apocalyptic fears. Lying on the hotel bed, Noel is beset by a crisis which takes the form of total disorientation: 'Alle Wahrnehmung, das Sehen, das Hören, der Gleichgewichtssinn – alles, was ihm hätte sagen können, wo und wer er selber sei – fielen in die vollkommene Leere der Finsternis und der Stille' (*DT*, 94). His attempts to regain a sense of place, to orient himself in nothingness, are reminiscent of Halm's vision of himself in desperate straits: '[das Bett] schien zu schwanken, und er krallte sich mit beiden Händen an der Matratze fest, um nicht zu kippen, um nicht dies einzige Etwas, das er in Händen hielt, zu verlieren' (*DT*, 94). The last stage in his crisis was the recognition that he needs people to survive; but significantly it is the coming of rain which actually provides the means of re-orientation, as the noise of the downpour restores his sense of place: 'Da fiel der Raum in seine Ordnung zurück' (*DT*, 96).

What we encounter in both texts is a conflict on the margin, on the border between humanity and nature, between a constructed sense of order and disorder. Not only do the characters in both these texts construct an area around themselves which they wish to defend and from which they wish to exclude that which lies beyond, but they also construct the beyond. The nature which both of them wish to exclude is not objective nature, or some harmonious natural environment, but a dangerous, separate, alien artefact. Nature is the Other; in this case, disorder defined in contradistinction to the ordered self. This interpretation rests on Max Horkheimer and Theodor Adorno's concept of nature as set out in *Dialectic of the Enlightenment* and Adorno's *Negative Dialectics*. I am indebted here to Ingolfur Blühdorn's cogent and concise explication of those texts (in translation), in which he elucidates 'the idea of nature as having been created by the human subject rather than having existed prior to it':

> Horkheimer and Adorno conceptualize the history of mankind as the history of increasing domination of nature. At the beginning of this history was the split of the Sein [Being] into the Self and the Other. The birth of the Self was followed by the need for Self-preservation vis-à-vis the Other, vis-à-vis nature. [...] It is important to note that for Adorno the idea of nature did not exist prior to the idea of the Self and has no reality independent from it.[18]

The margin thus generated increasingly becomes an area of conflict between 'rational ordering', as Swales put it, and the non-rational:

> Horkheimer and Adorno see all historical progress as the refinement of human domination over nature. The ideal of human rationality and of Enlightenment is 'the system from which all and everything follows'. What Horkheimer and Adorno call the 'system' is what human rationality erects with the aim of self-preservation and the domination of nature. The more successful instrumental reason is regarding the emancipation of the human Self, i.e. the more the non-rational forces of nature come under control, the more complex does this system become.[19]

It is the tension between 'instrumental reason' and 'the non-rational forces of nature' that is my focus of interest.

In the two works under discussion here, the characters also assign human beings to the realm of constructed nature. It is Klaus's understanding of the horse in *Ein fliehendes Pferd* which places him for Halm in the realm of the dangerous beyond. When Klaus is terrified by Halm's pet dog, Helmut is delighted and gratified, and after the horse incident Klaus's fear of the dog disappears. Similarly, in *Die Taube* the tramp whom Noel once saw defecating in the street fills him with disgust and terror; by responding immediately to bodily impulse, he entered into Noel's construction of alien nature. Helmut Halm's impotence can largely be ascribed to the incident where he and his wife overheard an extended bout of noisy copulation in the neighbouring Italian hotel room. For Halm, sex is assigned to the excluded area. Defecation and

[18] Ingolfur Blühdorn, 'Ecological Thought and Critical Theory.' In: Colin Riordan, ed., *Green Thought in German Culture. Historical and Contemporary Perspectives*. Cardiff 1997, p. 96.

[19] Ibid., p. 97. The quotation is taken from Theodor W. Adorno, Max Horkheimer, *Dialectic of Enlightenment*, tr. John Cumming. London-New York 1979, p. 7.

sex become transgressions which both characters confront by incorporating them into the beyond. So in both cases the characters construct an edifice which excludes nature, but nature intrudes in the form of the unexpected, the unpredictable, in ways very reminiscent of Max Frisch's *Der Mensch erscheint im Holozän* (1979). In that text too, the conflict between order and entropy is one which nature must eventually win.

The characters in Süskind's and Walser's novellas do all they can to contain and prevent transgressive acts, even though the characters in both cases feel powerful urges to commit serious acts of violence. In Walser's novella the flight instinct when under pressure to perform sexually expresses itself in an instinct to commit an act of extreme violence. In the Italian hotel scene Helmut's instinctive reaction is as follows: 'Jetzt flieh. Wohin? Umbringen. Sie. Sie erwürgen. Aber seine Hände rührten sich nicht' (*FP*, 66). Similarly, when Sabine teases Helmut by saying she is worried she might fall in love with Klaus, his reaction is again to think of sexual violence: 'Helmut überlegte sich, ob er sie vergewaltigen und dann ins Wasser werfen und nicht mehr ans Land lassen sollte' (*FP*, 103). That the potential for violence is a product of the margin is even more clear in *Die Taube*. His room is not the only secure space which Süskind shows Noel defining for himself. At his work as a bank security man, too, Noel has devised a precise routine which allows him to survive. Here he stands on the threshold of the bank, guarding the entrance in a Sphinx-like role, as it is explicitly put. He patrols a strictly limited area of seven paces to left and right, and a maximum of three steps deep. He has a purely representative function, in that he believes that despite his side-arm he would be entirely unable physically to prevent a bank robbery taking place. His function is merely that of a moral imperative; in order to rob the bank, a criminal will have to commit murder. His, job, then, is to prevent transgression in a number of ways. But the disruption caused by the pigeon on this particular day, exacerbated by a hole torn in his uniform, leads him to contemplate running amok, conceiving a hatred of the passers-by whom he observes every day: 'Ihr Drecksäcke! Ihr kriminellen Subjekte! Ausmerzen sollte man euch. Jawohl! Auspeitschen und ausmerzen. Erschießen. Jeden einzeln und alle zusammen. Oh! Er hatte große Lust, seine Pistole zu ziehen und irgendwohin zu schießen [...]' (*DT*, 79). In fact, he is unable to move, paralysed by the enormity of the disruption to his private space. The potential for violence engendered by marginal existence is clear, however. Though on several occasions both feel impulses to commit acts of extreme violence, neither of them do so, with the exception of Halm's brief, limited, and perhaps understandable loss of control in the boat. The increasingly desperate attempts of both characters to contain the conflict are ultimately successful once they have survived the cathartic crisis.

In both these texts, then, the border skirmishes are inconclusive. The characters seem able to go on living, or surviving, as before, by means of successful containment. Before drawing conclusions from this lack of conclusiveness I wish to examine a text which is easily Süskind's most famous, and in which the question of transgression assumes a much more prominent position.

III. TRANSGRESSION

Das Parfum (1985) is conceived on an altogether grander scale than either of the works discussed so far. The figure of Jean-Baptiste Grenouille is an unforgettable, monstrous, creative genius who has little in common with repressed characters such as Halm and Noel. Yet there are points of contact which highlight crucial differences. Grenouille, too, withdraws from human contact, but his relationship with nature is quite different. He too creates his own realm, his own space within which he has freedom of action, but his motives for doing so and the outcome of his actions are in stark contrast to those of the protagonists of *Die Taube* and *Ein fliehendes Pferd*. Though we find a similar process of self-imposed isolation, crisis and rebirth, Grenouille stalks through transgressive margins rather than staking out exclusive boundaries.

Grenouille is a born outsider, abandoned to the filth and stench of an eighteenth-century Paris market by his mother, who is immediately executed for attempted infanticide. Grenouille spreads disaster directly or indirectly wherever he goes, though hardly anybody ever notices his involvement since he never comes to anybody's attention. Possessing no smell, he is effectively invisible. At the same time he possesses a preternaturally sensitive *sense* of smell which he uses to educate himself as a creator of perfumes. His overt ambition, ultimately fulfilled with relative ease, is to become the greatest perfume-maker of all time. His concealed ambition, deeply ambivalent and destined not to be fulfilled, is to be loved by people, or to be hated by people, or to become a person. The confusion is Grenouille's, not mine: for reasons which I go into below, Grenouille moves on the margin of conventional definitions of humanity. Not properly human himself, or at least lacking certain essential human qualities, such as a conscience, he becomes obsessed with his own lack of smell and resolves to create the ultimate scent. He does so, committing in the process twenty-five murders and ultimately deliberately causing his own death.

The novel is divided into four parts, the first encompassing his birth and self-education (which includes his first murder); the second his retreat from society, withdrawal into himself and subsequent regeneration; the third his reentry into society, main sequence of murders and creation of the ultimate perfume; the fourth his death. For the present purpose I wish to concentrate initially on Grenouille's retreat in the second part, for it is here that the pattern of withdrawal and the creation of a realm of personal freedom is depicted most clearly.

Grenouille arrives at the Plomb du Cantal, described as a two-thousand-metre volcano which is the most lonely, and the most central point of France, in August 1756. (The events also occupy a central structural position, the crisis coming in chapter 26, which lies in the middle of the total of 51.) Grenouille, like Noel, resolves upon a total withdrawal from humanity, from 'das bedrohlich Menschliche'.[20] Having assured himself through a rigorous process of air-sniffing that there is no human presence in the vicinity, Grenouille sets about stripping himself of his own humanity. In an ecstasy of isolation he licks water from rocks, eats whole raw lizards and snakes, feeds off lichen and grass. The culmination of this gradual process of dehumanization is his discovery of the thirty-metre burrow which becomes his dwelling place. This retreat, too small for him to stand up properly, is replete with associations. Grenouille becomes at one with the earth, withdrawing into a Gaian womb more comforting than his own mother's. Yet the retreat is nothing if not ambivalent: 'Er lag im einsamsten Berg Frankreichs fünfzig Meter tief unter der Erde wie in seinem eigenen Grab. Noch nie im Leben hatte er sich so sicher gefühlt – schon gar nicht im Bauch seiner Mutter' (*DP*, 156). This retreat, then, is a representation of death and re-birth, or of resurrection, 'Denn hier, in der Gruft, lebte er eigentlich' (*DP*, 157): he gradually builds strength through a process of simulated death.[21] Grenouille's withdrawal is contrasted sharply with that of religious hermits, even though explicitly religious allusions are made.[22] This is a wholly solipsistic exercise, in which though inert to the point of apparent death for twenty hours a day, '[er] lebte doch so intensiv und ausschweifend, wie nie ein Lebemann draußen in der Welt gelebt hat' (*DP*, 158). The retreat described here wholly lacks idealism, deliberately eschewing any sense of moral guidance. But this bizarre scene of self-imposed enclosure is one which allows Grenouille to create and develop an internal realm, a world, even a universe within which he is the ultimate authority, the limits of which he sets, and within which he can exercise ultimate self-indulgence.

The description of this internal realm, in which the whole of his olfactory experience is simultaneously available to him, occupies the central chapter of the book. Cathartically purging his pent-up hatred of humanity, he imagines destroying all 'widerwärtige Gerüche' (*DP*, 159), the great majority of which

---

20 Patrick Süskind, *Das Parfum. Die Geschichte eines Mörders.* Zürich 1985, p. 154. Subsequent references will be indicated by the abbreviation *DP*.

21 In *Ein fliehendes Pferd*, Helmut Halm is described as enjoying envisioning himself in an inert, morbid state: 'Er, eine schwere, schwitzende Leiche, das war seine Lieblingsstimmung, blutige Trägheit' (*EP*, 70). He subsequently dreams of being alive in his coffin from which he is able to escape so long as nobody recognizes him (see *EP*, 73–4).

22 For example, he is described laying down his blanket 'als bedecke er einen Altar' (*DP*, 156).

are associated with people. In a parody of the Old Testament, Grenouille creates an imaginary deluge of distilled water to complete this destruction: 'Wie ein Gewitter zog er her über diese Gerüche [...]. Wie Hagel auf ein Kornfeld drosch er auf sie ein, wie ein Orkan zerstäubte er das Geluder und ersäufte es in einer riesigen reinigenden Sintflut destillierten Wassers' (*DP*, 159). Here Grenouille becomes his own god and thus becomes nature in the form of elemental forces. Far from excluding nature, Grenouille absorbs it into his being, assimilates it, having deliberately cast off human lineaments. In a parody of the Book of Genesis, Grenouille becomes the fount of creation itself:

> Und als er sah, daß es gut war, [...] da ließ der Große Grenouille einen Weingeistregen herniedergehen, sanft und stetig, und es begann allüberall zu keimen und zu sprießen, und die Saat trieb aus, daß es das Herz erfreute. Schon wogte es üppig auf den Plantagen, und in den verborgenen Gärten standen die Stengel im Saft. Die Knospen der Blüten platzten schier aus ihrer Hülle. (*DP*, 161)

In his fevered imagination, then, the deranged Grenouille becomes the creator and embodiment of nature in one. Although Grenouille has created the ultimate retreat, even making a *sanctum sanctorum* within his internal realm, he has not done so by cutting himself off from nature. On the contrary, in his animalistic, hibernatory behaviour he pointedly becomes at one with nature physically, and in imagination, he becomes entirely assimilated in the natural world. The space which Grenouille is described creating deliberately dismantles the humanity-nature division which Halm and Noel are depicted labouriously constructing. Yet in so doing, Grenouille of course sacrifices whatever elements of humanity he had possessed. It is this which disturbs him, brings him forth from his burrow and sets him on a course of a grotesque, ambivalent and futile attempt at reconciliation with humanity.

The marker of Grenouille's inhumanity is his lack of odour. Impelled by a nightmare and subsequent elaborate experiment to recognize this fact, he resolves that he must create the ultimate human odour, the ultimate perfume which will encapsulate the essence of humanity. Instead of following the pattern of human history in constructing a nature from which it is necessary to isolate himself, Grenouille becomes absorbed into nature, hibernates within the earth and is reborn through a process of pupation with the aim of constructing an artifical humanity. In so doing he not only transgresses radically himself, but also causes thoroughgoing transgression amongst other people. For the method of creating this ultimate scent involves murdering twenty-four young women, and the result of his creation is a Bacchanalian orgy of mammoth proportions. The murders are carried out with no vengeful, lustful, sadistic or other conventional human motivation whatever. Morality and any humane ethical sense are entirely absent from Grenouille; when he kills, he does so teleologically, with distaste for the process itself. The murder is the means which he must use in order to distill the necessary elements of his perfume from the body of the victim. His actions thus lie beyond human understanding, and are comprehensible only within the confines of his created realm. This destruction of ethical and social behavioural boundaries is developed further in the effect of his perfume on the populace, who have assembled to witness his execution after Grenouille has been caught and brought legitimately to account for his crimes. The effect of a few drops of his ultimate perfume is not only to transform the view of crowd and judiciary of him as a murderer into one of him as a messiah, but also, as the perfume takes hold, to make those present abandon all trappings of civilisation and socialisation and succumb entirely to their erotic instincts. The result is a mass coupling: 'Greis mit Jungfrau, Taglöhner mit Advokatengattin, Lehrbub mit Nonne, Jesuit mit Freimaurerin, alles durcheinander, wie's gerade kam. Die Luft war schwer vom süßen Schweißgeruch der Lust und laut vom Geschrei, Gegrunze und Gestöhn der zehntausend Menschentiere' (303–4). Grenouille has succeeded in extending his realm to include human beings; he has effectively incorporated them into his mental fantasy of unbounded nature. He is the ultimate authority, he has resolved the division, dissolved the border and drawn the populace into complicity and co-operation with his own transgression. They are forced to operate within the limits he has set. Far from regarding him as a murderer, they now see him as a god: 'Er hatte sich eine Aura erschaffen, strahlender und wirkungsvoller, als sie je ein Mensch vor ihm besaß. Und er verdankte sie niemandem – keinem Vater, keiner Mutter und am allerwenigsten einem gnädigen Gott – als einzig *sich selbst*. Er war in der Tat sein eigener Gott, und ein herrlicherer Gott als jener weihrauchstinkende Gott, der in den Kirchen hauste' (*DP*, 304).

But Grenouille's success is in vain. In the knowledge that the people's veneration of him is a result only of his own creation, he yearns for death. He achieves it by drenching himself with his perfume in the presence of a group of social outcasts, who, deranged by the ultimate scent, devour him. Cannibalism thus joins the list of shattered taboos which the reader has encountered in the latter part of this novel. The transgressions are manifold, including a grotesque parody of the life of Christ; Grenouille is born in mean circumstances, is resurrected after confinement in a cave, and is literally rather than symbolically consumed by those who venerate him. The scenes of serial murder and violence against women, whose function in the novel is solely as helpless, virgin victims, could certainly be counted as a modern transgression on the part of Süskind himself. But all the transgressions have one common basis, which is the dismissal of humane ethical norms and the suspension of conventional behavioural limits. The realm of nature ousts human domination in a fantastic reversal of human history.

IV. Conclusion

I wish finally to view the making and re-making of borders, margins and spaces in *Das Parfum* in the context of the two novellas discussed earlier. The characters in Walser and Süskind's novellas are victims of the modern condition: since the human domination of nature has gone beyond the evolutionary capacity of human beings to adapt, they are forced to create a space within which they can continue to operate and survive, but the boundaries of that space are under constant attack from a constructed notion of nature which lies beyond the inner realm. In both cases, the infringements in the novellas are embodied by untamed or liberated animals which cannot be contained within the secure zone.[23] Briefly confronted by evidence of what they have constructed as a disordered nature, the characters lose their balance and their orientation, and begin to behave in ways which displace them from their own area of domination into the realm of natural disorder. The disorientation is expressed in an unfulfilled desire to commit acts of violence which would counter the perceived danger. The conflict which they experience takes place on the border between humanity and nature; not in any objective sense, but on the border between two constructs. The exclusive spaces, the borders between them and the border conflicts themselves are all self-created: it is this which reflects the modern condition.

Like humanity, the characters are thus forced to enter into an intermittent state of border skirmish, defending and reconstructing both their own position and that which lies beyond, beset by the fear that failure might mean disaster. 'Wir bewegen uns am Rand der Katastrophe' (*FP*, 103), as Walser makes Halm say in so many words. Ingolfur Blühdorn quotes Adorno on the same subject: 'there is a universal feeling, a universal fear, that our progress in controlling nature may increasingly help to weave the very calamity it is supposed to protect us from'.[24] That Walser subjects the nascent Green movement of 1970s Germany to extended parody in *Ein fliehendes Pferd* only serves to emphasize the futility of managerial environmentalism in the face of this problem. In *Das Parfum*, by contrast, we are confronted with the fantastic tale of a character who already lies beyond humanity, but who creates a realm of artificial humanity into which he draws those from whose society he is excluded. The whole process is thus reversed, but his attempt to overcome marginality in this way can only fail. Exclusion is a part of nature and a fact of

---

23 The importance of animals is also, of course, a tradition in the novelle; Goethe's *Novelle* is particularly notable in this respect. The novellas of both Walser and Süskind implicitly allude to this work, in which the struggle between man and nature is still clearly in a premodern phase.

24 Theodor W. Adorno, *Negative Dialectics*. London 1973, p. 67, quoted in Blühdorn, *Ecological Thought*. p. 97.

human history: the centre will inevitably push the excluded to the margins, where the struggle for survival will take place. The border is thus an area of destruction, but it is one of creative destruction, not because borders are by their nature fluid, but because they are too easily made, and, of course, too easily unmade.

Margaret Littler

RIVERS, SEAS AND ESTUARIES: MARGINS OF THE SELF IN THE WORK OF BARBARA KÖHLER

DIE ELBE IST EIN GRENZFLUSS sie fließt
von Südost nach Nordwest und kein Schiff
mit acht Segeln durchkreuzt meinen Traum.

Der Atlas legt mir die Karten hier bleibt
Schicksal Geographie. Ich höre das Knirschen
der Steine den Text der Geschichte.

Manchmal träumt mir von einer Liebe ohne
Hoffnung schöne Aussichtslosigkeit fließend
trennend verbindend wie diese Grenze überleben[1]

This poem is from Barbara Köhler's first collection *Deutsches Roulette* (1991), which was greeted with widespread acclaim and established her as one of a new generation of 'post-*Wende*' poets. Born in 1959 in Chemnitz (then Karl-Marx-Stadt), she belonged to an alternative literary avant-garde in the GDR, publishing mainly in underground journals, and geographically distanced from the Berlin 'Szene' poets of Prenzlauer Berg. A degree of official recognition was forthcoming, however, as she was accepted to study at the Johannes-R.-Becher-Institut in Leipzig from 1985–88, where the privileged access to library resources enabled Köhler to immerse herself in 'late bourgeois philosophy', from Nietzsche to Baudrillard. Despite an avowed distrust of esoteric theoretical discourse, it is thus no surprise to find in her work the expression of a cosmopolitan, contemporary European consciousness. Nevertheless, in the reception of her first collection she was read primarily as a GDR poet, with all references to 'die Grenze', for example, being subjected to a reductively political gloss.[2] West German reviewers in particular read *Deutsches Roulette* as a melancholy poetic obituary for the GDR, firmly rooted in the Saxon land-

---

1 Barbara Köhler, ELB ALB I, *Deutsches Roulette*, Frankfurt 1991, p. 59.
2 See Birgit Dahlke, *Papierboot. Autorinnen in der DDR – inoffiziell publiziert*, Würzburg 1997, p. 138.

scapes of her home. This early reception, whilst enthusiastic, tended to disregard the strong resonances in Köhler's work with contemporary West European feminist thinking. This paper aims to broaden the critical discussion of her work, considering the evocations of landscapes in Barbara Köhler's poetry – in particular those involving rivers, coastlines, and the sea – as part of a broader project in contemporary women's poetry: the articulation of a postmodern female subjectivity.

The notion of the rational Enlightenment subject, and the crisis thereof, as something inherently male is clearly one of Köhler's basic assumptions. In an interview conducted in 1993 she draws a direct line between the female experience of subjectivity and what has come to be known as the postmodern condition: 'Frauen leben damit schon länger, in Europa so seit der Renaissance vielleicht. Der abendländische Subjektbegriff ist ein Konstrukt dieser Zeit, ein rein männliches, genauso wie die Marginalisierung der Frau zu den Tatsachen dieser Zeit gehört.'[3]

Shores and coastlines are images which suggest a resistance to the pull of the centre, an acceptance of marginality, and a reformulation of the subject-object relation, all of which characterise Köhler's view of female subjective experience: 'Ich denke, daß Frauen, weil sie nie in der Mitte waren, eher die Chance haben, eine exzentrische Position zu formulieren, so daß Gleichwertigkeit an die Stelle der Werthierarchie tritt. Ganz explizit wäre das die Frage des "Anderen", was ich für eine Grundfrage dieser Zeit halte: Wie kann ich mich ohne Ausgrenzung als Subjekt konstituieren.'[4] Landscapes in Köhler's poetry, then, are intimately connected with identity, an identity which is both spatial and marginal, and is not based on principles of exclusion: 'Landschaft als Ort. Das ist ja auch die endgültige Verlagerung an den Rand, ans Ufer.'[5]

A further crucial gesture in her writing, however, which indicates to me that Köhler is not merely banishing femininity to a permanent state of marginal powerlessness, is her appropriation of figures from classical mythology, in order to open them up to new interpretations. In the 'Elektra' cycle in *Deutsches Roulette* for example, we see Electra making her entrance on stage: 'kaum sichtbar durch schichten von bil-/dern ablagerungen von geschichte und erinnern.'[6] In the seventh 'Elektra' poem we see her rejection of the role of Orestes' 'other':

> nicht länger will ich sein / die abbildung seines nichtseins
> (sein was nicht er ist, nichtweiß = schwarz) ein ende will
> ich finden und von dort beginnen / denn endlich sind wir
> daß wir endlich werden[7]

---

[3] Dahlke, *Papierboot*, p. 298.
[4] Dahlke, *Papierboot*, p. 293.
[5] ibid.
[6] Köhler, *Deutsches Roulette*, 'Elektra. Spiegelungen I', p. 23.
[7] Köhler, *Deutsches Roulette*, 'Elektra. Spiegelungen VII', p. 30.

This expresses a rejection of exclusion models of subjectivity, in which the unconscious/the feminine are split off from conscious rationality and denied any positive status. A poem in her second collection, *Blue Box* (1995) entitled 'VERKÖRPERUNG: EURYDIKE' similarly shows Eurydice contemplating what it would be like to enjoy an identity other than that of object of Orpheus's desire:

> als könnte
> ich sein als wär ich nicht seine
> ansichtssache als sähe er sich
> nicht vor nicht um als könnte er
> ohne rücksicht lieben ohne bild
> begabt diese hand zu halten mit
> einem wort ich habe einen glauben
> zu verschenken –[8]

The stability of the classical narrative is unsettled by the ambiguity of Köhler's syntax to create a space in which a new, self-defined Eurydice may emerge.

Postmodernism and the Female Subject

The theoretical context in which I locate these aspects of Köhler's work is in the writings of those postmodern feminists such as Luce Irigaray, Rosi Braidotti and Adriana Cavarero who contest the Enlightenment view of the subject without rejecting the category 'subject' altogether, but recast it as an embodied, sexually differentiated subject which has yet to be brought into being. For Luce Irigaray in particular, the absence of a female subject which is neither identical with, nor the opposite of, nor even complementary to the male is central to her theoretical project. Diverging from Lacan's account of subject-formation, she proposes that the prerequisite for symbolic female subjectivity is a sexually differentiated, female imaginary.[9]

Two aspects of Irigaray's critique of the existing imaginary of Western rationality are relevant here: firstly, it morphologically ressembles embodied

[8] Barbara Köhler, 'VERKÖRPERUNG. EURYDIKE', *Blue Box*, Frankfurt 1995, p. 54.

[9] Irigaray's notion of the imaginary is derived from phenomenology and marxism as well as from psychoanalysis, so it denotes not just individual unconscious phantasy, but also products of the imagination such as art and mythology. It is both primordial creative force/the unconscious, phantasising mind, and secondary product of a social formation/ the conscious, imagining, and imaging mind. Hence she avoids the social determinism of Lacan's schema, in which the subject is just inserted into a pre-existing social order, the only alternative to which is psychosis. She is more interested in analysing how rational subjectivity is currently constructed, on the basis of what 'sexual metaphoricity' (*Speculum* p. 47) and on what principles of exclusion, binarism, non-contradiction etc. it is based. For an account of Irigaray's understanding of the imaginary, see: Margaret Whitford, *Luce Irigaray: Philosophy in the Feminine*, London: Routledge, 1991, chapter 4.

masculinity, privileging unitariness, solidity, and stability of forms, whilst making claims to disembodied, universal status; and secondly it is upheld and kept in place by shared cultural products which perpetuate women's restricted access to subjective identity. In other words, there is an isomorphism between male anatomy and dominant modes of phallocentric thought, and this is both reflected in *and* upheld by the products of the cultural imagination. Feminist strategic interventions deployed to counteract this state of affairs include Irigaray's notion of mimicry (the deliberate adoption of patriarchally defined femininity in order to draw attention to the interests in such metaphorical constructions), and Adriana Cavarero's 'theft' of female figures from classical antiquity (a strategy also employed increasingly by Irigaray). Both the emphasis on sexual difference and the reinsertion of the body into philosophical discourse are central tenets of their thinking, necessarily entailing the gendering of both subjectivity and thought. Here I shall focus firstly on Irigaray's rhetorical gesture of opposing phallocentric discourse with one which privileges fluidity, and later on Cavarero's project to create a female imaginary by reappropriating images of femininity from Greek mythology.

Irigaray's response to the challenge of redefining subjectivity in a way not based on binary oppositions and reflection, but on a female bodily experience finds expression in the metonymic image of the two constantly touching lips, neither unequivocally one nor two, inner nor outer, oral nor genital. This is a strategy implicit in Köhler's 'Elektra' poems, the first of which contains the ambiguous line: 'Aber/ dieser wundenrote mund schamlose lippen die sprechen/ ICH WILL SCHULD SEIN.'[10] In defiantly laying claim to her own guilt, Electra both provocatively invokes and clearly rejects cultural representations of her sexuality. Irigaray uses images of fluidity to similar deconstructive effect, such as the mucous which mediates at the body's boundaries between inside and outside, in order to unsettle the very 'inner/outer' conceptual distinction. In an early essay, 'The mechanics of fluids' she poses the question of how the feminine can be expressed in a language which necessarily suppresses fragmentariness and fluidity: 'What structuration of (the) language does not maintain a *complicity of long standing between rationality and a mechanics of solids alone*'.[11] Yet she asserts in this essay that a feminine discourse can be detected and enacts this in a style which exceeds the syntactic economy of conventional academic discourse:

> *Yet one must know how to listen otherwise than in good form(s) to hear what it says.* That it is continuous, compressible, dilatable, viscous, conductible, diffusable …; that it is, in its physical reality, determined by friction between two infinitely neighbouring entities –

[10] Köhler, *Deutsches Roulette*, 'Elektra. Spiegelungen I', p. 23.
[11] Irigaray, *This Sex Which Is Not One*. Ithaca, NY, 1985, pp. 106–18 (here p. 107).

> dynamics of the near and not of the proper, movements coming from the quasi contact between two unities hardly definable as such ...; that it allows itself to be easily traversed by flow by virtue of its conductivity to currents coming from other fluids or exerting pressure through the walls of a solid; that it mixes with bodies of a like state, sometimes dilutes itself in them in an almost homogeneous manner, which makes the distinction between the one and the other problematical; and furthermore that it is already diffuse 'in itself', which disconcerts any attempt at static identification.[12]

This articulates a notion of interpenetration without loss of self – an undecideable state of fusion which does not obliterate difference – but which defies a phallocentric logic of exclusion. This is more explicitly and poetically articulated in the last essay of the same volume, 'When our lips speak together', in which Irigaray proposes a new subject-object relation on the basis of this fluid notion of the subject; a relationship in which desire and identification are not necessarily mutually exclusive and love is no longer a matter of calculation and exchange value:

> When you say I love you – staying right here, close to you, close to me – you're saying I love myself. ... That 'I love you' is neither gift nor debt. You 'give' me nothing when you touch yourself, touch me, when you touch yourself again through me. ... You keep your selves to the extent that you share us. You find our selves to the extent that you trust us. Alternatives, oppositions, choices, bargains like these have no business between us. Unless we restage their commerce, and remain within their order. Where 'we' has no place.[13]

A recent prose publication by Barbara Köhler entitled 'Tango. Ein Distanz', expresses a similar concern with recasting the subject-object relation to encompass the existence of 'two' in addition to mere singular and plural. Here, she explores the asymmetrical polarity governing the linguistically masculine and feminine subjects, and makes the case that the German language, 'schafft Platz für mehr als nur ein monadisierendes Ich.'[14] In this prose piece, as in much of her poetry, she examines critically the binary structures of grammar which divide the world into singular and plural, subject and object, and disregard the embodiment of its interacting, speaking subjects: 'Zwei also, zwei Körper, Physis zu Physis. Körper im Raum (der Körper, die Körper?), in Bewegung, in Relation'.[15]

The separation of mind and body is central to Adriana Cavarero's critique of Plato, and of the Western philosophical discourse which his writing under-

[12] Irigaray, *This Sex*, p. 111.

[13] Irigaray *This Sex*, pp. 205–18 (here, p. 206).

[14] Barbara Köhler, 'Tango. Ein Distanz', in: Inka Schube (ed.), *Die Konstruktion des Raumes* (catalogue of exhibition in the 'Brotfabrik', Berlin), Berlin Verlag der Kunst, 1997, pp. 25–30 (here p. 25). The polarisation of subject and object positions is in some part attributed to the dominance of the gaze; but she notes that even the verb 'to see' presupposes the action of two subjects, and thus calls for a 'dual' case in language: 'Relative Verben, wie z.B. sehen, werden erst möglich, wenn ein anderes ins Blickfeld gerät: It takes two to tango, auf doppeltem Boden übersetzt: Für "ich berühre" brauchts zwei' (p. 25).

[15] Köhler, 'Tango', p. 25.

pins.[16] Like Hannah Arendt and Irigaray, she argues against the supposed neutrality of philosophical discourse, claiming that it obscures the debt it owes to the maternal bedrock of Western culture.[17] By abstracting thought from its roots in embodied subjectivity, philosophy has committed an act of symbolic matricide, and rendered sexual difference unthinkable. This underlies much current postmodern feminist thinking, and is echoed in Köhler's emphasis on the embodiment of subjectivity, in which subjects are always in physical, dynamic relation to the other.

What I wish to argue here is that this is also what Irigaray would term an 'ethical' relation with the other, as elaborated in her work since the mid-1980s, especially in *An Ethics of Sexual Difference* (1984).[18] Irigaray's concept of the ethical subject is based on the absolute, inviolable otherness of the object. The other is the irreducible, non-reciprocal support of the subject; it preexists the subject, which is compelled to respond to its needs without seeking to contain or dominate it. A similar respect for the other is articulated in Köhler's poem 'Möbel' in *Blue Box*, in which language is abandoned and things are allowed to exist for themselves. Then their otherness becomes the place where the subject-object encounter can take place:

> Hinaus gehen, die Tür schließen, die Dinge
> stehen lassen für sich,
> dir zu.
> So wird alles anders,
> so wird es Zeit:
> wir begegnen im Anderen
> einander,[19]

This is closely related to her exploration of the neuter 'es' as alternative to the linguistically gendered categories into which subjects are forced; a projection of the subject-object relation onto neutral ground in which otherness is conceivable. In 'Tango. Ein Distanz', this is articulated as follows: 'Was aussieht wie ein Sonder-, ein Zwischenfall der Spezies Homo sapiens, könnte auch eine Erweiterung zu Hetero sapiens sein; sie gehört potentiell allen drei Geschlech-

---

16 See Adriana Cavarero, *In Spite of Plato. A Feminist Rewriting of Ancient Philosophy*, (It. 1990), Cambridge, 1995, pp. 20ff. Cavarero sees the value placed on heroism and death in epics such as the Odyssey as both a strategy for overcoming the fear of oblivion, and as a symptom of Greek antiquity's disassociation of mind and body: 'Plato's thesis is this: by leading one's thinking toward eternal objects suitable to pure thought (pure ideas), philosophy *unties* the soul from the mortal body. Therefore those who lament the fact of death, which is the definitive untying of the soul from the body, are bad philosophers. Exactly like Penelope, they retie (or wish to keep tied) what they have already untied with philosophy, in an endless labor that fails to progress in a single direction, and therefore renders futile whatever work has been done.' Cavarero pp. 22–23.

17 Cavarero, *In Spite of Plato*, p. 7.

18 Luce Irigaray, *An Ethics of Sexual Difference* (Fr 1984), London 1993.

19 Köhler, *Blue Box*, 'MÖBEL', p. 20.

tern an: selbander, selbdritt, plural. Der/die/das Einzelne kann Viele sein. Es ist ein Ding, ein Ding der Unmöglichkeit. Ein Zwischen-, ein Unding: es sagt Ich.'[20] In a characteristic linguistic gesture Köhler revives obsolete pronominal possibilities, to open up alternatives to the binary structures of self-other relations.

The question is, then, what this neuter 'es' has to do with an embodied female subject. Is Köhler positing something entirely neutral in place of the gendered subject? Or is this neuter just a provisional 'home' and refuge from the binarism of the male/female dichotomy? My view that the latter is the case is based both on the images of fluidity and marginality in her poetry, and on her positive identification with a female cultural tradition. I will firstly return to the ways in which the idea of an ethical subject object relation can be traced in the development of water imagery in Köhler's poetry, from the GDR-landscapes of *Deutsches Roulette* to the Portuguese seafaring scenes of her more recent poetry.

THE RIVER

In the early cycle of poems entitled 'Papierboot' we read:

> Den Flüssen hier glaubt man nicht, daß sie ins Meer
> wollen.
> Der Elbe bei Dresden sieht man den Atlantik nicht an
> und nicht die Gezeiten[21]

The river Elbe can be seen as a metaphor for the political stagnation of the former GDR in the mid-80s. In the slowly-flowing rivers, German history lies sedimented in, 'Die giftige Schlammschicht am Grund der Flüsse.'[22] In the second poem of the cycle, Germany's National Socialist past is evoked: 'Den blutigen Boden deutscher Ge-/schichte.'[23] The rivers also expose the abandoned ideals of the SED-state, which offer no firm basis on which to build a future: 'Worauf aber sollen wir bauen und was, zwi-/schen Barock-Konserven Ruinen Beton.'[24] But just as the 'divided heaven' was by then a clichéd image, the use of rivers as simple 'freedom' metaphors is rejected as politically naive; sky and river are, 'kein Ausweg mehr Ver- /seuchte Metaphern die unsre Sehnsüchte zurechtweisen.'[25]

---

20 Köhler, 'Tango', p. 29.
21 Köhler, *Deutsches Roulette*, 'Papierboot I', p. 52.
22 ibid.
23 Köhler, *Deutsches Roulette*, 'Papierboot II', p. 53.
24 ibid.
25 Köhler, *Deutsches Roulette*, 'ELB ALB II', p. 60.

Nevertheless, there *is* an element of hope associated with rivers, in the 'paper boat' of literature which offers a provisional home: 'wenn das Land uns verlassen hat und die Hoffnung / uns fahren läßt; Papier auf dem wir zu uns kommen, / Papier auf dem wir untergehen, unsere Barke unser ge- / brechlicher Grund.'[26] The Elbe, as dividing a boundary, links as well as separates; it can inspire hope, if not of the fulfillment of any *political* dream, then at least of the possible relation to the other – as in the ELB ALB poem quoted at the beginning of this paper:

Manchmal träumt mir von einer Liebe ohne
Hoffnung schöne Aussichtslosigkeit fließend
trennend verbindend wie diese Grenze überleben[27]

The ambiguous syntax allows us to understand both despair at the division of Germany, and hope for a love beyond the rational subject-object boundary.

The poisoned rivers in the cycle ELB ALB constantly recall the pollution of the environment in the GDR, so that the fish has to keep thinking of the sea in order to survive the river.[28] The sea in its turn reprimands humanity for having so poisoned the rivers that hardly any fish remain.[29] In addition to pollution, however, the rivers also evoke Bachmann's mythical water nymphs which have no interest in the dry land:

verlassen wir auch das Land das zu sichere
Ufer den Boden die Strömung geht durch
und durch schwärzt den Leib du kommst

nicht davon[30]

Similarly, the two Eurydice figures in the prose poem 'Niemandsufer. Ein Bericht' walk along the edge of the dried-up bank of the Elbe as if exploring the uncertainty of treading the boundary between life and death: 'im dunkelgrauen Sand klapperten / lackschwarze Pumps auf Kieseln den Rhythmus unserer / Schritte leicht von Angst vorm Einsturz dieses Bodens / Sand Steine Schlamm nichts als Schein das schwärzere / Wasser drohend nah und sicher der Styx unter uns.'[31] Orpheus is nowhere to be seen, the mythological reference serving rather to unsettle dualistic notions of life and death, light and dark, self and other, than to reinforce the classical narrative invoked.

[26] Köhler, *Deutsches Roulette,* 'Papierboot III', p. 54.
[27] Köhler, *Deutsches Roulette,* 'ELB ALB I', p. 59.
[28] Köhler, *Deutsches Roulette,* 'ELB ALB VIII', p. 67.
[29] Köhler, *Deutsches Roulette,* 'ELB ALB IX', p. 68.
[30] ibid. The poem begins, 'MEINE LIEBE GEHT MIT DEN UNDINEN.'
[31] Köhler, *Deutsches Roulette,*'Niemandsufer. Ein Bericht', p. 81.

THE SEA

The project of classicist and philosopher Adriana Cavarero is to 'steal' from classical mythology female figures such as Penelope, Demeter and Diotima, and to represent them from a feminist point of view. Her interpretation of Penelope, for example, highlights her resistance to the death-fixation underlying Odysseus's fascination with the sea. Each of his adventures is a possibility of death, a daring to approach that last boundary:

> Shipwrecks, routes, points of arrival, traversing a 'newness' that offers itself over and over as an occasion of death. Thus Odysseus experiences the limit many times before yielding to it permanently, almost as the trajectory and destination of his characteristic wandering.[32]

For Penelope left at home, the coast signifies not imprisonment, but rather the protective boundary separating her from the alien world of masculine adventure: 'If interpretation could see with Penelope's eyes, this finitude would become a confinement where the self-belonging she has won carves out a proportionate space around her'.[33] In Köhler's first collection, the sea is rather a realm of possibilities which must always be kept open, as in the poem 'Happy End' which is concerned with the arrivals and departures possible on a coastline. Living 'on the sea' thus serves as a model for subjectivity which rejects all notions of the self as finished project or closed narrative:

> wie kann man
> sich und das meer so vergessen
> die liebe um keinen preis um alles
> in der welt die länder hinterm
> briefkasten die bilder im netz
> haut die galeere das strandgut
> die schiffbrüche aufbrüche häfen[34]

In the last poem of *Deutsches Roulette*, 'Meer im Sicht,' Köhler develops the central utopian image of Bachmann's poem 'Böhmen liegt am Meer' (1964), whimsically imagining that the streets and underground lines of Budapest are indeed waterways. The cry of vendors selling 'Frutti di mare' in the shops of Budapest inspires this image, but it is explained as follows:

> – es ist ja nur die Versuchung der Liebe
> zu Orten, sie sich ans Meer zu wünschen
> die sonderbare Gewohnheit der Böhmen
> mit Ahoi zu grüßen
> und ein Gedicht.[35]

---

32 Cavarero, *In Spite of Plato*, p. 21.

33 ibid.

34 Köhler, *Deutsches Roulette*, 'Happy End', p. 14. The Ungaretti poem used as motto for Köhler's poem means: 'after the shipwreck the superstitious sea-dog sets out again' – thus prefiguring the Odysseus imagery which occurs in her more recent 'sea' poetry.

35 Köhler, *Deutsches Roulette*, 'Meer im Sicht', p. 83.

As in Bachmann's poem, Köhler's 'Bohemians' are defined less by any real geographical location than by a resistance to fixety and an openness to landscapes of the imagination.[36] Rather than a realm of heroic deeds and adventure, the sea in these poems appears closely linked to Bachmann's image of a subjectivity unfettered by instrumental rationality and held open to myriad imaginative possibilities. Yet there is a characteristically self-conscious and playful touch in Köhler's tribute to Bachmann's utopianism, as she ends the 'Papierboot' cycle with the line: 'Sachsen am Meer – Ahoi!'[37]

BLUE BOX: REDEFINING THE SUBJECT-OBJECT RELATION

In the poems of Köhler's *Blue Box* (1995) there is more fire and ice than water, if one considers the poems inspired by the Icelandic landscape.[38] Otherwise the collection seems to be primarily concerned with exploding the binary thought on which language depends, and with questioning the role of language in determining identity. At the same time, the insistance on fluidity and non-fixety of identity is expressed within increasingly rigorous formal constraints, most of the poems in the collection occupying a box-like rectangular space. This emphasis on form seems to underline the fact that this poetry explores positive possibilities of subjective identity, rather than completely abandoning the category subject. The possibility of a subject-object relation based on difference is explored increasingly through the resurrection of usages such as 'selbander', 'selbdritt', and the invention of neologisms such as 'Gegenwarten' and 'Entgegenden', which resist a syntax based on stable subject positions in relation to space or time. In the poem which begins, 'SELBANDER: wir beide / und ein verlorenes wort', for example, an archaic word is revived to express a new aporia in which 'we' are not in a relation of simple opposition, but meet in a neutral place which is strange to both: 'wo wir uns treffen / wächst das Selbdritte'.[39] The poem certainly does not seem to imply a merging of the two selves, but rather a respect for the other's difference. This recalls again the 'Tango' piece, in which the neuter gender is posited as an escape from the disembodied masculine norm: 'Das andere: das Neutrum, das Neutrale, das dritte Geschlecht; das Dritte, das es gibt *und* nicht

36 In Bachmann's 'Böhmen liegt am Meer', the 'Böhmen' are characterised as migrants and wandering troubador figures: 'Ein Böhme, ein Vagant, der nichts hat, den nichts hält,/ begabt nur noch, vom Meer, das strittig ist, Land meiner/ Wahl zu sehen.' Ingeborg Bachmann, *Werke I*, ed. Christine Koschel, Inge von Weidenbaum and Clemens Münster. Munich 1978, p. 168.

37 Köhler, *Deutsches Roulette*, 'Papierboot III', p. 54.

38 See for example 'VÍK Í MYRDAL' (p. 14) or 'AUF TRIFTENDEN GRÜNDEN' (p. 49).

gibt – Topos, Utopos. ... als neutraler Ort, an dem sie – außerhalb seiner Maßstäbe, außer Konkurrenz, also auch außerhalb des ZeitRaumes – eine Statt finden könnte, für sich & den/die anderen in der Gegenwart des Leiblichen, für ihr Anderssein, Gleichsein, Menschsein.' [40]

In the poem 'BLUE BOX' itself the search for a mid-point between 'he' and 'she', 'I' and 'you' is abandoned as hopeless within the existing grammatical constraints:

> nichts erwarten
> alles nehmen was kommt geben was geht
> uns zwischen Kommen und Gehen die Mitte
> heißt Bleiben zwischen Nehmen und Geben
> gibts nichts zu erwarten Das sind Worte
> ist alles. Die Ausweglosigkeit
> des Sprechens Die leere Mitte ein ZwischenRaum
> die unbewohnbare Hoffnung Es bleibt[41]

The poem ends with the plea: 'laß mich bleiben: es', which recalls the Hölderlin-inspired poem in *Deutsches Roulette*, 'Anrede zwo: Diotima an Bellarmin', where gender-designations themselves are the cause of antagonism between the sexes: 'Sprache, fremd: Du sagen und / gehört werden. Liebes. Neutral bleiben. Und vielleicht / meine ich auch eine Frau, Augen voller Dunkel. Und / vielleicht sollte das aufhören: Wörter wie Mann und Frau / einander vorzuwerfen.'[42]

The poem 'AUF TRIFTENDEN GRÜNDEN' in Blue Box contains images of icefloes and drifting continents ('Schollen Geschiebe / zerrissenen Kontinenten') offering no firm ground for the subject, who only appears as 'springender Punkt' jumping from icefloe to icefloe. Binary thought is rejected here altogether, as a watery infinity opens up between one and zero, and the 'you' must always be prepared to jump, only ever having a provisional hold on the frozen sea:

---

[39] Köhler, *Blue Box* 'SELBANDER' p. 22. Like Paul Celan before her, Köhler revives obsolete lexical items to offer a challenge to the existing subjective possibilities in language. See J. & W. Grimm, *Deutsches Wörterbuch*, X.1, Leipzig 1905, which defines 'selbdritt' as follows: „'er kam selbdritt(e)', so heisst das zunächst, dasz er selbst der dritte war; um dies zu sein, musz er zwei andere bei sich haben, daher der Sinn, er kam mit zwei anderen." 'Selbander' was most commonly used as an adjective in opposition to 'allein', thus meaning 'zu zweit' or more numerous. In 1905 Swiss German still used 'selbander' to refer to the state of a pregnant woman (p. 423).

[40] Köhler, 'Tango', p. 28. In the later poem EPITHALAMION the term 'selbanders gehen' is used to express an ideal love relationship.

[41] Köhler, *Blue Box*, 'BLUE BOX', p. 23. This poem clearly echoes Bachmann's story 'Alles', as does the poem 'Alles' on pp. 16–17, which evokes the father's disillusionment with language. Köhler's poem plays on the tenuousness of identification with any pronoun, as well as the slippage of meaning within any utterance.

[42] Köhler, *Deutsches Roulette*, 'Anrede zwo: Diotima an Bellarmin', p. 12.

die Brüche
eröffnen Unendlichkeit zwischen Eins und
Null beginnt der andere Zustand auf dem
Wasser kannst du wandeln dem gefrorenen
Meer bis zum unerreichbaren Horizont von
Scholle zu Scholle ein springender Punkt.[43]

THE ESTUARY

The links between Köhler's water imagery and reflections on subjectivity come into yet sharper focus in the series of poems entitled 'NIEMANDS FRAU', which combines poems from *Blue Box* with more recent work, including the first poem of the recently published volume *cor responde*.[44] In this collection, inpired by a visit to Portugal and the story of feminist *cause célèbre* from the early 1970s, we have again concrete, historical landscapes with strong mythological associations, and metaphors of fluidity which express interpenetration without disintegration. I will focus here on three poems from 'NIEMANDSFRAU': 'MÜNDUNG. PORTUGIESISCHER BRIEF', 'TAGWERK/NAUSIKAA/', and 'EPITHALAMION'.

'MÜNDUNG. PORTUGIESISCHER BRIEF' is only one of a cycle of seven poems inspired by the story of the *New Portuguese Letters*, a feminist re-writing of the legendary letters of the seventeenth-century Portuguese nun Mariana Alcoforado to her French lover – for which the 'three Marias' were charged with pornographic appropriation of a national myth.[45] In this first poem, however, it is the Portuguese national poet Fernando Pessoa (b. 1888) who is immediately invoked. Pessoa is known for preserving an extreme anonymity, including using many heteronyms for his published work. Köhler evokes the opening words of his poem 'Ulysses' which begins: 'Myth is the nothing which is all'. The Odysseus myth is the founding myth of Portugal, a nation of seafarers and adventurers, whose women wait faithfully on shore like Penelope, weaving and weeping for their lost heroes. Pessoa's cycle 'Portuguese Sea' revolves around stories of shipwrecked heroes, for whom the sea means

---

43 Köhler, *Blue Box*, 'AUF TRIFTENDEN GRÜNDEN', p. 49.

44 Köhler, 'NIEMANDS FRAU', *Akzente*, 43.5 (1996), pp. 438–44. See also Barbara Köhler and Ueli Michel, *cor responde*, Duisburg 1998.

45 See: Maria Isabel Barreno, Maria Teresa Horta and Maria Velho da Costa, *Neue portugiesische Briefe*, Berlin 1995. This was a collective project to historicise the story of Mariana Alcoforado, her ravishment and desertion by a French soldier, to whom she wrote erotic letters of which no Portuguese original exists. In addition to quite explicitly erotic writing, it challenged the patriarchal myth of the passive, submissive Portuguese woman, and celebrated the solidarity of sisterhood. Only after the revolution of April 25th 1974 were charges against the three Marias dropped. For further details of the case see: Hilary Owen, 'Um quarto que seja seu: The quest for Camões' sister', *Portuguese Studies*, 11 (1995), pp. 179–191.

hope and discovery, but it is also a sea full of the tears of the Portuguese women:

> O salzige Flut, wieviel von deinem Salz
> sind Tränen Portugals!
> Dich zu befahren, weinten Mütter,
> klang Kinderbeten klagebitter;
> wie viele Brautgemächer blieben leer,
> auf daß du unser seist, o Meer![46]

It comes as no surprise that a writer who cultivated such an inscrutable identity plays an important role in Köhler's 'Portugiesischer Brief' (even the name 'Pessoa' simply means 'person' in Portuguese). Pessoa would drink in the cafés of the Bairro Alto of Lisbon's old town, where an imaginary meeting is the starting point for Köhler's poem:

> Ich war in Lissabon & Niemand
> war auch da Ulisses Pessoa es
> war ein mann mit vielen eigen
> namen der mir entgegenkam war
> in jedem café ein anderer wir
> stellten uns vor wir sprachen
> verschiedenes das nicht zu ver
> stehen war alles namen fremde
> sprachen[47]

Communication takes place in the absence of a common language or a stable identity, but with an intimacy and self-forgetfulness which enables exchange without giving and taking; there is a mutual touching without taking hold:

> unter vier
> augen getaucht getauscht zwei
> augenblicke haltlos verbunden
> wie verfallen das hingegebene
> vergessen wer Ich war ist ein
> gegenüber geworden auf gewähr
> des Tejo & des ozeans[48]

Again there are echoes of Bachmann's 'ich ohne Gewähr', but here it seems that the estuary, where the Tagus flows into the sea, is a metaphor for the exchange taking place: an interpenetration in which neither party renounces its own dynamic, its own direction. The poem takes us on through Lisbon's old town, through the Travessa dos Nomes, where the washing hangs out like sails, past a shrine to the mysterious virgin 'Nossa Senhora do O' (the pregnant virgin venerated in Portugal). Köhler draws on an alternative founding

[46] Fernando Pessoa, 'Portugiesisches Meer', *Esoterische Gedichte. Mensagem. Englische Gedichte*. Frankfurt 1994, p. 91 (Portuguese, English, and German edition).
[47] Barbara Köhler, 'MÜNDUNG: PORTUGIESISCHER BRIEF', *Akzente*, 43.5, 1996 p. 439.
[48] ibid.

myth of Lisbon (not just on the heroic tradition perpetuated by Pessoa), the story that the city is founded on the grief and the fury of its women, who protest violently against being banished from the epic history being played out at sea. At the end of the poem the nameless subject is joyfully transformed by her encounter with the city in its mythological time-warp:

> in den himmel gekleidete
> stadt entstanden aus trauer &
> zorn einer frau verläßlich zu
> allen zeiten stehengebliebene
> uhren erwartungen die in gegen
> warten verfließen durch Lisboa
> ging ich fort als eine andere
> namenlos glücklich

In 'TAGWERK/NAUSIKAA/' we are reminded of the tradition recorded by Robert Graves among others that the Odyssey was written not by Homer but by Nausicaa, the kind-hearted princess who takes pity on the shipwrecked Odysseus.[49] Just as the waiting women in Köhler's poem are angry, Nausicaa is more than the hospitable hostess who takes Odysseus in and feeds and clothes him. She does not exist only in relation to Odysseus, but as an author in her own right, whose story is stolen from her. Her text is an animated, woven texture which Odysseus appropriates for himself and ties up all the loose ends, reducing her to a mere footnote in his narrative. But here all the women who seduced and threatened Odysseus are assembled – Persephone, Circe, the Sirens, Calypso, and Leucothia. In Odysseus's narrative they all become one, along with Nausicaa: all women occupy an undifferentiated place in the myth, only significant in their relation to the male hero. Köhler turns this around so that the very multiplicity of the women ensures them a strong female presence:

> von fünf Göttinnen
> ist seine Rede. Sie sind eins
> sie ist viele. Mächtig & rede
> begabt nennt er sie, Sängerin
> Wissende vom Großen Gewebe in
> dem er sich an den Faden hält
> an das Schiffchen das Hin&Her
> geworfene läßt sich erzählen[50]

[49] See: Robert Graves, *Homer's Daughter*, London 1955.

[50] Köhler, 'TAGWERK/NAUSIKAA/', in: 'NIEMANDS FRAU', pp. 440–41 (here p. 440). In her introduction to Cavarero's *In Spite of Plato* Rosi Braidotti describes Cavarero's feminist project in strikingly similar terms: 'Cavarero evokes as well as theorizes a strong female presence which is not one, but manifold; not unified, but in process; not essentialized, but politically empowered' (Cavarero 1995, p. xix).

When Odysseus takes over the story, he dismisses all the contradictions and inconsistencies, producing instead 'glatte Lügen und geschliffene / Monloge', so that it becomes *his* story:

Naus
ikaa nahm den Schiffsbrüchigen
auf hat ihn gekleidet geleitet
sein verbindlichster Dank aus
brüchigen Worten in die fällt
sie besser nicht sie sind für
alle eine Geschichte & in der
verspricht er ihr einen Platz
wird sie erzählen so nimmt er
was sie gibt zuletzt Abschied

Sie wird bleiben: sie ist die
Ich sind[51]

Finally Nausicaa is the repressed feminine voice which speaks for a community of silenced women, the bearer of a collective history.

'EPITHALAMION', the title meaning 'wedding song', articulates in the image of tidal flow an ideal loving relationship, which can also be seen as the basis of a new model of rational subjectivity. It starts from the anti-de Beauvoir proposition that woman and man become, without being made. Furthermore, they may find each other *and* leave each other free space. Köhler plays on the Greek words thalamos (= inner chamber, nuptial chamber) and thalatta (= sea). Language is again declared inadequate in the sacrament of love, the self is enveloped in a 'toga praetexta', the purple-bordered robe worn by inviolable persons such as children, judges, and brides. It is also a 'pre-textual' covering, and in mutual silence the lovers achieve a 'Gegen / bewegung in der Balance', in which the musical sounds of the language are more significant than their logical content, but there are echoes also of the notion of the dance as a dynamic mutual relation: 'Distance, Tanz, Trance….' The ideal relation to the other is expressed as follows, with all nouns designating place rendered dynamic and directional:

geben und nehmen
teilen was nicht mein nicht dein ist:
Selbanders gehn auf halbem Wege durch
Entgegenden *entre deux mers*[52]

The lovers are depicted as two currents moving towards each other, like two tides meeting each other head-on ('Gegenzeiten'), meeting in 'Entgegenden', a dynamic concept of place traversed by force-fields:

51 Köhler, 'NIEMANDS FRAU', 'TAGWERK/NAUSIKAA/', pp. 440–41.
52 Köhler, 'NIEMANDS FRAU', 'EPITHALAMION', p. 442.

– wir treiben
was uns treibt einander zu Wellen ent
stehen an Berührungspunkten die Gegen
zeiten fluten ein hochgewölbter durch
dringlicher Blauton verfließt was ist
sind wir
so weit:
Thalatta!
Thalatta!

In Homer's *Odyssey,* Leucothea / Ino rescues Odysseus at sea, guiding him into an estuary, where the river heeds his prayer and halts its flow.[53] Here, if read in conjunction with the 'Tango' text, the estuary can be seen as the utopian place where two subjects can encounter each other in 'Entgegenden', as bodies in dual, reciprocal motion.[54] Like the tango, their encounter is a dance, requiring two participants whose rhythmic motion works together but also requires a perfect balance of resistances. There are echoes here of the way in which Irigaray uses elemental imagery to open up new conceptual space for the articulation of her ideas. In *Elemental Passions*, for example, she expresses the possibilities of love thus:

> The only difference between the love which flows through the envelope-walls of skin or mucous fluids and the love which appropriates for itself in and by the same, lies in the 'through' which allows each one their living becoming.[55]

It seems to me that Köhler is using metaphors of tides and currents in this poem to express just such a creative, loving imaginary relationship which Irigaray posits as the basis for a new notion of rational subjectivity.

I hope to have demonstrated that the water imagery in Köhler's work is much more than an evocation of landscape, but is intimately connected to her poetic exploration of subjectivity. This is seen firstly in the notion of the subject as something fluid, unfixed, dual and in relation to an irreducible other. Secondly, I see in Köhler's appropriation of female figures from classical mythology a crucial contribution to the feminist project of creating a female imaginary, a repository of positive female images which exist in their own right and embody women's cultural potential. If taken on its own, my first observation would invite the charge of 'essentialism' and of depriving women once more of a position of active subjectivity by stressing only the undifferentiated and relational aspect of their identity. In conjunction with my second point, how-

---

53 'In answer to his prayer the river checked its current, and holding back its waves made smooth the water in the swimmer's path and so brought him safely to land at its mouth', Homer, *The Odyssey*, London 1967, p. 100.

54 In 'Tango. Ein Distanz' Köhler notes that 'entgegenkommen' is one of the verbs in German which seems to presuppose a dual case, requiring the involvement of two individuals in order to be conjugated even in the singular. Köhler, 'Tango', p. 25.

55 Luce Irigaray, *Elemental Passions*, (Fr 1982), London 1992, p. 27.

ever, and with the more recent work of theorists such as Irigaray and Cavarero, this challenge to unitariness and fixety can be seen as only the first stage in a process of constructing new ways of understanding subjectivity underpinned by an ethical relation to the other. Finally, because this is an embodied notion of subjectivity, it must also be gendered, and to obscure this would be to fall back into the sort of universalising discourse which has denied women an adequate female subject status for so long.

Moray McGowan

JEUX SANS FRONTIÈRES?

ZUR INNERDEUTSCHEN GRENZE AUF DER BÜHNE

> [Snout *as Wall*] I – one Snout by name – present a wall.
> And such a wall as I would have you think
> That had in it a crannied hole or chink,
> Through which the lovers, Pyramus and Thisbe,
> Did whisper often, very secretly.
> This loam, this roughcast, and this stone doth show
> That I am that same wall; the truth is so.
> And this the cranny is, right and sinister,
> Through which the fearful lovers are to whisper.[1]

Wenn einer wie hier in Shakespeares *Sommernachtstraum* die Mauer spielt und mit ausgestreckter Hand die schmale Ritze in der Mauer mimt, so nimmt das Publikum die Einladung in die Spielwelt umso lustvoller an, weil das Ausfüllen der Leerstelle zwischen Darstellung und Dargestelltem, zwischen Zeichenträger und designiertem Objekt, den Kunstgenuß erhöht.

Gerade hier aber beginnen die Probleme, wenn die reale Mauer, die in diesem Falle im Bewußtsein der nicht vollständigen Begriffskongruenz als Chiffre für die innerdeutsche Grenze verstanden wird, auf der Bühne dargestellt werden soll. Denn die reale Mauer war erstens Zeichen und Symbol ihrer Selbst, reale Ursache der Erfahrungen von Begrenzung und Eingrenzung, die ansonsten gerade in der Mauersymbolik ihren trefflichsten Ausdruck gefunden hätten. Aber reale Gegenstände oder Figuren können nur unter Kitschgefahr zu Metaphern ihrer Selbst werden, Zeichen die sich selber bezeichnen.

Zweitens war die Mauer in ihrer geographischen Ausdehnung, ihrer technischen und logistischen Aufwendigkeit,[2] ihren vielseitigen Propagandafunktionen, ihren menschlichen Folgen, als politischer, ideologischer, psychologi-

---

[1] William Shakespeare, *A Midsummer Night's Dream*. Hrsg. von Stanley Wells, Harmondsworth 1967, S. 112 (Act V, Scene 1).

[2] Fakten zur innerdeutschen Grenze und ihrer Ausstattung befinden sich bei Jürgen Ritter und Peter Joachim Lapp, *Die Grenze. Ein deutsches Bauwerk*. Berlin 1997, das auch eine weiterführende Bibliographie enthält.

scher Zeichenträger sehr stark semiotisch befrachtet.[3] Deshalb erscheint die innerdeutsche Grenze weniger trotz als gerade wegen ihrer schwerwiegenden Bedeutsamkeit doch relativ selten auf der Bühne der Gegenwart, auch trotz und wegen der zentralen Rolle der Thematik von Ein- und Ausgrenzung, Grenzüberschreitung und Entgrenzung für das Drama im allgemeinen und für das deutsche Drama in und seit der Wende insbesondere, wo die „Mauer in den Köpfen", dieses fast entleerte Klischee, natürlich immer wieder ein Kernthema von Dramen und Inszenierungen bildet. Wenn die innerdeutsche Grenze schließlich doch als reale Mauer dargestellt wird, schützen meist nur Ironie oder formale Brüche mit der Wirklichkeitsnachahmung vor Verkitschung und Lächerlichkeit.

Daher vermeidet die Bühne weitgehend – auch im Westen, wo die Zensur dabei keine Rolle spielte – bis zum Zeitpunkt des Mauerfalls Darstellungen der Grenzüberquerung als physischer Vorgang: hier haben der Spionage-Roman und der Film in realistischen und zugleich atmosphärischen Bildern die Spannung solcher Grenzüberquerungen wirksam erfassen können: Agentenaustausch auf der Glienicke-Brücke als Destillat der Ost-West-Beziehungen im Kalten Krieg, Tunnelgeschichten als deutsche Variante anglo-amerikanischer Spannungsfilme über die Kriegsgefangenschaft.[4] Auf der Bühne jedoch wäre eine solche, auf Spannung angelegte Überquerung einer mit Bühnenmitteln nachgebauten Grenze – ob Mauer oder Drahtzaun – schlicht Klamauk: das Spiel mit der Grenze als „Spiel ohne Grenzen", „Jeu sans frontières".[5]

In den Monaten nach der Maueröffnung haben manche Inszenierungen es dennoch gewagt, die Mauer auf der Bühne nachzubauen. Diejenigen, die ohne ironische Brechung an der allgemeinen Euphorie teilnahmen, konnten zwar damit von der Festatmosphäre profitieren, wurden aber durch deren schnelles Abflauen bald überholt. Nachdem Helmut Kohl am 22. Dezember 1989 am Brandenburger Tor die bereits Wochen früher vollzogene Maueröffnung noch einmal vor den Weltmedien als Staatsakt inszenierte, folgte manches Medienspektakel diesem Vorbild und funktionierte die Mauer und ihren Abbruch für seine Zwecke um. So wurde zum Beispiel Pink Floyds autobiographische und

---

[3] Die Bedeutungsvielfalt der Mauer wird knapp und anschaulich beschrieben in: Brian Ladd, *The Ghosts of Berlin. Confronting German History in the Urban Landscape*, Chicago-London [2]1998, S. 7–40; vgl. auch Mary Beth Stein: *Berlin/Berlin: The Wall in the Expressive Culture of a Divided City*, Ann Arbor 1993.

[4] Merkwürdigerweise gab es im quantitativ beträchtlichen Genre der Grenzsoldatenliteratur der DDR – natürlich mit umgekehrtem Zeichen – motivische Parallelen: vgl. Bernard H. Decker: „The Wall as Seen Through the Eyes of Border Guards: The Border as a Literary Topos within the Framework of Socialist Defense Readiness Education." In: Ernst Schürer, Manfred Keune, Philip Jenkins (Hrsg.), *The Berlin Wall. Representations and Perspectives*. New York et al. 1996, S. 119–25.

[5] Dieses Bild wurde einem Essai zu Entgrenzungsphänomenen des modernen Kapitalismus nach dem Fall des Ostblocks entnommen: Hans-Peter Müller, „Spiel ohne Grenzen?", *Merkur* 51 (1997), Heft 9/10, S. 805–20.

auf britische Nachkriegsgeschichte bezogene Rock-Oper *The Wall* (1979) zum Mauer-Drama umgearbeitet und am 21. Juli 1990 am Potsdamer Platz, dort wo die eigentliche Mauer gerade abgerissen worden war, inszeniert. Eine gigantische Mauer aus Styropor-Blöcken wuchs im Laufe der Vorstellung in die Höhe, um am Schluß unter Jubelchoralen und Rock-Kreszenden heruntergestürzt zu werden. Die geschichtliche Komplexität der Mauer wurde für den Weltmarkt zum erwerblichen und weitgehend politisch unspezifischen Teilhabe-Angebot verkürzt.[6]

Ein kontrastierendes Beispiel wäre Pina Bauschs Tanztheaterstück *Palermo, Palermo,* das am 17. Dezember 1989 in Wuppertal Premiere hatte. Statt eines Vorhangs steht auf der Bühne zu Beginn der Inszenierung eine riesige Mauer, die dann in einem Sturm von Krach und Staub nach vorne auf die Bretter fällt: Blöcke aus echtem Beton-Aggregat, durch deren Trümmer die Tänzerinnen und Tänzer ihren erschwerten und verunsicherten Weg machen müssen. Noch fünf Tage vor Kohls Umdeutung der Maueröffnung zum Staatsakt nimmt Bausch also die Vereinnahmung der Mauer-Symbolik ironisch-distanziert vorweg. Die Mauer bei Bausch ist aber auch zugleich *real* und dennoch nimmt sie bei jeder Vorstellung eine andere Form an, als sie auf die Bühne gestürzt wird. So ist sie undeterminiert, zukunftsprägend, ohne genau einplanbar zu sein.[7] Gegen dieses anhaltende, auf die Assoziationskraft des Publikums setzende Bild wirkt die Mauer-Persiflage in Johann Kresniks *Wendewut* (1991) eher sarkastisch. Wessis in Lederhosen und Dirndl-Tracht werfen ihre Kleider über eine hohe rote Mauer mitten auf der Bühne; die dann zustande kommende Ost-West-Begegnung führt zu zunehmend aggressiven pas-de-deux.

Vor allem das Brandenburger Tor als Ikone der deutschen Geschichte, der Teilung und des mediengestalteten und politisch verordneten triumphalen zweiten Mauerdurchbruchs am 22. Dezember 1989, wo es zugleich Kulisse, Requisit, Demonstrationsobjekt, Spielort und Metonym war,[8] ist so beladen

---

6 Philip Jenkins deutet diese Bearbeitung und ihre Inszenierung in Berlin wesentlich positiver: „Bricks in the Wall: An interpretation of Pink Floyd's *The Wall.*" In: Schürer, Keune, Jenkins, *The Berlin Wall*, S. 205–13.

7 Das Bühnenbild gestaltete Peter Pabst. Vgl. Jochen Schmidt, *Tanztheater in Deutschland,* Frankfurt/M.-Berlin 1992, S. 73–4, wo aber merkwürdigerweise die bei einer Premiere Ende 1989 doch unvermeidliche Bezugnahme dieses Bühnenbilds zu den Ereignissen in Berlin unerwähnt bleibt. Elfriede Müller behauptet zwar, „Pinas Mauer fiel vor der Berliner Mauer", bemerkt dann aber ebenfalls, wie „die Darsteller in ihrem ‚Bruch' herum [staksen und stolpern], wie wir durch die Probleme und Trümmer der deutschen Geschichte stolpern": „Zwei Tauben saßen auf dem Dach. Pina Bausch und das Tanztheater", in Ursula May (Hrsg.), *Theaterfrauen. Fünfzehn Porträts*, Frankfurt/Main 1998, S. 211–28; hier S. 224.

8 Vgl.: Wilfried Arenhövel und Rolf Bothe (Hrsg.), *Das Brandenburger Tor: eine Monographie.* Berlin 1991; Laurenz Demps, *Das Brandenburger Tor.* Berlin 1991; Michael S. Cullen u. Uwe Kieling, *Das Brandenburger Tor: Geschichte eines deutschen Symbols*. Berlin 1990.

und besetzt, daß ihre Darstellung auf der Bühne kolportiert wirken muß, wenn sie nicht ironisch gebrochen wird.[9] Im Jugendstück des West-Berliner Grips-Theaters, *Auf der Mauer, auf der Lauer* (1990) von Volker Ludwig und Reiner Lücker spielt die letzte Szene am Silvesterabend 1989/90 am Brandenburger Tor, und ahmt weitgehend ohne kritische Distanz die triumphalen Feierlichkeiten nach (die Kritik des Stückes gilt den Zuständen in den beiden deutschen Staaten, nicht der Euphorie des Augenblicks).[10] Der Erfolg des Stückes April 1990 in Berlin wurde am 3. und 4. Oktober 1990 in Dresden nicht mehr wiederholt: schon war die festliche Atmosphäre des ersten gesamtdeutschen Sylvesters seit 45 Jahren durch ökonomische Wirklichkeiten getrübt.[11]

Diese Trübung prägt auch Jochen Bergs *Fremde in der Nacht* (1991), das ebenfalls eine Schlüsselszene in der Sylvesternacht 1989 am Brandenburger Tor spielen läßt, dennoch mit archaisierender Verssprache und holprigen Wortstellungen, Geschichtspessimismus und antirealistischen Handlungsbrüchen nicht nur gegen die glatten Maueröffnungsharmonien, sondern auch gegen die neue nationale Herrlichkeit arbeitet, deren Krönung wohl das Wiederaufstellen der renovierten Quadriga war. Angeregt durch den wirklichen Todessturz eines jungen Mannes vom Brandenburger Tor in eben jener Sylvesternacht, läßt Berg seine Hauptfigur Siegfried eines mehrfachen Tods sterben, das erste Mal durch seinen Vater, nachdem dieser irregeworden ist an der medienverspiegelten Unwirklichkeit der plötzlichen Öffnung einer Mauer, deren Abriegelungswirkung die DDR-Bevölkerung weitgehend verinnerlicht hatte und deren Fall sie zunächst gar nicht glauben konnte. In der Schlußszene wird Siegfried zum zweiten und dritten Mal getötet, durch eine zwischen Stasi und Militär-General wechselnde Figur, die ihn Massengräber an der Grenze ausheben läßt. Dazwischen tötet Siegfried sich selber: er stürzt vom Brandenburger Tor, fällt aber im Zeitlupentempo, was ihm erlaubt, seine Lebens- und Leidensgeschichte als ehemaligen Leistungssportler und Grenzsoldaten zu reflektieren, der „an der Grenze zum Killer ausgebildet wurde".[12]

Der lapidare Geschichtspessimismus schützt nicht vor Geschichtsverzerrungen: „Deutschland ist erwacht/Und hat sich aus Versehen/Die Grenze aufgemacht" (98). Diese Ironisierung des Zufalls mißlingt, denn schuld am

---

[9] In Klaus Chattens *Sugar Dollies* (1995) wird das realutopische Pathos eines Gangs an die Vopos und die Wasserkanonen vorbei durch das Brandenburger Tor nach Westen am 9. November 1989 erzählt, nicht dramatisiert; epische Distanz vermindert die Kitschgefahr.

[10] Vgl. Margit M. Sinka, „After the Odes to Joy. The First German Dramas Responding to the Fall of the Wall." In: Schürer et al., S. 313–325; hier S. 314–6, mit Hinweisen auf weitere Kritiken der Inszenierung; siehe auch Ingeborg Pietzsch, „Erweiterte Bekanntschaft", *Theater der Zeit* 45 (1990), 9, S. 17–19.

[11] Vgl. Wolfgang Kolneder u. Stefan Fischer-Fels (Hrsg.), *Das Grips-Buch. Theater Geschichten.* Berlin 1994, S. 248.

[12] Fremde in der Nacht", *Theater der Zeit* 46 (1991), 11, S. 97–105; hier S. 98. Anschließend mit Seitenzahl im laufenden Text zitiert.

„Versehen" der Maueröffnung war die keineswegs deutschnational gesinnte SED-Führung; erst die Maueröffnung entfachte dann den neuen Nationalismus.

Wichtig bleibt jedoch die Form, „Bruchstücke aus einem verstörten Land", so Franz Wille in einer Formulierung, die an das Anfangsbild von Bauschs *Paloma, Paloma* erinnert.[13] Das Bruchstückhafte steigerte Regisseur Frank Castorf noch weiter durch Montage, Honecker-Dias, Filmzitate aus dem sozialistischen Realismus und aus den 40-Jahre-Feiern der DDR, als er *Fremde in der Nacht* seine erste und meines Wissens einzige Inszenierung zum dritten Jubiläum des Mauerdurchbruchs am 9. November 1992 an den Volksbühne gab.[14]

„Bruchstücke aus einem verstörten Land" sind auch Manfred Karges 1989/90 geschriebene, September 1990 in Wien uraufgeführte *MauerStücke*. Hier weisen bereits die Schreibweise des Titels, die klobige Verssprache und die Form, acht (bei der Uraufführung: sieben) jeweils voneinander unabhängige Kurzdramen, auf die Fragmentierung der Mauer.[15]

Wie bei Pina Bausch liegen – jetzt metaphorisch – die Brocken der gestürzten Mauer den Figuren vor den Füßen und erschweren den Gang: Mauer-Reste, die lange nach dem Fall der Mauer weiter wirken werden. Es geht nicht um das triumphale Pathos des Mauerdurchbruchs, sondern um Folgen der Mauer und der Maueröffnung, also der Entgrenzung und der Bloßlegung anderer Grenzen, die die physische Grenze verdeckt hatte. Menschen, die neue Mauern in ihrer Sprache errichten, um die Folgen des Abbaus der physischen Mauer zu überleben.

In der Szene „Josef und Maria" zum Beispiel führt ein vorgelesener Zeitungsbericht über einen halben Knaben, der „sauber abgetrennt" am Fuß der Mauer gefunden wurde, zur schrittweisen Ausartung der Beziehung zwischen dem östlichen Josef und der westlichen Maria zu brutalen Aggressionen. Andere Szenen zeigen den Westler, den das unerwartete Auftreten seiner DDR-Mätresse im Westen zur Klärung seiner wirklichen Verhältnisse zwingt; die Denunziation von im Osten untergetauchten Terroristen; die ersten Entlassungen der nun einsetzenden Wirtschaftssanierung; schnelle Karriere-Wenden und groteske gegenseitige Beschuldigungen; die Nibelungen als Wende-Reiter, Raubkapitalisten, die in dieser Skizze Hochhuths *Wessis in Weimar* und viele ähnliche Stücke der Nach-Wende-Zeit sarkastisch vorwegnehmen.

Stücke zur Grenze-Thematik aus der ehemaligen DDR beschäftigen sich oft mit der Situation der Grenzpolizisten und -wächter als Bild für die Lebens-

---

13 „Blick zurück nach vorn auf jetzt?", *Theater heute* 33 (1992), 12, S. 11–17; hier S. 16.

14 Vgl. Marc Silberman, „Introduction to Jochen Berg's *Strangers in the Night*", *Contemporary Theatre Review* 4 (1995), 2, S. 125–27.

15 Vgl. Sinka, S. 320.

situation in der DDR schlechthin: gegenseitige Bewachung, das ständige Hinüberschielen bei gleichzeitigem Kontaktverbot, das nicht immer gewollte Verwickeltsein in Verbrechen: Oliver Bukowski: *Die Elche, die Antilopen* (1995), Peter Dehler: *Die Wächter* (1989), Dominik Finkelde: *Abendgruß* (1995). In Andrea Czesienskis *Amok oder Koma sein* (1991) schaut ein Wächter verbittert zu, als die Wachhunde wegtransportiert werden. Der Verlust seines Lebensrahmens erzeugt einen Schwebezustand zwischen Auflehnungswut (Amok) und Apathie (Koma).

Die Szene „Mauerhund" in Karges *MauerStücke* bricht antizipierend mit diesem Pathos: sie beginnt mit der Anweisung: „Berliner Mauer, durchlöchert." Der erste Dialog lautet: „Der Hund: Verzeih, Soldat, daß ich stör:/Ein Mann geht an der Grenze. Hör./Der Soldat: Hab jahrelang meine Pflicht getan:/Was geht mich der Mann an der Mauer an."[16] Während der gut dressierte Hund alte DDR-Positionen verinnerlicht hat[17], plant der Grenzposten schon, ihn in die Schweiz als Labortier oder an eine Hamburger-Kette zu verkaufen.[18] Die groteske Grundsituation des sprechenden Mauerhundes verhindert die Probleme der unmittelbaren Mauerdarstellung.[19]

Heiner Müllers *Germania 3. Gespenster am toten Mann* öffnet auch mit einer Wächter-Szene: „Nacht Berliner Mauer Thälmann und Ulbricht auf Posten".[20] Müllers anachronistische und antinaturalistische Auftürmung geschichtlicher Fragmente erlaubt ihm, die volle Bedeutungsschwere der Mauer als bitteres Symbol des Verrats darzustellen, den der DDR-Sozialismus an den Ideen seiner Vorkämpfer verübt hat.

Aus der Zeit vor dem Mauerbau 1961 gibt es ein bekanntes DDR-Stück zum Thema Grenze: 1959 wurde Hedda Zinners Schwank *Was wäre, wenn – ?* an elf Bühnen gleichzeitig uraufgeführt; mehrere unmittelbare Nachspielungen folgten. Figuren, Requisiten, Bühnenbild bleiben ganz im Rahmen des Bauernstücks: nur steht das idyllische aber grenznahe Willsbach vor einer scheinbar ernsthaften Bedrohung, denn ein Gerücht geht um, daß im Zuge einer Grenzbegradigung das Dorf dem Westen eingegliedert und wieder zum

---

16 „MauerStücke," in: Karge, *Die Eroberung des Südpols. Sieben Stücke.* Berlin 1996, S. 156. Anschließend mit Seitenzahl im laufenden Text zitiert.

17 Daß auch mit der scheinbar grotesken Figur des Hundes eine in der DDR verbreitete Haltung angesprochen wird, sieht man am Beispiel von Heiner Müllers „Porträt des Künstlers als junger Grenzhund", seiner Laudatio für den Lyriker Durs Grünbein, die ein Selbstbild Grünbeins aufgreift: in Grünbein, *Rede zur Entgegennahme des Georg-Büchner-Preises 1995*, Frankfurt/M. 1995, S. 26.

18 Zur besonderen Lebenswelt der Grenzsoldaten, freiwilligen Grenzhelfer und Hundetrainer: Marie-Luise Scherer, „Die Hundegrenze" (1994). In: Rudolf Augstein (Hrsg.), *Ein deutsches Jahrzehnt. Reportagen 1985–1995*. Hamburg 1995, S. 287–328.

19 Diese Szene war ein Auftragswerk für das Royal Court Theatre und wurde 1990 dort uraufgeführt.

20 Heiner Müller, *Germania 3. Gespenster am toten Mann*. Köln 1996, S. 7.

Besitz des Herrn von Prittwitz werden solle.[21] Die für den Sozialismus noch nicht gewonnenen Bauern sitzen stumpfsinnig und RIAS-berieselt in der Kneipe, Opportunisten und feudale Kriechnaturen warten auf die Wiederherstellung der ausbeuterischen alten Ordnung. Nach den in der Farce zu erwartenden Turbulenzen kann die SED die Bauern zum Kampf gegen die bösen Junker und zugleich für die bisher abgelehnte Kollektivierung gewinnen.[22] Die bösen Junker stellen sich als Mißverständnis heraus: Das fremde Auto und die fremden Gesichter im Dorf entpuppen sich als ein Propagandafilm-Team der DEFA. Obwohl sich das Stück eher mit internen Besitz- und Produktionsfragen in der DDR als mit einem Plädoyer für die Grenzverriegelung beschäftigt,[23] nimmt es gerade damit mit unbeabsichtigter Ironie die Legitimationsstruktur des Mauerbaus vorweg: Eine nicht von selbst zustandekommende Loyalität wird unter dem Vorwand einer Drohung von außen herbeigezwungen. Das Stück begleitet also die Bemühungen der SED, die Flucht nach Westen durch Propagandamittel zu stoppen, bevor sie 1961 zu anderen Methoden griff.[24]

Danach ist bis in die späten achtziger Jahre in der DDR-Dramatik und in der Regie das zu beobachten, was Karin Leeder für die Lyrik der achtziger Jahre festgestellt hat: Da die Möglichkeit der öffentlichen Auseinandersetzung mit der Grenze fehlte, wurde sie erneut zur Metapher.[25] In der DDR-Prosa beobachtet Wulf Koepcke ebenfalls „much talk about barriers, but not much about the wall."[26] Die physische Begebenheit der Mauer, die an sich eine metaphorische Equivalenz zum geistigen Eingeschlossenseinsgefühl böte, konnte als politisch tabuisiertes Thema ohnehin nicht direkt genannt werden;

21 Laut Hedda Zinner ging die Fabel auf Gerüchte zurück, die damals tatsächlich zirkulierten: Zinner, *Auf dem roten Teppich. Erfahrungen, Gedanken, Impressionen*. Berlin 1978, S. 241. Aus der West-Perspektive beschreibt H. G. Huettich Zinners Fabel zwar als „fantastic contrivance", bestätigt aber auch, daß der West-Sender RIAS 1958 Gerüchte einer solchen Grenzbegradigung ausstrahlte: *Theater in the Planned Society. Contemporary drama in the GDR in its historical, political and cultural context*. Chapel Hill 1978, S. 97.

22 Der Vergleich mit Heiner Müllers sich ebenfalls mit der Kollektivierung der Landwirtschaft beschäftigenden und nach einer Vorstellung verbotenen Stück *Die Umsiedlerin* (1961) zeigt die Linientreue von Zinners Stück, obwohl dieses gewiß kein Machwerk ist.

23 So wollte es jedenfalls die damalige Literaturgeschichtsschreibung in der DDR sehen, als „Darstellung ländlicher Menschen in der Phase des Übergangs zur gesellschaftlichen Produktion": Hermann Kähler, *Gegenwart auf der Bühne. Die soziale Wirklichkeit in den Bühnenstücken der DDR von 1956–1963/4*. Berlin 1966, S. 66.

24 Eine Buchausgabe dagegen konnte noch 1962 erscheinen: Zinner, *Was wäre, wenn – ? Komödie in drei Akten*. Berlin 1962.

25 Leeder zeigt deutlich, daß Grenze und Entgrenzung in der DDR-Lyrik der 1980er Jahre gewöhnlich nicht explizit, sondern indirekt, im formalen und sprachlichen Experiment, thematisiert werden, auch wenn eine 1986–89 erschienene Samisdat-Zeitschrift *Grenzfall* hieß und einen Grenzbaum zur Titelillustration nahm. Siehe *Breaking Boundaries: A New Generation of Poets in the GDR*. Oxford 1996, besonders S. 43–76: „The Metaphors of Boundary and the Boundaries of Metaphor".

26 „The invisible wall", in: Schürer, Keune, Jenkins, *The Berlin Wall*, S. 74–85; hier S. 76.

sie konnte aber auch als eigentliche Wurzel dieses Zustands nicht als dessen Metapher dienen; oder höchstens in stark allegorisierter Form, zum Beispiel in Kinderstücken wie Georg Seidels *Königskinder* (1980). Doch auch in einem Kinderstück war das Bild von zwei durch eine tiefe Schlucht voneinander getrennten aber ansonsten sehr ähnlichen Königreichen mit ein Grund, weshalb das Stück erst 1988 uraufgeführt wurde.

In anderen Stücken der achtziger Jahre wird das Fliegen als richtungsunbestimmtes, ins Existenzielle umgeleitetes Fluchtmotiv verwendet, etwa in Uwe Saegers *Flugversuch* (Anfang der achtziger Jahre entstanden, 1988 veröffentlicht). Flug und Flucht gehen akustisch wie semantisch ineinander auf. Auch Volker Brauns Gebrauch des Grenzmotivs in seiner *Übergangsgesellschaft* (1988) betont weniger Republikflucht als existenzielle Revolte, utopische Grenzüberschreitung: „Ich will über die Grenze gehen./Nehmt doch diese Gesichter weg./Wir wollen unsere Haut abreißen./Ich will nackt sein."[27]

Dagegen boten Inszenierungen von scheinbar DDR-fernen Stücken die Möglichkeit, in den 1980er Jahren mit zunehmend vehementer Eindeutigkeit auf die Mauer anzuspielen. Ein symptomatisches Beispiel wäre die Zuspitzung des Motivs zwischen zwei Magdeburger Inszenierungen des Regisseurs Gerd Jurgons. Erstens Brian Friels *Philadelphia, here I come!*, das 1981 poetisch-unverbindlich irische Emigrationsträume thematisiert. Zweitens Arnold Weskers *Chips with Everything* (1985): da hier eine britische Wehrdienstkaserne für die Langeweile und Brutalisierung des Eingeschlossenseins steht, und sich damit zwar unverkennbar aber auch indirekt auf die DDR-Wirklichkeit bezieht, kann die Bühne umso eindeutiger sein: Stacheldraht, Scheinwerfer und eine graue Mauer.

Im Februar 1989 wurden die Anspielungen in Christoph Schroths Schweriner Inszenierung von *Wilhelm Tell* noch direkter, schon im Schillerschen Text – „Reißt die Mauern ein! [...] Wir haben's aufgebaut, wir wissen's zu zerstören."[28] Zum Schluß der Inszenierung fliegt Tell wie ein Drachenflieger über die Berge davon, Berge, die auf der Titelseite des Programmheftes als mauerartige Blöcke erscheinen. Beim Gastspiel im Oktober 1989 in der DDR-Hauptstadt wirkte die Inszenierung sogar noch brisanter, zu einem Zeitpunkt, als die DDR-Bevölkerung tatsächlich begann, ihre Mauern einzureißen: eine scharfe Zuspitzung der Aktualität, die zur Kehrseite hatte, daß sich die Insze-

---

27 In: *Gesammelte Stücke. Zweiter Band.* Frankfurt/M. 1989, S. 103–32; hier S. 124. Vgl. Florian Vaßen: „Vom Fliegen ins ‚innerste Afrika': Volker Brauns Komödie *Die Übergangsgesellschaft* – Stillstand und Grenzüberschreitung", in: Richard Weber (Hrsg.), *Deutsches Drama der 80er Jahre*, Frankfurt/M. 1992, S. 87–106.

28 *Wilhelm Tell*, 5. Aufzug, 1. Szene; zitiert nach *Schillers Werke.* Textkritisch herausgegeben von Herbert Kraft. 2. Band, Frankfurt/M. 1966, S. 424; fast jede Szene enthält Stellen, die 1989 ähnlich elektrisierend wirkten.

nierung sehr schnell zum Zeitdokument verwandelte.[29] In der Euphorie der Wende selber jedoch funktionierte sie in der Eindeutigkeit ihrer Aktualisierung der Themen Freiheits- und Grenzübertrittshunger als nationale Selbstfindung der DDR-Bevölkerung.[30] Ähnliches gilt für die Inszenierung von Beethovens *Fidelio* durch Christine Mielitz in Dresden, die ausgerechnet am 7. Oktober 1989, am Jahrestag der DDR-Gründung, ihren Freiheitsappell auf einer Bühne aus Mauern, Stacheldraht und Wachtürmen verkündete, während draußen auf den Dresdner Straßen DemonstrantInnen niedergeknüppelt wurden.[31] Wohlgemerkt: in diesen Inszenierungen ist der Ruf nach Grenzöffnung noch kein Vereinigungs- oder gar Beitrittsplädoyer.

Acht Jahre nach der Wende sind die euphorischen Hoffnungen jeder Art verflossen. Herbert Olschoks Chemnitzer Neuinszenierung von Zinners *Was wäre, wenn – ?*, die erste nicht nur seit dem Mauerfall, sondern seit dem Mauerbau, ist als ironische Aufarbeitung der DDR-Geschichte mit dem ebenso ironischen Blick auf heute zu verstehen. Hedda Zinners 1978 veröffentlichte Memoiren, die die Beschreibung des Stückes 1959 in *Neues Deutschland* – „ein Stück von heiterer Siegeszuversicht" – noch mit ungebrochenem Stolz zitieren können, skizzieren die Fabel auf eine Weise, die zwei Jahrzehnte später eine schmerzliche Aktualität erfahren: „Was geschähe, wenn die DDR den ehemaligen Herren weichen müßte, unsere Republik [...] Wenn diese Frage vor den Menschen stünde, müßten sich da die Fronten nicht klar trennen?"[32] 1997 läßt Olschok das Stück als „gutgebauten Bauernschwank" ohne Zinners „parteiseliges Finale" spielen.[33] Stattdessen werden zum Schluß Türen laut zugeworfen: was 1959 noch offen und möglich war, wurde durch Mauer und Zwangskollektivierung erwürgt.[34] Aber auch ohne aktualisierende Eingriffe sind in

---

[29] Vgl. Gabrielle Jung, „Schillers Schweiz liegt in Schwerin." *Wiesbadener Tageblatt*, 22.5.1990, die der Inszenierung „fast nur noch historisches Interesse" zuspricht.

[30] Doch eine von Friedrich Engels bitter gestellte Frage läßt diese positive Deutung der *Tell*-Rezeption gerade in der Wende-Zeit relativieren: „Wo ist der deutsche Spießbürger, der nicht begeistert ist für Wilhelm Tell, den Vaterlandsbefreier [...]?"; zitiert nach Karl Marx, Friedrich Engels, *Über Kunst und Literatur*, Band I. Berlin 1967, S. 503. Auch gibt zu bedenken, einerseits daß im Arbeitersprechchor der Weimarer Republik eher nach Schutzmauern gegen den Raubkapitalismus verlangt wurde: „Eine Mauer laßt errichten/heimlich uns mit List und Kraft'/die die Trennung schnell erschafft": Hans aus Sachsen, *Das befreite Herz. Sprech-Chor*, Leipzig o. J., S. 7, zitiert nach der in Arbeit befindlichen Sheffielder PhD-Dissertation von Hans Koch: „Massenappell und Integration. Der Einheitsappell in den dramatischen Texten des NS-Thingspiels und im Tendenzdrama der Weimarer Republik". Andererseits enthalten viele nationalsozialistischen Thingspiele den Appell, Mauern und Grenzen einzureißen: „wenn ich vor Mauern stehe und vor Zäunen wie ein Tier/ Dann bleibt mir nichts, als gegen sie zu rennen": Kurt Eggers, *Das große Wandern – Ein Spiel vom ewigen deutschen Schauspiel*. Berlin 1934, S. 14; zit. ebenfalls nach Koch.

[31] Vgl. Wolfgang Lange: „Als fulminantes Zeitstück. Zu *Fidelio* von Beethoven in Dresden", *Theater der Zeit* 45 (1990), 2, S. 48–50.

[32] Zinner, *Auf dem Roten Teppich*, S. 247 und 242.

[33] Friedemann Krusche, „Wessis in Willsbach", *Theater heute* 38 (1997), 12, S. 57–58.

[34] Siehe Martin Linzer, „Was wäre, wenn – ?", *Theater der Zeit* 53 (1998), 1, S. 60–62.

der 1959 dramatisierten Bedrohung der Ost-Idylle Bezüge zur Wendezeit erkennbar; das Abstauben des Stücks kann man als Beitrag zur nachträglichen DDR-Selbstfindung und als nicht ganz durch Ironie aufgehobene Sehnsucht nach Wiederherstellung der Grenze lesen.

Zu den relativ seltenen westdeutschen Stücken, die vor der Wende die Grenze-Thematik aufgriffen, gehört Friederike Roths *Ritt auf die Wartburg* (1982). Ebenso wie Peter Schneiders weitaus bekanntere Erzählung *Der Mauerspringer* (auch 1982) behandelt *Ritt auf die Wartburg* (zwischen 1982 und 1988 immerhin zwanzigmal inszeniert) eine Grenzüberquerung von West nach Ost; die spielerische Darstellung dieser Thematik in beiden Werken stellt auf eine für die achtziger Jahre zunehmend typische Weise das Pathos des offiziellen Mauer-Diskurses in Frage, beginnt ihr damit ihren schauderhaften Zauber zu nehmen.

Vier westdeutsche Frauen brechen zu einer kurzen Reise in die DDR auf, um dort in eine Kirche und zum Frisör zu gehen und auf die Wartburg auf einem Esel zu reiten. Sie kehren teils enttäuscht, teils ernüchtert, teils bestätigt in ihren Vorurteilen zurück. Das Stück kann als karnevaleskes Fest im Sinne Bachtins betrachtet werden, denn die Frauen treten aus ihren fest umschriebenen Rollen, durchschreiten den Schwellenbereich der innerdeutschen Grenze – genauer, sie durchfahren ihn im Zug, ihre Schwellenangst mit Albernheit und Alkohol überbrückend – und betreten die DDR als exotischen Fremdbereich, aber nur für kurze Zeit. Das Stück bewegt sich zwischen mehreren sich gegenseitig relativierenden Bezugsebenen. Die Reise geht für die Frauen in ein anderes politisches System und in die üblicherweise eher Männern vorbehaltene Welt des gleichgeschlechtlichen Gruppenausflugs, was mit den Motiven des freigiebigen Alkoholgenusses und des enthemmten Sexualabenteuers untermauert wird. Der Befreiungsschritt wird widersprüchlicherweise ausgerechnet in die DDR, in die vermeintliche Unfreiheit unternommen. „Das exotischste Reiseziel, das – in Deutschland-West – für eine Vergnügungsreise denkbar ist: Deutschland-Ost, die DDR"[35], ist zugleich ganz anders exotisch als die üblichen touristischen Ziele. Das Stück spielt mit Erwartungen und deren Enttäuschung, aber auch mit der Kraft der Erwartungen, Wahrnehmungen vorzuprogrammieren.[36] Der Schritt in den Grenzbereich, gekoppelt mit den Erwartungen des Exotischen, verwandelt die banalen Aktivitäten Kirchbesuch, Gang zum Frisör, Eselsritt ins Exotische, versetzt die Frauen ironi-

[35] Jochen Schmidt, „Auf der Suche nach der Alternative", *Frankfurter Allgemeine Zeitung*, 30.6.83, S. 25; vgl. z.B. Heinz Klunker, „Endlich die Uraufführung!", *Theater heute* 24 (1983), 8, S. 45.

[36] Vgl. dazu Lucinda Rennison, „‚Dramatisches Talent hat sie nicht, doch viele schöne Worte' – Friederike Roth as a playwright", in: W. G. Sebald (Hrsg.), *A Radical Stage*, New York-Oxford-München 1988, S. 52–63; hier S. 58–9.

scherweise zugleich in die Rolle des mit kolonisierendem Blick in die Fremde reisenden (männlichen) Ethnographen.

Bei dieser Reise über die Grenze erfahren die Frauen auch ihre Grenzen: wie weit sie aus ihrer bisherigen Haut gehen wollen und gehen können. Die DDR ist das Land der bisher von den Frauen nicht verwirklichten Möglichkeiten, aber nur solange sie sich außerhalb der Grenzen aufhalten, innerhalb deren die Rollenerwartungen ihres Alltags wieder gelten. Es bleibt bei der Grenzüberschreitung, die aber den Fortbestand der Grenzen bestätigt; noch ist keine dauerhafte Entgrenzung in Sicht.[37]

Mit dem Fall der Mauer und dem Abbau der Grenzanlagen entstanden, oft nur für kurze Zeit, Freiräume, sowohl physisch an den Stellen, wo die Grenze verlaufen war, als auch metaphorisch in der noch nicht voll ausgeprägten Nach-Wende-Gesellschaft. Diese Niemandsländer boten sich der dramatischen Phantasie als Schwellenbereiche, Inseln der Anarchie an. „Wie ein räudiger Kojote steht das Land hinter der gefallenen Mauer und jault eine neue Melodie", heißt es in Elfriede Müllers Stück *Goldner Oktober* (1990), das zum großen Teil in einem „schnell auf „Westniveau" getrimmten Etablissement in der Nähe des Todesstreifens," [38] dem Kabarett Neu-Moskau, spielt, wo sich die Schiebertypen sammeln: Grundstückspekulation, Prostitution und Video-Pornographie sind die Wege zum schnellen Geld.[39] Die Moral der Schwellenerfahrung hat sich auf die ganze Gesellschaft übertragen, beklagt sich ein Ladendetektiv: „Alle klauen. Alle. Polen, Studenten, Zonis, aufgetakelte Fregatten und Otto Normalverbraucher, die Verkäuferinnen bestellen Verwandtschaft, extra zum Klauen. Alle verrohen [...] Die Ware zieht an, der Preis schreckt ab, die Moral sinkt." (100)

Die Szene wechselt zwischen Kabarett, Straße, Imbißstube und Niemandsland, allesamt Zwischenorten, wo entwurzelte Figuren radikale Gesellschaftsverneinung ausspucken, Opportunisten einen rechtsfreien Raum wie im Wilden Westen zu erklären versuchen und laut Gerücht demnächst eine Bar in einem umgebauten Grenzwachturm eröffnet wird.

Die Grenzsituation wird auch in der dramaturgischen Form reflektiert, etwa in der Szene, wo die junge Frau Silke aus der DDR nahtlos zwischen den zwei

[37] In der Bundesrepublik vor 1989 wurde das Zonenrandgebiet westlich der Grenze sprichwörtlich für das isolierte gesellschaftliche Rand-Dasein, Thema der Dramen von Kerstin Specht, *Lila/Das glühend Männla/Amiwiesen*. Frankfurt/M. 1990; vgl. Angelika Führich, „Topographie der Grenze in Kerstin Spechts Dramatik", *Zeitschrift für Literaturwissenschaft und Linguistik* 107 (1997), S. 150–56.

[38] *Die Bergarbeiterinnen. Goldner Oktober. Zwei Stücke.* Frankfurt/M. 1992, S. 83. Anschließend mit Seitenzahl im laufenden Text zitiert.

[39] Thematik, Tenor und Spielplatz etwa auch von Michael Kliers Film *Ostkreuz* (1991); vgl. Anthony S. Coulson, „New land and forgotten spaces: the portrayal of another Germany in post-unification film", in Osman Durrani, Colin Good, Kevin Hilliard (Hrsg.), *The New Germany: Literature and Society after Unification*, Sheffield 1995, S. 213–30; hier S. 222.

für sie in den neuen Begebenheiten gebotenen neuen Tätigkeiten schlüpft, dem Striptease im Kabarett *Neu-Moskau* und dem Ladendiebstahl im KaDeWe: die Unvereinbarkeit des Konsumversprechens und der harten Konkurrenzrealität wird an ihrem Körper in den sich ständig abwechselnden Tätigkeiten des Sich-An- und Ausziehens ausgetragen, (88–90). Hinter ihrer Drehscheibe steht „ein Stückchen ‚Pseudo-Mauer', über der Mauerkrone schwebt ein Pferd im Sprung". Während sie sich entkleidet, dreht sich die Szene: die Rückseite der Drehscheibe ist eine Umkleidekabine, das Mauerstück ist auf der Rückseite verspiegelt, zwischen den Pferdehufen hängt eine mit „KaDeWe" beschriftete Baderole. Die Geschichtslinearität des triumphalen Mauerdurchbruchs wird damit szenisch durch das Karussell-Bild widersprochen.

„Die Öffnung und Schleifung der Mauer bedeutete gerade wegen der realen Dimension eines zentralen Kollektivsymbols definitiv den Umsturz der symbolischen Ordnung der gesamten Nachkriegsepoche"; so Korngiebel und Link in einer Studie zur Mauer-Symbolik in den Medien.[40] Damit verloren die Gesellschaften beider Blöcke wichtige Orientierungen – denn alle Gesellschaften errichten Grenzen und, so Hans-Peter Müller 1997, „konstituieren sich durch scharfe Grenzziehung", – und nach der Disillusionierung der ersten Euphorie macht sich ein Bewußtsein der Ambivalenz der dem Mauerfall folgenden Entgrenzung breit. Müller notiert die Bedeutung von Grenzen als positive gesellschaftliche Organisationsfaktoren: „Grenzen begrenzen [...] Grenzen sind symbolische Konstruktionen, die einen Raum entwerfen, Kompetenz zuweisen und eine Identität kreieren."[41] Mit der Entgrenzung verlieren diese drei Faktoren Raum, Kompetenz, Identität ihre Fähigkeit, ausgleichend und stabilisierend auf die Gesellschaft zu wirken.

Das implizite Plädoyer Müllers für neue Grenzziehungen hat gewisse Parallelen zu den Ordnungswünschen, die Botho Strauß 1993 im Aufsatz „Anschwellender Bocksgesang" zum Ausdruck bringt.[42] Die Folgen der Entgrenzung, die mit dem realen Grenzfall und dem Sturz der Zwei-Block-Stabilität eintraten, nämlich die verbreitete Anomie und Gewalt, die erneuten Identifikationsversuche durch Abgrenzung, sind auffällig oft Themen im Drama der 90er Jahre, angekündigt in Straußens eigenem Schlußchor (1990), das mit dem doppeldeutigen, zugleich Geborgenheit und Atavismus beschwörenden Ausruf „Wald, Wald, Wald, Wald" endet.[43]

---

40 Wilfried Korngiebel und Jürgen Link, „Von einstürzenden Mauern, europäischen Zügen und deutschen Autos", in: R. Bohn, K. Hickethier, E. Müller (Hrsg.), *Mauer-Show. Das Ende der DDR, die deutsche Einheit und die Medien*, Berlin 1992, S. 31–54, hier S. 45.

41 Hans-Peter Müller, „Spiel ohne Grenzen?", *Merkur* 51 (1997), Heft 9/10, S. 805–20, hier S. 805–6.

42 „Anschwellender Bocksgesang", *Der Spiegel*, 8.2.1993; erweiterte Fasssung in: *Der Pfahl. Jahrbuch aus dem Niemandsland zwischen Kultur und Wissenschaft* 7 (1993), S. 9–25.

43 Botho Strauß, *Schlußchor. Drei Akte.* München-Wien 1991, S. 98.

Anna Crons *Gelobtes Land* (1993), vordergründig ein konventionelles Stück um eine Ost-West-Flucht, deutet dennoch in seiner topographischen Gestaltung und seiner Handlung den Übergang in den gesellschaftlichen und den Bewußtseinszustand der Entgrenzung: Vier junge DDR-Flüchtlinge verirren sich im Grenzwald. Der Grenzgänger Friedrich läßt sie wissen, sie hätten die deutsch-deutsche Grenze bereits überschritten, und lädt sie in das schäbige Haus ein, das er angeblich als Teil seiner Hotelkette zu modernisieren gedenke. Die Flüchtlinge bringen ihn um; sie entdecken aber statt des erhofften Geldes lediglich einen DDR-Paß. Es bleibt bis zuletzt unklar, ob das Haus im Westen, im Osten, oder vielmehr im unbestimmten, vom dunklen Wald verhüllten Schwellenbereich liegt. Das Massaker, mit dem das Stück schließt, scheint auf einen nach der Entgrenzung ausbrechenden Orientierungs-, Moral- und Regelungsverlust hinzuweisen.

Diesem ästhetisch bescheidenen, dennoch für diese Entwicklung exemplarischen Stück schließen sich auch eine Vielzahl weiterer Stücke an, die rechtsradikale Gewalt, Ausländerhaß und die Verlagerung der Bunkermentalität an die Ostgrenze des nun vereinten Deutschlands als Symptome der Entgrenzung und der versuchten Identitätsfindung durch erneute Abgrenzung dramatisieren (Christian Martins *Bunker. Ein Spiel*, 1992, etwa verbindet alle diese Themen). Die Stücke wirken manchmal opportunistisch oder epigonal – viele erinnern etwa an Martin Sperrs *Jagdszenen aus Niederbayern* –, sind aber schon in ihrer Quantität als Zeitzeichen unübersehbar.[44] Die individual- und massenpsychologische (Langzeit-)Folgen der Entgrenzung scheinen jedenfalls dramatisch ergiebiger als die unmittelbaren Erfahrungen der ersten euphorischen Grenzöffnungszeit als solche, die sich als dramatisches Motiv eher in ephemeren Unterhaltungsstücken wie Theodor Schübels *Die Deutschen kommen!* (1990) erschöpften.[45]

Nicht nur in Gegenwartsstücken, sondern in Inszenierungen des klassischen Repertoires wird die in Deutschland seit 1989 verbreitet wahrgenommene Entgrenzung aufgespürt. Dazu ein letztes Beispiel, das uns noch einmal über die nicht vorhandene Grenze in den Osten führt: Lessings *Minna von Barnhelm*, lange als Sinnbild des Verstaubten betrachtet, wurde 1996 in Leipzig

44 Einige Beispiele: Kriminalität, Rassenhaß und Neo-Faschismus bei Manuel Schöbel, *Smog* (1991), Peter Dehler, *Glatze* (1992), Oliver Czeslik, *Heilige Kühe* (1992), oder John von Düffel, *Oi* (1994); Hansjörg Schertenleib, *Rabenland* (1992), wo gelangweilte Jugendliche vor der zerbröckelnden, öden Landschaft einer gelähmten Gesellschaft in die rechtsradikale Gewalt hineindriften; Fremdenhaß und die Identitätsfindung durch Ausgrenzung im grenznahen Kleinstadtmilieu in Gundi Ellert, *Jagdzeit* (1993) und Klaus Pohl, *Die schöne Fremde* (1991); Christian Rosner und Peter Schütze, *Abgefackelt* (1995) über eine Brandstiftung; Reinhold Massag, *Steiners schwarze Katz* (1995) über Rassismus; Anna Langhoff, *Transit Heimat* (1994) über Asyl; Sinnverlust unter Jugendlichen bei Michael Wildenhain, *Hungrige Herzen* (1995).

45 Vgl. Volker Trauth, „Deutsch-deutsches Flop“, *Theater der Zeit* 45 (1990), 9, S. 12.

von Armin Petras ausdrücklich als „Stück über die Wendejahre" inszeniert: die sämtlich in Trainings-Anzügen der Nationalen Volksarmee bekleideten Figuren, „aus ihrem normalen Umfeld herausgerissen" (Petras), zappeln im Orientierungs- und Werteverlust.[46]

Solche Bilder deuten auf eine verbreitete Haltung der gegenwärtigen Dramaturgie, nicht die – als geographische Realität kaum noch auffindbare – Grenze gilt es zu überwinden, auch nicht „die Mauer in den Köpfen", sondern die aus der Entgrenzung wachsenden, den verschiedensten Lenkungsinteressen verfügbaren oder aber auch steuerungslos und atavistisch agierenden Bedürfnisse nach Abgrenzung. Die Grenzenlosigkeit, lange Jahre durch die eindeutige Negativität der realen deutsch-deutschen Grenze mit positiven Moral- und Erziehungswerten gefüllt und mit positiven Erwartungen verbunden, wird dagegen in diesen Stücken und Inszenierungen als komplexe Ambiguität in der Spannung zwischen befreiender und zerstörerischer Entgrenzung geschaltet und ergründet.

---

46 Petras, zitiert in Erika Stephan, „Mit der Pritsche durch den Dschungel", *Theater heute* 38 (1997), 1, S. 14.

Wendelin Schmidt-Dengler

„Und gehn auch Grenzen noch durch jedes Wort“

(Ingeborg Bachmann)

Zum Motiv der Grenze in der österreichischen Literatur des 20. Jahrhunderts

Daß die Verwendung des Motivs der Grenze in der Literatur aus Österreich geradezu topisch ist, hat leicht einsehbare Gründe: Die historischen Voraussetzungen liefert die Monarchie, in der es deutlich durch die Sprache und Kulturen gezogene Grenzen gab, die nach dem Ersten Weltkrieg mit einigen verstörenden Unstimmigkeiten ihre realpolitischen und diplomatischen Bestätigungen erfuhren. Daß dies auch für andere Literaturen gilt, sei mit dieser Beurteilung nicht infrage gestellt; wohl aber ist die Feststellung angebracht, daß in der Antike Grenze nie in dem Sinne zum Thema wird, daß diese angezweifelt würde: Die Grenzlinien sind eindeutig, sie sind vorgegeben, durch die politische Machtkonstellation einerseits, durch die kulturellen Unterschiede andererseits. Jeder ist dadurch definiert, wovon er sich abgrenzt, der Hellene oder der Barbar. Österreichische Autoren sind in nahezu allen bedeutenderen Fällen Grenzgänger, sie nisten sich mit ihren Fragen und Motiven an Grenzen ein, und zwar nicht nur an politischen Grenzen, sondern auch an kulturellen Grenzen. Und diese Grenzerfahrungen werden nun in die Sprache zurückprojiziert. Sprache wird als das Medium jeder Äußerung auch in ihren Begrenzungen erfahren, auch in der Art und Weise, in der sie Grenzen setzt.

Aus dem Referat will ich nun einen Kontrast herausarbeiten, der sich aus dem Gegensatz der österreichischen Literatur der Ersten und Zweiten Republik ergibt, womit ich aber nicht einem moralisch einfachen *divide et impera* huldigen, sondern zeigen möchte, wie beide Tendenzen Ausdruck ein- und desselben Themenkomplexes sind und zugleich grundverschiedene Lösungen offerieren: Eine mentalitätsgeschichtliche Untersuchung über die Bedeutung von Grenzen würde wesentliche Aufschlüsse nicht nur in literaturgeschichtlicher Hinsicht bieten, sondern auch erhellend politische Zusammenhänge klarstellen.

Die Grenzthematik wird nach 1918 akut. Klaus Amann hat als erster auf die polemische Bedeutung dieses Topos in der Literatur der dreißiger Jahre hingewiesen.[1] Die Konjunktur des historischen Romans nach 1918 erklärt sich auch wesentlich daraus, daß eben die Grenzen verschoben waren und neue existierten; einerseits sollen Grenzen abgebaut werden, andererseits alte befestigt: Die Sehnsucht nach dem Anschluß dringt auf die Beseitigung einer Grenze, die alles, was deutsch ist, klar abgegrenzt sehen möchte. Amann verweist auf einen Vers Robert Hamerlings: „Lebendig in deutschen Landen kreist/Keinen Schlagbaum kennend, der deutsche Geist."[2] Das bedeutet, daß die Grenzziehung nach nationalen Kriterien erfolgt. Die bürgerliche österreichische Literatur dieses Zeitraums ist zwar nicht selten erfüllt von monarchistischen Sehnsüchten, keineswegs aber in dem Sinne, daß damit einer Übernationalität das Wort geredet würde. Im Gegenteil. Das Kaiserhaus wird auf seine deutsche Bestimmung zurückgeführt: *Joseph der Deutsche* (1917) heißt der erste Roman einer Trilogie von Adam Müller-Guttenbrunn, in dem als das Hauptanliegen des Kaisers die Dominanz des deutschen Wesens klargestellt wird. Müller-Guttenbrunn stammte aus dem Banat – er haßt die Ungarn und fördert die Böhmen. *Grenzland* (1921) heißt ein Roman des deutschnationalen Vielschreibers Robert Hohlbaum, in dem von der wackeren Haltung der Sudetendeutschen und der Verworfenheit der Tschechen die Rede ist.

Der wahre Deutsche, so hat man aus der Lektüre dieser Bücher den Eindruck, kommt von den Grenzen des Deutschtums her. An der Grenze muß sich das Deutsche in seiner reinsten Form behaupten. Und es hat den Anschein, daß es überhaupt nur dort etwas vermöchte. Was das Zentrum ist, wird erst durch den Blick auf die Grenze bewußt. Erst die Einsicht in das Faktum, daß die Grenze überschritten werden kann, ja daß es diese Grenze überhaupt gibt, macht bewußt, was das „Eigentliche" dessen ist, was im Zentrum steht. Dieser Denkmechanismus ist verantwortlich für das Übergewicht, das die aus den ehemaligen Kronländern stammenden Autoren nun für die österreichische Literatur bekommen; neben dem Banat sind es vor allem die Sudetendeutschen, die in der österreichischen Literatur gewissermaßen ihre „kleine Literatur" etablieren.

Im Jahre 1938 erschien die von Heinz Kindermann betreute Anthologie *Rufe über Grenzen. Antlitz und Lebensraum der Grenz- und Auslandsdeutschen in ihrer Dichtung,*[3] worin sich u.a. eine Erzählung des Kärntners Friedrich Anton Perkonig mit dem kennzeichnenden Titel *Die Grenze* findet, worin es um einen Generationenkonflikt geht: Die Grenze nach 1918 verläuft mitten durch eine

1 Klaus Amann, *Brückenbauer*. In: Klaus Amann und Albert Berger (Hrsg.), *Österreichische Literatur der dreißiger Jahre. Ideologische Verhältnisse. Institutionelle Voraussetzungen. Fallstudien*. Wien-Köln-Graz 1984, S. 66–69.

2 Ebd., S. 67.

3 Berlin, Junge Generation 1938.

Alm, die einem Kärntner Bauern gehört. Sein älterer Enkel Michael erkennt, daß diese Grenze durch das „Herz" geht.[4] Er wagt daher auch die Grenzüberschreitung, um so zu einem Arnikastern zu gelangen, den er heimholen will, über die ungesetzmäßig gesetzte Grenze hinweg. Er wird von den Grenzwächtern angeschossen und stirbt: „Deutschland, du bist größer! jauchzt seine Seele in die Erde hinein, und in einem Glücke, das nicht mehr irdisch ist, atmet er diese reine Seele aus, ein Kind und ein Held."[5] Diese Erzählung ist – wie Klaus Amann pointiert formuliert – „ein literarisches Kommandounternehmen im höheren Auftrag."[6] Der Grenze bedarf es, um einen sozusagen tragikfähigen Ort zu haben, an dem sich heroisches Schicksal vollenden kann. Die literarische Topographie der nationalen Literatur zwischen den beiden Weltkriegen ist, obwohl sie sich konkret gebärdet, geographisch kaum konkret zu fassen, sondern vielmehr als ein Katalog ausgezeichneter Orte, an denen sich grundsätzliche Konflikte veranschaulichen lassen. Es sind Grenzen und Brükken, Flüsse und Berge. In der Zwischenkriegszeit erhält jede Handlung und jedes Ding einen nationalen Symbolwert.

Einer, den die Erfahrung der Grenze von Anfang an geprägt hatte, Joseph Roth, erkannte diese Befangenheit in den alten Zeichen und Symbolen als eines der Grundübel seiner Epoche. Ob allerdings ein neues Symbol auch eine neue Gesinnung erzeugt, bleibt mehr als fraglich. Joseph Roth 1920:

> Vielleicht fehlt dem neuen Menschen und der neuen Zeit nichts mehr als ein neues Symbol. Vielleicht sind es nur die alten Zeichen der Macht, die zur Macht verleiten. Denn immer noch ist es der längst zerschlissene Purpurmantel, den sich der jeweilige Eroberer um die Schultern wirft; immer noch ein Fahnenfetzen von jeweils anderer Farbe, den die Hand des ‚Mächtigen' im Winde flattern läßt; immer noch ein Kampfruf von jeweils anderem Ton, der die ‚Truppen' zum ‚Sieg' führt. ‚Truppen', ‚Sieg', ‚Fahnen', ‚Purpurmantel' – am Ende sind nur diese Erfindungen des Teufels daran schuld, daß wir ihm noch immer unterliegen ...[7]

In diesen „Erfindungen des Teufels" hat die Grenzsymbolik ihren festen Platz; zum anderen ist festzuhalten, daß wir sowohl um die Existenz von Grenzen nicht herumkommen und auch der Symbole bedürfen, um uns über solche Probleme, wie es Grenzprobleme nun einmal sind, zu verständigen. Wir können also einerseits weder Grenzen noch Symbole aufgeben, andererseits aber müssen wir erkennen, daß ihnen ein fast inkalkulables Gefahrenpotential eignet. Nur diese Einsicht befähigt uns, mit alledem so umzugehen, daß daraus nicht wieder Konflikte entstehen, an deren Folgen auch die kommenden Generationen zu tragen haben. Daß das Verbot von Symbolen gerade zu deren

---

4 Ebd., S. 627f.

5 Ebd., S. 634f.

6 Amann (Anm. 1), S. 69.

7 Joseph Roth, *Die Auferstehung des Geistes*. In: J.R.: *Werke*, 4. Bd, hrsg. und eingeleitet von Hermann Kesten. Köln o. J. [1976], S. 517.

lustvoller und polemischer Revitalisierung führt, ist ein Prozeß, den wir ständig vor Augen haben. Auch wenn wir der Haltung dieser national-völkischen Autoren in keinem Falle mehr viel Positives abgewinnen können, so müssen wir doch zugeben, daß sie ernstzunehmende Probleme und – ich riskiere es – auf verständliche Weise Sehnsüchte benennen und, wenngleich problematisch, auch gestalten.

Daß sie indes nicht durchwegs auch indirekte Anweisung zum Kampf enthalten, geht aus dem Werk eines Autors hervor, der fürwahr konservativ war und Vorstellungen vom arischen Übermenschen nahestand. Friedrich von Herzmanovsky-Orlandos Roman *Das Maskenspiel der Genien* (im wesentlichen in den dreißiger Jahren entstanden) spielt in einem „Reich der Tarocke", der „Tarockei", ein auf dem Laibacher Kongreß gegründeter und von Metternich inspirierter Pufferstaat zwischen den „germanischen, slawischen und romanischen Gebiete[n]", „das Burgund des Südostens, das Burgund der Levante", eine Fiktion, die bei seiner Gründung „einen nicht unbeträchtlichen Teil Südösterreichs" umfaßte, „ehemaliges Freysingisches, Salzburgisches, Bambergisches, und Brixner Enklavengebiet, „im Norden an Steyermark und Kärnthen" grenzt, „im Osten an Kroatien", im Süden an das Meer reicht und bis nach Venedig. „Wie alle transzendentalen Dinge ist die Sache schwer in allgemein verständliche Worte zu fassen."[8] „Transzendental" darf hier wohl wörtlich genommen werden: Es überschreitet die Grenzen. Die Fiktion – und das scheint mir im Vergleich zu Perkonig nicht nur die weitaus poetischere, sondern auch weitaus humanere Lösung – will die Grenzen nicht dulden, sondern im Sinne einer Utopie aufheben. Der Grenzort wird zwar – um den Fremdenverkehr nicht allzusehr zu fördern – verschwiegen,[9] doch dann betritt der Reisende in dem (realen) Ort Gurkfeld die Tarockei erst so richtig; er steigt aus, folgt den Mitreisenden, die den Zug durch eine Kastentür verlassen. Die politische Grenze wird hier in einen höchst privaten Bereich verlagert. Sie wird geradezu zur absurden Lächerlichkeit stilisiert. Was sich als offiziöse Bedeutsamkeit geriert, wird zur einer Intimaffäre kleinbürgerlichen Zuschnitts degradiert. In dem Kasten befinden sich mehrere Fächer mit Kompott, und dann: „Und beide Herren öffneten die innere Türe, um sich im nächsten Moment in einer kleinbürgerlichen Schlafkammer zu befinden, in der bloß zahllose Abdrücke straßenkotiger Schuhe am Boden befremdeten. Dann trat man in eine Wirtsstube, in der eine schläfrige Magd beim Schein eines Lämpchens strickte. Noch eine Türe – man war im Freien."[10] Freilich ist das eine Sequenz von Traumszenen. Im Traum wird der Zugang zu einer anderen Realität eröff-

[8] Fritz von Herzmanovsky-Orlando, *Österreichische Trilogie 3: Das Maskenspiel der Genien.* Hrsg. und kommentiert von Susanna Goldberg. Salzburg-Wien 1989, S. 13–16 (= F.H.-O.: *Sämtliche Werke*, 3. Bd).

[9] Ebd., S. 19.

[10] Ebd., S. 33.

net, die kritisch die Realität des Wachens aufhebt. Der Grenzübertritt in Herzmanovskys Roman ist aus seinem Zeitkontext wohl auch als eine Antwort auf den polemischen Nationalismus zu lesen, in dessen Sinne die Grenze einerseits von den Deutschen im Sinne der Expansion zu überschreiten oder – wie man meint, gerechtfertigt – zu verletzen ist; oder sie trennt eindeutig das Hüben vom Drüben. Die Tarockei ist freilich eine Idealvision der Habsburgermonarchie, in der jede durch Übergänge hervorgerufene Krisis suspendiert ist.

Die Wahl der Grenzregion bei Perkonig wie bei Herzmanovsky ist kein Zufall; es ist eine Region, die im besonderen Sinne für Krisen anfällig ist, die aber auch der einzige Ort sein kann, an dem diese Krisen überwunden werden.

Daß sich die Thematisierung der Grenzproblematik in der österreichischen Literatur nach 1945 gerade bei zwei Autoren, die aus Kärnten stammen, besonders intensiv manifestiert, ist alles andere denn ein Zufall. Unlösbar scheint bei Ingeborg Bachmann wie bei Peter Handke die politische Problematik mit der privaten Biographie verbunden. Daß die Bilder von Brücke, Grenze, Strom und Haus die Nachkriegsliteratur bestimmen, wo sie den Blick von der realen Situation ablenken und hin zu deren emphatisch-existenzieller Bedeutung führen wollen, ist eine mehrfach zu Recht beobachtete Tatsache. Sie werden von jenen in den Dienst genommen, die den von Adorno mit machtvoller Geste gerügten ‚Jargon der Eigentlichkeit' praktizierten: die „Altertümlichkeit der Sprache"[11] indes ist auch ein Zeichen für die Suche nach einer neuen Orientierung.

Ingeborg Bachmann ist gewiß unverdächtig, solchen neuen Verdunkelungen Vorschub geleistet zu haben, aber ihr Frühwerk ist durchaus noch von jener Sprache heideggerscher Provenienz geprägt, die sie in ihrer Dissertation von 1949 und in späteren theoretischen Arbeiten zu überwinden suchte.[12] Diese Überwindung gelang nicht zuletzt durch die frühe Wahrnehmung Wittgensteins, die aber in ihr nicht zur Unterwerfung unter dessen Denken, sehr wohl aber unter dessen Bildlichkeit führte. In der Literatur sind Bildkonstanten nicht auszulöschen, mögen sie auch noch so problematisch und belastet sein. Im kritischen Resümee ihrer Dissertation formuliert Ingeborg Bachmann eine Beobachtung, von der aus auch ihre frühen Schriften her gelesen werden sollten: „Die Grunderlebnisse, um die es in der Existentialphilosophie geht, sind tatsächlich irgendwie im Menschen lebendig, und drängen nach Aus-

[11] Theodor W. Adorno, *Jargon der Eigentlichkeit. Zur deutschen Ideologie*. Frankfurt/M. 1965, S. 39.

[12] Ingeborg Bachmann, *Die kritische Aufnahme der Existenzphilosophie Martin Heideggers* (Dissertation Wien 1949). Aufgrund eines Textvergleichs mit dem literarischen Nachlaß hrsg. v. Robert Pichl. Mit einem Nachwort von Friedrich Wallner. Wien-München-Zürich 1985, S. 127–131.

sage."[13] Berücksichtigt man diese Position, dann wirken die frühen Gedichte der Autorin durchaus nicht nur als Rilke-Echo. Und die Rede von der Grenze macht in diesem Zusammenhang auch Sinn, indem sie einerseits das konkrete Problem sehr wohl im Auge behält, zum anderen aber doch das Problem nicht aus dem Auge verliert, das durch den Primat des Begrifflichen erzeugt werden könnte. So heißt es in einer biographischen Notiz 1952:

> Ich habe meine Jugend in Kärnten verbracht, im Süden an der Grenze, in einem Tal, das zwei Namen hat – einen deutschen und einen slowenischen. Und das Haus, in dem seit Generationen meine Vorfahren wohnten – Österreicher und Windische –, trägt noch heute einen fremdklingenden Namen. So ist nahe der Grenze noch einmal die Grenze: die Grenze der Sprache – und ich war hüben und drüben zu Hause, mit den Geschichten von guten und bösen Geistern zweier und dreier Länder; denn über den Bergen, eine Wegstunde weit, liegt schon Italien. [...] Im Grunde [...] beherrscht mich noch immer die mythenreiche Vorstellungswelt meiner Heimat, die ein Stück wenig realisiertes Österreich ist, eine Welt, in der viele Sprachen gesprochen werden und viele Grenzen verlaufen.[14]

Diese Grenzerfahrung dürfte bestimmend für die frühen Gedichte sein, vor allem für eines, das eben diese neue Form der literarischen Kartographie bestimmen will: Von einem Land, einem Fluß und den Seen (Erstveröffentlichung 1956). Es ist hier nicht möglich, jene Strophenfolge zur Gänze zu analysieren, die sich auf die Grenzen beziehen, doch erhellt aus einigen dieser Sätze sehr schön der radikale Unterschied, der diese Auffassung von Grenze von der Perkonigs trennt: „Wer weiß, wann sie dem Land die Grenzen zogen/und um die Kiefern Stacheldrahtverhau?/ Der Wildbach hat die Zündschnur ausgetreten,/der Fuchs vertrieb den Sprengstoff aus dem Bau./ Wer weiß, was sie auf Grat und Gipfel suchten?/Ein Wort? Wir haben's gut im Mund verwahrt;/ es spricht sich schöner aus in beiden Sprachen/und wird, wenn wir verstummen, noch gepaart." Das Wort steht an der Grenze, es vereinigt sich, wenn wir verstummen. Das Schweigen ist Voraussetzung für die Versöhnung. Wir haben die Zeichen, und von den Zeichen her sind die Dinge mehr: Die Grenze soll heilen. „Seit uns die Namen in die Dinge wiegen,/wir Zeichen geben, uns ein Zeichen kommt,/ist Schnee nicht nur die weiße Fracht von oben,/ist Schnee auch Stille, die uns überkommt." So müssen wir die Grenze erfahren, nicht zuletzt um auch zu wissen, daß diese Grenze überwunden werden kann: „Daß uns nichts trennt, muß jeder Trennung fühlen." Die Arbeit des Poeten versteht sich als die eines Grenzgängers: „Wir aber wollen über Grenzen sprechen,/und gehn auch Grenzen noch durch jedes Wort:/wir werden sie vor Heimweh überschreiten/und dann im Einklang stehn mit jedem Ort."[15] Heimweh ist mit dem Fremdweh im überkommenen Sinne identisch. Die

---

13 Ebd., S. 115 [129].

14 Ingeborg Bachmann, *Werke*. Hrsg. v. Christine Koschel, Inge von Weidenbaum und Clemens Münster. *Vierter Band: Essays/Reden/VermischteSchriften*. Anhang: Ellen Marga Schmidt: *Ingeborg Bachmann in Ton- und Bildaufzeichnungen*. München-Zürich 1978, S. 301f.

15 Bachmann, *Werke* (s. Anm. 14), 1. Bd: *Gedichte, Hörspiele, Libretti, Übersetzungen*, S. 88f.

Grenze muß überschritten werden, um Harmonie herzustellen. Jede Erde ist dem Menschen anverwandt. Das Thema des Gesprächs ist die Grenze; und jedes Wort ist ein solches Grenzphänomen. Jedes Wort hat Anteil an zwei Territorien. Hier wird – und der Hinweis auf Worte wie „Grenze" und „Schweigen" sollte diesen Bezug schon antizipieren – die Lektüre Wittgensteins produktiv für die Dichtung Ingeborg Bachmanns. Der frühe Essay ‚Ludwig Wittgenstein. Zu einem Kapitel der jüngsten Philosophiegeschichte', das erste bedeutende Dokument der Wittgenstein-Rezeption in Österreich nach 1945, macht evident, wie sehr die Sprachproblematik und die politische Problematik der Grenze in der Art eines Umspringbildes zu koppeln sind. Bachmann in ihrer Erläuterung zu Wittgenstein:

> Was sich zeigt, kann nicht gesagt werden; es ist das Mystische. Hier erfährt die Logik ihre Grenze, und da sie die Welt erfüllt, da die Welt in die Struktur der logischen Form eintritt, ist ihre Grenze die Grenze unserer Welt. So verstehen wir den Satz: *Die Grenzen meiner Sprache bedeuten die Grenzen meiner Welt* (5.6.)
> Diesseits der ‚Grenzen' stehen wir, denken wir, sprechen wir. Das Gefühl der Welt als begrenztes Ganzes entsteht, weil wir selbst, als metaphysisches Subjekt, nicht mehr Teil der Welt, sondern ‚Grenze' sind. Der Weg über die Grenze ist uns jedoch verstellt.[16]

Das hat Konsequenzen, die jedoch nur in der komplexen Form der Literatur zu gestalten sind. Eine eindeutige Antwort auf das, was mit uns, als Wesen, die auf der Grenze stehen, und mit den Worten, die nun selbst von jeder Grenze durchschnitten werden, geschieht, wird nur implizit im Gedicht gegeben. Daß der Begriff „Grenze" sehr wörtlich genommen wird, mag philosophisch unzulänglich oder gar unstatthaft sein; doch entsteht durch die Lizenz in der Interpretation eine neue Art von Verbindlichkeit. Von hier aus wird ein entscheidender Zugang zu der Grenzproblematik wahrnehmbar, der diese Fragestellung erkennbar macht, jenseits eines fragwürdigen Internationalismus, in dem die Probleme im Sinne einer vordergründigen Bonhomie unter den Tisch gekehrt werden, und jenseits eines Nationalismus, der auch heute nur schwer das Moment der Bestialität verleugnen kann, das ihn vor fünfzig Jahren desavouierte.

In diesem Sinne verstehen wir auch die Verwendung von Ortsnamen wie Galicien im *Franza-Fragment*, das einerseits auf Galizien verweist und andererseits einen Ort konkret in der Nähe des Dreiländerecks meint, in diesem Sinne – und wieder ist Galizien im Spiel – verstehen wir auch die Anspielungen auf Joseph Roth durch den Namen Trotta in der Erzählung *Drei Wege zum See* sowie auf Hofmannsthal durch den Namen Altenwyl in andren Erzählungen und im *Malina*-Roman. Das ist nicht die pathoserfüllte Verneigung vor der übernationalen Monarchie von einst, sondern die Reverenz vor einer literarischen Tradition, die das Beste, was es an diesem untergegangenen Reich fest-

16 Bachmann, *Werke* (s. Anm. 14), 4. Bd, S. 20f.

gehalten haben mag, repräsentiert, eben dieses Stück eines wenig „realisierten“ Österreich. Aus dieser Sicht wird auch die Bezugnahme auf die Wittgensteinsche Sprachphilosophie triftig, und sie verliert den Alibicharakter, der die Poeten der politischen und sozialen Realität ihres Landes entrücke und ihnen erlaube, das Geschäft mit der Sprache unter dem Glassturz zu betreiben.

Der Autor, der, von Anfang mit diesem Vorwurf bedacht, die Literaturbühne betrat, Peter Handke, hat in seinem Werk, wenngleich auch nicht plakativ, diese Grenzthematik eingebaut. Ich verweise hier nicht auf seine Vermittlertätigkeit durch Mitarbeit an Übersetzungen, sondern vor allem auf die Gestaltung dieses Themas in dem Roman *Die Wiederholung* (1986), worin gerade die schon früh von Ingeborg Bachmann angedeutete Grenzerfahrung ihre Aktualisierung erfährt. Das Buch beginnt mit einer Grenzerfahrung und endet mit einer solchen. Filip Kobal, der Held dieser Erzählung, macht nach seiner Matura im Jahre 1960 nicht die Reise seiner Klassenkollegen nach Griechenland mit, sondern fährt ins benachbarte Slowenien. Er begibt sich damit auf die Suche nach Spuren seines wesentlich älteren und in Slowenien verschollenen Bruders Gregor. Handke ist in diesem Buch einerseits ganz präzise mit Ort- und Zeitangaben: Doch schon der erste Satz unterläuft diese Exaktheit, nach der der Leser verlangt: „Ein Vierteljahrhundert oder ein Tag ist vergangen, seit ich, auf der Spur meines verschollenen Bruders, in Jesenice ankam.“[17] Durch diese Angabe soll zum einen die zeitliche Differenz von Erzählen und Erzähltem zur Bedeutungslosigkeit herabsinken, zum anderen aber auch der konkrete historische Hintergrund bewahrt bleiben. Was den Kärntner Häuslersohn Kobal mit Slowenien verbindet, ist auch ein Wort, und zwar sein Name. Diese Erfahrung ist im wahrsten Sinne des Wortes eine Grenzerfahrung:

> Der Grenzsoldat in Jesenice redete mich freilich, nach einem Blick in meinen frischausgestellten österreichischen Paß, in seiner Sprache an. Als ich nicht verstand, sagte er deutsch, Kobal sei doch ein slawischer Name, ‚kobal‘ heiße der Raum zwischen den gespreizten Beinen, der ‚Schritt‘; und so auch ein Mensch, der mit gegrätschten Beinen dastehe. Mein Name treffe demnach eher auf ihn, den Soldaten, zu. Der ältere Beamte neben ihm, in Zivil, weißhaarig, randlose, runde Gelehrtenbrille, erklärte mit einem Lächeln, das zugehörige Tätigkeitswort bedeute ‚klettern‘ oder ‚reiten‘, so daß mein Vorname Filip, der Pferdeliebe, zu Kobal passe.[18]

So eine Stelle verführt zur symbolischen Lektüre: An der Grenze wird der Erzähler gewahr, daß sein Name eine Vorauszahlung für seine Identitätsfindung ist. Mit seinen gespreizten Beinen steht er hüben wie drüben; die Erfahrung des anderen sichert so etwas wie die Einsicht in eine neue Welt; in der anderen Sprache und Welt kommen die Dinge wieder zu sich selbst, und er weiß es den

---

17 Peter Handke, *Die Wiederholung*. Frankfurt/M. 1986, S. 9.
18 Ebd., S. 9f.

erstaunlich gebildeten slowenischen Grenzern zu danken. Nach der Ankunft stellt sich in dem Bahnhofsgasthaus so etwas wie ein Wachtraum ein:

> Es war ein leichter, lichter, scharfer Traum, in dem ich von all den schwarzen Gestalten Freundliches dachte. Keine von ihnen war böse. Die Alten waren alt, die Paare waren Paare, die Familien waren Familien, die Kinder waren Kinder, die Einsamen waren einsam, die Haustiere waren Haustiere, ein jeder einzelne Teil eines Ganzen, und ich gehörte mit meinem Spiegelbild zu diesem Volk, das ich mir auf einer unablässigen, friedfertigen, abenteuerlichen, gelassenen Wanderung durch eine Nacht vorstellte, wo auch die Schläfer, die Kranken, die Sterbenden, ja sogar die Gestorbenen mitgenommen wurden.[19]

Das ist der alte Handke des ‚Kaspar' oder der ‚Selbstbezichtigung' nicht mehr, der sich über die Tautologien empört hatte. Es geht hier vielmehr darum, daß die Dinge das sind, was sie in der Sprache auch bedeuten, nicht mehr von der Analyse bloß im Detail erfaßt, sondern durch das Wort geborgen. Und wenn der Wanderer im Mittelkapitel durch das Studium zweier Bücher in die Fremde eingeführt wird, so vermittelt sich ihm auch hier eine Ordnung: Das eine ist ein Buch vom Landbau – Handke blickt über die Jahrhunderte zu Vergil –, das andere ein altes slowenisches Wörterbuch: Die einzelnen Worte erscheinen als „Ein-*Wort*-Märchen",[20] sie sind ausgestattet „mit der Kraft von Weltbildern, auch wenn der Lesende diese, wie den Grashalm mit den aufgefädelten Erdbeeren, nicht leibhaftig erlebt hatte"[21]. Handke wäre nicht Handke, würde er sich nicht, just an der Stelle einer Übereinkunft entgegenstellen, da er sich als orphisch (Orpheus wird denn auch erwähnt) offenbart, um dem veriloquium etymologicum, dem mystischen Zauber der Sprache zu huldigen. Keiner der Sprachen soll der Vorrang als einer eigentlichen gegönnt werden, denn:

> [....] es waren doch die beiden Sprachen zusammen, die Einwörter links und die Umschreibungen rechts, welche den Raum, Zeichen um Zeichen, krümmten, winkelten, maßen, umrissen, errichteten. Wie augenöffnend demnach, daß es die verschiedenen Sprachen gab, wie sinnvoll die angeblich so zerstörerische babylonische Sprachverwirrung. War der Turm, insgeheim, nicht doch erbaut, und reichte er nicht, luftig, doch an einen Himmel?[22]

Das Wörterbuch, das durch den Grenzstrich zwischen Sprachen diese zum Leben erweckt und den Menschen zum Denken, ist das entscheidende Buch für die Erfahrung der Wirklichkeit. Es ist dies eine Lust, an der die Philologen aller Jahrhunderte partizipieren: Die Wortlust ist die Wirklichkeitslust. Es genügt das Wort, die Sache stellt sich ein. Verbum tene, res sequentur.

Handkes Versuch, mit der Sprache die benachbarte Welt sich anzueignen, mag problematisch sein. In einer Zeit, da sich nun gerade in dieser Gegend

---

[19] Ebd., S. 17f.
[20] Ebd., S. 205. Kursivierung in der Vorlage.
[21] Ebd., S. 205.
[22] Ebd., S. 207.

wieder Nationalismen regen und die Sprachunterschiede nicht als einigendes, sondern wieder als trennendes Moment erfahren werden sollen, erscheinen diese Versuche doch auch als ein respektables politisches Unterfangen. Freilich wird es mit dem Ziel einer Lösung des Problems schwer sein, aus denen, die den Streit durchführen, sei es friedliebende Ackerbauern, sei es worthungrige Dichter oder Philologen zu machen. Handke, der sich zunächst für den Erhalt des Vielvölkerstaates Jugoslawien und unlängst nachdrücklich für Serbien eingesetzt hat, ist hier noch vorsichtig genug und verfällt nicht in eine leere humanistische Rhetorik oder in eine regressive Agrarideologie; tatsächlich aber scheinen Argumentationsmuster, die ebendort angewendet werden, durch, eine Transparenz, die aber sofort wieder zurückgenommen wird.

Es fällt schwer, diese so schöne Methode der Grenzüberwindung nach dem Bosnienkrieg ohne Widerspruch zu lesen, ohne Widerspruch, der von der Anschauung einer blutigen Praxis sich gegen eine Theorie richtet, die blutleer scheint. Auch wenn wir heute geneigt sind, wie dies ja auch der Geist der Erzählung in Thomas Manns *Zauberberg* besorgt, dem Humanisten Settembrini zuzustimmen und dem scharfen Rhetoriker Naphta unrecht zu geben, so macht doch die Erfahrung der politischen Realität betroffen: Handke und Bachmann deuten – und dies in einem wohltuend reflektierten Gegensatz zur Zeit zwischen den beiden Kriegen – das Phänomen der Grenze um. Die Reflexion über die Grenze ist zum Erkenntnismittel geworden, weit entfernt von internationalistischer Versöhnungsrhetorik. Der Widerstand wird in der Behandlung der Sprache manifest, ein Raum wird erzeugt, der den Interessen entzogen scheint. Ob sich so ein Raum freilich außerhalb der Fiktion halten kann, ist mehr als fraglich.

Ich wollte einige Antworten aus der österreichischen Literatur zitieren, die sich auf die spezifische Situation in diesem Territorium, in dem drei Länder und drei Kulturen aufeinanderstoßen, beziehen. Herzmanovskys Errichtung eines imaginären Territoriums, Ingeborg Bachmanns Stück eines „wenig realisierten Österreichs", Handkes Sprachklammer. Es scheint, als würden alle diese Entwürfe an der Wirklichkeit zuschanden; und doch wäre es eine Schande, würden wir sie nicht gelten lassen als Fiktionen eines Anderen, von dem wir nicht leben können, aber an dem wir nicht zu sterben brauchen.

Wie aber, wenn die Grenzen in der Tat fallen? Sie fielen 1989, oder besser: sie hätten fallen sollen. Wenn ich recht sehe, hat sich bislang erst ein Autor dieser Problematik angenommen, und zwar Robert Menasse, der seinen Roman *Schubumkehr* in einem Grenzort im niederösterreichischen Waldviertel spielen läßt, einem der rückständigsten Gebiete Österreichs, dessen Attraktivität für Intellektuelle sich eben dieser Rückständigkeit verdankt. Es war schick, sich am Wochenende aus der Zivilisation zu katapultieren, und so wurde das Waldviertel der Ort, an dem die österreichische Schickeria zu sich selbst finden konnte. Robert Menasse verlegt den Schauplatz mit der ihm eigenen Fähigkeit, das Schicke mit dem Essentiellen zu verbinden, in diese Grenzregion. Das Waldviertel wird zum symbolischen Repräsentationsraum für Österreich als Ganzes. Die ökonomisch desperate Situation erzeugt das verzweifelte Bemühen, Schritt zu halten mit allen Entwicklungen auf dem wirtschaftlichen und künstlerischen Sektor, und das wird mit einer geradezu militanten Provinzialität besorgt, die sich als das Zentrum wähnt, mit ihrem abundanten Gebrauch religiöser und nationaler Symbole und mit ihren Bekenntnissen zur Tradition sich aber nie dazu herbeiließ, selbst Gegenstand ernsthafter Analyse zu werden.

Komprechts – so heißt der Hauptschauplatz des Romans – hatte seinen Reichtum über lange Zeit von einem Steinbruch bezogen; dieser wurde 1938 arisiert, und nach dem Kriege kehrte dessen Besitzer nicht wieder. Um vor den Fremden adrett zu wirken, wird ein linkischer Aufwand betrieben – und alle diese Faktoren führen dazu, daß Komprechts zu einem Ort wird, an dem sich die Geschichte und Gegenwart Österreichs rein darstellen läßt, so wie ein chemisches Element in einer Retorte.[23] Mehr noch: Menasses Roman setzt mit einem Vorfall an der Grenze ein. Ein Nordlicht wird wahrgenommen; fataler Weise wird dieses Naturereignis nicht als ein solches erkannt, da man sich mitten in einer Laienaufführung befindet, deren wenig geglückter Text von einem ortsansässigen Lehrer stammt und an dessen Ende sich tatsächlich ein Brand ereignen soll. Wirklichkeit und Bühnenwirklichkeit greifen unheilvoll ineinander: Echte Sirenen heulen auf, die Kirchenglocken erklingen: Was zunächst wie ein besonders guter Regieeinfall aussah, offenbart sich am Ende als krude Realität. Man stürmt ins Freie, der Bürgermeister im Kostüm des Grafen Wenzel mit Feuerwehrhelm auf dem Haupt übernimmt das Kommando und rast dem vermeintlichen Feuerschein nach – bis man den tschechoslowakischen Grenzbalken durchfahren hat, und unter dem unsäglichen Geheul der Feuerwehr-, Gendarmerie- und tschechischen Grenzpolizeisirenen sieht sich der Bürgermeister den Maschinenpistolen und tschechischen Grenzwachebeamten gegenüber.

Wir sind im Februar 1989. Die Grenze sollte im November dieses Jahres fallen. Der Vorfall im Februar antizipiert das welthistorische Ereignis in Gestalt der Kasperliade: Österreichs (mitunter sehr selbstgefälliges) Engagement für das fremde Territorium, das doch so nahe ist, wird durch diesen (unfreiwilligen) Theatercoup und durch diese (aus dem Unbewußten kommende) Grenzverletzung symbolisiert. Was zunächst eine Farce war, die der Tragödie nur zu nahe stand, wiederholt sich nun, allerdings abermals als Farce: „Die Grenze wurde geöffnet, der Eiserne Vorhang zwischen den beiden Staaten

[23] Vgl. zu Menasses *Schubumkehr* die Analysen von Adreas Breitenstein, Thomas Steinfeld und Friedbert Aspetsberger. In: Dieter Stolz (Hrsg.) *Die Welt scheint unverbesserlich.* Zu Robert *Menasses ‚Trilogie der Entgeisterung'*. Frankfurt/M. 1997, S. 183–207.

wurde abgebaut. Ein historischer Augenblick, nachdem die Komprechtser Feuerwehr diese Grenze durchbrochen hatte. Den neuen Grenzbalken mußten die beiden Außenminister drei- oder viermal heben, bis die Kameramänner und die Fotoreporter zufrieden waren."[24]

Schubumkehr nannte Robert Menasse seinen Roman – einen Terminus, den er Niki Lauda verdankt, der damit die Erklärung für eine Flugzeugkatastrophe gab, von der eine seiner Maschinen im Jahre 1991 betroffen war: Die Schubkraft sei plötzlich umgekehrt worden – und durch diesen Vorgang würde alles zerrissen werden. So sei im politischen Bereich 1989 eine Schubumkehr erfolgt, in deren Folge auch im gesellschaftlichen Bereich alles zerrissen werden müsse. Wie dem auch sei – mit gutem Grund hat Robert Menasse im Fallen der Grenzen nicht nur ein Ereignis erblickt, das pflichtgemäß zu bejubeln wäre, sondern auch die damit verbundene Gefahr diagnostiziert. Die Grenzen seien gefallen – das soll mit den zum Abschluß gestellten Bildern suggeriert werden. Daß indes symbolische Akte und die von den Medien betriebene Simulation die so tief ins Bewußtsein eingesenkten Grenzen nicht beseitigen können, das macht Robert Menasses Roman auf verklausulierte Weise und mit einer guten Mischung aus Sarkasmus und Skurrilität deutlich.

[24] Robert Menasse, *Schubumkehr*. Salzburg-Wien 1995, S. 195.

Bożena Chołuj

Grenzliteraturen am Beispiel von Masuren und Oberschlesien

Fritz Skowronnek, Wilhelm Wirbitzky und Horst Bienek

Mit der Grenze, Markierung haben wir es dort zu tun, wo Unterschiede relevant sind, unabhängig davon, ob sie festgestellt oder erst hergestellt werden. Beides gehört zu der Alltagserfahrung der Menschen mit dem Anderssein bzw. Andersseinwollen. Diese Erfahrung ist besonders intensiv in den politischen Grenzprovinzen. Räumliche Fixierbarkeit und Faßbarkeit der politischen Grenzen entscheiden über den spezifischen Charakter dieser Erfahrung. Sie ist vor allem viel direkter als in jenen Gebieten, die den politischen Zentren näher liegen. Dort werden administrative Veränderungen konsequenter durchgeführt. Man denke an Änderungen von Familiennamen, Ortsnamen, Konfessionen und Amtsprachen, vom Verbot, die Grenze zu überschreiten, oder seiner Aufhebung. All das gibt es auch in der Nähe von politischen Zentren, wird aber nicht so konsequent und frontal durchgeführt wie an der Grenze, die durch die Veränderungen abgesichert, ja hergestellt wird. Da jede Änderung im großen Maße von politischen Zentren abhängt, kann sie auch als etwas empfunden werden, was vor Ort nicht beeinflußbar ist. Jede Verschiebung politischer Grenzen bedeutet dann immer einen Bruch, eine Desintegration der geschichtlich gewachsenen Lebenswelt der unmittelbar betroffenen Bevölkerung, die sich auf Neues umzustellen hat. So nimmt es nicht wunder, daß in den Grenzgebieten ein besonderes Interesse daran besteht, die Lebenswelt imaginativ, in der literarischen Darstellung narrativ zu harmonisieren, wiederherzustellen.[1] Es geschieht durch einen bestimmten Umgang mit den Unterschieden, durch den sich die Andersartigkeit der Gegend an der Grenze konstituiert. Wir erkennen sie am Themenrepertoire und an der Sprache der Werke. Sie ist auch eine Konstruktion von Autoren, die bestimmte politische Ziele verfolgen. An drei Beispielen werden wir beobach-

[1] Vgl. dazu: Emil Angehrn, *Geschichte und Identität*. Berlin-New York 1985, S. 96.

ten, wie mit den Unterschieden literarisch jongliert wird, je nachdem, ob Grenzen aufgeweicht oder verfestigt werden sollen.

Fritz Skowronneks[2] *Masurenbuch* von 1916 ist kein fiktionaler Text,[3] sondern ein Sachbuch. In ihm geht es nicht um nationale Integration der beschriebenen Region oder Unterstützung der regional gebundenen nationalen Identität ihrer Einwohner. Diese erscheint hier als eine Selbstverständlichkeit, die sich auf Grund der besonderen geopolitischen Lage Masurens herausgebildet hat. Viel wichtiger ist die Reintegration Masurens in das Deutsche Reich. An vielen Stellen des *Masurenbuches* ist zu merken, daß es nicht für die Einwohner Masurens, sondern für diejenigen verfaßt ist, die dieses Land nicht kennen und es mit dem Deutschen Reich mental kaum zu verbinden wissen. Es hat etwas – heute würde man sagen – von einer Werbung für ein Gebiet, das in „dem 19. Jahrhundert […], unverzeihlich vernachlässigt worden war" (*Masurenbuch*, 24). Skowronnek versucht hier das neu aufgekommene Interesse nach dem Krieg, „der die Teilnahme des ganzen Deutschen Reiches für die Ostmark wachgerufen hat", aufrecht zu erhalten. Um den Deutschen aus dem Westen Masuren näher zu bringen, zieht er Vergleiche mit Thüringen und zeigt, daß der weniger bekannte Landstrich vielfältiger, schöner und interessanter als das mitteldeutsche Land ist. Deswegen rechnet er mit der „Zeit des Umschwungs" (*Masurenbuch*, 23), und für diesen Umschwung möchte er die besten Informationen über den besonderen landschaftlichen Zauber dieser Gegend und ihr ökonomisches Potential liefern. Seinen Beschreibungen fügt er sogar praktische Hinweise hinzu: Am Ende des ersten Kapitels spricht er z.B. von dem Masurischen Kanal als einem vorzüglichen Binnenwasserverkehrsweg; woanders berichtet er von Fischzucht und Möglichkeiten ihrer Entwicklung und auch von masurischer Fischzubereitung. Er versucht das Interesse auch für Masurens Bewohner zu gewinnen, indem er ihr harmonisches Zusammenleben mit der Natur hervorhebt. Es ist nicht nur eine nüchterne, sachliche Beschreibung der geographischen Gegend. Skowronnek geht weit über geographische und historische Angaben hinaus. Er bemüht sich um eine Stimmung, die die Besonderheit dieser Welt unterstreichen soll, deswegen benutzt er gern poetische Bilder. In seine Schilderungen flicht er seine persönlichen Erlebnisse, Eindrücke und Photos ein. „Mir war es, als wenn die Heimat mir einen Gruß entbot, denn dasselbe Lied sang in jeder Winternacht der See, an dem mein Elternhaus stand" (*Masurenbuch*, 14), schreibt er an einer Stelle über seine Reaktion auf den gewaltigen Krach während des Berstens des Eises auf

---

[2] Fritz Skowronnek (1858–1939) geb. in Schuiken (Goldap/Ostpreußen). In Königsberg studierte er Philosophie. Bis 1898 arbeitete er als Lehrer und Journalist, später lebte er als freier Schriftsteller in Berlin. Außer den im Text erwähnten Büchern schrieb er: *Masurenblut* (1899), *Der Kampf um die Scholle* (1906), *Lebensgeschichte eines Ostpreußen* (1929).

[3] Fritz Skowronnek, *Das Masurenbuch.* Berlin 1916, S. 5. Weitere Zitate werden im Text in Klammern auf folgende Weise angegeben: Titel, Seitenzahl.

dem größten See Spirding, den er nach einer längeren Abwesenheit wieder hörte. Es ist die erste von vielen Stellen, an denen die Natur mit der Heimat direkt in Verbindung gesetzt wird. Sie erinnert den Autor an die Geborgenheit des Elternhauses, dadurch daß sie ihm genauso vertraut ist. Die Vertrautheit der Natur ergibt sich aus ihrer Unveränderlichkeit, der zyklischen Wiederholung ihrer Vorgänge. Auch diejenigen, die in Einverständnis mit der Natur leben wie die Fischer, strahlen diese Vertrautheit aus. Skowronnek widmet ihnen und dem Fischen selbst sehr viel Platz. Er zeigt, daß diese Arbeit nach einer Ordnung verläuft, die den Tages- und Jahreszyklen angepaßt ist. Und obwohl es unter ihnen, den Fischern, auch zum üblichen Generationenwechsel kommt, könne man sich des Eindrucks nicht erwehren, daß sie immer die gleichen bleiben. Dieser relativ statische Charakter der Natur ist die Basis für die Identifikation der Einwohner mit ihrer Gegend. Zu ihr kann man immer wieder zurückkehren wie zu der Kindheit und dem Elternhaus in den Erinnerungen.[4] Skowronnek schildert Masuren als eine fast homogene Enklave mit einem melancholischen Anstrich, wie an folgender Stelle:

> Nie habe ich die Natur in so wunderbaren Farben prangen sehen, wie an jenem Abend. Das helle Laub der Birken und Weiden am Seerande leuchtete förmlich, auf dem dunklen Kiefernwald lag ein bläulicher Schimmer, und das Spiegelbild der Uferhöhen in dem stillen See war so klar, daß man jeden Grashalm erkennen konnte, und über Wald und See lag der Schein der untergehenden Sonne so mild und weich, wie das Lächeln auf dem Antlitz einer zärtlichen Mutter. (*Masurenbuch*, 44)

Sein Bild Masurens ist aber nicht nur idyllisch. Er zeigt auch problematische Bereiche, zu denen u.a. der Alkoholismus gehört. Gleichzeitig deutet Skowronnek an, daß dieses Problem beim ökonomischen Aufstieg sich beseitigen läßt. Da Masuren in seiner Schilderung besonders anziehend wirken soll, vermeidet er Diskussionen um politische Grenzstreitigkeiten. Das Problem der nationalen Auseinandersetzungen beschränkt er auf die Frage der Assimilation:

> Die Geschichte meiner engeren Heimat hat mich gelehrt, daß die Frage der völkischen Abstammung bei der Staatenbildung nur dann ins Gewicht fällt, wenn ein fremdvölkischer Teil sich gegen die Verschmelzung mit allen Kräften wehrt, wie wir es ja bei den

[4] Michael Scharang schreibt in *Abgrenzungswahn und Mordgier. Über das Geschwätz von der Identität*: „Identität ist Inbegriff des Stillstandes: Stillstand beim utopischen Ursprung, hinter den es nicht weiter zurückgeht; Stillstand in der utopischen Zukunft, in der, da alle Hoffnungen erfüllt sind, das Vergehen von Zeit keinen Sinn mehr hat. Utopie, der Zeitpunkt des Stillstands, ist der Identität, dem Ort des Stilstandes, wesensverwandt." Das Konstruieren von Identitäten entspricht der Sehnsucht nach diesem utopischen Zustand, über den Scharang auch schreibt: „Bis heute ist der Zauber ungebrochen, der von dem Wort ‚Identität' ausgeht; es ruft eine Sehnsucht wach nach einer heilen Welt, die, wenn schon draußen nicht, so doch drinnen existiert, tief in der Person, tief in der Geschichte, tief im Volk. Und würde man bis zum unverdorbenen Ursprung gelangen, erschlösse sich, indem man von vorn beginnt, eine herrliche Zukunft." (Michael Scharang: *Abgrenzungswahn und Mordgier. Über das Geschwätz von der Identität*. In: *Konkret* 9/92, S. 42–22).

> Polen noch bis in die neueste Zeit erlebt haben... Bei den Masuren waren keine Hemmnisse irgendwelcher Art vorhanden. (*Masurenbuch*, 98)

Skowronnek versichert, daß sie schnell auf den masurischen Dialekt verzichtet haben und ihr heutiges Deutsch nur „die harte Aussprache" behalten hat, „die von ihrer slawischen Muttersprache herrührt" (*Masurenbuch*, 11). Um seine Leser für Masuren zu engagieren, ringt er auch um ihr Mitleid, indem er immer wieder betont, daß dieses Land „von Beginn des Krieges bis zur großen Winterschlacht im Februar 1915" besonders gelitten habe. Der russische Feind „wütete in unmenschlicher Weise gegen Menschen, Vieh, Gebäude und Natur" (*Masurenbuch*, 8). Seinem *Masurenbuch*, obwohl es ein Sachbuch ist, verleiht er eine persönliche Note, indem er immer wieder sein eigenes Verhältnis zu dieser Heimat betont:

> Er [Landstrich] ist meine Heimat, meine inniggeliebte Heimat, die ich tief im Herzen trage, weil sie mir so viel Großes und Schönes auf den Lebensweg mitgegeben hat. (*Masurenbuch*, 8)

Das ist der Grund, warum er sich um „ein richtiges Bild" von Masuren bemüht. Es geht ihm nicht um eine Berichtigung des bisherigen Bildes, wie man erwarten würde. Nur bei Gelegenheit erklärt er Unstimmigkeiten, wie die Verwechslung der Masuren mit Polen: Die Unterscheidung zwischen ihnen gebe es seit dem 16. Jahrhundert, als die Masuren den evangelischen Glauben angenommen haben. Dieser Unterschied sei sehr wichtig, denn Masuren empfinden jeden Vergleich mit den Polen als eine „Herabwürdigung". Den Grund für die Identifikation der Masuren mit Deutschen sieht Skowronnek in der deutschen kohärenten Kultur („dem deutschen Wesen", „deutscher Sitte", „deutscher Zucht und Ordnung"), die auf der deutschen Seite der Grenze herrscht. Auf der anderen Seite dieser Grenze dagegen ist:

> verwahrlostes Slawentum, zerrissen, zerfleischt von der Tatze des russischen Bären. Es ist nicht Halbasien, wie man geistreich lächelnd wohl zu sagen pflegt, nein, es ist die unverfälschte asiatische Barbarei, die wir jetzt so gründlich kennen gelernt haben. (*Masurenbuch*, 10).

Wer nach der Lektüre des *Masurenbuches* in Skowronneks Romanen Fischergeschichten mit schönen, rührenden Landschaftsbeschreibungen vermutet, hat die Intention des Autors nicht verstanden. In ihnen läßt er Menschen aus unterschiedlichen Schichten auftreten, die Fischer bleiben dagegen nur im Hintergrund, denn sie könnten beim reichsdeutschen Leser Befremdung auslösen. Er versucht dies zu vermeiden. Wer die Rettung von Kaisers Hand für sein Land erwartet, kann sich auf diese soziale Gruppe literarisch nicht einlassen. Sowohl in dem *Grauen Stein* von 1918 als auch in den *Zertrümmerten Götzen* von 1928 spielt die Handlung in wohlhabenden Familien. Skowronnek erzählt ihre Lebensgeschichten, in denen Liebe, Trauer, Krankheit die wichtigste Rolle spielen, als wollte er beweisen, daß sich die Erlebnisse der Menschen in

Masuren kaum von denen im Reich unterscheiden. In den Romanen geht es Skowronnek weniger um Unterschiede. Er sucht eher nach Ähnlichkeiten, die ihm helfen sollen, solche Handlungen aufzubauen, in die sich seine Leser einfühlen können. In dem ersten Roman schildert er eine traurige Geschichte von einem gewissen Herrn Adolph Grizan, dessen Vorahnen ein Land in Nikossen vom Deutschen Ritterorden bekommen haben. Die Lage dieser Gegend in der Vergangenheit wird kurz angedeutet: „Dicht am Rande der Wildnis, die das alte Pruzzenland von Polen schied [...]" (*Der graue Stein*, 7). Im 20. Jahrhundert ist der Besitz nicht mehr sehr groß, aber der Wille, ihn in den Händen desselben Geschlechts zu wissen, immer noch so stark, daß er das ganze Leben von Adolph Grizan bestimmt, ihn sogar zusammen mit seiner Frau Marianka, die ihm keinen Nachfolger gebiert, weil er nicht zeugungsfähig ist, ins Unglück stürzt. In den *Zertrümmerten Götzen* werden die schweren Kämpfe während des I. Weltkrieges gegen die Russen und das Leiden der Zivilbevölkerung in dieser Zeit gezeigt. Die Hauptfiguren stammen auch hier aus höheren Familien. Am wichtigsten ist Erwin von Gerlach, dessen Vater aus Masuren stammt, sich jedoch für eine Fabrikantenexistenz im Westen entschieden hat. Erwin ist dagegen an Landwirtschaft interessiert und deswegen kehrt anstelle des Vaters nach Masuren zurück, kauft Ländereien und lebt sich in diese Gegend als seine neue Heimat ein. Er wird als jemand aus dem Westen zuerst kritisch betrachtet, sobald er aber seinen Willen zeigt, sich an die Sitten der hiesigen Gesellschaft anzupassen, wird sogar sein innovativer Geist akzeptiert. Er elektrifiziert seinen Grundbesitz Mallischken. Skowronnek hält es eindeutig mit der höheren Schicht, denn sogar bei der Schilderung der russischen Verbrechen unterscheidet er zwischen den Kosakenhorden und dem Offizier, der sie führen muß, weil er an die Front strafversetzt ist.

In beiden Romanen finden wir viele Einzelheiten aus dem *Masurenbuch*, unter ihnen eine Menge von Namen, die für Masuren typisch waren, gelegentlich auch russische und polnische Worte, die das Kolorit der Gegend betonen. Eine der wichtigen Figuren, der Verwalter von Mallischken, wird während der Kämpfe von einer alten armen Polin gerettet (*Zertrümmerte Götzen*, 209). Manche leiden an Trinksucht, wie der Protagonist des *Grauen Steines*. Das, wofür Skowronnek in dem *Masurenbuch* keinen Platz findet, und was in beiden Romanen die Hauptrolle spielt, ist der soziale und emotionale Zusammenhalt der Menschen. Sie bilden eine Gemeinschaft, die auf sittliche Ordnung achtet und sie sogar mittels Klatsch einfordert, wenn Normen überschritten werden. Diejenigen, die nicht weiterwissen, wie Herr Gebhard aus Orczechowken, dem die Kosaken das Haus verbrannt, die Frau und Tochter ermordet haben, oder Stefka Madeyka, die von Russen vergewaltigt und geschwängert worden war, werden von ihren Nachbarn unterstützt. Der zwischenmenschliche Zusammenhalt geht so weit, daß auch politische Unterschiede nebeneinander friedlich bestehen können. Herr von Gebhard als ein überzeugter Sozialdemokrat organisiert vor dem Krieg auf seinem Gut jedes Jahr eine Feier zum 1. Mai. Der Krieg wird von dieser Gemeinschaft als etwas Böses erfahren, was die Gegend, Häuser, Menschen und Tiere in Ostpreußen gefährdet und alle zur Verteidigung verpflichtet. Für diesen Zusammenhalt sorgen vor allem Frauen, die es im *Masurenbuch* fast gar nicht gibt. Sie treten in dem Sachbuch genauso spurenweise wie die Natur in den Romanen auf. Man hat den Eindruck, daß sie hier an die Stelle der Natur getreten sind und deren vereinende und anziehende Rolle übernehmen. Die aufrichtigen starken Frauen, zu denen sowohl Marianka, Tochter eines Lehrers, als auch Lena, Tochter des Verwalters Grot, gehörten, sind Trägerinnen der höchsten ethischen Werte. Sie werden fast wie die Natur als ein Angebot für diejenigen geschildert, die von außen nach Masuren kommen. Sowohl Neurath, Geliebter und schließlich Ehemann von Marianka aus dem *Grauen Stein*, als auch Gerlach, der Anbeter von Lena in den *Zertrümmerten Götzen*, sind Neuankömmlinge aus dem Reich.

Eine ganz andere Bedeutung haben Natur und Geschichte, oder besser gesagt das Zeitgeschehen in der *Oberschlesien*-Trilogie von Wilhelm Wirbitzky, dem Zeitgenossen von Fritz Skowronnek,[5] nur aus einer anderen Grenzprovinz. Die Handlung der Bücher von Wirbitzky beginnt mit einer idyllischen Atmosphäre. Maria Bernhard kommt mit ihrem Vater nach „Oberschlesien, [in] die Heimat ihres Heißgeliebten, die Wohnungs- und Wirkungsstätte ihrer Schwiegereltern" (*Heimattreu*, 8). Im Gespräch mit dem Lehrer Aufrecht bewundert sie die oberschlesische Landschaft, die sie aus dem Fenster des fahrenden Zuges sieht. Dabei erinnert sie sich an ihren Bräutigam, was sie zu der Bemerkung verleitet: „Wenn die Oberschlesier alle so sind wie mein geliebter Edgar, dann kann Deutschland auf dieses Volk stolz sein." (*Heimattreu*, 6) Im folgenden Kapitel werden die Eltern von Edgar dargestellt. Sein Vater, der Bergdirektor Wermuth, spaziert mit „seinem Weibe [...] zwischen den Gemüsebeeten" seines Gartens in Annagrube und bewundert den Kohl: „Annchen, schau diese prächtigen Köpfe! Man möchte nicht glauben, daß noch in dieser Gegend solche Dinger gedeihen" (*Heimattreu*, 13) In dieser Stimmung werden beide Gäste, Maria und ihr Vater, empfangen und über die Geschichte und die

[5] Wilhelm Wirbitzky wurde am 8. April 1885 in Myslowitz/Oberschlesien geboren. Außer der genannten Trilogie verfaßte er 22 größere und kleinere Bücher und 100 Essays; zu seinen Romanen zählen u.a. *Schulzentochter von Knappenruh* (1912), *Die Sterne des Glücks* (1913), *Ein Gottesgericht* (1921), *Jenseits des Hasses* (1949). Arno Lubos nennt ihn in seiner Geschichte der Literatur Schlesiens einen „wenig bewanderten Literaten, der den Ehrgeiz hatte, mehr als ein einfacher oberschlesischer Volksschriftsteller zu sein, es aber nur zu einem völkischen Autor" gebracht habe. (Arno Lubos: *Geschichte der Literatur Schlesiens.* München 1965, Bd. II). Er war auch Begründer und Leiter des *Musenalmanachs,* der in den Jahren 1914–1922 als *Schlesischer Musenalmanach* herausgegeben wurde, in den Jahren 1936 bis 1941 als *Ostdeutscher Musenalmanach,* 1951–1957 als *Heimatland, Musenalmanach* und seit 1958 als *Marburger Musenalmanach.* Wirbitzky starb am 27. Januar 1964.

wirtschaftliche Lage Schlesiens aus der Sicht des Direktors – die weitgehend mit der des Autors übereinstimmt – aufgeklärt:

> Was war Oberschlesien, als es vor eineinhalbjahrhundert Jahren der Alte Fritz in Besitz nahm? Der kluge König überlegte lange, ob er das öde Wald- und Sumpfland behalten oder gegen ein anderes, wertvolleres Grenzland eintauschen sollte. Und was ist heute daraus geworden? Das wäre 1914 und 1915 ein fetter Bissen für die Feinde gewesen! Gottlob, wir haben uns gewehrt. In Polens ödem Sande liegen unzählige Oberschlesier, die ihr Blut dahingaben, damit unsere treue Heimat nicht in die Unkultur des Nachbarlandes falle. (*Heimattreu*, 23f)

Am Ende des Besuches konnte sich Maria „nur schweren Herzens von dem Lande trennen, das ihre zweite Heimat, wenn ihr Brautmann zurückkehrt, werden soll" (*Heimattreu*, 25). Und sie ruft zum Abschied pathetisch aus: „Leb wohl, Oberschlesien, reiches, gottgesegnetes Land!" (*Heimattreu*, 26). Nach diesen Zeilen gibt es keine Zweifel, daß wir es hier mit einer ganz anderen Literatur als im Falle von Skowronnek zu tun haben. Die von ihm angekündigte Liebesgeschichte am Anfang des Romans ist daher weniger wichtig als die Tatsache, daß ein „stolzes deutsches Haus [...] ein schweres Opfer fürs Vaterland gebracht" habe, denn „Leutnant und Batterieführer Edgar Wermuth ist auf dem Felde der Ehre den Heldentod am 28. Juni 1918 bei Saissons" gefallen (*Heimattreu*, 28). Deswegen wundert uns auch nicht, daß der „Bergdirektor Wermuth [...] sein Leid mit der Würde eines deutschen Mannes [trägt], der stolz ist, sein Kind, sein eigenes Fleisch und Blut, dahingegeben zu haben, um das höchste, das Vaterland, zu retten" (*Heimattreu*, 28). Dieses Verhältnis zum Dienst am Vaterland dominiert in dem ganzen Roman. Wirbitzky schafft hier ein schwarz-weißes Bild von Oberschlesien. Deutschtum verbindet er mit Moral, Wahrheit und Güte, Polentum dagegen mit Unsittlichkeit, Schmutz und Unkultur. Die Polen werden von ihm Banditen, schmutzige verlauste Buben, Terroristen und Kriminelle genannt. Oberschlesier als gesonderte Bevölkerungsgruppe gibt es für ihn nicht.

Wirbitzkys Hang zur Eindeutigkeit erkennen wir auch an der Namengebung. Die Deutschen heißen *Wermuth, Aufrecht, Bialas* (Weißer), die Polen dagegen *Niewierny* (Untreu) *Buntownik* (Rebelle). An den Namen ist gleichzeitig zu sehen, daß dieser Text vor allem von Lesern aus Schlesien verstanden werden kann, denn nur sie können die Namen und die Anspielungen begreifen, sie richtig einordnen. Die Natur- und Landschaftsbeschreibungen dienen eindeutig der Ideologie Großdeutschlands. Jede Information über Oberschlesien ist mit nationalen Stereotypen beladen. Darin spiegelt sich das verkrampfte Ringen des Autors um die nationale deutsche Identität der Oberschlesier wider. Sie ist ihm nicht so selbstverständlich wie Skowronnek, der Masurens slawische Vergangenheit nicht abzustreiten sucht.

Wenn man Texte dieser beiden Autoren miteinander vergleicht, entsteht der Eindruck, daß Skowronnek über Masuren von innen heraus, von der Provinz her schreibt und die Zugehörigkeit seiner Einwohner zu der Gegend in Mikrostrukturen, kleinen Lebensgeschichten zeigt, Wirbitzky schreibt dagegen von oben herab, sein Ausgangspunkt ist nicht die Provinz selbst, sondern ihr Deutschtum.

Eine der wenigen Ähnlichkeiten ist die Tatsache, daß beiden Autoren die Natur als ein wichtiges Identifikationsfeld erscheint. Obwohl sie in beiden Fällen zur Selbstbestimmung und Abgrenzung von anderem, Fremdem dient, wird sie anders eingesetzt. Das verweist darauf, daß die nationale Identität nicht nur ein historisch gewachsenes Phänomen ist. Shmuel Noah Eisenstadt sagt:

> Es gibt kein festes Bündel primordialer identitätsstiftender Symbole, keinen ‚naturwüchsigen' Hintergrund, der selbstläufig und in immer gleicher Weise die Entstehung moderner Nationen, moderner nationaler Bewegungen und Nationalstaaten bewirken und garantieren könnte.[6]

Nationale Identität ergibt sich auch daraus, wie wir über indentitätsstiftende Symbole sprechen und Identifikationsfelder gestalten. Texte tragen zu diesen Konstruktionen weitgehend bei, indem sie die Imagination einer nationalen Gemeinschaft vorantreiben.[7] Sie beteiligen sich an dem nationalen Diskurs appellativ.[8] Sowohl für Skowronnek als auch für Wirbitzky ist die Integration ein Ziel des Appells. Das beobachten wir in allen ihren Texten. Der integrative Effekt, den Skowronnek erreichen will, bezieht sich aber auf das Deutsche Reich und der von Wirbitzky auf die in Oberschlesien lebenden Deutschen. So haben wir es mit zwei unterschiedlichen Grenzliteraturen zu tun. Die eine stammt aus einer Provinz, die von Russen umgeben, also als eine von draußen gefährdet, die andere dagegen aus einer, die als eine von innen durch Polen und ihre nationalen Ansprüche bedroht angesehen wird. Unter diesen unterschiedlichen Bedingungen entwickeln sich ganz andere Abgrenzungsstrategien. Im Gegensatz zu Wirbitzky spricht Skowronnek an keiner Stelle von polnischer Wirtschaft; das zerrissene Slaventum vergleicht er bemerkenswerterweise nicht mit Germanentum. In seiner Beschreibung Masurens deckt sich

---

[6] Shmuel Noah Eisenstadt, *Die Konstruktion nationaler Identitäten in vergleichender Perspektive.* In: Bernhard Giesen (Hrsg.): *Nationale und kulturelle Identität. Studien zur Entwicklung des kollektiven Bewußtseins in der Neuzeit.* Frankfurt/M. 1991, S. 21–38, hier 21. Unter den primordialen Faktoren erwähnt er: historische, territoriale, sprachliche und ethnische.

[7] Vgl. Bernhard Giesen: Einleitung zu: B. Giesem (Hrsg.): *Nationale und kulturelle Identität,* a.a.O., S. 9–18. Hier werden soziale Gruppen als historische Träger des Nationalbewußtseins genannt, die die Imagination einer nationalen Gemeinschaft vorantreiben. Das tun sie u.a. mittels der Nationalliteratur. „Der Aufstieg der ‚Nation' als kollektiver Identität der modernen Gesellschaft ist daher untrennbar verbunden mit der Verbreitung von gedruckten Texten und der Alphabetisierung weiter Teile des Volkes" (ebd., 14).

[8] Vgl. Klaus Garber, *Zur Konstitution der europäischen Nationalliteraturen. Implikationen und Perspektiven.* In: K. G. (Hrsg.): *Nation und Literatur im Europa der Frühen Neuzeit.* Tübingen 1989.

die politische Grenze mit der kulturellen. In Oberschlesien dagegen sind das zwei unterschiedliche Grenzen, was auch in Wirbitzkys Texten lesbar ist.

Wenn wir einen zeitlichen Sprung zur Oberschlesien-Tetralogie von Horst Bienek machen, wird uns vor allem auffallen, daß nicht die nationale Zugehörigkeit, sondern die Einwohner dieses Gebietes selbst im Zentrum stehen. Die politische Grenze fällt hier mit der kulturellen zusammen, jedoch wird die kulturelle anders als bei den früheren Autoren definiert. Sie verbindet sich nicht mit einer nationalen Kultur, sondern vor allem mit dem Territorium, das als eine Enklave der Wechselwirkungen, Verflechtungen, Einflüsse der deutschen, polnischen und jüdischen Kultur aufgefaßt wird. Das kann Bienek am besten aus der Perspektive der Kinder und der Jugendlichen zeigen. Sie ist weniger zeit- und realitätsgebunden als die der Erwachsenen, die bestimmte politische bzw. lebenspraktische Interessen vertreten. Für sie ist ständiges Staunen und Sich-Wundern charakteristisch. Sie dient dem Autor zur Beobachtung des Besonderen.

Der erste Band beginnt mit dem Kriegsausbruch, dem Überfall auf den Gleiwitzer Sender am 31. August 1939. Es ist eine Grenzsituation für alle Einwohner. Die Jugendlichen sehen, wie sich die Erwachsenen verhalten. Sie befragen dabei permanent ihre Logik. Diese, aufs Überleben ausgerichtet, bekommt an keiner Stelle der vier Romane ihren Gültigkeitsanspruch, mehr noch, in vielen Szenen schimmert Bieneks Anklage durch, daß sich der Nationalsozialismus durch die Logik der Erwachsenen in den Alltag fast unbemerkt einschleichen konnte. Daran ist nach Bienek auch die Bereitschaft der Oberschlesier schuld, alle auf sie zukommenden politischen Veränderungen passiv hinzunehmen. Da häufiger Wechsel der politischen Situation zu ihren Grunderfahrungen gehört, haben sie die Kunst der Anpassung fast perfekt beherrschen gelernt, was wir am Schicksal der Familien Piontek, Wondrak und Ossadnik beobachten können. Die Jugend ist von dieser Erfahrung noch nicht geprägt, so daß ihr die Rolle des Augenzeugen, Beobachters und Rebellen zufallen kann. Sie setzt sich mit dem Gesehenen, Gehörten auseinander und nimmt dieses nicht wie die Erwachsenen schweigend hin. So läßt Bienek den vierzehnjährigen Josel, Sohn von Valeska Piontek, der Protagonistin der *Ersten Polka*, und seine Freundin Ulla durch Zufall in die Nähe des Gleiwitzer Senders geraten. Von ihrem Versteck aus beobachten sie den Überfall des deutschen Sonderkommandos. Und im Gleiwitzer Hotel „Haus Oberschlesien", in dem die Hochzeit von Josels Schwester – das zentrale Ereignis der Handlung – stattfindet, überzeugen sich die beiden, daß es keine polnische Provokation war, sondern ein Arrangement deutscher Offiziere, die hier einquartiert worden sind. Ihre Erfahrung wird parallel zu der Hochzeit geschildert. Dem Leser wird hierbei klar, daß Oberschlesien eine besondere Kulturenklave bildet, die aus einer Mischung polnischer und deutscher Kultur entstanden ist, wie der Pfarrer während der Hochzeit erklärt:

> [...] das hier ist eine Landschaft, die geschichtlich gewachsen ist, zwischen Germanen und Slawen, Deutschen und Polen, und jeder dieser Namen zeugt davon... Für einen, der hier aufgewachsen ist, der hier leben muß und auch gern hier lebt, [...], ist das wie Musik. (*Die erste Polka*, 229)

Es sind nicht nur die Namen, nicht nur die Sprache, von der Valeska Piontek sagt, daß man sie singen müßte, sondern auch die Menschen, die zusammen wohnen, sich miteinander gut verständigen können, obwohl sie unterschiedlichen Nationen angehören. Es sind auch die Musik und der Traum, die Säule mit dem ihr eingemauerten Herz von Chopin zu berühren. Es sind auch Legenden, wie die über Korfanty auf dem Ziegenbock, mit dem man Kinder zu erschrecken versuchte, wenn sie nicht brav sein wollten. Das, was Josel und Ulla am Gleiwitzer Sender sehen, ist die Ansage der Vernichtung dieser Welt.

Die Kinder sind hier auch diejenigen, denen die zunehmende Einsamkeit von Georg Montag, dem Landgerichtsrat, auffällt. Er bewohnt Valeskas Gartenhaus, denn als Halbjude verlor er das Recht auf seine große Wohnung und fühlt sich in der Öffentlichkeit immer mehr bedroht. Er arbeitet an einer Wojciech Korfanty-Biographie[9] und findet zu einer Identität, die ihm ursprünglich fremd war:

> Ich habe mich niemals als Halbjude gefühlt, ich weiß gar nicht, was das ist, ich bin katholisch getauft und zum katholischen Hochamt gegangen. Doch je mehr Juden hierzulande verfolgt werden, desto mehr fühle ich den jüdischen Teil meines Wesens in mir wachsen. Ich habe immer zu den Leidenden gehören wollen. Jetzt gehöre ich zu ihnen, zu den Juden. (*Die erste Polka*, 130)

Die Folge ist Selbstmord. Die Beobachtungen der Kinder implizieren, daß die Erwachsenen, wenn sie den alten Montag so wie die Kinder wahrgenommen hätten, ihm vielleicht hätten helfen können. Die Kinder waren nicht imstande, Montags Verhaltensweise einzuordnen. Sie sind im Roman nur jene sensiblen Beobachter, die dem Leser bewußt machen, wie stark die Erwachsenen von ihrem geschäftigen Alltag vereinnahmt werden und wie unfähig sie dadurch zum politischen Handeln, zu einer Auseinandersetzung mit der neuen politischen Situation sind.

Im letzten Band der Tetralogie *Erde und Feuer* macht Bienek sogar den fünfzehnjährigen Kotik zu seinem Sprachrohr, der sich gegen die Akzeptanz des

---

[9] Korfanty, Wojciech, poln. Politiker, in Sadzawka (bei Kattowitz) 20.04.1873 geb., in Warschau am 17.08.1939 gest., Redakteur poln. Zeitungen, war 1903–12 und 1918 Mitgl. des dt. Reichstages. 1904–18 zugleich Abg. im preuß. Landtag. 1918 Mitgl. des Obersten Poln. Volksrats in Posen und 1919–21 poln. Abstimmungskommissar für Oberschlesien. Im Mai 1921 leitete er den dritten polnischen Aufstand in Oberschlesien. Als Mitgl. der Christlich-Demokratischen Partei war K. 1919–30 Abg. im poln. Sejm. 1923 stellv. Ministerpräs. Als scharfer Gegner J. K. Pilsudskis 1930 verhaftet, lebte er 1934–39 in Emigration. Nach seiner Rückkehr wurde er 1939 vorübergehend verhaftet. Er starb kurz nach der Freilassung. Auch Wirbitzky schreibt über Korfanty im *Gequälten Volk*. Er schildert ihn jedoch als einen schlauen und unehrlichen Politiker, der alles tut, um in Oberschlesien alle gegen das Deutsche Reich aufzustacheln.

Leids der Oberschlesier auflehnt. Daß dies ihre Grundhaltung ist, erfahren wir in der Schlußszene des ersten Bandes. Leo Maria, der Mann von Valeska, kann die Entwicklung der politischen Situation nur über das Radio verfolgen. Er ist sterbenskrank, was sein Pathos verständlich macht, mit dem er seiner Haßliebe zu Oberschlesien als Reaktion auf das Zeitgeschehen Ausdruck gibt: „Es ist ein verfluchtes Stück Erde... Oh, eine verfluchte Erde [...]. Wird es denn nicht mal aufhören, daß sich die Menschen wegen dieser verfluchten Erde gegenseitig umbringen", sagt er zu seiner Frau und fügt hinzu: „Mein Klodnitzland, mein Oderland, immer haben wir sehnsüchtig in den Westen gesehen, das ist wahr, aber unsere Seele, o Herr, unsere Seele ist tief im Osten geblieben..." (*Erde und Feuer*, 373 f.). Nach diesen Worten läßt er Valeska ein Stück Steinkohle mit einem eingekritzelten Kreuz, das symbolisch für dieses Land steht, seinem Sohn überreichen. Die neue Generation will diese Tradition jedoch nicht übernehmen. Josel kann es nicht, weil er in die Armee eingezogen wird und an die Front geht. Und am Ende des vierten Bandes kommt der fünfzehnjährige Kotik zu Wort und erklärt seiner Mutter:

> Ich weiß nicht, was es ist, aber ich kann das nicht, immer den Kopf gesenkt halten, immer auf dem Boden knien, immer auf die Brust schlagen, immer das Leid auf sich nehmen, ich kann das nicht. Es ist die Kirche, die einen dazu erzieht, ja, aber ich glaube, es ist auch die Erde hier, diese schlesische Erde, die einen dazu zwingt: knie hin, duck dich, laß dich schlagen, bete, leide, Gott will es so! Nein, ich glaube nicht mehr daran. Was die Menschen hier retten kann, ist die Empörung, die Auflehnung, aber sie haben keine Kraft dazu, weil die Priester ihnen immer etwas vom Kreuz reden, aber das Kreuz ist nicht für alle gemacht, ich glaube es einfach nicht, Gott hat das Kreuz auf sich genommen, der christliche Gott, Jesus, der Sohn, damit nicht alle darunter leiden müssen, sonst wäre doch auch sein Opfer sinnlos gewesen, und ich sage dir, Mamotschka, ich fange damit an, und ich werde nicht der einzige sein, vielleicht müssen wir von hier weggehen, weil uns die Erde immer wieder hineinzieht in die Wollust des Leidens, nein, laß mich nur ausreden, das hab ich nicht im ‚Zarathustra' gelesen, wie du denkst, das geht schon länger in mir vor, glaub mir das, das hat nichts mit den Deutschen, den Russen, den Polen oder sonstwem zu tun, solange wir unsere Hände zum Gebet gefaltet halten, werden immer irgendwelche Übermenschen kommen und uns unterdrücken, wir müssen lernen, die Hände auseinanderzunehmen, den Freund zu umarmen, dem Feind an die Kehle zu gehen, und ich glaube nicht, daß Gott will, daß wir vor ihm knien und unser Haupt beugen, nein, wir müssen nach oben blicken, zum Himmel, zu den Sternen, denn dort ist das Antlitz Gottes... (*Erde und Feuer*, 326)

In Kotiks Worten formuliert Bienek eindeutig seine politische Überzeugung, die nichts mit „den Deutschen, den Russen, den Polen oder sonstwem" zu tun hat, sondern mit denjenigen, die entweder bereit sind, alles, was die Staatsobrigkeit für sie als ihre Bürger vorgesehen hat, passiv und schweigend zu ertragen, oder sich diesem aktiv zu widersetzen bzw. den Ort zu wechseln, ohne die eigene Identität zu verlieren. So unterscheidet er zwischen der Welt der machtausübenden Staatsobrigkeit und den von ihren Gesetzen (mehr oder weniger) Betroffenen. Deswegen schildert Bienek auch in seiner Gleiwitzer Tetralogie den Nationalsozialismus als ein politisches Phänomen, das aus dem Reich nach Oberschlesien in Form von Gesetzen, Verordnungen, wie auch Soldaten und Offizieren gebracht worden ist. Den Betroffenen bleibt nach seiner Auffassung die Wahl, ob sie das Aufoktroyierte annehmen oder nicht.

Das schweigende Mitmachen der Oberschlesier mit dem neuen Regime wird von Bienek vor allem im Kontext des Arrangements mit dem Alltag, der Anpassung gesehen, die besonders in der Grenzprovinz als Überlebensstrategie verstanden wird, wo Namen einmal verdeutscht, einmal verpolnischt wurden, wo Menschen in unterschiedlichen Armeen dienen mußten, wo Konfessionen gewechselt wurden. Sie ergibt sich aus Ängsten, wie bei Ossadnik, der als Lokomotivführer imstande ist, die Züge in Richtung Auschwitz zu fahren, ohne danach zu fragen, was mit dem berüchtigten ‚Transport' weiter geschehen wird. Nur so meint er, eine Garantie zu haben, daß sein Sohn nicht an die Ostfront geschickt wird. Die Anpassung ergibt sich auch aus dem Mangel an Akzeptanz durch die Familie, wie im Falle von Wassermilka, die durch ihren emanzipatorischen Drang zu einer Außenseiterin geworden war und bei der NS-Frauenschaft eine neue Gemeinschaft fand. Zerstörung der Kommunikationsgemeinschaft durch Schweigen oder durch Ablehnung ermöglichten nach Bienek die Durchsetzung des totalitären Regimes. Nur radikales Außenseitertum, wie das des verrückten ‚wilden Mönchs' aus der *Ersten Polka*, den niemand mehr verstehen kann, oder das von Georg Montag, läßt sich in die neue Ordnung nicht einbinden.

Bienek schafft in seiner Tetralogie ein vielfältiges Bild von Oberschlesien. An solch einem Bild war Wirbitzky nicht interessiert, da er die Spannungen politischer und sozialer Art in den zwanziger und dreißiger Jahren (der Entstehungszeit seiner Bücher) in dieser Region deutsch-national funktionalisierte. Er benutzt ganz bewußt Stereotype. Er nutzt ihre richtungweisende und integrierende Funktion, die sie für politische, soziale, nationale und ethnische Gruppen haben können. Die Zeit, die Bienek in seinen Romanen beschreibt, ist ebenfalls kompliziert. Er tut es aber viele Jahre nach dem Krieg, in einer politisch entspannten Situation zwischen Polen und der Bundesrepublik Deutschland. Dank dieser zeitlichen Distanz kann er in die literarische Darstellung Oberschlesiens eine neue Idee einführen. Es ist die Notwendigkeit der individuellen Entscheidung, mit wem und mit was sich die Menschen identifizieren wollen. Bieneks Tetralogie ist nicht nur eine Darstellung Oberschlesiens in politisch schwierigen Zeiten, sondern auch ein Plädoyer für politische, nicht nationalgebundene Freiheit der Menschen in Europa und gegen nationale Borniertheit.

Die Beiträgerinnen und Beiträger

Paul A. Chilton, Professor für Language and Communication an der Aston University in Birmingham. Jüngste Buchveröffentlichungen: *Security Metaphor: Cold War Discourse from Containment to Common House* (1996), mit M. Flyn u. J. Mey *Political Discourse in Transition in Europe* (1998).

Bożena Chołuj, Germanistin an der Warschauer Universität. Seit 1998 baut sie als Gastprofessorin an der Europa Universität Viadrina in Frankfurt / Oder den Lehrstuhl für Vergleichende Mitteleuropastudien am Collegium Polonicum auf. Mit B. Kellermann, L. Feuchtwanger, E. Toller, E. Mühsam u. F. Jung *Deutsche Schriftsteller im Banne der Novemberrevolution 1918* (1991), zahlreiche Artikel über H. Broch, R. Musil, M. Weber und über die Frauenproblematik in polnischen, deutschen und englischen Zeitschriften bzw. Sammelbänden.

Yahya A. Elsaghe, seit 1998 Privatdozent für neuere deutsche Literatur an der Universität Zürich. Publikationen zur deutschen Literatur vom 17. bis 20. Jahrhundert, zu Antikenrezeption, nationaler Identität, Klassen-, Geschlechter- und Generationskonflikten.

Stephen F. Frowen, Honorary Research Fellow im Department of Economics am University College London, Senior Research Associate am Von Huegel Institute des St. Edmund's College der Universität Cambridge, und External Professorial Research Associate am Institut für Deutschlandforschung der Universität Birmingham. Zahlreiche Veröffentlichungen hauptsächlich zu währungspolitischen Themen.
Großes Bundesverdienstkreuz (1993), Ritterkreuz des päpstlichen Gregoriusordens (KSG) (1999).

Rüdiger Görner Professor für Neuere deutsche Literatur und Kulturgeschichte an der Aston University in Birmingham und Direktor des Institute of Germanic Studies der University of London. Mitarbeiter führender deutschsprachiger Zeitungen. Jüngste Buchveröffentlichungen: *Grenzgänger* (1996), *Die Kunst des Absurden. Zu einem literarischen Phänomen* (1996), *Wortwege. Zugänge zur spätmodernen Literatur* (1997), *Streifzüge durch die englische Literatur. Von Alexander Pope bis Harold Pinter* (1998).

Richard Heinrich unterrichtet am Institut für Philosophie der Universität Wien. Buchveröffentlichungen: *Einbildung und Darstellung. Zum Kantianismus* *des frühen Wittgenstein* (1977). *Kants Erfahrungsraum* (1986). *Die Erhebung des Gedankens* (1990). *Wittgensteins Grenze* (1993). Aufsätze zu Wittgenstein, der Philosophie des 15. bis 17. Jahrhunderts, der Theorie des Raumes und der philosophischen Ästhetik.

Suzanne Kirkbright, seit 1995 Dozentin für German Studies an der Aston University in Birmingham. Promovierte mit einer Arbeit über Karl Jaspers' ‚Grenzsituationen' im Kontext des literarisch-philosophischen Diskurses über Grenzen, erschienen 1997 unter dem Titel *Border and Border Experience* bei Peter Lang. Eine umfassende Studie über das geistige Erbe von Jaspers ist in Vorbereitung.

Margaret Littler, Senior Lecturer der Germanistik an der University of Manchester. Veröffentlichungen zur Frauenliteratur nach 1945. Herausgeber *von Gendering German Studies. New Perspectives on German Literature and Culture* (1997).

Moray McGowan, Professor für Germanistik an der University of Sheffield. Veröffentlichungen u.a.: *Marieluise Fleisser* (1987). *'Writing in the West 1945–1990' in: Cambridge History of German Literature* (1997) sowie Aufsätze zur modernen und zeitgenössischen deutschsprachigen Literatur und Theater. Arbeitet zur Zeit an Studien zum deutschen Drama und Theater in und seit der „Wende", zur türkisch-deutschen Literatur und zu Europa-Ideen im deutschsprachigen Raum.

Colin Riordan, Professor für Germanistik an der University of Newcastle upon Tyne. Autor von Büchern über Uwe Johnson und Veröffentlichung von Artikeln über deutsche Literatur der Nachkriegszeit. Herausgeber u.a. der folgenden Bücher: *Peter Schneider* (1995), *Green Thought in German Culture* (1997) und *Jurek Becker* (1998).

Hans Jürgen Scheuer arbeitet derzeit als Habilitationsstipendiat der DFG und Lehrbeauftragter am Göttinger ‚Seminar für Deutsche Philologie' zum Thema *Farbige Verhältnisse. Zur historischen Anthropologie literarischer und kultureller Farbkonzeption.* 1994 Promotion zum Thema *Manier und Urphänomen. Lektüren zur Relation von Erkenntnis und Darstellung in Goethes Poetologie der „geprägten Form"* (1996). Veröffentlichungen: Diverse Artikel im ‚Historischen Wörterbuch der Rhetorik', zu Goethe, Peter Szondi und Botho Strauß.

Wendelin Schmidt-Dengler, Leiter des österreichischen Literaturarchivs an der Österreichischen Nationalbibliothek. Publikationen: *Genius. Ein Beitrag zur Wirkungsgeschichte antiker Mythologeme in der Goethezeit* (1978), *Bruchlinien.*

Vorlesungen zur österreichischen Literatur 1945 bis 1990. (2. Aufl. 1996), *Der Übertreibungskünstler. Studien zu Thomas Bernhard* (3. Aufl. 1997), Editionen aus dem Nachlaß Heimito von Doderers und Fritz Herzmanovsky-Orlandos.

Roger Thiel, DAAD-Lektor für deutsche Sprache, Literatur und Landeskunde an der University of Warwick. Publikationen zu Literatur-, Kultur- und Architekturtheorie vom 17. bis 20. Jahrhundert.

Wilfried von Bredow, Professor für Politikwissenschaft an der Philipps-Universität Marburg. Veröffentlichungen u.a.: *Tückische Geschichte. Kollektive Erinnerung an den Holocaust* (1996), *Turbulente Welt-Ordnung. Internationale Politik am Ende des 20. Jahrhunderts* (1994), *Politische Theorie für das 19. Jahrhundert* (mit Th. Noetzel), 3 Bände, Bd. 1: *Lehren des Abgrunds* (1991), Bd. 2: *Luftbrücken* (1993), Bd. 3: *Zombies* (1996).

Rhys W. Williams, Professor für Germanistik und Prorektor der University of Wales, Swansea. Veröffentlichungen u.a. über den deutschen Expressionismus (Sternheim, Benn, Einstein, Kaiser und Troller) und über die Literatur der Nachkriegszeit (Andersch, Böll, Siegfried Lenz, Wartin Walser). In letzter Zeit als Herausgeber des *Contemporary German Writers* tätig. Veröffentlichung von Artikeln über Sarah Kirsch, Peter Schneider, Jurek Becker und Uwe Timm.

Namensregister